삶의 덫에서 벗어나 새로운 나를 열기

제프리 E. 영·자넷 S. 클로스코 저

최영희 역

Reinventing Your Life

역자 서문

　원제 〈Reinventing Your Life〉라는 이 책은 1994년에 Jeffrey Young 과 Janet Klosko에 의해 출간되었다. 인지행동치료란 우리가 경험하는 감정적, 생리적, 행동적 고통의 핵심에 독특한 생각과 해석(자동적 사고)이 작동한다는 이론적 배경을 가지고, 자동적 사고를 찾아서 수정하여 심리적 고통에서 벗어나는 방법을 환자에게 훈련하는 심리치료법이다. Jeffrey Young 박사는 인지행동치료를 창시한 Aaron Beck 박사로부터 인지행동치료를 배운 후에 20여 년간 열심히 환자들에게 열심히 인지행동치료를 시행하던 중에 전통적 인지행동치료에 반응을 잘 하지 않는 환자군을 발견하였다. 그는 이런 환자들이 주로 부정적인 스키마가 작동하기 때문이라는 사실에 착안하여 스키마에 초점을 둔 치료법을 개발하였다.

　스키마란 우리가 자신과 타인, 세상을 보는 자신만의 독특한 가치관 또는 관점이라고 정의할 수 있다. 이 스키마는 무의식에 자리 잡고 있으며, 자동적으로 정보들을 처리하고 실행하는 기능을 가진다. 어린 시절의 양육이나 외상 등의 부정적 경험은 초기 부적응적 스키마를 만들어 내고, 이런 스키마는 부정적 자동적 사고를 양산하는 것이다. 스키마는 우리 말로 '심리도식'이라는 용어로 번역이 되는데, 이 책에서는 용어의 의미가 어려워서 '삶의 덫'이라는 용어를 사용하였다.

　역자는 Jeffrey Young 박사에게 스키마 치료를 배웠고, ISST(국제 스키마치료 협회) 인증 스키마 치료 전문가 자격을 가지고 있다. 2006년도에 그를 우리나라에 초청하여 메타 연구소 주관으로 워크숍을 진행하기도 했다. 이 책은 환자들을 자가치료자로 성장시키는 심리치료법인 스키마 치료에 필수적인 자조책자이다.

　이 책은 2004년에 인제대학교 상계백병원 정신과의 최영민, 김봉석, 이동우 교수에 의해 〈새로운 나를 여는 열쇠〉라는 이름으로 번역되어 출간되었다. 스키마 치료를 하는 나는 이 책이 환자 치료에 필수적이었기에 세 분의 역자들께 감사하는 마음을 가지고 환자들 치료에 사용하고 있었다. 하지만 어떤 연유인지 아쉽게도 이 책이 절판되어 사용할 수가 없게 되었다. 역자는 이 책의 판권을 새로이 사고, 이동우 교수의 양해를 얻어, 기존의 번역을 수정·보완하여 〈삶의 덫에서 벗어나 새로운 나를 열기〉라는 제목으로 새로이 출간하게 되었다.

　정신과 전문의들조차 치료를 어려워하는 힘든 문제들을 가진 경계선 성격장애라는 진단을 받는 환자들조차 역자로부터 이 책을 권유받고 읽은 후에는, "선생님, 이 책을 읽으니까, 제가 지금까지 왜 이렇게 살아왔는지 알 수 있게 되었어요."라며 변화의 희망을 보이는 모습으로 바뀐다.

　삶의 덫은 오래된 습관이다. 따라서 스키마의 작동을 알아차리고, 자동적으로 하는 반응을 멈추거나 다른 반응을 한다면, 얼마든지 삶의 덫에서 벗어나 새로운 삶을 열어갈 수 있다. 이는 오랜 세월 동안 수많은 환자가 보여준 결과를 통하여 증명되고 있다.

　이 책이 나오기까지 헌신적인 도움을 주신 메타미디어의 조성윤 대표님께 심심한 감사의 마음을 전한다. 디자인과 편집 그리고 제본을 담당해 주신 현지 인터내셔널의 전우진 사장님과 칼라인프린팅의 전서영님께 감사드린다.

2020년 초가을 어느 날, 메타 연구소에서
역자 최영희

목차

역자 서문　　　　　　　　　　　　　　　　3

1. 삶의 덫　　　　　　　　　　　　　　　7
2. 당신은 어떤 삶의 덫에 걸려 있나?　　　25
3. 삶의 덫 이해하기　　　　　　　　　　35
4. 굴복, 도피, 반격　　　　　　　　　　51
5. 삶의 덫을 어떻게 변화시킬 것인가?　　61
6. 제발 나를 떠나지 마세요. 버림받음의 덫　81
7. 당신을 믿을 수 없어. 불신과 학대의 덫　113
8. 나는 결코 사랑받을 수 없을 거야. 정서적 결핍의 덫　147
9. 나는 적합하지가 않아. 사회적 소외의 덫　173
10. 나 혼자서는 해낼 수 없어. 의존의 덫　207

목차

11. 언제 재앙이 닥칠지 몰라. 취약성의 덫   245

12. 나는 쓸모없는 사람이야. 결함의 덫   273

13. 난 실패자인 것 같아. 실패의 덫   317

14. 당신이 원하는 대로 할게요. 복종의 덫   341

15. 아직 많이 부족해. 엄격한 기준의 덫   389

16. 내가 원하는 건 뭐든지 다 가질 수 있어. 특권 의식의 덫   417

17. 변화의 철학   451

저자 후기   467

1

삶의 덫

자신을 차갑게 대하는 사람들과의 관계에 반복적으로 빠져드나? 가까운 사람들조차 자신을 충분히 이해하거나 돌보지 않는다고 느끼는가?

자신은 근본적으로 결함 있는 사람이기에 아무도 나를 사랑하거나 받아들일 사람은 없을 것 같이 느끼나?

자신보다는 남의 욕구를 우선하다 보니 자신의 욕구는 충족지 못하고, 심지어 자신이 진정 원하는 게 무엇인지 모를 때도 있는가?

뭔가 나쁜 일이 일어날 것이라는 두려움을 느껴서 목이 약간만 아파도 무서운 병에 걸린 듯이 느끼는가?

아무리 사회적으로 인정받거나 성취를 해도 여전히 자신은 불행하고 무가치하며 그럴 자격이 없다고 느끼는가?

우리는 이러한 패턴들을 '삶의 덫'이라 부른다. 이 책에서, 우리는 가장 흔히 빠져드는 열한 가지 삶의 덫에 대하여 설명하고, 이러한 덫을 인식하고, 기원을 이해하고, 바꾸는 방법을 보여줄 것이다.

삶의 덫은 어린 시절부터 시작되어 일생을 통해 반복하는 패턴이다. 이는 가족이나 또래 아이들이 우리에게 미친 영향으로 인해 시작된다. 우리는 버림받거나 비난받거나 과잉 보호되거나, 학대받거나, 따돌림당하는 등 다양한 정신적 손상을 받아왔다. 결국, 삶의 덫은 우리 자신의 일부가 된다. 우리가 자라온 집을 떠나 오랜 시간이 흐른 후에도, 과거 학대받고 무시당하고 책망을 듣고 조종당했던 상황을 스스로 다시 만들어 자신이 원하는 목표에 도달하지 못한다.

삶의 덫은 우리가 생각하고 느끼고 행동하며 타인과 관계하는 방식을 결정한다. 그것은 불안과 슬픔, 분노 같은 격렬한 감정들을 촉발한다. 사회적 지위, 이상적 결혼, 사람들의 존경, 직업적 성공 등 모든 것을 누리고 있는 것처럼 보여도, 삶을 음미할 수 없고, 자신의 성취를 믿을 수가 없다.

제드 | 39세의 매우 성공한 증권 중개인으로, 그는 여자를 정복한다. 하지만 상대들과 진정으로 연결된 적은 없다. 제드는 정서적 결핍의 덫에 빠져 있다.

삶의 덫에 대한 치료법을 처음 개발할 무렵, 우리는 제드라는 흥미로운 환자를 치료 중이었다. 제드는 삶의 덫의 자기패배적 본질을 완벽하게 보여주었다.

제드는 어떤 여자도 자신을 만족시켜주지 못한다며 애인을 계속 갈아치우곤 했다. 자신을 성적으로 흥분시키는 여자에게 친밀감을 느끼긴 했으나, 그런 관계마저도 오래가지는 못했다.

그는 여자들과 진정한 관계를 맺지 못하고 단지 정복할 뿐이었다. 즉 상대 여자는 사랑에 빠지기 시작했는데, 그는 상대를 '이겼다'라고 생각한 순간 흥미를 잃고 마는 것이다.

제드 여자가 저에게 매달리기 시작하면 모든 열정은 사라져 버리게 됩니다. 공개적인 자리에서 여자가 달라붙기라도 하면 정말이지 도망치고 싶어져요.

제드는 외로움과 싸우고 있다. 그는 공허하고 지루하게 느껴진다. 그의 마음속에는 구멍이 나 있고, 구멍을 채워 줄 여인을 쉴 새 없이 찾고 있다. 제드는 그런 여자를 절대 찾을 수 없다고 믿는다. 자신은 항상 혼자였고, 앞으로도 그럴 거라고 느낀다.

어린 시절에도 그는 똑같은 아픈 고독을 경험했다. 아버지는 전혀 모르고, 어머니는 매정한 사람이었다. 부모 중 누구도 그의 정서적 욕구를 채워주지 못했다. 그는 정서적으로 박탈된 상태로 성장했고, 어른이 되어서도 계속 소외된 상태를 스스로 만들어갔다.

지난 수년간 제드는 치료자들과의 관계에서도 이런 양상을 반복하였다. 매번 치료자들과 시작할 때에는 희망을 느꼈지만 결국 실망하고 말았다. 치료자들과 진정으로 연결되지 못했고, 항상 치료를 중단할 치명적인 구실을 발견하였다. 이런 치료 경험들은 그의 삶이 변하지 않았고 심지어 더욱더 외로워질 뿐이라는 사실을 확신하게 했다.

제드의 많은 치료자들은 따뜻하고 공감적이었다. 치료자들의 문제가 아니었다. 제드가 친밀한 관계를 낯설고 불편하게 여기기에 그러한 관계를 피할 구실을 찾는다는 것이 항상 문제였다. 치료자의 정서적 지지는 필수적이었으나 충분하지는 못했다. 그의 치료자는 제드의 자기파괴적 패턴을 자주 또는 충분히 강력하게 직면시키지 못했다. 제드가 '정서적 결핍'이라는 덫에서 빠져나오려면, 만나는 여자들에 대한 꼬투리 잡기를 중단하고 사람들과 가까워지고 그들에게서 보살핌을 받는 것에 대한 자신의 불편감과 싸울 책임을 지기 시작해야만 했다.

제드가 우리에게 치료받으러 왔을 때, 우리는 그가 반복되는 삶의 덫을 깨닫고 벗어날 수 있는 노력을 계속하게 했다. 지독하게 냉정한 부모와의 경험이 타인과 가까워지는 것을 얼마나 불편하게 만드는지를 깨닫게 하는 것이 중요했다. 그러나 웬디는 미모가 부족하고, 이사벨은 총기가 부족하며, 멜리사는 자기에게 적합한 상대가 아니라는 식으로 주장하는 그에게 우리는 그가 상대에게 따뜻한 감정을 느끼는 것이 두려워 그 사람의 흠을 잡는 삶의 덫에서 빠져나오지 못함을 보도록 밀어붙였다. 정서적 지지와 직면이 균형을 이룬 '공감적 직면'을 일 년 넘게 지속한 후에야 비로소 우리는 의미 있는 변화를 보게 되었다. 제드는 이제 따뜻하고 사랑스러운 여자 니콜과 약혼하게 된 것이다.

제드 이전 선생님들도 나를 잘 이해해 주었고, 덕분에 나의 불행한 어린 시절에 관해 많은 깨달음을 얻었지만, 그분들 중 누구도 제가 변하도록 요구하진 않으셨어요. 그래서 저는 쉽게 과거의 패턴 속으로 다시 빠져들곤 했죠. 하지만 이번 치료법은 달랐어요.

마침내 제대로 된 인간관계를 위해 책임 있는 행동을 할 수 있게 된 거죠. 니콜과는 다른 여자들처럼 실패하길 원하지 않았고, 그러기 위해서는 노력해야 한다는 것을 알게 되었어요. 그녀가 완벽한 여자라고는 생각하지 않지만 제가 살아가면서 어느 누군가와도 인간적 관계를 맺지 않으면 세상과는 동떨어져 영원히 혼자 지내야 한다는 것을 자각하게 되었죠.

삶의 덫 치료법은 자기 자신을 지속해서 직면하는 작업을 포함한다. 우리는 삶의 덫이 당신의 생활에서 어떻게 작동하는지 추적하여 그 덫이 느슨해질 때까지 거기에 대항하는 방법을 가르쳐 줄 것이다.

해더 | 무한한 잠재력을 가진 42세의 여성이나, 너무 심한 공포 때문에 집에만 머무른다. 불안 증상을 치료하기 위해 진정제인 아티반을 복용 중이지만 여전히 '취약성의 덫'에 빠져 있다.

어떤 의미에서 해더에게는 삶이 없다. 두려움이 너무나 커서 아무 일도 할 수가 없다. 자신의 삶은 위험으로 가득 차 있기에 그저 '안전한' 집에만 머물려고 한다.

해더 저도 시내에 가면 재미있는 일이 많은 줄 알아요. 극장이나 멋진 레스토랑에 가는 것도 좋아하고 친구들을 만나는 것도 좋아해요. 그렇지만 외출한다는 건 제게는 너무나 힘들고 재미가 없어요. 뭔가 끔찍한 일이 일어날까 봐 항상 겁이 나요.

해더는 교통사고, 다리의 붕괴, 에이즈 같은 병에 걸리는 것, 돈을 너무 많이 쓰는 것 등을 염려한다. 이런 것들을 걱정하고 있으니 당연히 시내에 나가는 것이 재미있을 리가 없다.

외출해서 여러 가지 일을 하고 싶어 하는 해더의 남편인 월트는 그녀에게 매우 화가 났고, 아내 때문에 하고 싶은 활동을 하지 못하는 것은 불공평하다고 생각했다. 결국, 그는 혼자 외출하는 일이 잦아지게 되었다.

해더의 부모는 그녀를 유난히 과보호해서 키웠다. 그녀의 부모는 유년기 대부분을 수용소에서 보낸 유태인 대학살의 생존자였다. 그녀의 표현에 따르면 부모는 그녀를 마치 중국 인형처럼 취급했다고 한다. 그들은 끊임없이 그녀의 안전에 대한 위협 요인들(예를 들어, 폐렴에 걸리거나, 지하철에 갇히거나, 익사하거나, 화재를 만나는 것 등)에 대해 경고했기에 그녀가 사는 세상이 안전한지 확인하는 데 대부분 시간을 보내며 불안해하는 것도 그다지 놀라운 일은 아니다. 그러는 동안 그녀의 인생에 기쁨을 줄 수 있는 활동들은 점점 멀어져 가고 있었다.

우리에게 치료를 받으러 오기 전, 해더는 3년 이상 다양한 항불안 약물을 복용해왔고, 최근에는 정신과 의사로부터 아티반을 처방받았다. 매일 약을 먹은 덕택에 증상이 약간 완화되어 불안도 적어졌으며 기분도 나아졌다. 약을 가지고 있는 것만으로도 매사에 더 잘 대처할 수 있게 되었다. 그런데도 집 밖으로 나가는 것은 여전히 꺼렸다. 남편은 약이 집 안에서 좀 더 행복하게 하는 효과밖에 없다고 불만을 표시했다.

해더 전 아무래도 여생을 집 안에서 지내야 할 것 같아요. 집 밖으로 나간다는 생각 자체만으로도 불안해져요. 종일 뭔가를 두려워하면서 지내고 싶지 않아요.

힘든 상황을 견디면서도 그것을 모두 약의 효과라고 생각했다. 그녀에게는 통제감(자신의 힘으로 일을 처리할 수 있는 느낌)이 없었다. (불안을 약물로만 치료하는 경우, 약물을 중단하면 재발이 쉽게 일어나는 이유가 이것 때문이다)

해더는 삶의 덫 치료법을 통해 비교적 빠른 변화를 보이기 시작했다. 일 년 안에 그녀의 삶은 획기적으로 나아졌다. 그녀는 여행하고, 친구를 만나고, 영화를 보러 가며 통근이 필요한 직장에도 나가는 등 여러 가지 불안 유발 상황과도 직면할 수 있게 되었다.

치료 일부로서 우리는 해더가 나쁜 일이 일어날 확률을 잘 판단하게 도와주었다. 그녀가 해가 없는 상황에서도 재앙의 위험을 얼마나 과장하는지 확인해 주었고, 집 밖에서 자신의 취약성과 무력함을 과대평가하고 있음을 보여주었다. 또한, 그녀는 합리적 수준으로 조심하는 법을 배웠다. 남편과 친구에게 안심시켜 달라고 요구하는 행동도 중단했다. 그녀의 결혼 생활도 향상되었다. 그녀는 삶의 많은 기쁨을 누리게 되었다.

반복이라는 역설

제드와 해더는 열한 가지 삶의 덫 중에 두 가지인 정서적 결핍과 취약성을 보여준다. 다른 환자들을 토의하면서 여러분은 나머지 삶의 덫들에 대해서도 알게 될 것이다. 복종,불신과 학대,버림받음,결함, 특권 의식,의존, 실패,엄격한 기준,사회적 소외가 그것들이다. 이들 중 몇 가지는 여러분 자신도 가지고 있는 요소임을 발견하게 될 수도 있다.

우리가 어린 시절의 고통을 되풀이해서 경험한다는 것은 정신분석적 정신치료의 핵심 통찰 가운데 하나이다. 프로이트는 이것을 반복 강박이라 불렀다. 알코올 중독자의 자녀들이 성장해서는 알코올 중독자와 결혼한다. 학대받고 자란 아이가 학대하는 사람과 결혼하거나 그 자신이 학대자가 된다. 성적 학대를 받고 자란 아이가 매춘부가 된다. 지나친 통제 아래에서 자란 아이는 타인이 자신을 통제하게 허락한다.

이것은 당혹스러운 현상이다. 우리는 왜 이러는가? 왜 고통을 재연하고 연장하는가? 왜 과거의 패턴에서 탈출하여 더 나은 삶을 구축하지 않는가? 거의 모든 사람이 어린 시절의 부정적인 패턴을 반복한다. 이것이 바로 치료자들이 마주하게 되는 이상한 진실이다. 어른이 되어서도 어떻게든 어린 시절의 파괴적 상황과 놀랍도록 유사한 상황을 만들어가는 것이다. 삶의 덫이란 바로 우리가 이러한 패턴을 반복해서 재창출하는 방식이다.

삶의 덫은 전문적 용어로는 '심리도식(schema)'이라 한다. 심리도식이라는 개념은 인지 심리학에서 비롯된 것이다. 심리도식은 우리 자신과 세계에 대한 뿌리 깊은 믿음이며, 어린 시절부터 학습된 것이다. 이 심리도식은 우리가 가진 자기라는 느낌의 핵심이다. 심리도식에 대한 우리의 믿음을 포기하는 것은, 우리가 누구이며 이 세상은 어떤 곳인가에 관한 확신을 포기하는 것이다. 따라서 우리는 심리도식이 해를 준다 해도 거기에 매달리게 된다. 이러한 어린 시절부터의 믿음은 우리에게 예측 가능성과 확실성을 제공하며 편안하며 친숙하다. 이상하게 들릴 수도 있지만, 마치 집에 있는 듯한 편한 느낌을 주는 것이다. 바로 이런 이유로 인지치료자들은 심리도식 혹은 삶의 덫을 바꾸기가 너무나 어렵다고 믿는 것이다.

이제 삶의 덫이 우리의 연애 관계에서 느끼는 매력(화학물질)에 어떻게 영향을 미치는지 알아보도록 하자.

패트릭 | 35세의 건축 계약자. 그의 아내인 프랜신의 외도가 심해질수록 그녀를 더 강하게 원한다. 그는 '버림받음'이라는 삶의 덫에 갇혀 있다.

패트릭은 너무나 불행하다. 프랜신이 계속해서 다른 남자와 불륜을 저지르기 때문이다. 그녀가 외도할 때마다 그는 필사적이다.

패트릭 그녀가 돌아올 수만 있다면 무슨 짓이든 할 거예요. 그 사람을 잃는다면 저는 산산이 조각날 겁니다. 이 상황을 견딜 수가 없어요. 그 사람의 마음이 내게서 멀어졌다는 걸 알면 알수록 그녀를 더 사랑하게 돼요. '제가 더 괜찮은 사람이 된다면, 그녀가 이런 짓을 하진 않을 거야. 제가 더 괜찮아진다면, 그녀는 나와 함께 하겠지'란 생각을 자주 하게 돼요. 이런 불확실함을 정말 견딜 수가 없어요.

프랜신은 매번 정절을 지키겠다고 약속을 하고 패트릭은 그때마다 그녀를 믿는다. 그리고 매번 그의 희망은 좌절된다.

패트릭 그녀가 또다시 같은 짓을 했다는 것이 믿어지지 않아요. 그녀가 나를 이 지경을 만든다는 것이 믿기지 않아요. 지난번에 저는 그녀가 이제는 멈출 거라고 확신했어요. 그녀가 나에게 한 짓이 어떤 것인지를 확실히 보았다고 믿었거든요. 그 당시 저는 거의 자살할 지경이었어요. 그녀가 같은 짓을 나에게 저질렀다는 것을 믿을 수가 없어요.

패트릭의 결혼 생활은 롤러코스터와 같다. 그가 올라탄 롤러코스트는 조절력을 잃고 일어났다 부딪치기를 반복하면서 길들지 않은 희망에서 절망까지 질주해 가는 것이다.

패트릭 제가 가장 힘든 건 기다리는 거예요. 그 사람이 무슨 짓을 하고 있는지 알면서도 집에 돌아오기를 기다리는 것이죠. 며칠을 연속해서 기다린 적도 있어요. 그저 앉아서 그녀가 집으로 돌아오기만을 기다리는 거죠.

패트릭은 기다리는 동안 울다가 화내기를 반복한다. 프랜신이 마침내 집으로 돌아오면 한바탕 소동이 벌어진다. 아내를 때린 적도 몇 번 있지만, 결국에 용서를 비는 것은 언제나 그였다. 그는 롤러코스터에서 내리고 싶어 한다. 그는 안정감과 평화를 원한다고 말한다. 그러나 프랜신이 예측 불가능할수록 그가 정서적으로 끌리는 정도는 더욱 강해지는 것이 버림받음의 덫의 역설이다. 그녀가 떠난다고 위협할수록 그는 더욱 강한 매력을 느낀다.

패트릭의 어린 시절은 상실과 예측 불가능함으로 점철되어 있다. 그가 겨우 두 살 때 아버지는 가족을 버렸다. 알코올 중독인 엄마는 취해 있을 때는 그와 두 명의 누이들을 전혀 돌보지 않았다. 이러한 분위기에서 성장했기에 그는 프랜신과 결혼하여 그녀의 부정을 눈감아주면서 어린 시절의 상황을 재현하고 있다.

패트릭은 3년간 프로이트식의 정신분석을 받았다. 그는 상당한 비용을 내면서 한 번에 50분씩 일주일에 세 번 분석가를 만났다.

패트릭 치료에 들어가면 저는 카우치에 누워서 마음속에 떠오르는 건 뭐든지 이야기했어요. 사실 그 상황이 매우 외롭게 느껴졌어요. 3년 동안 분석가 선생님은 거의 말을 하지 않았거든요. 심지어 울거나 소리쳐도 아무 말이 없었죠. 곁에 누가 있다는 느낌이 전혀 없었어요.

그는 자신의 어린 시절에 대하여, 그리고 카우치에 누워서 느낀 점에 대하여 많은 이야기를 했다. 그는 정신분석을 받으면서 많은 좌절을 느꼈다. 치료의 진전이 매우 느리게 느껴졌다. 그는 자신의 문제를 잘 이해하였지만, 여전히 그 문제에서 헤어 나올 수는 없었다(이것은 정신분석에 관해 흔히 듣는 불평이다. 통찰만으로는 충분치 않은 것이다). 그는 좀 더 빠르고 지시적인 치료를 원했다. 그는 길잡이를 원했다.

삶의 덫 치료법은 패트릭이 원하는 길잡이를 제공했다. 동떨어진 느낌을 주는 중립적 자세보다는 그와 상호협력하는 자세로 임했다. 그가 어떤 패턴에 빠져 있고, 어떻게 그 패턴을 깨는지 정확하게 보여주려 했다. 좀 더 선택적으로 여자들과 관계하는 방법을 가르쳐 주었으며, 강한 성적(화학물질) 반응을 일으키는 연인 관계는 위험할 수도 있음을 경고했다. 그는 자신의 덫을 강화하는 여자와 사랑에 빠졌음을 직면하게 되었다.

일 년 반의 치료 후에 패트릭은 프랜신과의 결혼 생활을 끝내기로 했다. 그녀의 태도를 고쳐보려고 노력했으나, 그가 노력할수록 그녀는 더욱 멀어져 갈 뿐이었다. 결국, 그는 그녀를 고치려는 노력을 중단하고 대신 그녀에게 자유를 주었다.

우리가 페트릭에게 처음으로 이혼을 고려하고 있는지 물었을 때, 패트릭은 그런 상황을 견뎌내지 못할까 두렵다고 했다. 그러나 그는 마침내 프랜신과 헤어졌고 그 상황을 잘 견뎌냈을 뿐만 아니라, 오히려 더 안정되고 자신감을 느끼게 되었다. 결국, 그녀와 떨어져서도 살아갈 수 있는 능력이 있다는 사실을 알게 되었다. 우리는 그가 자기파괴적 관계를 끝내도 괜찮다고 생각하게 되었다.

패트릭은 천천히 다른 여자들을 만나기 시작했다. 처음에는 그의 아내와 똑같이 불안정하고 그를 지지하지 않는 여자들과 데이트를 하였다. 이는 빠른 동작으로 모든 사이클을 다시 반복하는 것이었다. 우리는 그가 강한 성적 매력이 느껴지지 않더라도 좀 더 건강한 관계를 선택하도록 점진적으로 도왔다. 그는 매우 안정되고 신뢰할 수 있으며 그에게 헌신적인 실비아라는 여인과 6개월 넘게 살고 있다. 패트릭은 프랜신보다는 덜 육감적이지만 삶에서 처음으로 지속적이고 풍요로운 환경에서 만족하며 지내는 법을 배우게 된 것이다.

삶의 덫 치료는 당신이 빠진 덫을 고려하여 어떤 유형의 관계가 건강한 관계로 추구해야 하며, 어떤 유형을 피해야 하는지를 보여준다. 이것이 그리 쉬운 일은 아니다. 평생 자신을 지배한 패턴에서 빠져나오기 위해서는 패트릭처럼 단기적으로는 고통스럽고 자신의 느낌과는 전혀 다른 선택을 해야 한다.

칼튼 | 30세로 가업인 섬유공장에서 아버지와 함께 일한다. 그는 사람들을 잘 다루지 못하기에 다른 일을 하는 게 더 나을 것 같다. 칼튼은 '복종의 덫'에 걸려 있다.

칼튼은 사람들의 비위를 맞추는 사람이다. 그는 자신의 욕구보다 타인의 욕구를 우선한다. 타인이 그의 의견을 물어보면, "난 아무래도 괜찮아요. 결정하는 대로 따를게요'라고 대답할 뿐이다.

칼튼은 부인이 하는 말이나 원하는 것에는 무조건 따르며 비위를 맞춘다. 심지어는 아이들에게도 결코 '안돼.'라는 말을 하지 못한다. 그 일을 좋아하지 않으면서도, 아버지의 비위를 맞추느라 가업을 돕고 있다.

역설적이게도 칼튼은 이렇게 남들 비위를 맞추려 애를 쓰는데도, 사람들은 종종 그에게 짜증을 낸다는 것이다. 그는 너무나 자기-희생적이다. 아내는 그가 줏대가 없다고 화를 낸다. 아이들은 그의 너그러움을 악용하면서도 아버지로서의 엄격함이 없다고 불평을 한다. 그의 아버지 또한 칼튼의 나약함과 업무에서의 적극성 부족, 특히 직원들을 잘 다루지 못하는 것에 화가 나 있다.

의식은 못 하지만, 칼튼 역시 화가 나 있다. 마음속 깊은 곳에는 긴 시간을 자신의 욕구를 부정해온 것에 화가 나 있다. 이것은 어린 시절부터 그의 몸에 밴 패턴이다. 그의 아버지는 타인을 지배하고 통제하는 독재자로 간주 되었다. 모든 것이 아버지의 방식대로 돌아가야만 했다.

어린 시절에 칼튼은 반항하거나 말대꾸를 하면 맞거나 모욕을 당했다. 그의 어머니는 완전히 수동적인 역할을 했다. 어머니는 대부분 시간을 우울하게 보냈기에 칼튼은 어머니의 기분을 좋게 하려고 애쓰는 돌봄이 역할을 했다. 그는 자신의 욕구를 만족시킬 곳이 없었다.

칼튼은 우리에게 오기 전, 2년간 게슈탈트 치료라고 불리는 경험적 치료를 받았다. 치료자는 그에게 현재에 머물면서 자신의 느낌과 접촉하도록 권유했다. 예를 들어, 마음속에 아버지의 심상을 떠올리고 대화를 나누는 심상 연습을 하게 했다. 이 치료법은 도움이 되었다. 그는 자신이 얼마나 화나 있는지 느끼기 시작했다.

그러나 이 치료는 방향이 없다는 것이 문제였다. 지속적인 초점이 없었다. 칼튼은 치료시간마다 그 순간 가장 두드러진 감정에 초점을 맞추며 표류를 했다. 그 결과 사랑하는 사람들에 대한 분노가 표면에 떠올랐지만, 왜 그런 감정이 생겼는지 알 수 없었고 그런 감정들에 아무런 대응을 할 수도 없었다. 치료자는 그가 지닌 문제들의 모든 요인을 한꺼번에 드러내 주질 못했고, 복종을 극복할 변화의 특정 기법들을 가르치지 못했다.

삶의 덫 치료는 칼튼에게 단순하지만, 직접적인 개념틀을 제공하여서 복종의 덫이 그의 일생을 관통해 온 일차적 주제임을 볼 수 있게 하고 또한 그 덫을 바꾸는 방법을 가르쳐주었다. 그는 빠른 진전을 보였다. 우리는 종종 복종의 덫을 깨는 데 그리 오랜 시간이 걸리지 않음을 발견하게 된다.

칼튼은 강한 자기감을 키워나갔다. 과거에는 억눌러야만 했던 자신의 욕구와 감정을 잘 알아채기 시작한 것이다. 자신의 의견과 선호하는 것들을 개발하기 시작했다. 그는 아버지, 직원들, 부인과 자녀들에게 자기주장을 분명히 하게 되었다. 특히 그는 분노를 표현하는 법을 연습했는데 자신의 욕구를 차분하지만 조절된 방식으로 말하는 방법도 배웠다. 처음에는 부인과 자녀들이 약간의 저항을 보였지만 곧 적응하게 되었다. 사실, 그들도 그가 강해지기를 바랐기에 그의 그러한 모습을 더욱 좋아했다.

아버지와의 투쟁은 좀 더 어려웠다. 아버지는 칼튼의 반발을 잠재우고 주도적 위치를 주장했지만, 칼튼은 아버지에 대해 생각보다 큰 힘을 보유하고 있음을 알게 되었다. 아버지에게 좀 더 평등한 관계가 되지 않으면 가업을 잇지 않고 떠나겠다고 강력하게 주장하자, 아버지는 결국 고집을 꺾으셨다. 은퇴를 준비하는 아버지 대신 칼튼은 책임자로서의 많은 역할을 대신하기 시작했다. 그는 이런 과정을 겪으면서 아버지가 자신을 존중하기 시작했음을 새롭게 발견하였다.

이 사례는 자신의 느낌과 접촉하는 것을 넘어 나아가는 것의 중요함을 보여준다. '내면의 아이' 요법과 같은 경험적인 치료법들은 현재의 느낌과 어린 시절의 느낌이 연결되어 있음을 깨닫도록 중요한 역할을 제공했다. 그러나 이런 접근법만으로는 더 이상의 진전은 어렵다. 환자들은 치료시간이나 워크숍 후에 일시적으로 기분이 좋아지지만, 금방 과거의 패턴으로 되돌아간다. 삶의 덫 치료법은 구조화된 행동 과제와 지속적인 직면을 제공하여서 당신의 진전을 돕는다.

인지치료 혁명

삶의 덫 치료법은 1960년대에 아론 벡에 의해 개발된 인지치료가 발전된 것이다. 우리는 인지치료의 많은 측면을 삶의 덫 치료법에 도입하였다.

인지치료의 기본적인 전제는 우리의 삶에서 일어나는 사건에 관한 생각하는 방식(인지)이 우리가 느끼는 것(정서)을 결정한다는 것이다. 정서적 문제를 지닌 사람들은 현실을 왜곡하는 경향이 있다. 예를 들어, 헤더는 지하철 타는 일 같은 일상을 위험한 것으로 보도록 엄마로부터 배웠다. 삶의 덫은 우리에게 어떤 상황을 부정확하게 인식하도록 이끈다. 그것들은 우리의 인지 버튼을 누른다.

인지치료자들은 만일 환자들이 상황을 좀 더 정확하게 해석하도록 도와준다면, 환자의 감정도 더 좋아질 것이라 믿는다. 만일 우리가 헤더에게 혼자 여행하는 것의 위험성을 현실적으로 이해시킬 수 있다면, 그녀는 덜 두려워하게 될 것이고 삶을 풍요롭게 살아갈 수 있을 것이다.

아론 벡 박사는 우리의 생각을 논리적으로 평가하도록 제안한다. 흥분했을 때, 우리는 과장하고 있는가, 개인화하는가, 아니면 재앙화하고 있는가? 우리의 생각이 과연 올바른가? 상황을 다른 시각으로 볼 수는 없는가? 거기에 더하여 벡박사는 작은 실험을 해서 부정적인 사고를 검증해야 한다고 말한다. 예를 들어, 겨울에 나가면 병이 나거나 강도를 만날 거라고 확신하는 헤더에게 겨울에 집 주위 몇 블록을 걸어보도록 해서 위험한 일이 안 일어난다는 사실을 깨닫게 할 수 있다.

인지치료는 많은 주목을 받아왔다. 많은 연구 결과들은 인지치료가 불안이나 우울증과 같은 질환에 대한 효과를 지지해 준다. 즉 인지치료는 환자들이 자기 생각을 조절함으로써 그들의 기분을 조절하도록 가르치는 능동적 접근법이다.

인지치료자들은 이완, 자기주장, 불안 관리, 문제 해결, 시간 관리, 사회기술처럼 환자들이 배운 적이 없는 실전적인 기술들을 가르치는 행동적 기법과 함께 인지적 방법을 적용한다.

그러나 우리는 인지적 그리고 행동적 방법이 평생 지속하여온 패턴을 바꾸기에는 부족하다는 사실을 수년간의 경험으로 알게 되었다. 그래서 우리는 인지 기법과 행동 기법을 정신분석 및 경험적 기법과 결합하여 삶의 덫 치료법을 개발하였다. 이번 장에 마지막으로 등장하는 환자인 매들린은 인지행동치료만 적용하는 경우의 장점과 한계를 동시에 보여준다.

매들린 | 29살의 여배우이며 가수인데 어린 시절 계부에게 성폭행을 당했고, 지금도 그 후유증에 시달리고 있다. 그녀는 '불신과 학대의 덫'에 빠져 있다.

매들린은 남자들과 장기적인 관계를 지속한 적이 없다. 대신 그녀는 남자를 완전히 피하거나 난잡한 관계를 맺는 양극단을 오갔다.

대학에 입학하기 전까지 그녀는 남자를 회피했다. 연애하거나 남자친구를 사귀지 않았다.

매들린 저는 남자를 가까이 두지 않았어요. 남자애가 처음 제게 키스했을 때를 기억해요. 저는 그냥 달아나버렸죠. 남자가 저를 좋아한다는 걸 알게 되면 그가 떠날 때까지 정말 쌀쌀맞게 굴었어요.

대학 입학 후에 2년 동안 매들린은 술을 마시고 마약에도 손을 댔다. 이 기간에 그녀는 30여 명의 남자와 성관계를 했다. 그녀는 "저에게는 그들 중 누구도 의미가 없었어요."라고 말했다.

매들린 대학생 때 전 막살았어요. 아무나 잤어요. 한때는 남자 기숙사에 있는 거의 모든 남자애와 자본 적도 있어요. 저는 참 비참했어요. 이용당하는 것 같고 더럽다고 느꼈지만 거절할 수가 없었어요. 남자 만나러 외출하면서 그러지 않겠다고 결심해도 마지막엔 함께 자곤 했어요. 왜 그랬는지 정말 모르겠어요. 그냥 완전히 통제 불능 상태였어요.

계부의 성폭력은 그녀의 성적 행동과 남성과의 친밀감을 망쳐놓았다. 그녀에게는 성행위와 학대가 풀기 어렵게 뒤엉켜 있었다.

이제 매들린은 다시 남자를 피하기 시작했다. 그녀는 몇 년 동안 데이트하지 않았고 자신은 결혼하거나 아이를 가질 수 없을 거라고 걱정하였다.

매들린이 처음 받은 치료는 전통적인 인지치료였다. 그녀의 치료자는 현재의 문제, 매들린이 지금 시점에서 남자들을 회피하는 것에 초점을 두었다. 치료시간에 어린 시절에 관해 이야기하는 경우는 드물었다. 대신에 그녀와 치료자는 남자에게 말을 걸어보거나 파티에 가는 등의 과제를 선정했다. 치료자는 매들린이 가진 '남자는 오로지 성관계만을 원한다'와 같은 왜곡된 사고와 싸우도록 도와주고, 그녀를 잘 돌보고 친밀감을 주는 남자들을 떠올려 보도록 하였다.

치료는 몇 달 동안 계속되었다. 매들린은 다시 남자를 만났지만, 결국엔 자신을 학대하는 남자에게 다시 끌렸다. 비록 그녀가 많은 남자가 자신을 잘 배려한다는 것을 알아챘으나 과거 남자들과의 경험 때문에 새로운 느낌은 지속하지 못했다. 매들린은 자신 내부에 깊이 뿌리 박힌 패턴을 바꾸기 위해서는 무언가 더 필요하다는 것을 깨달았다.

매들린 예전 선생님은 제가 왜 그렇게 되었는지에 대한 이해도 없이 변하라고 요구하는 것 같았어요. 선생님 말씀대로 바뀌어야 한다는 것을 알아요. 남자를 신뢰하고 친밀감을 느끼도록 노력해야 한다는 걸 알아요. 하지만 내겐 남자를 피하는 이유가 있고, 그게 뭔지 이해할 필요가 있다고 생각했죠.

매들린은 낭만적으로 접근하는 남자에겐 언제나 분노를 느꼈다. 그 분노는 자신의 왜곡된 사고의 결과임을 알지만 그렇게 느껴지는 걸 어쩔 수 없었다. 매들린은 분노를 진정한 대상인 계부로 향하게 할 필요가 있었다. 그녀는 분노를 표현하고 분노의 타당함을 인정받아야 했다.

삶의 덫 치료를 받는 첫 일 년 반 동안, 우리는 이미지를 떠올림으로써 매들린이 성폭행의 기억을 드러내게 했다. 우리는 그녀가 계부에 대한 분노를 환기하고 계부를 비난하도록 밀어붙였다. 근친상간 피해자 모임에 합류하도록 격려했다. 또한, 자신을 학대하는 남자친구를 선택하여서 과거의 학대 패턴을 반복하고 있음을 보여주었다.

매들린은 천천히 데이트를 시작할 수 있었다. 비록 자신을 학대하는 남자들에게 여전히 끌리지만, 우리의 지속적인 노력으로 그런 남자들과는 거리를 두었으며, 점차 매력이 부족하기는 해도 자신을 존중하는 남자들에게 초점을 맞추기 시작했다. 그녀는 남자가 자신을 존중하도록 기다리기보다는 존중을 요구하는 작업도 했다. 즉 그녀는 '싫다'라고 말하는 법을 배웠다.

약 일 년 후, 그녀는 벤이라는 섬세하고 신사다운 남자와 사랑에 빠졌다. 비록 그녀가 그에게 심각한 성적 억압을 경험했으나, 벤은 그녀가 성적 문제를 극복하는 작업을 기꺼이 도와주었다. 그녀는 이제 결혼을 고려하고 있다.

7장에서 우리는 불신과 학대의 덫을 변화시키는 방법에 대하여 많은 제안을 할 것이다. 하지만, 많은 삶의 덫 특히 불신과 학대의 덫이 변하기 위해서는 오랜 시간이 소요되며 치료자와 지지 집단의 도움과 함께 작업해야만 한다.

매들린의 치료는 삶의 덫 치료가 기술을 증진하고 변화를 유발하는 인지행동치료의 실용적인 초점을 그대로 유지하고 있음을 보여준다. 그러나 우리는 단기간의 행동 교정 이상의 것에 관심을 가진다. 우리는 인생 전반에 관련된 문제들 특히 대인관계와 자존감, 경력과 관련된 문제들까지 다루기를 원한다. 우리는 행동뿐 아니라 사람들이 느끼고 관계하는 방식도 다루기를 원한다.

다음 장은 어떤 삶의 덫이 당신에게 적용되는지 발견하도록 돕는 질문들로 시작된다.

2

당신은 어떤 삶의 덫을 가지고 있나?

이번 장에서 우리는 당신의 삶과 가장 관련 깊은 덫이 어떤 것인지 파악하려고 한다. 다음의 22개 질문이 자신과 얼마나 잘 들어맞는지 아래와 같이 6점 단위로 평가해 보라.

채점 방법

완전히 나와 다르다.	1	어느 정도는 나와 일치한다.	4
대부분 나와 다르다.	2	대부분 나와 일치한다.	5
다른 면보다 일치하는 면이 좀 더 많다.	3	완전히 일치한다.	6

먼저 각 항목이 어린 시절의 당신과 얼마나 일치하는지 평가하라. 만일 시기에 따라 다르다면, 열두 살 이전까지 당신의 일반적인 느낌에 가장 적절한 점수를 택하라. 그런 다음 이제 어른이 된 당신과 얼마나 일치하는지 평가하라. 만일 시기에 따라 다르다면, 지난 6개월 동안의 당신과

가장 잘 일치하는 점수를 선택하라.

삶의 덫 질문지

질 문	어린시절	현재
1. 날 떠나버릴지도 모른다는 두려움에 사람들에게 매달린다.		
2. 사랑하는 사람이 다른 사람을 더 좋아하게 되어 나를 떠날까 봐 굉장히 걱정한다.		
3. 사람들의 궁극적인 목적이 무엇인지 경계하는 편이다.		
4. 사람들이 나를 해치지나 않을까 하는 걱정에 경계를 늦출 수가 없다.		
5. 보통 사람들보다 병에 걸리거나 다른 나쁜 일이 내게 닥칠까 봐 더 많이 걱정하는 편이다.		
6. 파산해서 거지가 되거나 남에게 의탁하게 될까 봐 걱정한다.		
7. 살아가는 동안 혼자 힘으로 난관을 극복해 나갈 수가 없기에 도움을 줄 사람이 필요하다.		
8. 부모님과 나는 서로의 사생활에 지나치게 관여하는 경향이 있다.		
9. 나를 돌봐주거나 나와 마음을 나누거나 내게 일어나는 일에 대해 깊이 염려해 줄 사람이 없었다.		
10. 이해와 공감, 지도, 충고, 지지에 대한 나의 정서적 욕구를 사람들이 만족시켜 준 적이 없다.		
11. 나는 소속감이 없다. 나는 남들과 다르고 어디에도 어울리지 않는다.		
12. 나는 따분하고 싫증 나는 사람이다. 사교적인 자리에서 어떻게 이야기해야 할지 모르겠다.		
13. 내가 원하는 사람이 나의 모든 진실을 알게 되면 나를 사랑할 수 없을 것이다.		
14. 나는 다른 사람들의 사랑과 관심, 존경을 받을 가치가 없다.		
15. 나는 일(학업)에 있어서 남들보다 능력이 없다.		
16. 남들보다 재능이나 지적 능력, 경력이 모자라기 때문에 나는 이 자리에 어울리지 않는다고 느낀다.		
17. 나는 다른 사람들이 원하는 대로 해줄 수밖에 없다. 그러지 않으면 어떤 방식으로든 내게 보복하거나 나를 거부할 것이다.		
18. 사람들은 내가 남들만을 위하고 자신을 위할 줄 모른다고 생각한다.		
19. 나는 최선을 다한다. 적당한 수준에 만족할 수 없다.		
20. 나는 할 일이 너무 많아서 쉬거나 즐길 시간이 없다.		
21. 다른 사람들이 지키는 정상적인 규칙이나 관례를 따를 필요는 없다.		
22. 나는 일상적이고 지루한 일들을 완수해 내거나 내 감정을 조절하는 습관을 기르지 못했다.		
총점(당신이 답한 1-10번 질문의 점수들을 합산하시오)		

채점지 사용하기

이제 각 질문에 대한 점수를 채점지에 옮겨 적을 준비가 되었다. 질문지의 점수를 채점지에 어떻게 옮겨 적는지 보여주는 예시 질문지와 예시 채점지를 아래에 준비했다.

질문지 예시		
설 명	어린 시절	현 재
1. 내게서 떠날지도 모른다는 두려움 때문에 가까운 사람들에게 매달린다.	3	2
2. 사랑하는 사람이 다른 사람을 더 좋아하게 되어 나를 떠날까 봐 굉장히 걱정한다.	5	4

채점지 예시						
v	삶의 덫	어린 시절	현재	어린 시절	현재	가장 높은 점수
	버림받음	1. 3	1. 2	2. 5	2. 4	5

　1번과 2번 문항은 모두 버림받음의 덫에 해당한다. 1번 항목부터 시작해보자. 질문지에 답한 이 항목에 대한 어린 시절의 점수를 채점지의 '버림받음'이라는 단어의 바로 오른쪽 옆(어린 시절 바로 아래)의 빈칸에 '1.'이라는 번호 옆에 옮겨 적어라. 다음에는 이 항목에 대한 현재(성인)의 점수를 두 번째 (현재라는 글자 아래) '1.'이라는 번호 옆에 옮겨 적어라.

　이번에는 질문지 2번 항목의 어린 시절 점수를 보라. 그 점수를 채점지의 어린 시절 아래에 있는 빈칸의 '2.'라는 번호 옆에 옮겨 적어라. 그다음에는 질문지 2번 문항에 대한 현재의 점수를 채점지의 현재 아래에 있는 '2.'라는 번호 옆에 옮겨 적어라.

　버림받음의 덫에 대한 네 가지 점수를 보라. 그 중 어느 것이 가장 높은가? 가장 높은 점수를 채점지의 오른쪽 가장 마지막 칸에 적어 넣으라.

가장 높은 점수가 4~6점 사이에 들면 처음 칸에 'V' 표시를 해라. 이 체크 표시는 버림받음의 덫이 당신의 심리도식 중 하나라는 의미가 된다. 가장 높은 점수가 1~3 사이에 들면 빈칸으로 놔둔다. 이것은 버림받음의 덫은 당신에게 해당하지 않는다는 의미이다. 답지의 나머지 칸들을 똑같은 방법으로 채워나가 보자.

V	삶의 덫 채점지					
	삶의 덫	어린 시절	현재	어린 시절	현재	가장 높은 점수
	버림받음					
	불신과 학대					
	취약성					
	의존					
	정서적 결핍					
	사회적 소외					
	결함					
	실패					
	복종					
	엄격한 기준					
	특권 의식					

자신의 점수 해석하기

우리는 이제부터 열한 가지 삶의 덫을 각각 이해할 수 있도록 간략히 소개하겠다. 채점지를 참고하라. 'V' 체크 표시가 된 항목이 자신에게 해당하는 것이다. 당연히 자신이 답한 점수가 높은 삶의 덫 항목일수록 자신의 삶에 강한 영향을 주었을 것이다. 소개하는 내용을 다 읽고 나면 자신에게 해당하는 삶의 덫에 대해 자세히 책을 읽고 싶어질 것이다.

자신이나 가까운 사람에게 어떤 삶의 덫이 해당하는지 확신이 서지 않더라도, 그것을 지금 확인하려 걱정할 필요는 없다. 각각의 덫을 자세하게 설명해 둔 장들을 읽게 되면, 좀 더 자세한 질문지 검사를 통해서 그 삶의 덫이 자신에게 해당하는지 확인할 수 있을 것이다.

열한 가지 삶의 덫에 관한 간단한 요약

어린 시절 가정에서의 안전함이나 안정감의 부재와 관련되는 삶의 덫 두 가지가 버림받음과 불신의 덫이다.

버림받음

버림받음이라는 덫은 사랑하는 사람이 자신을 떠나고, 자신은 영원히 정서적으로 고립되어 살게 될 것이라는 느낌이다. 가까운 사람이 죽거나 집을 떠나거나, 다른 사람을 더 좋아하게 되어 자신을 버릴 거라고 느끼는 등 어쨌든 혼자 남겨지게 될 것이라 느낀다. 이러한 믿음 때문에 당신은 가까운 사람에게 지나치게 매달리게 된다. 역설적으로 자신이 사람들을 밀어내게 되기도 한다. 심지어 정상적으로 잠시 떨어지는 것조차도 화가 나거나 매우 흥분하게 된다.

불신과 학대

불신과 학대의 덫이란 다른 사람들이 어떤 방법으로든 자신을 해치거나 학대할 것이라는 예상이다. 즉 그들이 자신에게 사기를 치거나 거짓말을 하거나 조종하거나 모욕하거나 다치게 하거나 그 외의 방법으로 이득을 취하려 할 것으로 생각한다. 이 덫에 걸려 있는 사람은 자신을 보호하기 위해 불신의 벽 뒤에 숨게 된다. 타인을 결코 어느 선 이상 접근하게 놔두지 않으며, 타인의 의도를 의심하고 최악의 상황을 예상한다. 사랑하는 사람들이 자신을 배신할 것이라고 예상한다. 대인관계를 전적으로 회피하거나, 피상적인 관계만을 맺는다. 자신에게 잘 못하는 사람에 대해서는 굉장한 적대감과 복수심을 품게 된다.

세상에서 독립적으로 기능하는 능력과 연관된 삶의 덫에는 의존과 취약성이 있다.

의존

만일 의존의 덫에 걸려 있다면, 자신은 다른 사람의 세심한 도움 없이는 일상생활을 제대로 할 수 없다고 느낄 것이다. 다른 사람들을 마치 의족처럼 의존하며 지속적인 지원을 원한다. 아마 어렸을 때 자신의 독립성을 주장하다가 좌절감을 느낀 적이 있을 것이다. 어른이 되어서도, 의지할 수 있는 강한 사람들을 찾아 그들이 자신의 생활을 지배하게 한다. 직장에서도, 독립적으로 행동하지 못하고 움츠러든다. 말할 나위 없이 이 덫은 자신을 계속 뒤로 물러서게 한다.

취약성

취약성의 덫에 걸린 당신은 재앙, 즉 자연재해, 범죄, 질병, 경제적 파산 등이 닥칠 거라는 두려움 속에 산다. 이 세상 어디에서도 안전하게 느끼지 못한다. 이는 어린 시절 누군가가 세상은 위험한 곳이라고 느끼게 만들어서 그런지도 모른다. 혹은 부모가 당신의 안전에 대해 너무 걱정한 나머지 과보호했을 수도 있다. 공포는 지나치고 비현실적이지만, 이미 그 공포에 조정 당하는 당신은 오직 안전의 확보에만 모든 에너지를 쏟게 된다. 이러한 공포는 불안 발작, AIDS 감염, 미치는 것 등의 여러 질병까지도 맴돌며 혹은 파산해서 거리로 내쫓기는 것과 같은 재정적 취약성이 초점이 될 수도 있다. 또는 당신의 취약성은 비행기 추락, 강도 당하는 것, 지진과 같은 공포 상황을 두려워하게 될 수도 있다.

자신과 타인 간의 정서적 유대의 강도에 관련된 두 가지 삶의 덫이 있다. 정서적 결핍과 사회적 소외가 그것이다.

정서적 결핍

정서적 결핍이란 사랑받고자 하는 자신의 욕구가 절대로 타인에 의해 적절하게 충족되지 못할 것이라는 믿음이다. 아무도 자신을 진심으로 돌보거나 자신의 감정을 이해해 주지 못한다고 생각한다. 냉정하고 인색한 사람들에게 끌리는 자신을 발견하게 되거나, 반대로 당신 스스로가 타인에게 냉정하고 인색할 수도 있기에 불만족한 대인관계로 흐르게 된다. 이용당했다는 느낌을 받게 되고, 그것에 대한 분노와 외롭고 상처받은 느낌 사이를 오가게 된다. 역설적으로 이러한 분노는 사람들이 자신에게서 더욱 멀어지는 결과를 초래하여 더욱 큰 결핍을 느끼게 만든다.

정서적 결핍을 가진 환자들을 치료할 경우, 이들이 진료실을 떠난 후에도 그들의 외로움은 여전히 진료실 안에 머무는 듯하다. 그것은 공허함과 정서적 단절감이라는 특질이다. 이들은 사랑이 무엇인지 모르는 사람들이다.

사회적 소외

사회적 소외는 친구와 집단과의 관계를 포함한다. 세상과 격리된 느낌, 남들과 다르다는 느낌이다. 이 덫에 걸린 당신은 어린 시절 또래에게 소외당한 경험이 있을 것이다. 당신은 친구 집단에 속하지 못했다. 뭔가 남들과 다르게 느껴지는 유별난 특징이 있었을 수도 있다. 문제는 어른이 되어서도 회피를 통하여 덫을 유지한다는 점이다. 집단 내에서 사교적 활동을 하거나 친구 사귀는 것을 회피한다.

자신이 다른 아이들로부터 소외당할 만한 무언가 있었기에 소외감을 느꼈을 수도 있다. 그래서 자신은 사회적으로 바람직하지 못하다고 느꼈을 것이다. 어른이 되어서도 자신이 못생겼거나, 성적 매력이 부족하거나, 지위가 낮거나, 화술이 부족하거나, 따분하거나, 그 외에 뭔가 부족하다고 느낀다. 어려서 거절당한 상황을 어른이 되어서도 재연하고 있기에 당신은 사회적 상황에서 열등하게 느끼고 행동한다.

사회적 소외의 덫을 가진 사람이 외견상 항상 명백히 드러나는 것은 아니다. 이 덫에 걸려 있으면서도 친밀한 관계에서도 편안하고 사교적인 사람들이 많다. 이 덫은 일대일의 관계에서는 드러나지 않을 수도 있다. 파티나 수업 시간, 모임, 직장 등에서 그들이 얼마나 불안해하고, 타인과 거리를 두는지 알게 되면 놀라게 된다. 그들은 소속감을 느끼기 위해 끊임없이 찾아다닌다.

자존감과 관련된 두 가지 덫은 결함과 실패의 덫이다.

결함

결함의 덫은 내적으로 부족하고 결함이 있다고 느끼는 것이다. 누군가 자신과 가까워져서 자신의 참모습을 알게 되면, 근본적으로 자신은 사랑받을 수 없게 될 것이라고 믿는다.

이러한 결함은 노출되어있을 수도 있다. 어린 시절에 가족 중 누군가에게 존중받기는 고사하고 '결점'으로 인해 비난받아왔기에, 스스로 사랑받을 가치가 없다고 자책하며 컸을지도 모른다. 어른이 되어서도 당신은 사랑을 두려워한다. 가까운 사람들이 자신의 가치를 제대로 평가하기 어려울 것으로 생각하며, 거절당할 것을 예상한다.

실패

실패의 덫은 성취해야 할 분야,즉 학교, 직장,운동 등에서 자신은 부적합하다는 믿음이다. 어린 시절에 아마도 당신은 또래보다 실패했다고 믿었을 수 있다. 성취라는 면에서 열등하다고 느끼게 되었을 것이다. 학습장애가 있었거나, 읽기와 같은 중요한 기술을 제대로 배우지 못했을 수도 있다. 언제나 다른 아이들이 더 우수했다. 당신은 '멍청하다','재능이 없다', '게으르다'라는 식으로 놀림을 받았을 것이다. 어른이 되어서도 자신의 실패 정도를 과장하고, 실패를 초래할 행동을 하여서 덫을 지속시킨다.

자기-표현 즉 자신이 원하는 것을 표현하고 진정한 욕구를 만족시키는 능력과 관련된 복종과 엄격한 기준의 덫이 있다.

복종

복종의 덫이 있으면, 다른 이들을 기쁘게 하거나 그들의 욕구를 만족시키기 위해 자신의 욕구와 욕망을 희생한다. 남들이 자신을 조종하도록 내버려 둔다. 이런 행동을 하는 것은 자신을 우선해서 타인에게 상처를 준다는 죄책감 때문이거나, 복종하지 않으면 처벌받거나 버림받을 것이라는 두려움 때문이다. 어린 시절, 가까운 사람 아마도 부모님이 당신을 복종하게 했을 것이다. 이 덫은 어른이 된 후에도 지배적이고 권위적인 사람들과의 관계에서 그들에게 복종하거나, 너무 큰 상처를 받은 나머지, 요구만 하는 사람들과의 관계 속으로 빠져들게 한다.

엄격한 기준

엄격한 기준의 덫에 걸리면, 스스로 설정해 놓은 지나치게 극단적으로 높은 기준에 맞추기 위해 가혹하게 노력한다. 행복과 기쁨,건강,성취감, 대인관계에서의 만족을 희생하는 대가로 지위, 돈,성취,질서,인정 등을 얻으려고 지나치게 노력한다. 이러한 엄격한 기준을 자신만이 아니라 타인에게도 적용하여 매우 비판적이다. 어린 시절에 최고가 될 것이라는 기대를 받아왔으며, 최고가 아니면 실패라고 배웠고, 자신이 한 일 중에 아주 잘한 일은 없다고 배웠다.

특권 의식

마지막 삶의 덫인 특권 의식은 삶의 현실적 한계를 받아들이는 능력과 관련된다. 이 덫에 걸린 사람들은 자신이 특별하다고 느낀다. 자신이 원하는 것은 무엇이든 즉각적으로 행하거나 말하거나 가질 수 있다고 생각한다. 그들은 다른 사람들이 고려하는 합리성, 실현 가능성, 시간, 인내심, 치러야 할 대가 같은 것들은 무시한다. 자기 규제에도 어려움을 겪는다.

이 덫에 걸린 사람들은 어린 시절 버릇없이 자란 경우가 많다. 그들은 자신을 통제하거나 한계를 받아들이라는 요구를 받지 않았다. 성인이 되어서도 그들은 원하는 것을 얻지 못할 때 매우 화를 낸다.

이제 당신은 어떤 삶의 덫에 걸려 있는지 알게 되었을 것이다. 다음 장에서는 삶의 덫이 어디에서 유래했는지, 아이로서 어떻게 그런 덫을 발전시켜 왔는지 알려줄 것이다.

3
삶의 덫 이해하기

삶의 덫은 다음 세 가지 특성에 의해 쉽게 인식된다.

> **삶의 덫 파악하기**
>
> 1. 평생 반복되는 패턴 또는 주제이다.
> 2. 자기파괴적이다.
> 3. 생존을 위해 투쟁한다.

우리가 첫 장에서 말한 것처럼, 삶의 덫은 어린 시절에 시작해서 평생 반복되는 패턴 또는 주제이다. 그 주제는 버림받음일 수도 있고 불신일 수도 있으며, 정서적 결핍 또는 앞서 기술한 것들일 수도 있다. 그 마지막 결과는, 성인이 되어서도 우리에게 너무나 해로웠던 어린 시절의 조건을 재현해내는 것이다.

삶의 덫은 자기파괴적이다. 이러한 자기-패배적 특성은 치료자로서 가장 안타까운 점이다. 우리는 패트릭 같은 사람이 다시 버림받는 것을 보게 되고, 매들린 같은 사람이 학대받는 것을 보게 된다. 환자들은 마치 화염 속으로 날아드는 나방처럼 삶의 덫을 격발하는 상황 속으로 끌려 들어간다. 삶의 덫은 우리의 자기감을, 건강을, 타인과의 관계를, 우리의 일을, 우리의 행복을, 우리의 기분을 손상한다. 그것은 우리 삶의 모든 측면에 영향을 미친다.

삶의 덫은 생존하기 위해 격렬히 투쟁한다. 우리는 그것을 유지하려는 강한 압력을 느낀다. 삶의 덫은 일관성을 향한 사람의 충동이다. 삶의 덫은 우리가 알고 있는 것이다. 고통스럽지만 편안하고 익숙하기에 그것을 바꾸기가 너무나 어렵다. 우리가 자란 가정환경에 적절한 적응 방식으로 계발된 이런 패턴들은 어린 시절에는 필요한 것이었으나, 문제는 그것이 더는 쓸모가 없어졌는데도 우리는 지속해서 그 패턴들을 반복한다는 것이다.

어떻게 삶의 덫이 형성되는가?

삶의 덫의 발달에는 많은 요인이 이바지한다. 첫째는 기질이다. 기질은 타고난 것이다. 그것은 우리의 정서적 기본 구조이고, 사건에 반응하도록 연결된 방식이다.

다른 타고난 성향들처럼 기질도 다양하다. 기질은 또한 다양한 정서를 포함한다. 주로 유전된다고 믿어지는 기질들의 예를 들어보겠다.

기질의 다양한 차원들	
수줍은 ↔ 외향적인	
수동적 ↔ 공격적	
감정이 밋밋한 ↔ 감정이 강렬한	
불안한 ↔ 겁없는	
민감 ↔ 둔감	

　당신은 자신의 기질이 이러한 차원들과 우리가 아직 알거나 이해하지 못하는 다른 차원 중에 특정 지점의 조합이라고 생각할 것이다.

　물론 행동은 환경에 의해 영향을 받는다. 안전하고 양육적인 환경은 수줍은 아이마저도 어느 정도 외향적으로 만들 수 있으며, 사정이 안 좋으면 비교적 둔감한 기질을 타고난 아이도 무너뜨릴 수 있다.

　유전과 환경은 우리를 형성하고 영향을 준다. 이는 (비교적 작은 영향일지언정) 키와 같은 단순히 신체적인 기질에도 해당한다. 키가 자랄 수 있는 잠재력은 타고나는 것이지만 그 잠재력의 발현 여부는 부분적으로 충분한 영양 섭취나, 건강한 주변 환경 등에 달려 있다.

　초기 환경적 영향 중 가장 중요한 것은 우리의 가족이다. 우리 가족의 정신 역동은 초기 세상의 정신 역동 중 상당 부분을 차지했다. 그러므로 우리가 삶의 덫을 재연할 때, 우리는 거의 항상 어린 시절의 가족 드라마를 재연하는 것이다. 예를 들어, 패트릭은 자신에게 일어난 일, 즉 엄마에게 버림받은 사건을 재연하고 있으며, 매들린은 계부에게 학대받은 경험을 재연하는 것이다.

　대부분 경우에 가족의 영향은 출생 당시가 가장 크고, 아이가 자라남에 따라 약화 된다. 아이가 커가면서 가족보다는 또래들이나 학교 등의 다른 영향이 더 중요해지지만, 가족은 여전히 원초적 상황이다. 어린 시절의 환경이 파괴적일 때 삶의 덫은 이미 그 자리를 잡아가는 것이다. 여기 몇 가지 예가 있다.

> **파괴적인 어린 시절 환경의 예**
>
> 1. 부모 중 한 사람이 당신을 학대했으며, 나머지 한 사람은 수동적이고 무력했다.
> 2. 부모는 정서적으로 거리를 두면서도 당신의 성취에 대해서는 큰 기대를 했다.
> 3. 부모들은 항상 싸웠고, 당신은 사이에 끼어 있었다.
> 4. 한쪽 부모가 아프거나 우울했으며, 다른 쪽 부모는 없었다. 당신은 아픈 부모를 돌보게 되었다.
> 5. 한쪽 부모와 얽혀서 배우자를 대리하는 역할을 했다.
> 6. 부모가 공포감이 심해서 당신을 과보호했다. 그 부모는 혼자 있기를 두려워해 당신에게 매달렸다.
> 7. 부모는 항상 당신을 비난하였기에 당신은 충분히 잘하는 것이 아무것도 없다고 느꼈다.
> 8. 부모가 당신을 과보호했으며, 행동의 한계를 설정하지 않았다.
> 9. 동료들에게 거절당했고, 그들과 다르다고 느꼈다.

유전과 환경은 상호작용한다. 삶의 덫을 형성하는 데 어린 시절의 파괴적인 영향들과 우리의 특정한 기질이 상호작용한다. 우리의 기질 또한 부모가 우리를 어떻게 양육할지 부분적으로 결정한다. 예를 들어, 가족 내에서 아이 중 유독 한 아이만 학대받는 경우가 있다. 또한, 우리의 기질은 그러한 부모의 양육 태도에 대한 우리의 반응도 부분적으로 결정한다. 같은 환경 속에서도 두 아이가 아주 다르게 반응할 수 있다. 둘 다 학대를 받았지만, 한 명은 수동적인 데 반해 다른 한 명은 반항할 수 있다.

아이의 성장에 필요한 것

우리가 잘 적응된 어른으로 성장하기 위해서 어린 시절의 환경이 완벽할 필요는 없다. 단지 도날드 위니코트가 말한 대로 '충분히 좋으면' 된다. 아이에게는 기본적 안전, 타인과의 연대, 자율성, 자존감, 자기-표현, 현실적 한계 등의 핵심 욕구가 있다. 이러한 욕구들이 충족되면, 아이는 심리적으로 순조롭게 성장한다. 이러한 욕구가 충족되는데 심각한 결함이 생기면, 문제가 일어난다. 삶의 덫은 이러한 핵심 욕구의 결핍을 의미한다.

> **우리가 성장하는 데 필요한 것**
> 1. 기본적 안전
> 2. 타인과의 연대
> 3. 자율성
> 4. 자존감
> 5. 자기-표현
> 6. 현실적 한계

기본적 안전(삶의 덫: 버림받음, 불신과 학대)

어떤 삶의 덫은 다른 것보다 더 핵심적이다. 그 중에도 기본적 안전의 부재로 인한 덫은 가장 핵심적이다. 이는 어려서부터 시작된다. 심지어 갓난아이도 이 덫에 걸릴 수 있다. 갓난아이에게 안전은 절대적으로 핵심이다. 죽느냐 사느냐의 문제이기 때문이다.

기본적 안전과 관련된 덫은 가족이 어린아이를 어떻게 대했는가에 관련되어 있다. 버림받거나 학대받는 위협은 당연히 우리를 사랑하고 돌보고 보호해 주어야 할 가까운 사람들로부터 받는다.

어린 시절에 학대를 받거나 버림받은 사람들은 가장 심한 상처를 받는다. 그들에게 안전함을 느낄 장소가 없다. 사랑하는 사람이 자신을 해치거나 버리는 것 같은 뭔가 끔찍한 일들이 언제든 일어날 수 있다고 느낀다. 그들은 취약하고 깨지기 쉽게 느낀다. 그들의 평정 상태는 쉽게 깨질 수 있다. 그들의 기분은 강렬하고 변덕스러우며, 충동적이고 자기파괴적이다.

어린아이는 안전하고 안정적인 가족 환경이 필요하다. 안전한 집에서 필요할 때 부모들이 있어 주어야 한다. 집이란 부모들이 신체적으로 정신적으로 아이를 위해 존재하는 공간이다. 거기에서는 그 누구도 부당한 대우를 받지 않는다. 가족 간에는 다투어도 정상적 범위를 넘지 않는다. 또한, 누군가의 죽음이나 오랫동안 아이를 떠나는 일도 없는 것이 바람직하다.

계속 바람을 피우는 아내를 둔 패트릭의 경우, 어린 시절에 알코올 중독자인 어머니 밑에서 불안정하게 보냈다.

패트릭 심지어 엄마가 집에 오지 않는 날도 있었어요. 그냥 나타나지 않았던 거예요. 우리는 모두 엄마가 어디 있는지 알고 있었지만, 그 누구도 말하지 않았어요. 사실 집에 온다 해도 별 상관이 없었지요. 엄마는 항상 취해 있거나 취해가는 중이었죠.

만일 당신의 부모 중 한 분이 심한 알코올 중독자였다면, 안전에 대한 당신의 욕구는 거의 확실히 충족되지 못했을 것이다.

패트릭은 성인이 되어서도 불안정에 중독된 상태라고 우리는 말할 수 있었다. 불안정한 상황은 마치 자석처럼 그를 끌어당긴다. 특히 그는 불안정한 여자에게 많은 매력을 느끼고 자신도 모르는 사이에 이런 여성들과 사랑에 빠진다.

안전함을 느끼는 아이는 이완되고 믿음을 가질 수 있다. 안전함의 핵심 감정은 모든 것의 기본이 된다. 그러한 느낌 없이 가능한 것은 거의 없으며, 우리는 다른 발달 과제로 넘어갈 수가 없다. 안전 문제에 대한 걱정에 너무나 많은 에너지를 빼앗겨 에너지가 거의 남아 있지 않다.

안전하지 않은 어린 시절을 되풀이하는 것만큼 위험천만한 일은 없다. 당신은 자기파괴적 관계를 청산해도 또 다른 자기파괴적 관계로 돌진한다. 혹은 매들린이 대학 졸업 후에 그랬던 것처럼 모든 관계를 회피할 수도 있다.

타인과의 연대(삶의 덫: 정서적 결핍, 사회적 소외)

타인과 연대감을 가지려면 우리는 사랑, 관심, 존경, 애정, 이해, 길잡이가 필요하다. 우리는 가족과 동료들로부터 이러한 것들을 원한다.

타인과의 연대에는 두 가지 형태가 있다. 첫째는 친밀감을 포함한다. 친밀한 관계란 가족, 애인, 좋은 친구들과의 관계다. 그들은 우리의 가장 가까운 정서적 끈이다. 가장 친밀한 관계에서 우리는 아버지나 어머니와의 관계에서 느끼는 연대감 같은 감정을 느낀다. 두 번째 형태는 사회적 연대이다. 이것은 일종의 소속감이며, 더 큰 사회적 세계에 속한다는 느낌이다. 사회적 관계란 친구들 간의 소모임이나 지역사회 집단과의 관계이다.

연대감의 문제는 매우 미묘한 문제이다. 당신은 타인과 완벽하게 어울리는 것처럼 보일 수 있다. 당신에게는 가족이나 사랑하는 사람이 있을 수 있고, 지역사회의 일원일 수 있다. 그러나 마음 깊은 곳에 당신은 단절을 느낀다. 외로움을 느끼고, 가지고 있지 못한 어떤 관계를 갈망한다. 오직 민감한 사람만 당신이 주변 사람들과 진정 연결되어 있지 않다는 것을 알 수 있다. 당신은 사람들과 약간의 거리를 두고 있다. 누구도 다가서는 것을 허용하지 않는다. 당신의 문제는 더 극단적일 수도 있다. 당신은 언제나 외로웠기에 혼자 있기를 좋아하는 사람일 수도 있다.

첫 장에 나왔던 모든 여자에게 실망하는 문제를 가진 제드는 친밀감에 심각한 문제를 가진 사람이다. 그는 친밀감으로부터 도망치고 있었고, 그러기에 가장 가까운 관계마저도 피상적 수준으로 유지한다. 처음 치료를 시작했을 때, 그는 친한 사람의 이름을 한 명도 떠올릴 수 없었다.

제드는 정서적 진공 상태에서 자라났다. 아버지에 대해 거의 아는 바가 없었으며, 어머니는 차갑고 동떨어진 사람이었다. 그의 어린 시절에 감정의 교류나 신체적 접촉이 없었다. 어린 시절 흔히 결핍되기 쉬운 세 가지 즉, 양육, 공감, 길잡이가 제드에게는 모두 없었다.

연대감에 문제가 있다면, 당신도 외로움을 느낄 것이다. 아무도 당신을 깊이 이해하거나 당신을 걱정해 주지 않는다고 느낄 수 있다(정서적 결핍의 덫). 혹은 자신이 세상으로부터 소외되어 있고, 어디에도 못 어울린다고 느낄 수 있다(사회적 소외의 덫). 그것은 일종의 공허감으로 연대에 대한 굶주림이다.

자율성(삶의 덫: 의존과 취약성)

자율성은 동년배의 다른 사람과 비교할 때, 부모로부터 분리되어 세상에서 독자적으로 활동할 수 있는 능력이다. 그것은 집을 떠날 수 있는 능력이며, 자신의 삶을 살며, 정체성을 가지고, 부모님의 지지나 지시에 전적으로 의존하지 않고, 자신의 목표와 방향을 갖는 것을 말한다. 개인으로서 기능할 수 있는 능력이며, 자기를 확립하는 것이다.

만일 자율성을 장려하는 가정에서 자랐다면, 부모가 자조 기술을 가르쳤을 것이고, 책임감을 격려했을 것이며, 좋은 판단을 하도록 훈련 시켰을 것이다. 세상 속으로 용감하게 나아가 또래들과 어울리게 했을 것이다. 과보호하기보다는 세상은 안전하다는 사실과 그 속에서 자신을 안전하게 할 방법을 가르쳤을 것이다. 독립된 정체성을 지니도록 격려했을 것이다.

그러나 당신의 어린 시절은 의존과 융합을 조장하는 건강하지 못한 환경이었을 수도 있다. 당신의 부모는 자립심을 길러주지 못하고, 대신에 모든 것을 해주면서 스스로 일을 처리하려는 당신의 시도를 무력화시켰을 것이다. 세상은 위험한 곳이라 가르치고, 위험과 질병에 대해 끊임없이 경고하며, 타고난 취향을 추구하지 못하게 했을 것이다. 자신의 판단이나 결정에 따라서는 험한 세상에서 살아갈 수 없다고 가르쳤을 것이다.

1장에서 소개했던 여러 공포증을 가진 해더는 어린 시절에 과보호되었다. 그녀의 부모는 위험을 끊임없이 걱정하는 사람들이었기에 그녀에게 계속 위험을 경고했다. 그들은 그녀가 이 세상에서 취약하게 느끼도록 훈육했다.

해지의 부모님이 나쁜 의도를 가진 것은 아니었다. 오히려 그들 자신이 겁이 많았기에 그녀를 보호하려던 것이었다. 이런 경우는 흔하다. 사실 자식을 과보호하는 부모는 사랑이 많은 사람들이다. 그러나 결과적으로 해더는 취약성의 덫에 걸리게 되었다. 이 세상에서 자율적으로 살아갈 능력이 손상되었기에 그녀는 너무 두려워 세상 밖으로 나가서 자신이 원하는 일을 하지 못하는 것이다.

세상 속으로 과감하게 뛰어들 수 있을 만큼 안전함을 느끼는 것이 자율성의 한 측면이다. 일상적 업무를 처리할 수 있는 유능한 느낌과 분리된 자기감을 가지는 것은 또 다른 측면이다. 이 두 가지 능력이 의존의 덫과 깊게 연관되어 있다.

강한 의존은 세상에서 기능할 수 있는 자신의 능력에 자신감을 발달시키지 못한다. 아마도 당신의 부모는 과보호했을 것이다. 그들은 당신을 대신해서 결정을 내리고, 당신이 책임질 일을 대신 처리해 주었을 것이다. 그들은 당신이 독자적으로 행동하려 할 때마다 비판하면서 은근히 당신의 능력을 무시했을 수도 있다. 결과적으로 당신은 어른이 된 뒤에도 현명하고 강한 사람의 지도와 조언, 재정적 지원 없이는 일을 제대로 처리할 수 없다고 느낄 것이다. 심지어 부모를 떠난다 해도(대부분 떠나기 어렵지만), 또 다른 부모상을 가진 사람과의 관계 속으로 들어간다. 부모를 대치할 배우자나 상관을 찾는다.

의존적인 사람들은 흔히 자기감이 미발달되거나, 뒤엉켜 있다. 그들의 정체성은 부모나 배우자의 정체성과 융합되어 있다. 남편의 삶 속에 완전히 흡수되어 자신의 정체감을 잃어버린 주부가 그 전형적인 예이다. 그녀는 남편이 원하는 것은 무엇이든 한다. 그녀에게는 자신만의 친구나 관심사나 의견이 없다. 만일 그녀가 이야기를 시작하면, 그 이야기는 남편에 관한 것뿐이다.

　세상 속으로 과감하게 뛰어들 수 있을 만큼 안전하게 느끼는 것, 유능함을 느끼는 것, 강한 자기감을 갖는 것 등이 자율성을 구성하는 요소들이다.

자존감(삶의 덫: 결함과 실패)

　자존감이란 우리의 개인적, 사회적, 직업적 영역에서 우리가 가치 있는 존재라는 느낌이다. 이것은 가족 내에서 친구들에게서 학교에서 아이로서 사랑받고, 존중받은 느낌에서 유래한다.

　이상적으로 우리 모두 자존감을 지지하는 어린 시절을 보냈어야 했다. 가족이 우리를 사랑했고, 동료가 우리를 받아들였고, 학교 생활도 성공적이어야 했다. 지나친 비난이나 거절 없이 칭찬과 격려를 받았어야 했다.

　그러나 이런 환경이 당신에게는 거리가 먼 이야기일 수도 있다. 아마도 당신이 제대로 한 일이 없다며 지속해서 당신을 비난한 부모나 형제가 있었을 수도 있다. 사랑받을 가치가 없다고 느꼈을 것이다. 아마도 동료들에게 거절당했을 수도 있다. 그들은 당신이 부적절하다고 느끼게 하였을 것이다. 어쩌면 학업이나 운동 경기에서 실패자라는 느낌을 받았을 수 있다.

　성인이 되어서도 당신 삶의 어떤 부분에 대해서 불안을 느꼈을 수 있다. 친밀한 관계, 사교적 관계, 업무 영역 같은 자신이 취약한 분야에 대해 자신감을 가질 수 없다. 취약한 분야에서는 타인에게 열등감을 느낀다. 당신은 비난이나 거절에 과민하다. 도전적인 과제는 당신을 매우 불안하게 하며, 그런 과제를 제대로 처리하지 못하거나 회피한다.

　자존감과 관련된 두 가지 덫은 결함과 실패이다. 개인 영역과 업무 영역에서 쓸모없다는 느낌과 연관된다. 실패의 덫은 성취와 업무에서 부적합하다고 느낀다. 당신이 동료보다 성공적이지 못하고, 재능이 부족하고,

지적이지 못하다는 느낌이다.

결함이라는 덫은 타고난 결함이 있다는 느낌을 포함한다. 누군가 당신을 깊이 알수록 당신을 덜 사랑하게 될 것이라는 느낌이다. 결함의 덫은 자주 다른 삶의 덫을 동반한다. 1장에서 소개했던 다섯 사람 중 매들린, 제드, 칼튼이 그들의 일차적인 덫과 더불어 결함의 덫을 가지고 있었다.

매들린은 의붓아버지에게 성폭행을 당한 환자이다. '불신과 학대'의 덫은 '결함'의 덫과 흔히 동반된다. 학대받은 아이들은 학대받은 데 대해 항상 자신을 책망하는데, 자기 자신이 악하고 사랑받을 가치가 없으며 학대받아 마땅하다고 느끼기 때문이다.

여자들을 바꾸며 관계를 하는 제드는 자신에게 심한 결함의 느낌이 든다. 그는 이 느낌을 감추기 위해 우월하고, 초연한 태도를 보인다. 그리고 모든 사람을 기쁘게 하려는 칼튼 또한 결함을 느낀다. 칼튼이 자신의 욕구를 부인하는 이유는 자신이 그만한 가치가 없다고 느끼기 때문이다.

우리의 자존감이 손상되면 수치심을 느낀다. 수치심은 이 영역에서 주된 감정이다. 당신이 '결함' 혹은 '실패'의 덫에 걸려 있다면, 자신에 대한 수치심으로 점철된 삶을 살게 될 것이다.

자기-표현(삶의 덫: 복종과 엄격한 기준)

자기-표현이란 자신의 욕구와 여러 감정(분노를 포함한) 그리고 타고난 성향 등을 자유롭게 표현하는 것을 말한다. 거기에는 자신의 욕구가 다른 사람들의 욕구만큼 중요하다는 믿음을 내포하고 있다. 우리는 지나친 억제를 받지 않고 자발적으로 행동할 수 있는 자유가 있다. 우리는 주변의 익숙한 것들에만 국한되지 않고, 행복을 안겨줄 활동과 흥밋거리를 자유로이 추구할 수 있다. 우리는 끊임없이 일하고 경쟁하도록 내몰리지 않고, 즐겁게 놀 수 있는 시간을 가질 수 있다.

자기-표현을 장려하는 초기 환경은 우리가 타고난 관심사와 선호를 찾아 나가도록 격려한다. 어떤 결정을 내릴 때 우리의 욕구와 소망을 우선 고려해야 한다. 다른 사람들에게 심각한 타격을 주지 않는 한, 슬픔이나 분노와 같은 감정을 표현할 수 있어야 한다. 우리는 장난스럽게, 억압 없이, 열정적으로 살 수 있어야 한다. 일과 놀이 간의 균형이 권장되어야 한다. 기준은 합리적이어야 한다.

자기-표현을 억압하는 환경에서 당신이 성장했다면, 당신은 자신의 욕구나 좋아하는 것이나 감정을 표현하면 처벌받거나 죄책감을 느끼게 된다. 당신 부모의 욕구나 감정이 당신의 것보다 우선시된다. 당신은 무력감을 느끼게 된다. 당신이 장난스럽게 행동하거나 억압받지 않는 행동을 하면, 수치심을 느끼게 된다. 기쁨과 즐거움을 희생하여 일과 성취를 하도록 지나치게 강조된다. 당신이 완벽하게 수행해내지 못하면 부모님은 만족 못 한다.

항상 남들을 기쁘게 하려는 칼튼은 자기-표현이 손상된 환경에서 자라났다. 그의 아버지는 비판적이고 지배적이었으며, 어머니는 자주 우울해하거나 아팠다.

칼튼 아버지는 결코 저라는 존재에 대해 행복하지 못하셨어요. 그는 언제나 제가 어떻게 해야만 하는지를 말하며 저를 바꿔놓으려고 하셨어요. 어머니는 항상 앓아누워 계셨죠. 저는 최선을 다해서 어머니를 돌보려 했어요.

칼튼의 정체성은 별로 중요하지 않았다. 그의 부모는 그를 자신들의 목적에 맞게 이용했다. 부모가 화나거나 우울해하지 않도록 자신의 욕구를 뒤로 제쳐 놓도록 배웠다. 그의 어린 시절은 참으로 무서운 시기였고, 자아가 존재하지 않는 시기였다. "저는 아이였던 적이 없었던 것처럼 느껴요."라고 그는 말했다.

자기-표현이 제한되어 있음을 나타내는 세 가지 징후가 있다. 첫 번째는 당신이 지나칠 정도로 다른 사람의 욕구에 맞추는 것이다. 당신은 언제나 모든 이들을 기쁘게 해주려 애쓰고, 돌보려고 노력한다. 당신은 순교자처럼 자신을 희생한다. 자신의 욕구는 아무래도 좋다는 식으로 행동한다. 당신은 주변에 고통받는 사람을 보는 것이 견디기 어렵고 그들을 돕기 위해 반복적으로 자신의 욕구를 희생한다. 그러나 당신은 사실 마음속으로는 자신을 연약하고 수동적이라고 느끼며, 자신의 노력이 제대로 평가받지 못하면 분노를 느낀다. 당신은 타인의 욕구에 너무나 많은 자비심을 보이는 것이다.

당신에게 이런 문제가 있다는 두 번째 징후는, 당신이 지나치게 억제되어 있고 피지배적일 때다. 당신은 일 중독일 수 있고, 일생이 일을 중심으로 돌아간다. 당신의 일은 직업일 수도 있고, 아닐 수도 있다. 항상 완벽한 평가를 받을 만큼 일하거나, 모든 것을 깔끔하게 정리하거나, 가장 적절하고 정확하게 일을 처리하려 할 수 있다.

당신은 감정적으로 둔감할 수 있다. 당신 삶에 자발성은 없다. 당신은 매사에 자신의 자연스러운 반응을 억누른다. 당신은 다른 사람이 원하는 바를 해야만 한다고 느끼거나(복종의 덫), 불가능할 정도로 높은 기준을 가지고 살아야만 하기에(엄격한 기준의 덫), 인생을 즐기지 못하고 있다고 느낀다. 당신의 삶은 기쁨이 없고 암울하다. 당신은 스스로 기쁨과 휴식, 즐거움을 박탈하고 있다.

자기-표현의 문제와 관련된 세 번째 징후는 억압된 분노이다. 만성적으로 분노가 잠재되어 있다가 예측불허로 터져 나오며, 그러한 분노를 거의 통제하지 못한다. 당신은 우울할 수도 있다. 당신은 보상이 없는 일상의 덫에 걸려 있다. 당신의 삶은 공허해 보인다. 당신은 모든 일을 해야만 하지만, 그 안에 즐거움은 없다.

현실적 한계 (삶의 덫: 특권 의식)

현실적 한계의 문제는 여러 면에서 자기-표현의 문제와 정반대이다. 자기-표현이 허용되지 않으면 타인에게 지배된다. 당신은 자신의 욕구를 억압하고 타인의 욕구를 따른다. 그러나 한계의 문제를 가지면, 자신의 욕구에 너무 몰입한 나머지 타인의 욕구를 무시한다. 이런 경향이 너무 심해지면 사람들은 당신을 이기적이고 요구가 많고 남을 조종하며 자기중심적이고 자기애적인 사람으로 본다. 또한, 당신은 자기 조절의 문제를 가지고 있다. 너무도 충동적이고 감정적이어서 장기적 목표를 달성하기가 어렵다. 당신은 항상 즉각적인 만족을 추구한다. 그래서 일상적이고 따분한 임무를 참을 수 없다. 자신은 특별하며 모든 일을 자신의 방식대로 처리할 권리가 있다고 배운다.

현실적 한계를 갖는다는 것은 우리가 하는 행동의 현실적인 내적, 외적 한계를 수용하는 것을 의미한다. 이것은 타인의 욕구를 이해하는 능력과 우리가 행동할 때 타인의 욕구를 고려하는 능력, 즉 우리의 욕구와 타인의 욕구 사이에 공정한 균형을 맞추는 능력을 의미한다. 그것은 또한 우리의 목적을 달성하고, 사회로부터 처벌받지 않도록 충분한 자기 조절과 자기 규율의 실행을 의미한다.

우리가 어린 시절에 현실적 한계를 설정하는 환경에서 자란다면, 우리의 부모는 자기 조절과 자기 규율에 대한 행동을 보상해 주었을 것이다. 우리의 지나친 응석을 받아주지 않았을 것이고, 지나친 방종도 허용하지 않았을 것이다. 자신의 행동에 책임을 지도록 배웠을 것이다. 학교 숙제를 해야 하고 집안의 허드렛일을 도와야 했을 것이다. 우리의 부모는 우리가 타인의 관점을 수용하고, 타인의 욕구를 잘 감지하는 법을 배우게 했을 것이다. 우리는 남에게 불필요한 상처를 주지 않도록 배웠고, 타인의 권리와 자유를 존중하도록 교육받았을 것이다.

그러나 당신의 어린 시절은 현실적 한계가 조성되지 않았을 수도 있다. 부모님이 지나치게 응석을 받아주고 방임했을 수도 있다. 당신이 원하는 건 무엇이든 해주었다. 그들은 당신이 난리를 치며 떼를 쓰면 원하는 것을 모두 해주었다. 그들은 적절한 지도를 해주지 않았다. 그들은 당신이 한계가 없는 분노를 표출하도록 허용했다. 당신은 상호성이라는 개념을 배우지 못했다. 타인의 감정을 이해하거나 고려하도록 격려받지 못했다. 자기 규율과 자기 통제를 배우지 못했다. 이러한 모든 잘못들이 특권 의식의 덫을 유발하는 것이다.

또 다른 시나리오로는 아마도 당신의 부모가 정서적으로 차갑고 박탈적이었을 수 있다. 당신은 끊임없이 비난받고 멸시를 받았다. 당신은 나중에 그러한 비난과 멸시를 보상받거나 비난과 멸시로부터 도망치기 위해 특권 의식을 키웠을 수도 있다.

특권 의식은 당신의 삶을 망가뜨릴 수 있다. 결국, 사람들은 당신에게 넌더리를 내게 될 것이다. 그들은 당신을 떠나거나 당신에게 보복할 수 있다. 당신은 배우자와 헤어지고, 친구들은 당신을 만나지 않고, 직장에서도 해고될 수 있다. 당신의 한계 문제에 자기 규율이나 자기 통제의 어려움이 포함된다면, 건강에도 악영향이 올 것이다. 담배를 지나치게 많이 피거나, 약물에 중독되거나, 운동을 거의 안 하거나, 과식할 수 있다. 심지어는 이성을 잃고 누군가를 폭행하거나, 음주 운전으로 구속되는 등 범법 행위를 할 수도 있다. 당신은 자기 규제의 문제로 인해 삶의 목표를 달성하는 데 실패할 수도 있다. 자기 규제를 하는 것이 너무 어려워서 필요한 일을 하지 못할 수도 있다.

한계의 문제를 가진 사람들은 남을 탓하는 경향이 심하다. 자신이 문제의 근원임을 인정하는 대신 남을 탓한다. 따라서 한계의 문제를 가진 사람이 이 책을 읽을 가능성은 드물다. 그들은 자기가 아니라 남에게 문제가 있다고 믿는다. 그러나 이 책을 읽고 있는 사람 중 다수가 한계의 문제를 가진 사람들과 얽혀 있을 수 있다. 1장의 환자 다섯 명 중 누구도 한계의 문제를 가지고 있지는 않았다. 하지만 그들 중 다수가 한계의 문제를 가진 사람들과 자기파괴적 관계에 있었다.

요약

다음은 모든 삶의 덫을 종류별로 분류한 표이다.

열한 가지 삶의 덫	
1. 기본적 안전	
① 버림받음	② 불신과 학대
2. 타인과의 연대	
③ 정서적 결핍	④ 사회적 소외
3. 자율	
⑤ 의존성	⑥ 취약성
4. 자존감	
⑦ 결함	⑧ 실패
5. 자기-표현	
⑨ 복종	⑩ 엄격한 기준
6. 현실적 한계	
⑪ 특권 의식	

다음 장에서, 우리는 삶의 덫이 어떻게 작용하며, 사람들이 자신의 덫에 어떻게 대처하는지 알아보려 한다.

4

굴복, 도피, 반격

    삶의 덫은 우리의 경험을 적극적으로 조직화한다. 그것들은 외현적이며 미묘한 방식으로 우리가 생각하고 느끼고 행동하는 방식에 작동한다.
    사람들은 각자의 삶의 덫에 각기 다른 방식으로 대처한다. 바로 이런 이유로 인해 같은 환경에서 자라난 아이들도 아주 다른 것처럼 보이는 것이다. 예를 들어, 부모에게 학대를 받은 형제라도 서로 매우 다른 반응을 보일 수 있다. 한 아이는 수동적이고 겁에 질린 희생자로 일생을 살아간다. 다른 아이는 공공연히 반항적이고 공격적으로 자라서 어린 나이에 가출하여 거리를 방황하는 10대로 살아간다.
    이는 부분적으로는 출생 시에 타고나는 기질이 겁이 많고 수줍을 수도, 또는 능동적이고 외향적일 수도 있기 때문이다. 우리의 타고난 기질은 우리를 특정 방향으로 향하게 한다. 부분적으로는 우리가 흉내 내거나 모델로 삼기 위해 다른 부모를 선택하기 때문이다. 학대자가 흔히 희생자와 결혼하기 때문에, 그들의 자녀들은 두 가지 모델을 동시에 가지게 된다. 아이는 부모 중 학대하는 쪽을 모델로 삼을 수도 있고, 학대당하는 쪽을 모델로 삼을 수도 있다.

삶의 덫에 대한 세 가지 대처방식: 굴복, 도피, 반격

알렉스와 브랜든, 맥스라는 세 명의 다른 사람을 살펴보자. 이들은 모두 결함의 덫을 가지고 있다. 이들은 모두 깊은 내면에는 자신이 결함투성이고, 사랑스럽지 못하며, 수치스럽다고 느낀다. 그러나 그들은 결함의 덫에 대해 각자 완전히 다른 방식으로 대처한다. 우리는 이 세 가지 스타일을 굴복, 도피, 반격이라 부른다.

알렉스 | 19세. 대학생인 그는 '결함'이라는 느낌에 굴복한다.

알렉스는 사람의 눈을 거의 쳐다보지 못하고, 항상 고개를 숙인 채 대화를 나눈다, 말소리는 겨우 들릴 정도로 작다. 붉어진 얼굴로 더듬거리며 남들 앞에서 자신을 낮추고 끊임없이 사과한다. 언제나 일이 잘 안 돌아가면 자신을 탓한다. 심지어 자기 잘못이 아니어도 그렇게 한다.

알렉스는 언제나 자신이 남들보다 '한 수 아래', 즉 열등한 존재라고 생각하며, 항상 자신에게 불리한 방식으로 남들과 비교한다. 그는 다른 사람들이 항상 자신보다 낫다고 느낀다. 이런 이유로 사교 모임은 언제나 그에게 고통스럽다. 대학 첫해에 그는 몇 번 파티에 참석했으나 너무 불안해서 누구와도 이야기할 수가 없었다. "어떤 말도 떠오르지 않아서 아무 말도 할 수 없었다"라고 설명했다. 그렇게 해서 알렉스는 2학년이 된 지금도 단과대학의 파티에 한 번도 나갈 수가 없었다.

같은 기숙사에 있는 여학생과 몇 번 데이트를 시작했지만, 그녀는 항상 그를 비난을 했다. 가장 친한 친구조차 매우 비판적이었다. 사람들이 자신을 비난할 것이란 그의 예측이 자주 증명되었다.

치료자 자신을 왜 그렇게 비난하나요?
알렉스 제 생각엔 남들이 저를 비난하기 전에 제가 먼저 비난하길 원하는 것 같아요.

알렉스는 엄청난 수치심을 가지고 있다. 자신이 수치스럽기에 얼굴을 붉히고 고개를 숙인 채 다닌다. 그는 삶에서 일어나는 일상의 사건들은 자신의 결함과 사랑스럽지 못함, 무가치함을 지속해서 증명하기 위해 일어나는 것이라 해석한다.

알렉스 저는 사회적 불량품 같아요. 이번 학기가 이미 반이 지났는데도, 우리 반 아이 중 한 명도 제대로 알지 못 해요. 아이들이 둘러앉아서 이야기하는 동안에도 저는 꿔다놓은 보릿자루처럼 그저 가만히 앉아 있기만 해요. 아무도 제게 말을 걸지 않아요.
치료자 자신이 먼저 말을 걸어본 적은 없나요?
알렉스 전혀요. 누가 저하고 이야기하고 싶겠어요?

알렉스는 자신이 결함투성이라고 생각하고, 느끼고, 행동한다. 삶의 덫이 그의 삶 전체에 스며들어 있는 것이다. 이것은 굴복이라는 대처방식을 가진 대표적 예이다. 삶의 덫은 이처럼 우리 가까이에 있다. 알렉스는 자신의 결함의 감정을 아주 잘 알고 있다.

우리가 굴복할 경우, 자기 삶의 덫을 확증하기 위하여 우리는 상황을 보는 관점을 왜곡한다. 우리의 덫이 활성화될 때마다 우리는 강한 감정으로 반응한다. 우리는 삶의 덫을 강화하는 파트너를 고르고 그런 상황으로 들어간다. 우리는 삶의 덫을 지속시킨다.

알렉스는 지속해서 상황을 왜곡하거나 오해하여 자신의 덫을 강화한다. 상황에 대한 그의 관점은 부정확하다. 그렇지 않을 때조차, 그는 사람들이 자신을 공격하고 모욕한다고 느낀다. 긍정적인 면을 축소하고 부정적인 면을 강조하며, 일상을 왜곡된 잣대로 바라보기에 그런 사건들이 자신의 결함을 증명한다고 해석한다. 그는 비논리적이다. 우리가 굴복하면, 우리는 사람들과 사건들에 대해 지속해서 오판하고 오해하는 방식으로 삶의 덫을 유지한다.

우리는 자라면서 특정한 역할과 처우에 익숙해진다. 만일 우리가 학대하고, 무시하고, 소리 지르고, 계속해서 비난하고, 지배하는 환경에서 자랐다면, 우리는 그런 환경이 가장 익숙하고 편안하게 느낄 것이다. 건강하지 못한 행동 양식이긴 하지만, 사람들은 자신이 자라난 환경과 가장 유사한 환경을 추구하고 조성한다. 굴복이라는 대처방식의 핵심은 당신이 어린 시절의 패턴을 반복하며 살아갈 수 있도록 당신의 삶을 영위하는 데 있다.

알렉스는 결함의 덫의 전형적 기원인 비난하고 비하하는 환경에서 자라났다. 어른이 되어서도 그는 비난받거나 비하되는 방식으로 행동한다. 자신에 대해 매우 비판적인 친구와 애인을 사귄다. 수줍음을 타고 항상 쉽게 사과한다. 남들 앞에서도 자책한다. 우호적인 사람과는 거리를 두거나 관계를 망쳐버린다. 알렉스는 현상 유지를 원하는 것이다. 우호적인 환경도 자신에게 익숙한 수치심과 비난의 환경으로 바꿔버린다. 잠시라도 남들보다 우월하거나 평등하게 느껴지면, 어떻게든 열등한 위치로 되돌아가 버린다.

굴복의 기전은 우리가 계속해서 반복하는 모든 자기파괴적 패턴을 포함한다. 그것은 모두 어린 시절의 삶을 반복하는 방식이다. 우리는 여전히 오랜 고통을 반복하는 어린아이다. 굴복은 어린 시절의 상황을 성인기까지 연장한다. 그 결과 변화에 대해 절망적으로 느낀다. 삶의 덫이 우리가 아는 전부이며, 거기에서 도망칠 수가 없다. 그것은 스스로 돌아가는 악순환의 고리다.

브랜든 | 40세. 그는 자신의 '결함'이 있다는 느낌으로부터 도망친다.

    브랜든은 친밀한 관계를 맺어본 적이 없다. 그는 한가한 시간 대부분을 이웃의 바에서 친구들과 수다를 떨면서 지낸다. 그는 개인적인 것은 전혀 노출하지 않는 피상적인 관계를 가장 편안하게 생각한다.
    브랜든은 자신의 감정에 무심한 여인과 결혼했다. 그녀는 자신의 외모를 가꾸는 데 매우 관심이 많았다. 브랜든과의 결혼 생활을 특별히 원했다기보다는 단지 결혼에 더 관심이 있었을 뿐이었다. 친한 여자친구들이 있으나, 브랜든과의 친밀감을 기대하지는 않았다. 그녀는 전통적인 아내의 구실을 하고 싶어서 남자가 필요한 것이다. 그들의 부부 관계는 전통적인 부부의 역할에 기반하고 있으며 진정한 친밀감은 없었다. 즉 서로에 대한 신뢰가 별로 없었다.
    브랜든은 성인기 내내 알코올 중독자였다. 가족과 친구들이 알코올 중독자 모임에 나갈 것을 권했지만, 그는 권고를 무시했다. 자신이 알코올 중독자가 아니라 단지 한가한 시간에 술을 마시는 것뿐이며 음주를 스스로 조절할 수 있다고 주장했다. 그는 집 근처의 바에서 술을 마시거나, 자신보다 괜찮다고 느끼는 사람들을 만나는 사회적 상황에서 술을 마시곤 한다.
    결국 브랜든은 우울증으로 치료받으러 왔다. 그러나 알렉스와 달리,

그는 자신의 덫에 대해 잘 모르고 있었다. 사실 이 덫을 외면하려고 무진 애를 썼다고 하는 것이 맞을 것이다. 치료를 처음 시작했을 때, 자신의 결함을 단지 희미하게 느끼고 있을 뿐이었다. 자신에 대해 어떻게 느끼는지 물었을 때, 낮은 자존감이나 수치심을 가진 것을 부인했다(치료 후반에 이런 감정들이 매우 강하게 나타났다).

우리는 매번 그의 도피 방식과 싸워야 했다. 우리가 그에게 자신의 부정적인 생각들을 써오는 과제를 주어도 해오지 않았다. 그는 항상 '왜 그런 일들에 대해서 생각해야죠? 기분만 더 나빠지는데'와 같은 주장을 했다. 눈을 감고 어린 시절 자신의 모습을 그려보라고 요청하면, '아무것도 볼 수가 없어요. 내 마음은 비었어요'라고 했다. 자신을 학대한 아버지에 대해 어떻게 느꼈는지 물었을 때도, '아버지는 좋은 분이셨어요'라고 답했다.

브랜든은 결함의 느낌에서 도피하려고 애를 썼다. 도피 기전을 통해 우리는 삶의 덫에 대해 생각하기를 회피한다. 우리는 그것을 마음에서 배출해 버린다. 우리는 덫에 관한 감정 또한 도피한다. 감정이 자극될 때, 우리는 그것을 약화해 버린다. 우리는 약을 먹거나, 과식하거나, 강박적으로 깨끗해지려 하거나, 일 중독자가 된다. 우리는 덫을 자극하는 상황에 빠져들지 않으려 한다. 실제로 우리의 사고와 감정, 행동 모두가 마치 삶의 덫이란 것이 존재하지 않는 것처럼 움직이고 있다.

많은 사람이 살아가는 동안 취약하거나 민감한 영역은 회피한다. 만일 브랜든처럼 결함의 덫에 걸려 친밀한 관계를 회피하려 하면, 누구도 가까이 다가오는 것을 허용하지 않는다. 만일 실패의 덫에 걸려 있다면, 당신은 일이나 학교에서의 과제, 승진이나 새로운 프로젝트를 회피할 것이다. 만일 사회적 소외의 덫에 빠져 있다면, 당신은 집단, 파티, 회의 등을 회피할 것이다. 만일 의존의 덫을 가지고 있다면, 당신은 독립적인 능력을 요구하는 모든 상황을 회피할 것이다. 공공장소에 혼자 가는 것도 두려워할지 모른다.

덫에 대처하는 방법의 하나로 도피를 사용하는 것은 자연스러운 일이다. 덫이 자극받았을 때, 우리는 슬픔, 수치심, 불안, 분노와 같은 부정적인 감정의 홍수에 빠진다. 우리는 고통으로부터 도피하려 움직인다. 우리는 그런 감정들이 너무나 고통스럽기에 실제로 느껴야 할 것들을 직면하고 싶지 않은 것이다.

도피 기전의 단점은 결코 덫을 극복할 수 없다는 것이다. 진실을 직면하지 못하므로, 갇혀 있게 된다. 우리가 인정하지 않는 것을 변화시킬 수는 없다는 것이 문제이다. 대신에 우리는 똑같은 자멸적인 행동과 파괴적인 관계를 지속한다. 고통을 느끼지 않고 살아가려는 동안, 우리는 고통을 일으키는 문제를 개선할 기회를 스스로 박탈한다.

도피할 때, 우리는 자신과 일종의 흥정을 한다. 단기간에는 고통을 느끼진 않지만, 결국에는 몇 년이 지나서 문제를 회피한 대가를 치르라는 흥정이다. 도피하는 한, 브랜든은 자신을 이해하는 사람을 사랑하고 사랑받는, 자신이 진정으로 원하는 소망을 결코 이루지 못한다. 브랜든이 어린 시절에 거부 받은 것이 사랑이다.

도피함으로써 우리는 정서적 생활을 포기한다. 우리는 아무것도 느끼지 못한다. 우리는 진정한 즐거움도 고통도 경험하지 못한 채 멍한 상태로 지낸다. 우리가 문제에 직면하는 것을 회피하기에 결국 주변에 있는 사람들에게 상처를 주게 된다. 또한, 우리는 알코올이나 약물 같은 것에 중독이라는 비참한 결과를 맞게 되기 쉽다.

맥스 | 32세. 그는 '반격'으로 결함의 느낌에 대처한다.

맥스는 주식중개인이다. 외견상 그는 자신만만하고 확신에 차 있다. 실제로 맥스는 허풍쟁이일 뿐이다. 끊임없이 우월감을 풍기려 한다. 자신의 잘못은 인정하지 않으면서 남들에 대해서는 매우 비판적이다.

맥스는 부인이 이혼하겠다고 위협하는 바람에 치료를 받으러 왔다. 그는 자신의 문제가 모두 부인 탓이라고 주장했다.

치료자 그래서 부인은 화가 났겠군요?
맥스 그렇게 질문하신다면, 사실은 그 사람이 문제예요. 그 사람은 문제를 부풀리고 요구는 또 어찌나 많은지. 치료를 받아야 하는 건 그 사람이에요.

사실 맥스는 그를 숭배하는 매우 수동적이고 헌신적인 부인을 선택했다. 그런데 지난 세월 동안 그가 너무 이기적이고 욕설을 해댔기에, 아내는 급기야 치료를 받든지 헤어지든지 하자고 주장하기에 이른 것이다.

맥스는 자신이 우월한 위치를 차지하도록 항상 상황을 조종했다. 직언하고 대들기보다는 아첨하고 듣기 좋은 소리만 하는 직원을 고용하고, 그런 친구들을 사귀었다. 그는 우월감을 즐긴다. 그는 특권과 지위를 획득하는 데 에너지 대부분을 쏟아부었다. 그는 이런 목적을 달성하기 위해 수단 방법을 가리지 않고 사람들을 이용하고 착취했다.

그는 치료에서도 우월한 위치를 점하려 했다. 그는 우리의 자격과 치료법, 능력과 성공 정도, 나이 등을 문제 삼았다. 그는 자신이 얼마나 성공한 사람인지 우리에게 계속 일깨우려 했다. 우리가 그에게 부인을 심하게 대하는 것 같다고 하자, 그는 격분했다. 그는 우리가 자신의 감정을 이해하지 못한다고 주장했다. 자신은 중요한 사람이므로 자신이 원하는 시간에 치료해주어야 한다고 했다. 우리가 거절하면, 그는 다시 화를 냈다. 그는 자신이 당연히 받아야 할 특별대우를 받지 못한다고 느낀 것이다.

맥스는 자신이 덫에 걸린 사실을 깨닫지 못하고 있지만, 분명 덫은 그의 행동 대부분을 결정하고 있었다. 우월감을 느낌으로써, 그는 아이로서 느꼈던 정반대의 느낌을 경험한다. 그는 부모가 심어준 쓸모없는 아이와는 가능한 다른 존재가 되려고 노력하고 있었다. 우리는 그가 그런 아이의 존재는 깊숙이 묻어둔 채, 자신을 비난하거나 학대할 거라고 예상되는 사람들의 공격에 맞서 싸우는 데 전 인생을 보내고 있었다고 말할 수 있다.

우리가 반격할 때, 우리는 삶의 덫에 대해 보상함으로써 남들과 자신에게 지금은 정반대임을 확신시키는 것이다. 우리가 특별하고 우월하고 완벽하며 오류를 범하지 않는다고 느끼고 생각하고 행동하는 페르소나에 필사적으로 매달린다.

반격의 기전은 우리가 비난과 평가절하, 모욕을 다시는 당하지 않기 위해 보상적인 행동을 하므로 생겨난다. 끔찍한 취약성의 상태에서 벗어날 수 있는 길이다. 그러나 이런 반격이 너무 지나치면, 과유불급, 오히려 자신을 해치는 결과를 낳는다.

반격 기전을 주로 사용하는 사람들은 건강하게 보인다. 사실 사회에서 존경받는 유명한 배우나 가수, 정치가 중 일부는 이런 반격을 잘하는 사람들이다. 이들이 비록 사회에 잘 적응하고 남들 눈에는 성공한 것처럼 보이지만, 내면은 평화롭지 못하다. 그들은 자신이 결함투성이라는 생각에 자주 시달리고 있다.

그들은 청중들의 박수갈채와 환호 속에 자신의 무능함을 묻어버려서 부족하다는 느낌을 다룬다. 박수갈채를 받는 것은 실제로 자신이 무가치하다는 뿌리 깊은 느낌을 보상하려는 시도이다. 자신의 결점이 드러나서 무시당하기 전에 결점을 감추어서 반격할 수 있는 것이다.

우리의 반격은 우리를 고립시킨다. 완벽해지는 데 너무 골몰한 나머지 그 과정에서 상처 입는 사람들을 배려하지 못한다. 우리는 남들에게 어떤 문제가 생기든 반격을 계속한다. 그 결과 사람들이 우리 곁을 떠나거나 어떤 방식으로든 보복한다.

반격은 또한 진정한 친밀감을 방해한다. 우리는 약해지기도 하고, 타인을 신뢰하며 더 깊은 수준에서 연대하는 능력을 잃는다. 우리는 취약해지는 위험을 무릅쓰느니 차라리 결혼 생활, 사랑하는 사람과의 관계를 포함한 모든 것들을 잃는 쪽을 택하겠다고 하는 환자도 만났다.

우리가 아무리 완벽하게 노력해도, 결국에는 무언가에 실패하게 되어 있다. 반격하는 사람들은 실패를 어떻게 다루는지 절대 알지 못한다. 실패에 대한 책임을 느끼지 못하고, 자신의 한계를 인정하지 못한다. 그러나 전면적인 역풍이 불어오면, 반격도 움츠러든다. 이런 상황이 오면, 이들은 혼비백산하거나 매우 우울해진다.

반격하는 사람들의 내면은 매우 깨지기 쉽다. 그들의 우월감은 쉽게 쭈그러든다. 그들이 입은 갑옷에도 균열이 생기고, 세상이 무너지는 것 같이 느껴진다. 이런 때에는 삶의 덫이 강력하게 세력을 과시하여 결함과 박탈, 소외와 학대의 원래 감정들에 사로잡힌다.

알렉스와 브랜든, 맥스 세 사람 모두 결함이라는 핵심 삶의 덫을 가지고 있다. 그들 모두 깊은 내면에 결함이 많고 사랑스럽지 못하며 수치스럽다고 느낀다. 그러나 그들 각자 자신의 결함에 대해 완전히 다른 방식으로 대처한다.

이들은 모두 비교적 순수한 유형에 속한다. 각자 한 가지 대처방식을 일차적으로 사용한다. 사실 그들처럼 순수한 유형은 드물다. 우리 대부분은 굴복과 도피와 반격을 섞어서 사용한다. 우리의 삶의 덫을 극복하기 위해 우리는 이런 대처방식을 바꾸는 방법을 배워야만 한다.

다음 장에서는 어떻게 하면 굴복, 도피, 반격하지 않고 효과적으로 삶의 덫에 직면해 나갈 수 있는지를 보여줄 것이다.

5

삶의 덫을 어떻게 바꾸나?

삶의 덫은 장기간의 패턴이다. 그들은 우리 속에 깊이 배어 있어 중독이나 나쁜 습관처럼 바뀌기 어렵다. 변화를 위해서는 기꺼이 고통을 겪고자 하는 태도가 필요하다. 당신은 고개를 똑바로 든 채 삶의 덫을 마주 보고 이해해야 한다. 변화에는 훈련 역시 필요하다. 당신은 매일 체계적으로 관찰하고 행동을 바꿀 필요가 있다. 변화는 무작정 되는 대로 해서 이루어지는 것이 아니다. 지속적인 연습이 필요하다.

삶의 덫을 바꾸기 위한 일반적인 단계들

우리는 다니엘의 예를 통해 변화의 단계들을 처음부터 끝까지 보여주려고 한다. 다니엘은 버림받음이라는 덫을 가지고 있다. 서른한 살의 다니엘에게는 11년을 함께 지내온 로버트라는 남자친구가 있었다. 그녀가 결혼할 의사를 여러 번 표명했음에도 불구하고 로버트는 그녀에게 청혼할 의지가 전혀 없었으며 결혼할 의사도 없었다.

이따금 로버트는 그녀에게 이별을 선언하기도 하고 그런 경우 다니엘은 망연자실한 상태가 된다. 그런 상황에서 그녀는 치료를 시작했다.

다니엘   이런 기분을 그만 느꼈으면 좋겠어요. 더는 견딜 수가 없어요. 오직 로버트 생각뿐이에요. 그 사람이 되돌아오게 해야 해요.

사로잡혀 있다는 것은 바로 '버림받음'이라는 덫의 특징이다. 헤어져 있는 동안 다니엘은 다른 남자를 만나기도 하지만 결코 로버트 외의 사람에게 흥미를 느끼지 못한다. 안정적이고 착실한 타입은 그녀를 지루하게 만든다.

다니엘이 자신의 패턴을 바꾸기 위해 밟았던 단계들이 다음에 제시되어 있다. 우리는 환자들에게 이런 방법을 따르도록 권고한다.

1. 당신이 걸려 있는 덫을 확인하고 이름을 붙여라

첫 단계는 당신이 어떠한 덫에 걸려 있는지 인식하는 것이다. 앞에서 본 2장의 삶의 덫에 관한 설문지를 작성함으로써 가능하다. 일단 삶의 덫을 인식하고, 그것이 당신의 인생에 어떤 영향을 미쳤는지 알게 되면, 그것을 더 잘 바꿀 수 있게 될 것이다. 삶의 덫에 결함 혹은 의존과 같은 이름을 붙이고, 이 책의 후반부에 있는 그런 덫에 관한 내용을 읽어봄으로써 자신을 더 잘 이해하게 될 것이며, 당신의 인생이 명백하게 보이기 시작할 것이다. 이러한 통찰이 첫 단계이다.

다니엘은 여러 가지 방법으로 버림받음의 덫을 인식했다. 치료를 시작할 때 설문지를 작성한 결과 버림받음에 관한 부분에서 높은 점수를 기록했다.

다니엘　예전부터 버림받는 문제에 대해 어느 정도는 인식하고 있었던 것 같아요. 항상 그런 일이 일어나지 않을까 걱정하고 있었어요.

환자들은 삶의 덫을 인식하고 나면, 종종 이와 같은 반응을 보인다. 자신들이 그동안 희미하게나마 항상 알고 있었던 것들이 명백해지는 느낌이다.

다니엘은 버림받음이란 주제가 현재의 삶에 미치는 영향을 쉽게 알 수 있었다. 그녀는 버림받을까 두려워하는 대인관계를 오랫동안 맺고 있었으나 이미지를 통해서 덫에 관해 더 많은 것을 알게 되었다. 눈을 감고 어린 시절의 이미지를 떠올려 보라고 했을 때 주된 내용은 버림받음에 관한 것이었다.

다니엘　내 모습이 보여요. 거실 소파 옆에 서 있어요. 주의를 끌어보려 하지만 엄마는 취해서 저를 쳐다보지도 않아요.

다니엘의 어머니는 알코올 중독자였다. 그가 일곱 살 때 아버지는 가족을 떠나 다른 여자와 결혼했고 그 사이에서 아이가 태어나면서 가족과는 점점 멀어졌다. 결국, 다니엘과 여동생을 완전히 떠나버렸고 아이들은 제대로 돌볼 능력이 없는 어머니에게 맡겨졌다.

다니엘은 부모 모두에게 버림받은 셈이다. 어머니는 알코올 중독으로 아이를 버린 셈이 되었고 아버지는 말 그대로 그녀를 버렸다. 부모에게 버림받았다는 것이 다니엘의 어린 시절을 결정지었다.

결국, 다니엘은 버림받음이라는 주제가 자신의 일생을 관통하고 있음을 알게 되었다. 버림받음이라는 덫이 그녀의 모든 경험을 조직화하고 있었다.

삶의 덫은 당신의 적이다. 적에 대해 잘 알기 바란다.

2. 덫의 기원을 이해하라. 당신 안의 상처받은 어린아이를 느껴보라

다음 단계는 삶의 덫을 느끼는 것이다. 우리는 변하기 위해서 일단 상처의 고통을 제거해야 한다. 우리는 모두 이런 통증을 차단하는 기전을 가지고 있으나 불행하게도 통증을 차단함으로써 삶의 덫과 접촉할 기회를 잃게 된다.

당신의 덫을 느끼기 위해서는 어린 시절을 기억할 필요가 있다. 우리는 당신에게 눈을 감고 이미지를 떠올리라고 할 것이다. 강제로 그렇게 할 필요는 없다. 그저 당신 마음속에 떠오르게 하라.

이미지 하나하나 속으로 가능한 깊이 들어가 보라. 이러한 초기의 기억을 가능한 생생하게 그려보라. 몇 번 이렇게 하다 보면 어린 시절의 감정을 다시 느끼게 될 것이다. 그럼으로써 당신의 덫으로 인한 고통과 감정을 느끼게 될 것이다.

이런 이미지를 떠올리는 것은 고통이다. 그 경험에 완전히 압도되거나 공포에 질린다면 치료를 받아야 할 것이다. 어린 시절이 너무나 고통스럽기에 혼자서는 회상할 수 없는 것이다. 안내자 혹은 동반자가 필요한데 치료자가 그 역할을 해줄 수 있을 것이다.

어린 시절의 자아와 다시 연결되었다면 다음으로 우리는 이 어린아이와 대화하기를 권한다. 이 어린아이는 얼어붙은 상태이다. 당신이 이 아이에게 생명을 불어넣어서 성장과 변화를 할 수 있게 하라. 그래서 이 아이가 치유되게 하라.

당신 내면의 어린이에게 말을 걸어보라. 크게 소리를 내 말을 할 수도 있고 글로 쓸 수도 있다. 이처럼 내면의 아이에게 말을 거는 것이 처음에는 어색할 수도 있으나 앞으로 책을 읽어 나가는 동안 이러한 작업 과정에 대해 좀 더 이해하게 될 것이다.

여기 다니엘이 자신의 내면의 아이에게 이야기한 내용이 있다. 바로 앞에 나온 대화에서처럼 다니엘이 어머니의 주의를 끌려고 노력하던 순간에 관한 이야기이다.

치료자 내면의 아이에게 말을 걸어보세요. 그 아이를 도와주세요.
다니엘 음… 그 이미지 속으로 들어가서 다니엘을 무릎에 앉혔어요. 그러고 나서, '네게 이런 일이 일어나다니 정말 안됐구나. 네가 원하는 대로 부모님이 너를 돌봐줄 수가 없으시구나. 그렇지만 내가 여기 있어 줄게. 네가 이 순간을 극복하고 다 잘될 수 있도록 도와줄게'라고 말했어요.

내면의 아이를 안심시키고 안내해 주고, 그 아이의 감정에 공감하도록 하여라. 이런 훈련이 처음에는 바보 같아 보이고 불편해 보일지라도 대부분의 사람은 큰 도움을 받는다.

3. 덫을 공격할 수 있는 증거를 모아라. 이성적인 수준에서 그 타당성을 논박하라

이번 단계는 삶의 덫을 인지적인 수준에서 공격하는 작업을 수반한다. 이렇게 하기 위해서는 이것이 사실이 아니며 적어도 변할 수 있다는 것을 증명해야 한다. 바로 덫의 타당성에 대해 의문을 제기해야 한다. 덫이 타당하다고 믿는 한 당신은 그것을 변화시킬 수 없다.

삶의 덫을 반박하기 위해서는 삶의 덫에 대한 찬반양론을 모아야 한다. 예를 들어, 만일 사회적으로 호감을 주기 어려운 사람이라 느낀다면 삶의 덫이 사실이라고 생각되는 증거들, 즉 당신이 호감이 안 가는 사람이라는 증거들을 나열하라. 다음에는 반대의 증거들, 즉 당신이 사회적으로 호감을 줄 수 있다는 증거들의 목록을 따로 작성하라.

대부분은 덫이 잘못되었다는 증거들이 더 많을 것이다. 실제로 당신은 결함투성이도, 실패자도 아니고, 무능하지도, 학대받을 운명도 아니다. 그러나 때로는 삶의 덫이 사실일 경우도 있다. 예를 들어, 평생 거부당하고 모욕당했기 때문에 사회기술을 익히지 못했고 그러다 보니 호감을 주기 어려운 사람이 되었을 수도 있다. 혹은 학교와 직장에서의 도전을 피하기만 했기 때문에 실패했을 수도 있다.

지지하는 증거의 목록을 보라. 태어날 때부터 삶의 덫을 타고났다고 생각할 수 있는 증거들이 있는가? 아니면 어린 시절에 가족이나 또래들 때문에 이렇게 생각하도록 세뇌되었는가?

예를 들어, 태어날 때부터 무능했는가, 아니면 비판적인 부모로부터 귀에 못이 박힐 정도로 그런 이야기를 들어서 그 말을 믿게 된 것인가(의존의 덫)? 어려서부터 특출한 면을 타고났는가, 아니면 부모가 버릇없는 응석받이로 키우면서 남들보다 많은 특권을 가졌다고 가르쳤나(특권 의식의 덫)? 그리고 자신 자신에게 질문을 던져 보아라. 삶의 덫이 여전히 사실이라는 것을 지지해 줄 만한 증거들이 있는가? 아니면 어린 시절에만 해당하는 사실인가?

만일 이런 분석을 거친 결과 삶의 덫이 지금도 사실이라면 자문해 보라. 나 자신의 이런 면을 어떻게 바꿀 것인가? 상황을 호전시키기 위해 취할 수 있는 조치를 살펴보라.

여기 다니엘이 작성한 버림받음의 덫을 지지하는 증거들의 목록 중 한 항목을 예로 들었다.

삶의 덫을 어떻게 바꾸나?

> **내가 사랑하는 사람이 나를 버릴 것이란 증거**
>
> 증거:
> 1. 로버트에게 매달리지 않으면 나를 떠날 것이다.
>
> 타고난 문제인가 혹은 세뇌당한 것인가?
>   이것은 사실 아니다. 제가 매달리기 때문에 그가 내게서 멀어지려 하는 것이다. 진저리가 나서 멀어지려 하는 것이다. 제가 이렇게 생각하는 이유는 어린 시절에 그렇게 애를 썼는데도 아버지가 떠났기 때문이다.
>
> 어떻게 바꿀 수 있나?
>   로버트에게 매달리는 걸 그만두고 그가 숨 돌릴 여지를 허용한다. 나도 버림받을까 두려워하지 않고 여유를 가질 수 있는 법을 배워야 한다.

다니엘이 자신의 덫이 거짓이라는 증거로 제시한 것 중 일부이다.

> **모든 사람이 나를 버린 것은 아니라는 증거**
>
> 1. 내 여동생과 나는 평생 친밀한 사이다.
> 2. 나와 함께 지내고 싶어 했던 남자친구가 몇 명 있었지만, 로버트에게 너무 몰두했기 때문에 그들에게 기회를 주지 않았다.
> 3. 나의 치료자는 나와 함께하고 있다.
> 4. 고모님 한 분이 항상 관심을 가지고 날 도와주려 했다.
> 5. 수년간 함께 있어 준 친구들이 있다.
> 6. 로버트와 나는 많은 우여곡절이 있었지만 11년을 함께 해왔다.

    목록을 작성한 다음에는 삶의 덫을 반박하는 논거를 플래쉬 카드에 요약하라.

여기 다니엘이 작성한 플래쉬 카드의 예가 있다.

> **버림받음의 플래쉬 카드**
>
> 비록 가까운 사람 모두가 나를 버릴지 모른다는 느낌이지만, 그런 느낌은 사실이 아니다. 그런 느낌이 드는 이유는 어릴 때 부모님이 모두 나를 버렸기 때문이다.
> 또한, 내 인생에서 버림받은 경우가 많았지만, 그것은 제가 성실하지 못한 사람들에게 끌렸던 탓이다. 그러나 제가 그런 사람들만 만나야 할 필요는 없다. 그런 사람들은 이제 내 인생에서 지워버릴 것이다. 그리고 나와 함께하고 나와의 관계에 헌신할 수 있는 사람을 선택할 것이다.
> 누군가에게 버림받은 느낌이 드는 경우 제가 혹시 과민한 것은 아닌지 반문해 보아야 한다. 그 사람이 나를 버리지 않나 하는 생각이 들더라도 나의 버림받음의 덫이 자극받는 것일 가능성이 있다. 뭔가가 어린 시절에 일어난 일을 상기시키고 있다. 사람들에게는 독립적인 공간을 가질 권리가 있고, 나는 사람들의 공간을 존중해줘야 한다.

매일 플래쉬 카드를 읽어라. 항상 가지고 다니고, 복사해서 침대 가까운 곳에 두고 매일 보아라.

4. 당신의 덫에 기원을 제공한 사람에게 편지를 써라

당신에게 일어난 일에 대해 느끼는 분노와 슬픔을 털어놓고 환기하는 것은 매우 중요한 일이다. 쌓인 감정은 내면의 어린아이를 얼어붙은 채 남아 있게 한다. 내면의 어린아이가 목소리를 내게 하라. 자신의 고통을 표현하게 하라.

우리는 당신에게 상처를 준 사람에게 편지를 쓰도록 할 것이다. 특히 그 상대가 부모일 경우가 가장 어려운 일로 상당한 죄책감을 극복해야 할 것이다. 부모를 공격하는 것은 어렵다. 그분들에게 나쁜 의도는 없었을 것이다. 그러나 우리는 당신이 그런 생각들은 잠시 밀쳐두고 그저 진실만을 말하기를 권한다.

편지에 당신의 감정을 표현하라. 그들의 행동이 당신에게 상처를 줬음을 말하고 그로 인해 어떤 느낌이 들었는지 말하라. 그들의 행동이 잘못되었음을 말하라. 잘못한 것만큼 그들이 자신에게 어떻게 해주면 좋을지 희망하는 바를 이야기하라.

물론 편지를 보내지 않을 수도 있다. 그러나 무엇보다 이러한 행동을 함으로써 당신은 자신감을 가질 수 있고, 문제의 근원을 보다 확실하게 파악할 수 있다. 가장 중요한 것은 자신의 감정을 표현하고 글로 써보는 것이다.

하지만 모든 일이 항상 잘되는 것만은 아니다. 부모의 행동 양식을 바꿀 수 없는 경우도 종종 있다. 처음부터 이런 사실을 알아야 한다. 편지의 목적은 부모를 바꾸는 데 있는 것이 아니라 자기 자신을 온전한 사람, 즉 인생의 모든 면을 받아들인 사람으로 만드는 데 있다.

다음 페이지에는 다니엘이 어머니에게 쓴 편지가 있다.

어머니께,

어머니는 제 평생 알코올 중독자셨어요. 그로 인해 제가 어떤 영향을 받았는지 말하려고 해요. 저는 아이답게 지내온 적이 없었어요. 보통의 아이들은 신경을 쓰지 않아도 될 일들을 걱정하면서 보내야 했어요. 끼니를 걱정해야 했고, 모든 일을 혼자 힘으로 해야 했어요. 아이들이 밖에서 재미있게 노는 동안 저녁을 짓고 집 안 청소를 했어요.

어머니 때문에 얼마나 모욕감을 느꼈는지 모르실 거예요. 아이들에게 놀림을 당하지 않으려고 여섯 살에 다림질을 배웠어요. 집에 누굴 데려올 수도 없었고요.

어머니는 다른 어머니들처럼 우리 곁에 있지도 않으셨어요. 학교에 나를 보러 오지도 않으셨어요. 문제가 있어도 의논할 수도 없었어요. 어머니는 소파에 누워서 의식을 잃을 정도로 술을 마셨죠. 저는 어머니가 부모 역할을 하게 하려고 갖은 애를 썼지만, 그렇게 하지 않으셨어요.

제가 놓쳐버린 것들을 생각하면 너무 슬퍼요. 어머니가 제 곁에 있어 주셨던 때가 몇 차례 있었죠. 너무나 특별한 순간들이었어요. 고등학교 때 남자친구 때문에 상심해 있을 때 저랑 얘기를 나누어 주셨죠. 그런 시간이 더 많았으면 좋았을 텐데.

그러나 현실은 그렇지 못했고 저는 어머니가 있어야 할 자리에 큰 구멍이 난 채로 자라야 했어요. 그리고 저는 지금도 내 마음속에 큰 구멍을 가지고 살아요. 어머니는 저를 올바르게 대해주지 않으셨어요. 어머니는 잘못하신 거예요.

다니엘

이런 편지는 과거의 기록을 바로잡아준다. 당신의 이야기를 생전 처음으로 분명히 하는 것이다.

5. 덫의 패턴을 자세히 살펴보라

우리는 삶의 덫이 현재 생활에 어떻게 영향을 주는지 명확하게 인식하기를 바란다. 2장에서 삶의 덫 하나하나에 관해 기술한 각 장을 보면 덫을 강화하는 자기 패배적인 습관들을 인식하는 데 도움받을 수 있을 것이다.

우리는 당신이 삶의 덫에 어떻게 굴복하는지, 그것들을 어떻게 바꿀 수 있을지 글로 써보도록 요구할 것이다. 다음 페이지에서는 다니엘이 작성한 표 중 하나가 보기로 제시되어 있다.

6. 다음 단계는 패턴을 깨는 것이다

2장의 삶의 덫 설문지를 작성하고 자신의 덫을 확인했다면 먼저 하나의 덫을 골라서 극복하기 위한 노력을 해 보라고 권하고 싶다. 지금 당신의 인생에서 가장 큰 영향을 주는 덫을 선정하라. 그게 너무 어려워 보인다면 관리 가능한 덫을 선택하라. 우리는 항상 당신이 관리 가능한 단계를 밟기를 원한다.

다니엘은 몇 개의 덫을 가지고 있었다. 버림받음의 덫 외에도 결함이라는 덫을 가지고 있다. 그녀는 아버지가 남아 있지 않은 것이 자신의 잘못이라고 생각했다. 앞서 이야기한 바와 같이 학대받거나 방치된 아이들은 자신을 탓하는 경우가 흔하다.

버림받음의 덫은 다니엘의 덫 중 가장 핵심적인 삶의 덫이었다. 그래서 우리는 이에 대한 치료를 먼저 시작하기로 했다. 다른 덫에 도전하기 위해서는 안정된 기반이 필요하다고 생각했기 때문이다.

5단계에서 작성한 표에서 당신 스스로 덫을 강화하는 방식을 2~3개선정하고 거기에 어떤 방식으로 변화를 줄지 생각해 보라. 그리고 밟아 나갈 수 있는 단계들을 선정하라.

다니엘은 친구들에 대한 행동을 바꾸는 것부터 시작했다. 매달렸다가 화를 내는 양극단을 오가는 것을 중단하기로 했다. 친구들이 전화해 주지 않는다고 즉시 전화하거나 화를 내는 대신 잠시 기다렸다가 다시 전화하기로 했다. 좀 더 헌신적인 친구들과의 관계를 강화하고 그렇지 못한 친구들과는 거리를 두는 노력도 했다. 그녀는 특히 불안정한 친구 몇 명과는 절교하기로 했다. 이것은 하나의 상실이긴 하지만 이번에는 그녀 자신이 결정한 것이다.

다음 장들에서 설명할 기법들은 당신의 특정한 덫을 변화시키는 데 사용하라. 덫을 강화하는 행동 목록에 있는 모든 행동을 바꿔라. 덫에 대해 어느 정도 대처할 수 있게 되면 다음 단계로 넘어가라.

일상에서 버림받음의 덫을 강화하는 방식	변화할 수 있는 방식
① 로버트에게 매달리면서 통제하려 한다.	로버트에게 좀 더 많은 자유 시간을 주고 그가 어디에 가는지, 무슨 일을 할지에 대해 꼬치꼬치 캐묻지 않는다. 그가 우리들의 관계에 대한 불만을 이야기해도 조용히 들어주며 격렬한 반응을 보이거나 싸우지 않는다. 5분마다 나를 사랑하는지, 나와 함께 있을 건지 등등의 질문을 중단한다. 그가 혼자 있고 싶어 할 때 화내지 않는다. 그에게 좋은 일이 일어났을 때 위기의식을 갖지 않는다.
② 친구가 바로 전화하지 않으면 화가 난다.	친구들이 바빠서 연락이 뜸해도 위기의식을 느끼지 않으며 그들만의 공간을 허용한다.
③ 로버트의 생활에 집착하느라 나 자신의 생활에 대해 잊어버린다.	그에 대한 지나친 관심을 돌려서 나 스스로 중요한 일을 한다. 친구들을 만나고, 그림을 그리고, 독서하고 편지를 쓸 수도 있다. 뭔가 재미있는 일을 할 수도 있다.

7. 계속 노력하라

쉽게 포기하거나 낙담하지 말라. 삶의 덫은 바뀔 수 있지만 오랜 시간 큰 노력이 필요하다. 지속해 나가라. 스스로 반복적으로 삶의 덫에 직면하라.

다니엘은 우리에게 일 년 이상 치료를 받았다. 아직도 가끔은 일상의 사건들이 버림받음의 덫을 자극하지만, 과거보다는 그 빈도가 많이 줄었고 감정도 격렬하지 않으며 오래가지 않는다. 게다가 과거보다는 훨씬 더 심각한 사건들이 발생해야만 자극받는 수준이 되었다. 그녀의 인생에 드디어 변화가 온 것이다.

가장 극적인 변화는 로버트와의 관계에서 일어났다. 그와 사적 공간이 정상적인 수준에서 분리된 것을 참을 수 있게 되었다. 그는 그녀가 매달리기 때문에 숨이 막혔고 도망치려고 했다. 결혼 생활에 헌신적이지 못한 것도 부분적으로는 그녀의 매달리는 행동 때문에 유발된 것이다. 지금 그녀는 화가 났을 때도 차분하게 이야기할 수 있다. 화난 일을 이야기하거나 자신의 생활에 관해 이야기할 때도 들어줄 수가 있다.

몇 달 전에 다니엘은 로버트에게 자신과 결혼하거나 헤어지자고 이야기했다. 로버트는 그녀와 결혼하는 쪽을 선택했다. 물론 일이 항상 이렇게 풀리는 것은 아니다. 때로는 관계가 끝나기도 한다. 그러나 우리는 버림받음의 덫에 사로잡혀 있는 것보다, 차라리 희망이 없는 관계를 끝내는 것이 낫다는 견해다.

8. 부모를 용서하는 것

반드시 부모를 용서할 필요는 없다. 특히 심하게 학대받거나 외면당했다면 용서하지 않아도 된다. 이것은 전적으로 당신이 선택할 문제다. 그러나 우리는 대부분 치유 과정이 진행됨에 따라 자연스럽게 부모를 용서하게 된다는 것을 발견했다. 환자들은 점차 부모를 거인처럼 강력하고 부정적인 대상으로 보지 않게 되고, 문제와 걱정거리를 가진 인간일 뿐임을 느끼게 된다. 부모들 또한 나름의 삶의 덫에 걸려 있으며, 사실은 거인이 아닌 어린아이였음을 알게 된다. 그럼으로써 부모를 용서할 수 있게 되는 것이다. 그러나 항상 이렇게 되는 것은 아니다. 당신에게 이런 일이 일어날 수도 있고 그렇지 않을 수도 있다. 어린 시절에 어떤 일이 있었느냐에 따라 그들을 용서할지에 대한 여부를 선택할 수 있다. 실제로 관계를 단절하는 반대의 결정을 내릴 수도 있다. 여정 끝에 용서가 놓일 수도 있고 그렇지 않을 수도 있으나 어쨌든 그것은 당신의 권리이다. 우리는 어떤 선택을 하든 당신을 지지할 것이다.

변화의 장애물

많은 환자를 치료한 후 우리는 가장 흔한 변화의 장애물 목록을 만들고 그 해결책을 제시하였다.

[장애물 1] 덫에 걸려 있음을 인정하고 책임을 지는 대신 반격을 한다.

변화하는 데 문제가 있다면 여전히 당신은 자신의 문제나 고착 상태에 대해 남을 탓하고 있기 때문이다. 즉 실수를 인정하거나 변화에 대한 책임을 지는 데 어려움이 있는 것이다. 혹은 일에 빠지거나, 사람들에게 강한 인상을 남기려고 애쓰거나, 더 많은 돈을 벌려고 하거나, 사람들을 더 기쁘게 하는 등의 방법으로 과잉보상하고 있다.

애인을 계속 바꾸는 제드는 바로 반격의 유형이다. 그는 여자들에 대해 매우 비판적인 시각을 가지고 있었고, 여자들에게 불가능할 정도로 높은 미모와 지위의 기준을 만족시키기를 요구했으며, 자신을 끊임없이 흥분시키기를 원했는데, 이런 것들이 모두 외로움을 달래기 위한 노력이었다. 그는 이러한 반격의 방식을 포기하고 그 여인들을 비난하거나 강한 인상을 주려고 노력하는 일 없이 인간적인 수준에서 교류했어야 했다. 결국, 그는 인간적 친밀함의 교류로 반격의 방식을 극복할 수 있었다.

다음은 이러한 장애물을 극복할 수 있는 해결책을 제시하고자 한다.

해결책 1 실험을 해라. 당신의 인생에서 후회스러웠던 선택의 목록을 작성하라. 그것이 당신 잘못 때문이라면 당신은 어떤 느낌이 드는가? 남들의 비난이 일리가 있다면 어떻게 할 것인가? 그것이 의미하는 바는 무엇인가?

당신의 결점이 얼마나 고통스러운 것인지 느껴보도록 노력하라. 어린 시절의 고통을 인정하도록 노력하라.

해결책 2 지나친 노력을 점차 줄여가라. 일부러 남에게 강한 인상을 주지 말라. 특별하거나 우월하기보다는 남들과 똑같이 지내는 것이 어떤 느낌인지 체험해 보라. 이런 체험을 통해 변화를 위한 취약성을 조성할 수 있다.

[장애물 2] 삶의 덫을 경험하지 않고 도피하려 한다.

도피는 흔한 문제이다. 많은 환자가 도피의 기제를 포기하지 않으려 한다. 당신 또한 이런 유형에 속할 수도 있다. 당신의 문제와 과거, 가족, 혹은 인생의 패턴에 대해 생각하려는 시도조차 하지 않는다. 감정을 회피하거나 음주 혹은 약물 사용으로 감정을 무디게 만든다.

우리는 당신이 왜 도피하려는지 이해한다. 회피를 중단하면 강한 불안과 고통 속에 빠지게 된다. 1장의 다섯 명의 환자들은 모두 이런 문제들과 씨름하고 있다. 패트릭은 프랜신에게 집착함으로써 인생의 중요한 문제들을 회피하고 있었다. 매들린은 성적인 친밀감이 불러일으키는 고통을 외면하는 것을, 해더는 그녀가 위험하다고 생각하는 활동들을 회피하는 것을 중단해야 했다. 제드는 정서적 친밀감을 회피하는 행동을, 칼 튼은 자신의 욕구와 선호를 억누르는 행동을 중단해야 했다.

도피라는 대처 기전을 극복하기 위해서는 강한 동기가 있어야 한다. 남은 미래를 어떻게 살아갈 것인지, 즉 삶의 덫에 걸려서 살아갈 것인지, 마침내 자유를 얻을 것인지 생각해야 한다.

해결책 1 당신의 문제에 대해 곰곰이 생각해 보고 어린 시절의 고통을 느껴야 한다. 어린 시절을 회상하는 훈련을 시도하라. 부모님이 당신을 비난하던 내용과 당신이 생각하는 자신의 결점과 취약성을 적어보라. 매일 이런 시도를 해 보라.

해결책 2 당신의 감정을 회피하는 행위의 장단점을 작성하라. 당신이 왜 그러는지 상기하기 위해 이 목록을 매일 읽어라.

해결책 3 술 마시고, 과식하고, 약물을 사용하고 과로와 같은 회피 행동을 며칠만이라도 중단해 보라. 자신의 감정을 일기에 적어라. 덫에 관련된 심상 훈련을 시행하라. 12단계 프로그램에 참여해 보라.

[장애물 3] 스스로 삶의 덫을 반박하지 않은 채 여전히 이성적 수준에서 수용한다.

또 다른 장애물은 덫이 사실임을 믿는 것이다. 당신의 덫을 이성적인 수준에서 수용한다는 것은 그것을 바꾸기 위해 노력하지 않음을 의미한다. 변화를 시도하기 위해서는 덫의 타당성에 대해 충분히 회의해야 한다.

예를 들어, 해더는 오랫동안 극도의 불안을 느꼈다. 자신이 처한 상황들이 위험하다는 느낌이 있고 재앙이 어떤 순간에든 일어날 수 있다고 믿었기 때문이다. 그녀는 어떤 위험에도 대처할 수 있도록 극도로 민감한 상태를 유지하고 있었다.

해더는 여전히 자신의 덫이 사실임을 믿었으며 위험에 극히 취약하다는 것을 믿고 있었다. 그러한 믿음을 바꿔야 했다. 그래서 그녀는 다양한 방식으로 노력했다. 위험에 대해 현실적으로 평가하는 법을 익히기 위해, 위험이 발생할 가능성을 낮추어 보기 위해, 합리적인 수준에서 대비하려고 노력했다. 그녀는 이런 상황에서 자신의 몸을 이완시키는 법을 익혔다. 이런 노력으로 그녀의 잘못된 믿음은 서서히 흔들리기 시작했다.

삶의 덫은 일순간에 무너지는 법이 없다. 오히려 조금씩 조금씩 그 힘을 약화해 나가야 한다.

해결책 1 삶의 덫을 반박하는 훈련을 해라. 전력을 다하여 잘못된 믿음과 싸워라. 신뢰하는 사람에게 그러한 훈련을 도와달라고 요청하면 도움이 될 것이다. 그 사람이 좀 더 객관적인 시각을 제공해 줄 수 있을 것이다.

해결책 2 덫을 약화할 수 있는 증거가 조금이라도 남아 있는지 당신의 인생을 잘 검토해 보라. 작더라도 변화를 가져올 방법이 있는지 살펴보라. 삶의 덫을 무력화하는 때도 있었던가? 거부와 실패를 두려워했기 때문에 더 열심히 노력하기를 회피한 것은 아닌가? 삶의 덫을 되풀이하게 하는 친구나 연인, 직장 상사들을 스스로 선택한 것은 아닌가? 무조건 덫이 잘못되었다는 시각을 가져보라.

해결책 3 플래쉬 카드를 작성해서 하루에도 몇 번씩 읽어보라.

[장애물 4] 삶의 덫이나 과제 중에서 너무 어려운 것부터 시작했다.

당신에게는 삶의 덫이 몇 가지 있어서 그중에서 가장 힘든 것부터 시작했을 것이다. 그러나 너무 벅찬 것을 골랐다면 진전하기가 어렵다.

혹은 적절한 것을 선정하되 너무 야심 찬 계획을 세웠거나, 어려운 전략을 수립했을 수 있다. 사람들을 기쁘게 하려 애쓰는 칼튼이 이런 예 중 하나이다. 칼튼은 자기주장 훈련을 시작했을 때 아버지를 첫 타자로 삼았으나 사실 이것은 실수였다. 너무 겁을 먹은 나머지 자기 마음을 표현할 수가 없었기 때문이다. 아버지에게 즉각 반박하는 것은 실패를 예약하는 것과 마찬가지였다.

마침내 칼튼은 아버지에게 쉽게 자기주장을 할 수 있게 되었다. 그것은 이전에 덜 위협적인 사람들을 상대하면서 자신감을 키운 결과였다. 세일즈맨이나 여종업원 같은 낯선 사람들을 대상으로 시작해서 다음으로 아는 사람들과 동료들에게 옮겨갔고, 그런 다음 좀 더 친밀한 관계에 초점을 맞추기 시작했다.

가장 중요한 원칙은 바로 할 수 있는 일부터 시작하는 것이다.

해결책 1 당신의 계획을 작은 단계들로 나누도록 하라.
해결책 2 상대적으로 쉬운 단계부터 시작하라. 점차 숙달되면 더 어려운 단계까지 올라가라.

[장애물 5] 이성적으로는 삶의 덫이 잘못된 것임을 알지만 정서적으로는 아직도 타당하다고 믿고 있다

이런 경우가 흔히 있다. 대부분 환자가 아무리 논리적으로 생각하고 반박하는 증거를 들이대도 마음속 깊은 곳에서는 여전히 삶의 덫이 사실로 느껴진다고 호소한다.

부인의 계속되는 혼외정사로 고민하는 패트릭이 이런 호소를 하곤 했다. 안정된 성격의 여자와 건강한 관계를 맺었을 때도 그녀가 자신을 버리지는 않을까 걱정하곤 했다. 그녀가 잠시라도 생각에 몰두해 있거나 뒤로 물러난 느낌이 들면 깜짝 놀라 그녀의 마음을 돌려보려고 필사적인 노력을 했다. 그는 그 여인에게 조금의 공간도 허락하지 않았다.

패트릭은 마침내 상대를 놓아주는 모험을 했다. 그녀에게 혼자만의 공간을 허용해 주는 법을 배워야 했다. 그는 그녀를 잃고 싶지 않았고, 그러기 위해서는 그녀를 놔줘도 안전하다는 것을 배워야 했다.

해결책 1 통찰은 빨리 찾아오지만, 변화에는 시간이 걸린다는 것을 명심하라. 당신의 건강한 부분이 강화됨에 따라 덫이 약해져 갈 것이고 감정도 변해 갈 것이다.

해결책 2 좀 더 많은 실험과 훈련을 함으로써 변화의 과정을 가속할 수 있다. 건강한 부분과 덫에 걸린 부분 사이의 대화를 적어보라. 덫에 대해 분노하고 어린 시절에 받았던 대우에 대해 슬퍼하라. 부당함을 자각하고 느껴보라.

해결책 3 덫을 강화하는 행동들을 변화시키도록 더 열심히 노력함으로써 변화를 가속할 수 있다. 낡은 패턴을 바꿔감에 따라 덫에 반하는 새로운 증거들을 찾게 될 것이다. 이러한 새로운 증거들이 당신이 느끼는 방식에 큰 영향을 줄 것이다.

해결책 4 마지막으로 친구들에게 도움과 지지를 구하라. 당신의 친구들이 덫이 타당하지 않음을 깨닫게 해줄 것이다.

[장애물 6] 변화에 대해 체계적인 전략을 마련하고 있지 못하다.

당신은 별다른 계획 없이 변화에 접근해왔을 것이다. 가끔 한 번 변화를 위해 노력할 뿐이다. 당신이 가지고 있는 여러 가지 덫을 이것저것 건드려보기만 하고 필요한 단계를 밟는 것에 저항감을 느껴서 몇 단계를 건너뛸 수도 있다.

우리는 '느릿느릿 걸어도 황소걸음'이란 속담을 따르라고 권하고 싶다. 덫은 망치로 깨부숴야 할 바위와 같다. 가끔 한 번 여기저기 가볍게 툭툭 건드리기만 한다면 바위는 언제나 그대로 있을 것이다. 체계적으로 강하게, 결정적으로 힘껏 내리치는 것이 더 효과적이다.

해결책 1 덫에 관해 설명한 각 장을 보고 정해진 모든 훈련을 완수했는지 확실히 하라. 심상 훈련을 했는가? 덫에 반하는 증거와 지지하는 증거의 목록을 작성했는가? 플래쉬 카드를 작성했는가? 부모님에게 편지를 썼는가? 행동 변화를 위한 계획을 짰는가? 그저 머릿속으로만 한 것이 아니라 적으면서 했는가?

해결책 2 당신의 진전을 점검하기 위해 매일 몇 분 정도 시간을 내라. 플래쉬 카드를 다시 읽어라. 오늘 당신의 덫이 활성화되어 있는가? 당신의 낡은 패턴대로 행동하고 말았는가? 매일 다르게 생각하고 느끼고 행동하도록 자기 자신을 격려하라.

[장애물 7] 당신의 계획에 중요한 요소가 결핍되어 있다.

아마 당신은 덫을 강화하는 사고와 감정, 행동을 빠짐없이 이해하고 있지 못할 것이다. 진전을 이루는 데 필요한 변화 단계를 놓치고 있다.

칼튼이 이런 경우이다. 부인과 자녀에게 자기주장을 좀 더 잘하게 되었으나, 그는 여전히 화가 나 있고 불행했다. 화가 났을 때는 조용히 화가 났다고 말할 수 있었고 부당한 요구에 대해서는 '싫다'라고 거절했으며, 그들의 행동이 거슬릴 때는 그렇다고 말할 수 있었다. 그러나 여전히 자신이 복종적이라고 생각했고 화가 나 있었다.

우리는 뭐가 문제인지 알아냈다. 정말 단순한 문제였다. 그는 자신이 원하는 것(자신의 의견과 선호)을 전달하지 않은 것이다. 남들에게 자신이 원하는 것을 말하지 않고, 그것을 얻지 못해 화가 난 것이다. 자신의 욕구를 표현하는 것이 칼튼에게는 중요한 요소였다.

해결책 1 믿을 수 있는 사람에게 당신의 덫을 함께 검토하고 바꾸기 위한 계획을 같이 세워보자고 요청하라. 이 사람이 당신이 인생 패턴에서 무엇을 간과하고 있는지 알 수 있을 것이다.

해결책 2 덫과 연관된 전형적인 행동들의 목록을 조심스럽게 재검토하라. 당신에게 해당하는 패턴 일부를 간과하지는 않았는가?

[장애물 8] 문제가 너무 뿌리 깊거나 완고해서 혼자서 교정하기가 어렵다.

많은 환자가 우리에게 치료를 받으러 오기 전에 스스로 변화하기 위해 매우 열심히 노력한다. 그러나 이러한 자구책이 별다른 효과가 없을 때 비로소 그들은 치료를 시작한다.

이런 일이 당신에게도 일어날 수 있다. 그렇다면 치료를 받아보라. 신뢰하는 사람과 친밀한 관계가 필요하다. 치료자는 당신을 재양육하고 사실을 직면하도록 도와주며 문제를 좀 더 객관적으로 지적해 줄 것이다.

해결책 치료자나 전문가에게 전문적인 도움을 받도록 하라.

삶의 덫을 교정하기 위한 행동 계획의 일반적인 측면에 대한 아이디어를 가지게 되었으므로 각각의 덫에 관한 장들을 읽어보자. 이제 당신에게 변화가 일어날 것이다.

6

"제발 나를 떠나지 마세요" 버림받음의 덫

에이비 | 28세, 남편을 잃을지도 모른다는 공포 속에서 살고 있다.

에이비가 첫 번째로 자신에 대해 말한 것은 어릴 때 돌아가신 아버지였다.

에이비 제가 일곱 살 때 아버지는 직장에서 일하시다가 심장마비를 일으켜 돌아가셨어요. 추억이 많은 것은 아니지만 제겐 아버지에 대한 희미한 기억만은 남아 있어요. 물론 사진도 가지고 있고요. 크고 따뜻한 인상의 아버지는 저를 자주 꽉 껴안아 주셨어요. 아버지가 돌아가신 후에 저는 창문가에 서서 아버지가 집에 돌아오는 것을 기다리곤 했어요. (울기 시작한 에이비) 저는 단지 그 일이 일어났다는 것을 받아들일 수 없었다고 생각해요. 창문가에서 아버지를 기다리는 그 느낌을 잊을 수 없어요.

치료자 그 느낌이 지금 당신의 삶 곳곳에 묻어 있나요?

에이비 그래요. 지금 저와 함께하고 있는 느낌이에요. 남편이 나갈 때 그런 느낌이 들어요.

그녀의 남편 커트는 잦은 사업 여행으로 인해 집을 비우는 일이 많았다. 그가 여행을 갈 때마다 에이비는 너무나 혼란스러워했고 이로 인한 부부 사이의 갈등은 점점 심해졌다.

에이비 늘 같은 상황이에요. 저는 울기 시작하고 그는 저를 안심시키려 노력하지만 그렇게 안 돼요. 그가 없는 동안 반은 공포에 떨고 반은 울고 있죠. 그가 돌아오면 저는 그가 돌아와서 안심하는 한편 그동안 저를 힘들게 한 사실 때문에 너무나 화가 나요. 굉장히 역설적이긴 하지만요, 때때로는 너무나도 화가 나서 그가 돌아와도 보고 싶지 않을 정도예요.

커트는 집에 오는 것을 꺼리기 시작했다. 에이비는 그가 집을 떠나있는 동안 시도 때도 없이 전화를 걸었다. 다른 이유가 있기보다는 단지 그의 목소리를 듣고 싶어서 회의하는 와중에도 그를 불러내기 일쑤였다.

패트릭 | 35세, 그는 여러 남자와 관계를 했던 여자와 결혼했다.

패트릭은 살면서 그렇게 극적인 상실을 겪지는 않았다. 그의 경우는 매일 지속적인 상실이었다. 패트릭이 여덟 살이 될 때까지 어머니는 알코올 중독자였다.

패트릭 최악의 상태에서 그녀는 진탕 마시고 심지어는 이삼 일간 집을 비운 적도 있어요. 그녀가 돌아올지에 대한 확신이 전혀 없었죠. 집에서 마실 때조차 그녀는 저를 위해 존재하지 않았어요. 나가든 집에 있든, 그녀는 술을 마시고, 저는 혼자였어요.

 패트릭이 결혼한 프랜신이라는 여자는 남자들과의 관계가 매우 지저분했다. 그녀는 과거를 잊고 그에게 충실할 것을 약속했지만 결코 본성은 변할 수 없었다. 결국, 그녀는 갖가지 이유와 결백을 주장하면서 집을 나갔고 패트릭은 그녀가 거짓말한다는 것을 알고 있었다.
 치료를 시작하기 전에 패트릭은 지금 아내가 집에 돌아오기를 기다리며 느끼는 것이 어릴 적 어머니를 기다리며 느꼈던 것과 유사하다는 것을 깨달았다.

패트릭 전 그것에 대해 생각해 봐요. 프랜신이 술을 마시지는 않는다고 해도 저는 어머니와 함께할 때와 같은 것을 다시 경험할 거예요. 이해할 수가 없어요. 프랜신이 집에 오기를 기다리는데 그때와 같이 외로운 느낌이에요.

린제이 | 32세, 연이어서 남자들과 관계를 갖지만, 결코 정착하지 못한다.

 린제이는 호감형의 열정적인 느낌이 드는 여자였다. 대부분 우리의 치료에 열중하는 데 시간이 걸리는데, 린제이는 그렇지 않았다. 그녀는 매우 빨리 우리에게 감정적으로 열중하였다. 몇 번의 치료 만에 우리는 몇 년간 그녀의 치료자였던 것처럼 느꼈다.

첫 치료시간에 린제이는 온 이유를 말했다.

린제이 저는 결혼해서 영원히 함께할 그런 적당한 사람을 찾고 싶어요. 그러나 그런 일은 절대 일어나지 않을 것 같아요.
치료자 왜 그렇게 생각하죠?
린제이 다른 사람에게 바로바로 애정이 옮겨가니까요.

린제이의 관계는 혼란스럽다. 그녀는 매우 열정적이고 금방 빠지는 유형이었다. 때때로 만난 지 일주일 만에, 그녀는 '당신을 사랑해'라고 말하고 매 순간 그 남자와 함께 있기를 원하며, 영원히 함께 있을 미래에 관해 이야기한다. 이렇게 순식간에 불타오르는 반응에 사실 대부분 남자는 겁먹고 달아나버린다.

린제이는 열정적이다. 그녀는 늘 보통 사람들보다 더 강렬한 감정을 갖는다. 낭만적인 관계에서 그녀는 이성을 잃고 감정에 빠지는 것처럼 보인다. 남자가 조금 물러서면 바로 그녀는 그가 떠나려 한다고 비난한다. 그리고 그녀는 그가 떠나기 전에 자신이 얼마나 멀리 떠나갈 수 있는지를 보여주고, 때로는 기이한 짓으로 그를 시험한다. 예를 들어, 남자친구 생일 파티에 가서 다른 남자와 나가버리기도 했다.

그녀는 혼자가 되었을 때 지루함과 공허함을 느낀다. 부정적인 감정이 그녀를 압도하기 시작하고 결국 또 다른 관계를 시작한다. 만남은 짧고 늘 남자가 그녀를 버리는 것으로 끝난다. 마침내 그녀의 모든 남자친구가 그녀를 떠났다.

버림받음의 덫 질문지

이 질문지는 당신의 버림받음의 덫의 강도를 측정하는 것이다. 아래에 있는 척도를 이용해서 각 항목에 답하라. 당신의 성인기 동안 일반적으로 느끼고 행동했던 방법에 근거해서 각 항목을 평가하라. 성인기의 어느 시기에 변화가 있었다면 각 항목을 평가할 때 가장 최근의 일 년 혹은 2년에 초점을 맞춰라.

완전히 나와 다르다.	1	어느 정도는 나와 일치한다.	4
대부분 나와 다르다.	2	대부분 나와 일치한다.	5
다른 면보다 일치하는 면이 좀 더 많다.	3	완전히 일치한다.	6

비록 점수의 합계가 낮더라도 5점이나 6점에 해당하는 항목이 하나라도 있다면 이 덫은 당신에게 존재하는 것이다.

질문	점수
1. 나는 사랑하는 사람들이 죽거나 떠날 것 같아 걱정을 많이 한다.	
2. 나는 사람들이 떠날까 봐 두려워 그들에게 매달린다.	
3. 나는 안정된 지지 기반이 없다.	
4. 나는 내곁에 굳건하게 있어 줄 수 없는 사람들을 자꾸 사랑하게 된다.	
5. 내 인생에서 사람들은 늘 왔다가 가버리곤 한다.	
6. 나는 사랑하는 사람이 떠나려 하면 필사적으로 매달린다.	
7. 사랑하는 사람들이 떠날 것이라는 생각에 사로잡혀 오히려 내가 그들을 쫓아 버린다.	
8. 나는 가장 가까운 사람들을 예측하기가 힘들다. 어느 순간 나를 위해 있다가도 다음 순간 가버린다.	
9. 나는 주변에 사람이 있기를 너무 심하게 원한다.	
10. 나는 종국에는 혼자가 될 것이다.	
당신의 최종 점수(질문 1번에서 10번까지의 점수를 더하라)	

점수 해석
10 – 19 매우 낮음. 이 덫은 당신에게 적용되지 않는다.
20 – 29 낮음. 이 덫은 아주 가끔 당신에게 적용될 것이다.
30 – 39 중간. 이 덫은 당신의 인생에서 문제가 될 수 있다.
40 – 49 높음. 이 덫은 당신에게 분명히 중요하다.
50 – 60 매우 높음. 이것은 분명히 당신의 핵심 삶의 덫 중 하나다.

버림받음의 느낌

당신은 사랑하는 사람들을 잃고, 감정적으로 영원히 고립될 것이라는 기본적인 믿음을 가지고 있다. 사람들이 죽거나 당신을 내쫓거나 떠나든지 간에 혼자가 되었다고 느낀다. 버림받고 그것이 영원히 지속할 것이라 예상한다. 마음속으로 당신의 운명이 완전히 홀로 사는 것이라고 느낀다.

패트릭 저는 프랜신이 결국 저를 떠날 것임을 알고 있어요. 그녀는 그런 놈 중 하나와 사랑에 빠져서 그렇게 될 거예요. 그리고 내게 남겨진 것은 그녀를 그리워하는 일뿐이죠.

이 덫은 당신에게 사랑에 대한 절망감을 안겨준다. 아무리 관계가 좋아 보여도, 결국 그 사람과 운이 다했다고 믿는다.

사람들이 당신을 위해 존재하고, 그들이 보지 않을 때조차 어떤 식으로든 여전히 당신을 위해 존재한다는 것을 믿기 어렵다. 대부분 사람은 사랑하는 사람과의 짧은 이별로 혼란스러워하지 않는다. 그들은 관계가 이별을 넘어서 계속된다는 것을 안다. 그러나 버림받음의 덫에 걸렸다면 그러한 안정감이 없다. '커트가 외출할 때마다, 나는 그가 절대로 돌아오지 않을 것처럼 느낀다'라고 이야기한 에이비와 마찬가지로 말이다. 당신은 사람들에게 너무 많이 매달리고, 비록 약간일지라도 이별의 가능성에 대해서 부적절하게 화를 내거나 걱정을 한다. 특히 연인 관계에서 당신은 상대에게 감정적으로 의존하고, 그러한 친근한 관계의 상실을 두려워한다.

버림받음은 대개 언어 발달 전의 덫이다. 이것은 아이가 언어를 알기 전인, 인생의 첫 일 년에 일어난다(에이비는 예외이다. 그녀의 덫은 아버지가 사망한 일곱 살에 늦게 시작되었다. 따라서 그녀의 덫은 조금 덜 심각한 수준이었다). 대부분 버림받음은 아이가 일어난 일을 기술할 수 있는 언어를 갖기 전에 일어난다. 이런 이유로 해서 성인기에서조차 이 덫과 관련된 경험을 기억하지 못한다. 당신은 그저 이러한 경험들에 대해 "난 완전히 외롭다.", "누구도 나를 위해 존재하지 않는다."라고만 말할 것이다. 이 덫은 매우 일찍 시작되었기 때문에 감정적 힘이 강하다. 그러므로 심한 버림받음의 덫을 가진 사람은 짧은 이별조차 버려졌던 아이의 느낌으로 반응한다.

버림받음의 덫은 일차적으로 친밀한 관계로 유발된다. 집단이나 우연한 관계에서는 이것이 분명하지 않은 것 같다. 사랑하는 사람과의 이별은 대개 강력한 유발 인자이다. 그러나 덫을 유발하기 위해 이별이 실제적이어야만 하거나, 신체적 수준에서 일어나야만 하는 것은 아니다. 덫에 걸린 당신은 민감한 반응으로 종종 상대의 악의 없는 말속에서 당신을 버리려는 의도를 읽는다. 가장 강력한 유발 인자는 실제의 상실이나 이별(이혼, 이사, 죽음)이지만 종종 훨씬 더 미묘한 사건들이다.

당신은 종종 감정적으로 버림받음을 느낀다. 아마도 배우자나 연인이 당신을 지겨워하거나 거리감을 보이거나 순간적으로 괴롭히거나 다른 사람에게 더 상냥하게 굴 수도 있다. 혹은 당분간 헤어지자는 제안을 할지도 모른다. 그러나 실제의 상실이나 이별과는 아무 연관이 없다고 해도 관계가 소원해졌다고 느끼면 바로 덫에 걸릴 수 있다는 게 문제이다.

예를 들어, 남자친구가 그녀가 한 말을 무시했기 때문에 린제이는 갑자기 저녁 파티에서 나가버렸다.

린제이 저녁 파티에 간 날, 그렉은 옆에 앉아 있는 여자와만 말을 하고 제 이야기는 전혀 듣지 않았어요. 전 일어나서 나와버렸죠. 그때 완전히 무시당한 느낌을 받았거든요. 다음날 그가 전화했을 때 저는 그 일에 대해서 화를 벌컥 냈어요.

치료자 당신을 그렇게 화나게 만든 주된 이유는 무엇이죠?

린제이   전 그가 일찍부터 그 여자를 주시하는 것을 알았어요. 순간 그가 그녀에게 끌린다는 것을 확신했어요.

그녀의 말을 듣지 않았던 그렉은 그런 그녀의 심한 반응에 당황했다. 이 사건은 린제이가 그에게 적합한 사람이 아니라는 확신을 주었다. 결국 (린제이가 늘 그가 그러리라고 예견한 것처럼) 그는 그녀를 떠났다.

버림받음의 순환

일단 덫이 유발되고, 이별이 충분히 길게 지속된다면 그 경험은 부정적인 감정(공포, 슬픔, 화)의 순환을 통해서 진행한다. 이것이 버림받음의 순환이다. 만일 이러한 덫에 걸려 있다면 당신은 그것을 인식하게 될 것이다.

먼저 아마도 슈퍼마켓에서 혼자 남겨진 어린아이가 되어 순간적으로 어머니를 찾지 못하게 된 듯한 공황 공포를 느낀다. '엄마는 어디 있는 거지? 난 정말 혼자야'와 같이 정신없이 날뛰는 느낌이 든다. 불안은 공황 수준까지 도달할 수 있고, 몇 시간 심지어 며칠간 지속할 수 있다. 그러나 이러한 기나긴 불안도 결국에는 진정되고, 그 사람이 가버렸다는 것을 받아들이게 된다. 그리고 나서 결코 상실한 사람을 다시 찾을 수 없는 것처럼 당신은 외로움에 대해서 슬픈 경험을 하게 된다. 그리고 마침내 그 사람이 되돌아올 때, 당신은 그 사람이 떠난 것에 대해 그리고 너무나 필요를 느꼈던 자신에게 분노를 경험하게 된다.

버림받음의 두 가지 유형

버림받음은 두 가지 유형의 초기 아동기 환경에서 나온다. 첫 유형은 너무나 안전하고 과잉보호를 받은 환경에서 나온다. 이 유형은 버림받음과 의존의 덫의 혼합을 나타낸다. 두 번째 유형은 감정적으로 불안정한 환경에서 나온다. 누구도 언행이 일치된 환경을 조성하지 않은 것이다.

버림받음의 두 가지 유형
1. 의존에 기초한 버림받음
2. 불안정이나 상실에 기초한 버림받음

의존의 덫을 가진 많은 사람이 또한 버림받음의 덫을 가진다. 실은 의존의 덫을 가지면서 버림받음의 덫을 갖지 않은 사람을 상상하기란 어렵다. 의존의 덫을 가진 사람은 혼자서 생존할 수 없다고 믿는다. 그들은 자신들을 인도하고 하루하루 삶의 활동을 지시하는 강한 인물이 필요하다. 에이비는 두 가지의 덫을 가진 사람의 예이다.

치료자 실제 커트를 잃었을 때 어떤 일이 일어나리라고 상상했나요?
에이비 모르겠어요. 단지 그이 없이는 아무것도 할 수가 없어요. 살 수도 없어요. 네, 그이 없는 삶을 상상할 수가 없어요.
치료자 스스로 살아보겠다는 생각은 해 본 적 없나요?
에이비 안 돼요. 혼자서는 잘할 수 없어요. (잠시 쉬고) 그이 없이는 죽을 거예요.

당신의 삶이 다른 사람에게 의존한다는 것을 믿는다면 그 사람을 잃을 가능성은 무서운 것이다. 분명히 강한 의존의 덫을 가진 사람은 또한 버림받음의 문제를 갖는다.

그러나 반대는 진실이 아니다. 많은 사람은 강한 버림받음의 덫을 가지고 있지만, 의존의 문제를 갖지 않는다. 두 번째 유형에 속하는 그들의 덫은 가장 친밀한 사람(어머니, 아버지, 형제 및 친한 친구들)과 어릴 적 불안정한 감정적 연결에서 생긴다. 패트릭과 린세이, 둘 다 사랑하는 사람으로부터 버림받는 것을 두려워하지만 독립적으로 살아갈 수 있다. 파트너에게 의존하지만, 이는 기능적 의존이라기보다는 감정적 의존이다. 당신의 덫이 불안정성에서 생긴 것이라면 감정적 연결을 경험한 후에 잃은 것이다. 사랑하는 사람이 없을 때 느끼는 감정 때문에 당신은 사랑하는 사람과 떨어져서 견딜 수가 없다. 이것은 인간성의 남은 부분과 연결된 감정의 문제이다. 연결을 상실할 때 당신은 아무것도 없는 존재가 된다.

린제이   그렉이 떠난 후에 저는 완전히 혼자였어요. 내 주변이 고통으로 가득 찼어요. 남은 건 아무것도 없었어요.

  편안함을 느끼기 위해 다른 사람을 필요로 한다. 이것은 아이에게 부모가 필요하듯 당신을 보호할 사람을 필요로 하는 의존에 기초한 버림받음과는 다르다. 한편으로는 인도하고 도움을 구하고, 다른 한편으로는 양육, 사랑과 감정적 연결의 느낌을 구한다.
  또 다른 차이가 있다. 의존적인 사람은 종종 중요한 사람이 떠나는 때를 대비하여 많은 사람을 대기시켜놓고 있다. 그들은 그 사람의 자리를 즉시 대신할 수 있는 누군가가 있거나 새로운 누군가를 찾아서 재빨리 또 다른 의존적인 관계를 만든다. 의존적인 사람은 외로움을 견딜 수가 없다. 그러기에 대부분의 의존적 경향이 강한 사람은 자신을 돌볼 누군가를 찾는 데 상당한 재주를 갖고 있다. 그들은 한 달 내에 다른 사람을 찾아내기도 한다.
  이것이 감정적인 버림받음을 두려워하는 사람에게 반드시 진실은 아니다. 상당한 시간 동안 혼자 있을 수 있으며 상처받지 않고 두려움 없이 가까운 관계에서 물러날 수 있다. 그들은 어릴 적에 이미 외로움을 직면했고 생존 방법을 안다. 하지만 문제는 그것이 아니다. 문제는 바로 황폐해지는 상실의 과정이다. 이것은 관계를 맺은 후 잃고 난 뒤 여러 번 느낀 외로움의 결과물이다.

버림받음의 덫의 기원

덫의 기원에 대해 이야기할 때 우리는 일차적으로 아이의 환경 특성에 초점을 맞춘다. 개인적 덫을 강화하는 아동 학대와 소홀함, 알코올 중독과 같은 가족 환경의 기능 이상에 대해서는 중요하게 생각하나 유전적인 부분은 무시하는 경향이 있기도 하다. 환경적 요인에 대해서는 익히 들어 아는 바가 많으나, 인격을 결정하는 생물학적 역할에 대해서는 알려진 바가 거의 없기 때문이다.

즉 유전이 아이의 기질에 영향을 미친다는 가정은 통용되나, 그러한 아이의 기질이 어떻게 특정한 덫의 발전에 영향을 미치는가에 대해서는 잘 알지 못한다.

버림받음은 이 일반적 규칙의 예외이다. 신생아를 연구한 연구자들은 일부 아기들이 다른 아기들보다 분리에 대해서 상당히 강렬하게 반응하는 것을 관찰했다. 이것은 일부 사람들에게 버림받음의 덫이 발생하는데 생물학적 소인이 있다는 것을 시사한다.

돌보는 사람과의 분리에 대한 반응은 적어도 부분적으로는 태생적인 것으로 보인다. 어머니와의 분리는 신생아의 생존과 직결된 문제이다. 동물 세계에서 새끼는 생존을 위해 전적으로 어미에 의존하며 새끼가 어미를 잃으면 대개 죽는다. 신생아는 어머니와의 이별을 끝내는 방법을 이미 습득한 채로 태어난다. 그래서 그들은 그토록 울고 고통의 기미를 보인다고 한다. 존 보울비는 그의 최고의 저서 〈분리〉에서 그들은 '저항한다'라고 말했다.

보울비는 어머니와 일시적으로 분리된 신생아와 어린아이에게서 공통으로 나타나는 분리의 세 단계가 있다고 밝혔다.

> **보울비의 분리의 세 단계**
> 1. 불안
> 2. 절망
> 3. 애착 상실

어머니와 떨어진 아기들은 처음에는 우리가 말한 것처럼, '저항'하며 심한 불안 증세를 보인다. 끊임없이 어머니를 찾고 다른 사람이 안심시키려고 노력해도 진정하지 않는다. 더 나아가서는 어머니에게 분노를 보이기까지 한다.

그러나 아무리 시간이 지나도 어머니가 오지 않으면 아기들은 모든 것을 포기한 채 우울해진다. 이 단계에서 그들은 무감각해지고 위축되어 아기를 돌보는 사람들의 감정적 시도에도 무감각하게 반응한다. 그러나 충분한 시간이 지난 후 아기들은 우울한 상태에서 벗어나 다른 애착 관계를 형성한다.

그 후 어머니가 돌아오면 아기는 세 번째 단계인 애착 상실로 들어선다. 아기는 어머니에게 냉정해져 접근하거나 흥미를 보이지 않는다. 그러나 시간이 지남에 따라, 아기의 애착 상실은 깨지고 아기는 다시 한번 어머니에게 애착을 보인다. 특히 어머니가 보이지 않을 때, 쉽게 보채고 불안해한다(보울비는 이를 '불안한 애착'이라고 명명하였다).

보울비는 불안, 절망, 애착 상실의 이런 양상이 보편적이라고 말했다. 이것은 모든 어린아이가 어머니로부터 분리될 때 갖는 반응이다. 이 반응은 동물 전반에서도 일어난다. 신생아뿐만 아니라 모든 동물의 새끼들은 일반적으로 같은 양상을 보인다. 그러한 행동의 보편성은 생물학적 경향을 강하게 시사한다.

　당신은 보울비의 분리 과정과 우리가 버림받음의 순환이라고 말한 것(불안, 애도, 분노) 사이에 유사성을 인식할 수 있을 것이다. 린제이처럼 일부 사람들은 드물게 강한 감정의 순환 경험을 가지고 태어난 것처럼 보인다. 분리가 발생했을 때 그들이 느끼는 불안, 애도와 분노는 너무나 강렬해서 그들은 안심할 수가 없고 절망적이라고 느낀다. 짧은 순간에만 그 느낌에서 벗어날 수 있으며, 그 사람이 거기 없다면 조용하고 안전한 느낌이 들 수 없다. 그러한 사람들은 사랑하는 사람을 잃는 것에 대단히 민감하다. 그들은 다른 사람과 깊이 연결되어(이것은 그들의 재능의 하나이다), 혼자 있는 것을 참지 못한다.

　분리에 너무나 강하게 반응하는 경향을 가지고 태어나서, 사랑하는 사람의 부재에 안심할 수 없는 사람들은 아마도 더욱더 쉽게 버림받음의 덫이 발생할 것이다. 그러나 이것이 생물학적 경향을 보이는 모든 사람에게 덫이 생긴다는 것을 의미하지는 않는다. 이것은 부분적으로 초기 아동기 환경에 의존한다.

　당신이 신생아일 때 특히 어머니뿐만 아니라 다른 중요한 사람에게 안정되어 감정적으로 연결되어 있다면 생물학적 경향을 보인다고 하더라도 덫이 발생하지 않을 것이다. 반면 환경이 너무나 불안정하고 상실로 가득 차 있으면 생물학적 경향이 전혀 있지 않더라도 덫은 발생할 수 있다. 그런데도 생물학적 경향이 강할수록 덫이 활성화하는 데에는 더 작은 충격이 필요한 것으로 보인다. 덫의 강도를 평가하기 위해서 과거를 조사하는 것은 헛된 일인지도 모른다.

> **버림받음의 덫의 기원**
>
> 1. 분리 불안(혼자 있기 어려움)에 대한 생물학적 경향을 가질 수도 있다.
> 2. 어렸을 때 부모가 죽거나 집을 나갔다.
> 3. 유모에 의해 키워졌거나 어머니를 대신하여 기관에서 자랐거나 매우 어린 나이에 기숙사 학교에 보내졌다.
> 4. 어머니는 불안정하다. 일반적으로 그녀는 우울하고 화가 나 있고 취해 있거나 어떤 식으로든 당신과 떨어져 있다.
> 5. 어렸을 때 부모가 이혼하였거나 너무 자주 싸워서 가족이 헤어지지 않을까 걱정하였다.
> 6. 형제가 태어나거나 부모가 재혼하여서 부모에게 관심을 받지 못했다.
> 7. 가족과 과도하게 밀접하여 있거나 과잉보호를 받았으며 어릴 적 삶의 어려움에 대처하는 학습을 받지 못했다.

분명히 어린 시절에 부모의 상실은 덫의 가장 극적인 기원이다. 한쪽 부모가 아프거나 상당 기간 떨어져 있어야만 했다. 혹은 부모가 이혼하거나 한쪽 부모는 이주하여 점차 당신을 잊어버렸다. 부모의 죽음, 질병, 이별과 이혼은 분리를 가져오는 같은 범주의 중요한 관계들이다. 부모의 상실은 특히 인생의 첫 시기에 파괴적이다. 일반적으로 상실이 일찍 일어날수록 아이는 더 취약해지고 덫은 더욱 강력해진다.

부모의 상실이 당신에게 얼마나 깊은 영향을 미칠지는 다른 요인에 많이 의존한다. 물론 다른 친밀한 관계도 중요하다. 예를 들어, 에이비는 그녀를 지지하고 덫에 대항하여 힘써주는 어머니와 사랑하고 안정된 관계를 맺고 있다. 그래서 그런지 그녀의 덫은 제한적이었다. 연인의 관계에서만 활성화되었기 때문이다. 양부모처럼 상실된 부모의 대리인과 관계를 형성한다면 그것 또한 도움이 될 것이다. 그리고 아픈 부모가 회복되어 집에 돌아오거나 별거한 부모가 다시 합치거나 알코올 중독자인 부모가 술을 마시지 않게 되는 것처럼 어떤 식으로든 상실된 부모가 당신에게 돌아온다면 상당히 많은 도움이 될 것이다. 여러 종류의 경험들이 당신의 덫을 치료하는 데 도움이 될 것이다. 그러나 버림받은 기억은 여전히 남아 있다. 치유에 많은 도움이 되는 경험이 있다면, 덫을 작동시키기 위해서는 실제로 사랑하는 사람의 상실 같은 극적인 사건이 필요할 것이다. 어린 나이에 부모를 잃었다면 상실이 무엇을 뜻하며 그 고통이 두렵다는 것을 뼈저리게 알게 될 것이다.

이것이 버림받음의 덫과 정서적 결핍의 덫 간의 차이이다. 정서적 결핍에서 부모는 늘 신체적으로 함께 있지만, 감정적인 관계는 성립되지 않는다. 부모는 아이를 사랑하는 법과 양육하고 공감하는 법을 모른다. 부모와의 연결은 안정적이나 아주 가깝지는 않다. 버림받음에서 연결은 한때 존재하다가 상실된다. 혹은 부모가 예측할 수 없게 왔다 간다. 불행히도 일부 아이에게 부모는 감정적으로 부적절하면서 예측할 수 없는 존재일 뿐이다. 이런 환경에서(이런 환경은 상당히 흔한데) 자란 아이에게는 대개 정서적 결핍과 버림받음의 덫이 둘 다 발생한다.

부모의 상실 외에 버림받음의 또 다른 기원은 아이에게 일관되게 어머니의 이미지로 작용하는 사람의 부재이다. 부모가 아이들과 전혀 함께 하지 못하고 유모나 낮에 보육시설에 맡겨지거나 직원들이 계속 바뀌는 기관에서 자란 아이가 이런 기원의 예이다. 특히 태어난 첫 해 동안의 아이에게는 안정된 존재가 필요하다. 돌보는 사람이 반드시 부모이어야 하는 것은 아니다. 그러나 돌보는 사람이 바뀌면 혼란이 야기된다. 아이에게 이것은 낯선 사람의 세상에서 사는 것 같은 느낌이다.

다음의 기원은 더 미묘하다. 안정된 이미지의 어머니이지만 관계를 맺는 방식에서는 불안정한 경우이다. 예를 들어, 패트릭의 알코올 중독자 어머니는 한순간만 사랑을 쏟을 뿐 시간 대부분은 완벽한 무관심이다. 그리고 린제이의 어머니는 린제이 본인처럼 아마도 비슷한 생물학적 경향을 반영하듯이 강렬한 기분 변화를 자주 보인다. 신체적으로 함께 있지만, 그녀가 린제이와 관계 맺는 방식을 예측하기란 매우 어렵다.

린제이   엄마가 저를 위해 같이 있었어요. 때때로 그녀는 행복해하고 나에게 흥미를 보였어요. 하지만 어느 순간 그녀는 심한 우울증에 빠져 종일 침대에 누워서 제가 무엇을 하든 말든 전혀 관심이 없었죠.

이 기원은 어머니와 아이 사이에 일어나는 순간의 반응을 반영한다. 이러한 반응이 불안정하다면 아이는 버림받음의 덫에 걸리게 된다.

패트릭의 어머니는 취했을 때는 학대적이지 않았다. 아니 오히려 무관심했다. 학대적인 부모가 반드시 버림받음의 덫을 발생시키는 것은 아니다. 약물 남용이나 기분 문제로 인하여 사랑과 학대의 양면적인 부모 밑에서 자랐다면 버림받음의 덫은 발생할 수도 있고, 발생하지 않을 수도 있다. 이것은 학대를 감정적 연결의 상실로 경험하느냐에 따른다. 부모로부터 거의 받은 것이 없는 아이에게는 벌조차 연결로 느껴질 수 있다. 학대적인 부모는 감정적으로 연결되거나 떨어져 있다. 이것이 왜 학대와 버림이 반드시 같은 문제가 아닌지를 설명한다.

버림받음의 덫을 가져오는 또 다른 아동기 상황이 있다. 아마도 부모는 계속 싸우고 당신은 가정이 불안정하고 해체될 것이라고 느꼈을 것이다. 혹은 부모가 이혼하고 한쪽 혹은 양쪽 부모가 다른 아이가 있는 가정과 재혼하여 새 가족 구성원에 대한 부모의 관심을 버림받음으로 경험하였을 수도 있다. 혹은 아마도 부모가 당신에 대한 배려가 줄어들고 더 어린 형제에게 관심을 쏟았을 것이다. 물론 가정에서 모든 새로운 출생이 더 나이 많은 아이에게 충격이 되는 것은 아니며 이러한 사건이 늘 덫을 만드는 것은 아니다. 이것은 단절의 정도에 의존한다. 덫이 생기기 위해서는 버림받음의 강력한 느낌이 있어야 한다.

종종 부모로부터 버림받은 느낌을 받은 아이는 그 부모를 따라다닌다. 아이는 부모를 그림자처럼 따라다니고, 부모를 지켜 보고, 늘 부모 곁에 있다. 외부의 관찰자에게 이것은 부모와 아이가 강한 연결이 있는 것처럼 보일 수도 있다. 그러나 실제로는 약한 유대감으로 인하여 아이는 연결의 확신을 위해 늘 부모가 보이는 곳에 있으려고 하는 것이다. 부모와의 연결을 유지하는 것은 아이의 삶에서 가장 중요한 일이 될 것이고 이는 결국 세상 사람에 관한 관심을 저하하게 된다.

마지막으로 우리가 앞서 말한 대로 버림받음의 덫은 과보호적 환경에서 생길 수 있고 의존과 섞일 수 있다. 의존적인 아이는 버림받음을 두려워한다. 이것은 에이비와 그녀 어머니 간에 일어난 일이다.

에이비 아버지가 돌아가신 후, 어머니는 제가 그녀 곁을 떠나기를 원하지 않았어요. 그녀는 제게 무슨 일이 생겨서 저 또한 잃을까 봐 두려워했지요. 저는 늘 어머니 옆에 있기를 원했어요. 학교도 가기 싫었고, 친구와 밖에서 놀기보다 집에 있고 싶었던 거로 기억해요.

어머니와 가까이 있으려는 에이비의 욕구는 그녀의 자율성을 해쳤다. 세상을 탐구하고 자신을 돌볼 능력에 대한 자신감을 발전시키지 못했고, 모든 삶의 방향은 어머니에 의해 이루어졌다. 이것은 그녀의 어머니가 원한 것일 수도 있다. 이미 한 번의 상실을 맞이한 그녀의 어머니 또한 다른 상실에 맞설 수가 없었기 때문이다.

다른 아이들은 더 자율적으로 됨으로써 부모의 상실에 반응한다. 아무도 자신들을 돌보지 않기 때문에 그들은 스스로 돌보는 법을 배운다.

버림받음과 친밀한 관계

당신이 버림받음의 덫을 가지고 있다면 주변 사람들과의 관계는 조용하거나 꾸준하지 못하다. 마치 롤러코스터를 타는 듯이 느껴질 것이다.

이는 주변을 둘러싼 인간관계가 계속해서 오래될 것이라는 믿음보다는 언제라도 금방 파국을 맞을 것이라는 위기의식을 가지고 있기 때문이다. 린제이는 치료시간에 그것이 어떤 것인지를 이미지로 표현했다. 그녀와 그렉과의 싸움은 그녀는 간청하고 그는 냉정하게 떨어져 있는 전형적인 양상으로 끝이 났다.

치료자 눈을 감고 당신이 느끼는 이미지를 말해주세요.
린제이 저는 자신이 뒤처지는 것을 봐요. 마치 저만 어두운 지하실 속으로 뒤 떨어지는 듯한 기분이에요. 그렉은 저를 지하실 속으로 홀로 남겨 두고 문을 닫아버리죠. 아마 저는 그곳에서 혼자 있게 될 거예요.
치료자 당신은 무엇을 느끼죠?
린제이 공포요.

덫이 심각하면 친밀한 관계 안에서의 작은 어려움조차 크게 느낀다. 사랑하는 사람과의 연결이 끊어짐과 동시에 철저히 외로움에 빠지게 된다. 패트릭은 프랜신과 결혼하기 전에 이런 식으로 몇 년을 지냈다.

치료자 당신은 오랫동안 혼자 있었군요.
커트 저는 단지 그것을 견뎌낼 수가 없었어요. 그것은 너무나도 큰 고통이었어요. 결코, 저와 함께 있을 사람을 찾을 수 없었지요. 차라리 혼자가 더 나아요. 적어도 어느 정도 평화를 느낄 수 있으니까요.

당신이 다른 사람들과 친밀한 관계를 맺으려고 한다면 아마도 그 순간 평화는 사라질 것이다. 이러한 관계들이 불안정하게 느껴지고 그들을 잃을 수 있다는 느낌을 늘 받게 된다.
또한, 당신은 관계에서 멀어지는 것을 견디기 어렵다. 관계가 끝날 가능성을 극도로 불안해하고, 심지어 작은 변화라도 마치 관계가 끝날 것처럼 부풀린다. 린제이는 남자친구의 작은 불만족스러운 징후도 자신과 끝내기를 원하는 증거로 해석한다. 남자친구가 그녀에게 화를 내고 그녀 때문에 혼란스러워하고 연결이 끊어지는 느낌을 받는 순간(그가 그녀를 버릴 가능성에 합당한 것) 그녀는 끝이라고 확신한다. 질투와 소유는 흔한 주제이다. 그녀는 끊임없이 남자친구들이 자신을 떠나려 한다고 비난한다. 이런 자기예언적 실현 속에서 그녀의 관계는 불화와 떠들썩한 화해로 특징지어진다.

마찬가지로, 남편이 사업 여행을 가려 할 때마다, 에이비는 비행기 사고가 나서 그가 죽을 것이라는 강박관념에 사로잡혀 있다. 남편이 곁에 있을 때조차도 그녀는 어머니가 아파서 죽거나 아이들이 죽을지도 모른다고 생각한다. 그녀의 인생은 죽음과 따로 떨어져 생각할 수 없다.

대인관계에서 당신은 초기에 과도하게 매달리게 된다. 매달림은 당신이 그 사람을 잃을 수 있다는 생각을 강화하기 때문에 당신의 덫을 강화한다. 이것은 버림받음의 가능성을 인간적 관계 안에서 더욱더 생생하게 만든다.

매달림은 의도적인 성질을 갖는다. 린제이는 이것을 잘 보여준다. 어머니와 같이 남자친구와 그녀의 관계는 결코 강하게 느껴지지 않는다. 외로움과 상실을 느낀 나머지 자신의 전 인생을 관계에 쏟아붓는다. 그녀의 몰두는 전적이다. 그녀가 말한 대로 그녀는 강박관념에 사로잡혀 바깥세상을 잊고 만다. 제일 중요한 것은 이러한 관계이기 때문에 그녀의 모든 에너지는 관계를 유지하는 데 투자된다.

교제 초기 단계에서의 위험 신호

당신은 아마도 자신을 버릴 가능성을 가진 애인에게 제일 마음이 끌릴 것이다. 여기 초기 경고 신호가 있다. 이는 지금의 이러한 관계가 버림받음의 덫을 시작한다는 신호들이다.

> **배우자의 위험 신호**
> 1. 상대방이 결혼했거나 바람을 피워 장기적인 약속을 하지 않는다.
> 2. 당신과 함께 시간을 보내는 데 배우자가 지속적이지 못하다(즉 상대방이 여행을 자주 가고 먼 곳에 살고 있으며 일 중독이다).
> 3. 상대방이 감정적으로 불안정하고(즉, 술을 마시고 약을 먹고 우울해하고 일정한 직업을 갖지 못한다) 당신과 감정적으로 계속해서 연결되어 있을 수 없다.
> 4. 배우자는 피터 팬 같아서 자유를 주장하고 정착하기를 원하지 않고 많은 애인을 가지기를 원한다.
> 5. 배우자가 당신에 대해 양가적이다(상대방이 당신을 원하지만, 감정적으로는 주저한다. 혹은 한순간 당신과 사랑에 깊이 빠지지만, 다음 순간에 당신이 존재하지 않는 것처럼 행동한다.)

당신은 안정된 관계의 희망으로 가득 찬 사람보다는 오히려 안전하지는 않지만, 부분적으로 안정성을 주는(희망과 의심이 혼합된) 사람에게 끌린다. 그런 사람이어야만 영원히 얻을 가능성이 있는 것처럼 느끼거나 적어도 당신과 더 안정된 양상으로 관계를 맺을 수 있다고 느낀다.

즉 어느 정도 약속과 연결을 보여주지만, 절대적으로 확신할 수 없는 사람에게 가장 끌린다. 불안정한 사랑 관계 속에서 당신은 편하고 익숙하다. 이것이 항상 당신이 알아 왔던 느낌이다. 불안정성은 이상한 매력을 유지하면서 당신의 덫을 계속 활성화한다. 당신은 열정적으로 사랑에 머문다. 실제로 당신을 위해 존재하지 않는 파트너의 선택은 어릴적 버림받음을 재활성화한다.

좋은 관계 해치기

당신이 안정된 상대방을 선택했다 해도 여전히 피해야 할 약점이 있다. 여전히 당신은 버림받음의 덫을 강화하는 방식을 고수한다.

> **관계에서 버림받음의 덫**
>
> 1. 사람을 잃거나, 너무 가까워져서 상처받는 것을 두려워하기에 적절한 파트너와의 친밀함조차 피한다.
> 2. 배우자가 죽거나 잃을 가능성과 무엇을 해야 할지에 대해 지나치게 걱정한다.
> 3. 상대방의 사소한 말이나 행동에 지나치게 반응하고 마치 그것들을 헤어지기를 원하는 징후로 해석한다.
> 4. 질투가 심하고 소유욕이 강하다.
> 5. 당신은 파트너에게 매달린다. 당신의 모든 삶이 배우자를 지키는 데 강박적이다.
> 6. 며칠만이라도 연인과 떨어져 있을 수 없다.
> 7. 상대방이 당신과 있을 것이라고 완전히 확신하지 못한다.
> 8. 화가 난 나머지 배우자에게 자신과의 관계에 충실하지 못하다거나 신뢰할 수 없다고 비난한다.
> 9. 배우자가 당신을 홀로 남겨놓은 것에 대한 벌로 일부러 멀어지거나, 헤어지거나 소원해진다.

당신은 안정되고 건강한 관계 속에서도 여전히 불안정하다고 느낀다. 이것은 에이비의 경우이다. 우리는 커트와 여러 번 만났고 그가 결혼 생활에 완전히 전념했다고 믿는다. 객관적으로 그가 일부러 에이비를 떠났다는 증거는 없다. 반대로 그는 그녀를 매우 사랑하는 것으로 보인다. 그러나 에이비는 결코 이것을 확신하지 못한다. 이렇게 그녀의 신임을 얻을 수 없다는 사실이 그를 좌절시키고 있었다.

커트 제가 무엇을 해도 그녀는 저를 의심해요. 특히 사업 여행을 의심하지요. 아무 이유도 없이 제가 다른 여자와 불륜을 벌인다고 생각해요. 저는 때때로 그녀가 다른 남자와 함께 있기를 원하지 않나 생각해요. 왜 그녀는 그것에 대해 그렇게 자주 말하죠?

또 다른 버림받음의 덫(배우자를 내쫓는 방식으로 행동하기)에 빠질 수도 있다. 예를 들어, 린제이는 사소한 논쟁조차도 관계를 끝내자며 위협할 정도로 화를 낸다. 그녀는 에이비가 남편의 사업 여행 동안 이별의 의미를 과장하듯이 싸움의 의미를 과장한다.

린제이와 에이비는 항상 파트너에게 다음과 같이 말한다. "당신은 실제로 나를 사랑하지 않아", "나는 당신이 떠나려고 한다는 것을 알아", "당신은 나를 그리워하지 않아", "당신은 우리가 떨어져 있어야 하는 사실을 반겨". 그들은 우리가 자신들의 치료를 포기하기를 기다리고 있었다. 그들의 비난은 상대방의 보살핌을 받지 못하고 결국 버림받을 것임을 끊임없이 시사한다. 린제이와 에이비는 한편으로 사랑하는 사람을 밀어내고 다른 한편으로는 의도적으로 그들에게 매달린다.

관계가 어떤 방식으로든 위협받는다고 느낄 때마다, 당신은 강한 감정적 반응을 한다. 잠시의 이별, 당신의 질투를 자극하는 누군가의 언급이나 논쟁 혹은 애인의 기분 변화 등은 애인과의 관계를 해칠 수 있다. 상대방은 거의 변함없이 당신이 과도하게 반응한다고 느끼고 당황스러움을 표현할 것이다. 이것은 사소한 혼란에 대해 극적인 반응을 하는 것으로 보인다. 이에 대해 커트는 다음과 같이 이야기하였다.

커트 우리는 공항에 갔는데 갑자기 에이비가 너무나도 혼란스러워했어요. 그녀는 누군가가 죽은 것처럼 울었어요. 저는 너무나 당황했죠. 겨우 이틀 여행을 가는데 그녀는 마치 우리의 결혼이 끝난 것처럼 행동하고 있었어요.

이것은 덫을 공유하지 않는 연인에게는 엄청난 과잉반응으로 느껴진다. 당신은 혼자라는 사실을 견딜 수 없을 것이다. 아마도 불안과 우울 혹은 분리감을 느낄 것이다. 무엇보다 파트너와의 강한 유대감이 필요하다. 연인이 떠나면 바로 관계가 끊어지는 것으로 느낀다. 이런 버림받았다는 느낌은 흔히 상대가 돌아올 때까지 사라지지 않는다. 당신은 주의를 다른 곳에 돌릴 수 있지만, 관계가 끊어진 느낌은 항상 존재한다. 덫은 항상 배경에 머무르며 당신을 잡아먹으려 기다린다. 이 덫에 걸린 거의 모든 사람은 주의를 다른 곳에 돌리는 시간에 한계를 가지고 더는 그렇게 하지 못한다.

주의를 다른 곳에 돌릴수록, 당신은 더 오래 혼자 있게 된다. 주의를 돌리지 못할수록, 원함, 상실감, 재연결의 필요를 빨리 느끼게 된다.

에이비 커트와 떨어져 있다는 사실을 잊기 위해 정원 손질을 하고 있는데, 이웃 사람이 와서 말을 걸더군요. 그녀와 얘기하면서 타인에게는 제가 정말로 외로움을 즐기고 지내는 사람처럼 보인다는 생각이 들었어요. 그러나 저는 즐겁지가 않았어요. 저는 뛰고 또 뛰는 사람처럼 느꼈고, 너무 피곤해서 더는 뛸 수 없을 때처럼 나쁜 감정이 다시 저를 사로잡았어요.

분리는 버림받음의 반격이다. 분리하게 되었을 때 당신은 연결의 필요성을 부인한다. '나는 네가 필요 없어'라는 것은 반항이다. 대개 분리와 혼합된 분노가 있고 이것은 부분적으로 처벌적이다. 상대방이 당신과 소원해지고 원하는 것을 주지 않음에 대해 처벌을 한다. 비록 분리가 버림받은 느낌에 대처하는 것을 돕더라도, 당신은 감정을 포기하고 차가운 감정적 무감각으로 존재하는 대가를 치른다.

관계의 와해와 같은 실제의 상실은 당신에게 파괴적인 영향을 준다. 이것은 어디를 가더라도 결코 안정된 관계를 찾지 못한다는 믿음에 확신을 주고, 새로운 관계를 시작하는 데 양가적인 감정을 부여한다. 일부분은 연결을 원하고, 다른 일부분은 버림받음을 예상한다. 일부분은 친밀함을 원하고, 다른 일부분은 대개 어떤 일이 생기기도 전에 정당한 분노를 느낀다. 관계는 막 시작될 수 있지만, 때때로 당신은 그 사람이 이미 가버린 것처럼 느낀다.

친구들

버림받음의 덫이 강하다면, 그것은 아마도 연인 관계에서처럼 강렬하지는 않더라도 친구 관계와 같은 친밀한 관계에도 영향을 미친다.

당신은 친구 관계에 대해 근본적으로 불안정하다는 관점을 가지고 있다. 장시간 그들을 의지할 수 없다. 당신의 삶에 사람들이 오고 간다. 당신은 이사나 이별, 전화 또는 초대에 응답 않는 사람, 뜻이 다르거나, 다른 데 흥미를 갖거나, 다른 사람을 더 선호하는 등 친구와의 연결을 위협하는 어떤 것에도 과민하다.

린제이　정말 친구 발레리 때문에 미칠 것 같아요. 저는 그녀에게 월요일에 전화했는데, 수요일인데도 그녀는 아직 나에게 전화를 하지 않아요. 제가 먼저 전화를 해서 책망을 할까도 생각하고 있어요. 그녀는 이런 식으로 나를 대접할 권한이 없어요.

버림받음의 덫을 바꾸기

다음의 단계에 따라 버림받음의 덫을 변화시켜 보자.

> **버림받음의 덫을 바꾸기**
>
> 1. 자신의 어릴 적 버림받음을 이해하라.
> 2. 버림받음의 느낌을 모니터하라.
> 3. 과거 관계를 고찰하고 재발하는 양상을 명백히 밝히어라. 버림받음의 함정을 목록화하라.
> 4. 그들이 아무리 매력적이라도, 약속을 지키지 않고 불안정한 혹은 양가적인 연인을 피해라.
> 5. 안정되고 약속을 지키는 배우자를 찾을 때 상대방을 믿어라.
> 6. 매달리지 말고 질투하지 말고 건강한 관계의 정상적 이별에 과잉반응하지 마라.

1. 자신의 어릴 적 버림받음을 이해하라. 먼저 당신에게 덫을 발생시키는 생물학적 경향이 있는지 고려하라. 늘 감정적인 사람이었나? 어린 시절 사랑하는 사람과 떨어지는 데 어려움을 갖지 않았나? 등교하거나 친구 집에서 잘 때 어렵지 않았나? 부모가 저녁에 외출하거나 짧은 여행으로 떨어져 있을 때, 매우 화가 나지 않았나? 새로운 장소에서 다른 아이들보다 어머니에게 매달리지 않았나? 강렬한 감정에 대처하는 데 여전히 어려움이 많지 않나?

당신이 이러한 많은 문제에 대해서 '예'라고 답한다면, 약물의 도움을 받아야 할지도 모른다. 우리는 많은 환자가 약물 복용을 통해서 자신의 감정을 조절하는데 도움받는 것을 보아왔다. 치료자가 있다면, 치료자와 이 문제에 대해 상의하거나, 정신과 의사에게 상담받을 수도 있다.

생물학적 성향의 보유 여부와 상관없이, 덫에 이바지하는 아동기 상황을 이해하는 것은 중요하다. 조용하고 평화로운 시간을 가질 때, 아동기의 이미지가 마음에 떠오르게 하라. 처음 시작할 때는 이미지에 어떤 방향도 강요하지 마라. 이미지가 방해받지 않게 하라.

시작하기 가장 좋은 장소는 현재의 삶에서 버림받음의 느낌이 있는 곳이다. 버림받음의 느낌을 촉발하는 무언가가 당신의 현재 삶에서 일어날 때, 눈을 감고 이전에 유사하게 느꼈던 때를 회상하라.

린제이   그렉이 이별을 생각한다고 말했기 때문에 순간 혼란스러워진 저는 그 외에 어떤 것도 생각할 수가 없었어요. 일할 때조차 사람들에게 화를 냈지요. 너무 화가 나서 그가 한 말을 믿을 수가 없었죠. 그래서 그에게 전화할 수밖에 없었어요. 정말 저로 인해 미칠 지경이라는 것을 알고 있었지만 그럴 수밖에 없었어요.

치료자   눈을 감고 그렉의 이미지를 떠올리세요. 무엇이 보이죠?

린제이   얼굴이 보이고 그가 불쾌한 표정으로 저를 보고 있어요. 그에게 매달리는 저를 측은하게 생각하는 것처럼 보여요.

치료자   무엇이 느껴지죠?

린제이   제가 그를 싫어하는 것처럼 느껴지고 동시에 그를 원해요.

치료자   회상할 수 있는 한, 먼 과거에서 당신이 전에 이런 식으로 느꼈던 때의 이미지를 말하세요.

린제이   (잠시 멈추고) 생각나는 것은 병원에서 어머니를 방문한 날이에요. 그때 저는 여덟 살이었고 아버지는 저를 병원에 있는 어머니에게 데리고 갔어요. 아버지는 저에게 어머니가 실수로 약을 많이 먹어서 입원하셨다고 했지만 사실 다른 이유가 있다는 것을 짐작했지요. 그리고 병실에서 어머니를 만났을 때 저는 어머니가 너무나도 미웠지만, 한편으로는 빨리 집에 돌아오기를 원했어요.

심상에서 과거와 현재 사이의 연결을 구축하라. 버림받음의 느낌의 시작을 회상하도록 노력하라.

2. 버림받음의 느낌을 모니터하라. 이제 당신의 삶에서 버림받음의 느낌을 알아채도록 하자. 덫이 촉발될 때 식별할 수 있는 능력을 연마하라. 아마도 당신 삶의 어느 때든 상실을 경험하였을 것이다. 아픈 부모, 가버린 배우자. 끝나고 있는 관계, 꾸준하지 않은 연인을 가지고 있거나, 전적으로 홀로 있게 될 상실의 가능성을 밀봉하고 있을 수도 있다.

당신 삶에서 버림받음의 순환을 식별할 수 있는지 살펴보라. 에이비, 패트릭, 린제이는 모두 명확히 이 순환을 보았다.

패트릭   정말로 매번 같은 일이에요. 먼저 저는 프랜신이 집에 없다는 것을 알면 극도로 흥분하게 돼요. 조금 후에 저는 그녀에게 무슨 일이 일어났을까, 자동차 사고를 당하지 않을까 무서워져요. 잠시 후에는 이런 걱정을 하게 만든 그녀에게 너무나도 화가 나서, 차라리 죽이고 싶다는 생각을 하게 되죠. 몇 시간이고 이런 생각을 하다 보면 극도로 피곤해집니다. 결국에는 우울해져서 그냥 누워서 자버리게 돼요. 마침내 그녀가 집에 왔을 때 대부분 저는 무관심해져요. 그러나 때때로 다시 화가 치밀어 올라 그녀를 때리기도 합니다.

자신이 이런 순환 속의 모든 느낌을 경험하게 허락하라. 당신이 그 순환을 올라탈 때마다 알아차려라.

그렇게 할 수 없다면, 홀로 시간을 보내기 시작하는 것이 중요하다. 도망가는 대신에 홀로 시간을 보내는 것을 선택하라. 이것이 에이비가 배운 방법이다. 에이비가 처음 치료하러 왔을 때, 그녀는 홀로 있는 시간을 피하려는 미친 듯한 노력에 많은 시간을 투자했다. 그녀는 필요할 때 자신을 돌봐줄 누군가가 실제로나 전화로나 꼭 있어야 했다. 에이비는 홀로 있는 방법을 배워야만 했다. 나중에 그녀는 고독을 즐기는 방법도 배웠다.

에이비   계속 주변에 사람이 있도록 만들기 위해 교활해지지 않아도 되는 것은 참 좋아요. 그동안 참으로 많은 것을 잃었어요. 이제는 나 자신을 돌보고 혼자 잘 있을 수 있다고 얘기해요.

당신도 지금 바로 시작할 수 있다. 혼자 시간을 보내라. 그 시간을 특별하게 만들어라. 당신이 즐거운 일을 하라. 당신의 공포는 지나갈 것이다. 당신이 그렇게 충분히 할 수 있다면, 평화의 공간 안으로 공포를 지나가게 할 수 있다.

3. 과거 연인 관계를 고찰하고 재발하는 양상을 명확하게 하라. 버림받음의 단점을 목록화하라. 당신의 삶에서 연인 관계의 목록을 만들어라. 각각 무엇이 잘못되었나? 그 사람은 과보호적이었고, 당신은 대가를 치르면서도 붙들었나? 그 사람이 불안정하였나? 그 사람이 떠날까 봐 너무 두려워 당신이 먼저 떠났나? 당신은 떠날 것 같은 사람만 계속 고르나? 당신이 너무 질투가 많고 소유욕이 심해 그 사람을 떠나게 했나? 어떤 패턴이 나타나는가? 무엇이 당신이 피해야 할 함정인가?

린제이가 목록을 만들었을 때, 그녀는 자신이 불안정한 관계에서 또 다른 관계로 가고 있음을 보았다. 실제로 떠나지 않고 그녀를 위해 일정한 상태로 있는 것은 우리와 그녀의 관계가 처음이었다. 그리고 우리는 이런 관계가 린제이를 안정시켰다고 느꼈다. 이것은 우리에게 탄탄한 관계(한 사람이 실제로 정착하고, 중심이 되며, 삶에서 더욱 초점을 맞출 수 있는 것)가 얼마나 중요한지 다시 한번 보여주었다.

4. 그들이 아무리 매력적이라도, 약속을 지키지 않고 불안정한 혹은 양가적인 연인들은 피해라. 안정된 사람들과 관계를 형성하려고 노력하라. 그들이 당신에게 가장 매혹적이더라도, 당신을 롤러코스터에 태우려

고 한다면 피해라. 그렇다고 우리가 당신에게 지금 당장 매혹적이지 않은 사람과 사귀라고 말하는 것은 아니다. 다만 강렬한 성적 매력을 발산하는 사람은 버림받음의 덫을 작동시키는 징후일 수도 있음을 기억하라.

치료 2년째 중반 즈음에, 고교 미술 교사인 린제이는 직장동료인 리차드란 남자와 만나기 시작했다. 그녀는 처음으로 남자와 안정된 관계를 유지하게 되었다. 리차드 또한 린제이와의 약속에 있어 명확했다. 치료 2년째가 거의 끝날 무렵, 그는 그녀에게 결혼하자고 요청했다. 그는 알코올 중독자였지만, 12년 넘게 회복 상태에 있었다. 그는 감정적으로 일관되게 린제이를 대하였고, 우울하거나 냉정함을 잃지 않는 평온한 유형이었다. 감정적인 사람들과 조용하고 합리적인 사람들은 종종 다른 관계를 형성한다. 우리와 그녀의 관계가 그랬던 것처럼 린제이에 대한 리차드의 꾸준한 사랑은 그녀의 강렬한 감정을 포용하는 것을 도왔다.

처음에는 그다지 호감이 없었던 그녀도 점점 그에게 끌리기 시작하였다. 다른 남자와의 관계와는 달리 린제이는 애인이 되기 전 몇 달 동안을 리차드와 그저 편한 친구로 지냈다. 이것은 그 둘의 관계를 다지는데 커다란 밑거름이 되었다. 린제이는 덜 취약하게 느꼈고, 그녀는 매달리지도 않았고, 바람기에 대한 평소의 비난도 하지 않았다.

패트릭은 프랜신과의 결혼 생활을 끝냈다. 그가 그녀를 위해 아무리 노력해도 결국 그녀는 여전하리라는 것을 깨달았기 때문이다. 처음에 그는 다른 여자에게 흥미를 느끼지 못하리라 생각했으나 요즘엔 다른 여자와 교제 중이다. 그는 요즘 관계에서 자신에 대해 배우고 있다. 가장 중요한 것은, 관계에서 자신을 유지하는 법을 배우고 있다는 점이다. 패트릭은 늘 자신은 아무것도 갖지 않고, 모든 사람에게 주어버리는 성향이 있었다. 그 결과 그에게는 아무것도 없고, 다른 사람이 모든 것을 갖는 식이었다. 당신이 다른 사람에게 모든 것을 준다면, 결국에는 그 사람을 잃어버리는 파국을 맞을 것이다. 패트릭은 관계에서 자신이 힘을 갖는 법을 배우고 있다.

패트릭 저는 늘 관계의 전체적 관점이 다른 사람에게 있다고 생각했어요. 저는 그녀와 관계를 유지하기 위해 무슨 일이든 했어요. 하지만 이제는 사람들이 가도록 내버려 두어도 살아갈 수 있다는 것을 알아요. 사람들이 떠나가도록 놔둘 수 있고, 결국 저는 괜찮을 거예요.

5. 안정되고 약속을 지키는 배우자를 찾으면, 상대를 믿어라. 상대가 당신을 영원히 떠나지 않을 것이라고 믿어라. 버림받음에 대해 많은 경험을 하고 나면, 믿음을 배우기는 어렵다. 그러나 이것이야말로 끊임없는 버림받음의 순환으로부터 탈출하여 사랑의 충족을 찾는 유일한 길이다. 롤러코스터에서 내려라. 강하고 꾸준한 관계를 위해 거칠고 불안정한 사랑을 포기해라.

앞에 나온 우리 환자 세 명은 모두 믿음을 배워야만 했다. 에이비는 커트가 떠나있을 때조차 그가 그녀를 위해 실재한다는 것을 배워야만 했다.

에이비 재미있군요. 하지만 저는 오즈의 마법사의 마지막처럼 느껴져요. 제가 온통 보고 있는 것은 저 자신의 뒷마당이에요. 제가 늘 원했던 것, 즉 저를 위해 있으면서 저 자신에게 만족 하는 사람, 커트를 이미 가지고 있어요.

마찬가지로 패트릭과 린제이는 건강하고 약속을 지키는 관계에서 상대방을 믿는 법을 배워야 했다.

6. 매달리거나 질투하지 말고 또는 건강한 관계의 정상적인 이별에 과잉반응하지 마라. 당신이 안정되고 약속을 지키는 사람과 좋은 관계에 있

다면, 약간의 감정적 과잉반응 경향을 조절하도록 배워라. 가장 좋은 길은 자신에게 작업하는 것이다. 자신의 자원을 탐구하고, 당신이 혼자라도 번창할 수 있음을 배워라. 하루하루 보내기 위해 플래쉬 카드를 만들 수 있다. 플래쉬 카드를 사용해서 덫이 작동할 때마다 덫에다 칩을 던져서 약화시켜라.

우리는 린제이가 리차드와의 관계를 더 잘 다루기 위해 플래쉬 카드를 쓰도록 도왔다. 그녀는 그것을 사용하여 매달림과 비난을 멈추었고, 믿음이 흔들릴 때마다 그와 그녀에 대한 믿음을 재확인하였다.

버림받음 플래쉬 카드

지금 난 리차드가 나에게서 멀어지려 하고 있어서 절망적인 상태이고, 그래서 화가 나고 그가 필요하다. 그러나 이것이 나의 버림받음의 덫이라는 것을 알고, 내 덫이 단지 작은 소원함의 근거 때문에 시작되었다는 것을 안다. 나는 좋은 관계의 사람들이라도 소원해지고 또한 소원함이 좋은 관계의 자연스러운 부분일 수 있음을 기억하는 것이 필요하다.

만일 내가 화내고 매달리는 식으로 행동한다면, 나는 리차드를 더 멀리 밀어내게 될 것이다. 리차드는 때때로 멀리 있을 권리가 있다.

대신 내가 해야만 하는 것은 전체로서 관계에 대한 장기적인 관점을 가지고 일하는 것이다. 내 감정은 현실과 균형이 맞지 않는다. 나는 내 감정을 참을 수 있으며, 커다란 관점에서 리차드와 나는 여전히 연결되어 있고 관계가 좋다는 사실만은 기억하자.

나를 가장 잘 돕기 위해서는, 관심을 나 자신의 삶과 나를 발전시키는 방법으로 돌려야 한다. 내가 자신에게 더 잘할수록 나는 좋은 관계를 유지할 수 있다.

심각한 덫에 걸려 당신이 좋은 관계를 형성하지 못한다면, 치료를 고려하라. 이러한 치료적 관계는 당신이 삶 속에 좋은 관계를 만들 수 있는 곳으로 도달하도록 도울 수 있다.

7

"당신을 믿을 수 없어" 불신과 학대의 덫

프랭크 | 32세. 그는 개인 생활 및 직장에서도 불신에 가득 차 있다.

프랭크는 아내 아드리엔과 함께 치료를 받으러 왔다. 그들은 결혼 문제를 가지고 있었다.

프랭크 그녀가 저를 사랑해도 저는 그녀를 믿지 못해 혼란스러워요. 왠지 모든 것이 속임수처럼 느껴져요. 마치 그녀가 돌아서서, "오케이, 이제 다 끝났어. 나는 당신을 사랑하지 않아. 나는 그동안 당신을 속여왔어."라고 말할 것 같아요.

아드리엔 다른 날과 같아요. 저는 잡화점에 갔을 뿐이었죠. 거기에서 우연히 친구 멜린다를 만났고, 우리는 약 30분간 커피를 마셨어요. 제가 집에 왔을 때 프랭크는 이성을 잃고 있었어요. "당신, 도대체 어디에 있었던 거야? 누구와 함께 있었고, 무엇을 했지?"라고 마구 몰아붙이더니, 나를 잡고 마구 흔들기 시작했어요. 갑자기 겁이 덜컥 나더군요.

프랭크 "응. 나도 알아. 그러한 감정을 나도 조절하고 싶어."

프랭크는 우리와의 관계에서도 비슷한 문제를 가지고 있었다. 그는 우리를 믿지 않았다. 그의 믿음을 얻는 데에는 오랜 시간이 걸렸으며, 치료 후 몇 달이 지나도 그의 불신은 여전히 컸다.

프랭크 어제 직장에서 사장과 이야기하는데, 제가 고객에게 너무나 뻣뻣하다고 말하기 시작하더군요. 또다시 선생님을 의심한다고 말하고 싶진 않지만, 아무래도 지난번 치료에서 우리가 말한 것을 알고 있는 것처럼 들렸어요.

치료자 저희는 프랭크씨 회사의 사장을 모릅니다. 그리고 환자분의 허락 없이는 결코 환자의 개인사를 누군가에게 말하지 않습니다.

프랭크 단지 우연이겠지만 사장이 내게 말할 때, 그는 우리의 이야기를 알고 있는 것처럼 들렸어요.

치료자 우리는 그런 행동을 하지 않습니다. 우리는 당신 편입니다. 기억하세요.

프랭크와 아드리엔은 두 자녀가 있다. 처음 치료시간에 우리는 그가 아이에 대해 화를 조절하는 데 문제가 있는지 물었다. 그들은 둘 다 '아니요'라고 말했다. 프랭크는 아이에게 훌륭한 아버지였다.

프랭크 저는 실제로 형편없는 아동기를 보냈어요. 아버지는 저를 때리곤 했지요. 그래서 저는 늘 제 아이들은 훨씬 좋은 어린 시절을 가지게 하겠다는 맹세를 했어요. 저는 절대로 아이들에게 손을 대지 않았습니다. 앞으로도 그럴 거고요.

프랭크는 실제로 어른이 된 후, 4년 전에 술에 취해 딱 한 번 화를 낸 적이 있었다. 이후 그는 술을 입에도 대지 않았다.

이런 이야기를 들은 후 우리는 그에게 동정심을 갖게 되었다. 프랭크는 아동기에 자신이 겪은 것보다 더 좋은 사람이 되기 위해 힘겹게 투쟁하고 있다.

매들린 | 29세. 그녀는 결코 오랜 기간 연인 관계를 맺어본 적이 없다.

매들린은 남자와의 문제로 치료를 받으러 왔다.

매들린 제가 남자와 정상적인 관계를 맺을 수 있을지 걱정스러워서 여기에 온 것 같아요. 20대 초반에 저는 술을 많이 마시고 아무 남자하고 성관계했어요. 그러나 2년 전 술을 끊었고, 이후에는 남자를 사귀어 본 적이 없어요. 어느 날 저녁 파티에서 한 근사한 남자를 만났어요. 춤을 추고 난 후 그가 나를 안더니 짧은 입맞춤을 하더군요. 저는 너무 화가 나서 바로 파티장을 나와버렸어요. 그리고 그날 밤 바로 치료를 받기로 했어요.

매들린은 항상 남자들이 자신을 이용하거나 이득을 얻으려 하는 것처럼 생각한다고 우리에게 말했다.

치료자 남자에 대한 이런 느낌은 언제 시작되었죠?
매들린 오, 저는 그게 어디서 시작되었는지 알아요. 제가 아홉 살 때 어머니는 양아버지와 결혼했어요. 그는 결혼한 3년 내내 저를 성적으로 학대했어요. (울기 시작) 미안해요. 이것은 누구에게도 아직 말한 적이 없는 얘기이에요.
치료자 당신의 어머니는 어디 있었죠?
매들린 그녀는 신경안정제에 빠져 있었어요.

매들린은 결혼해서 아이를 낳고 싶어 했지만, 남자를 사귀는 것 자체를 두려워하고 있었기에 그러기가 어려웠다.

"당신을 믿을 수 없어" 불신과 학대의 덫

불신과 학대의 덫 질문지

이 질문지는 당신의 불신과 학대의 덫의 강도를 측정하는 것이다. 아래에 있는 척도를 이용해서 각 항목에 답하라. 당신의 성인기 동안 일반적으로 느끼고 행동했던 방법에 근거해서 각 항목을 평가하라. 성인기의 어느 시기에 변화가 있었다면 각 항목을 평가할 때 가장 최근의 일 년 혹은 2년에 초점을 맞춰라.

완전히 나와 다르다.	1	어느 정도는 나와 일치한다.	4
대부분 나와 다르다.	2	대부분 나와 일치한다.	5
다른 면보다 일치하는 면이 좀 더 많다.	3	완전히 일치한다.	6

비록 점수의 합계가 낮더라도 5점이나 6점에 해당하는 항목이 하나라도 있다면 이 덫은 당신에게 존재하는 것이다.

질문	점수
1. 사람들이 나에게 상처주거나, 나를 이용하리라 예상한다.	
2. 살아온 동안 나와 가까운 사람들은 나를 학대했다.	
3. 내가 사랑하는 사람들이 나를 배신하는 것은 시간문제일 뿐이다.	
4. 나는 스스로 보호해야 하며, 항상 경계해야만 한다.	
5. 내가 주의하지 않으면 사람들은 나를 이용해서 이득을 볼 것이다.	
6. 나는 사람들이 진정으로 내 편인지 알기 위해 그들을 시험한다.	
7. 사람들이 내게 상처주기 전에, 내가 그들을 상처주려 노력한다.	
8. 사람들이 내게 상처줄 것이라 예상하기 때문에 그들이 가까이 다가오도록 허용하기가 두렵다.	
9. 사람들이 내게 한 일들을 생각하면 화가 난다.	
10. 내가 신뢰해야만 했던 사람들에게 신체적, 언어적, 혹은 성적으로 학대받았다.	
당신의 최종 점수(질문 1번에서 10번까지의 점수를 더하라)	

점수 해석
10 - 19 매우 낮음. 이 덫은 당신에게 적용되지 않는다.
20 - 29 낮음. 이 덫은 아주 가끔 당신에게 적용될 것이다.
30 - 39 중간. 이 덫은 당신의 인생에서 문제가 될 수 있다.
40 - 49 높음. 이 덫은 당신에게 분명히 중요하다.
50 - 60 매우 높음. 이것은 분명히 당신의 핵심 삶의 덫 중 하나다.

학대의 경험

학대는 복잡한 감정들(아픔, 두려움, 분노, 애도)의 혼합이다. 감정들은 강렬하고, 그것들은 표면 근처에서 끓어오른다. 학대받은 환자와 함께 있을 때, 우리는 이러한 강렬한 감정을 의식한다. 아무리 조용할지라도, 우리는 방안에서 그것을 느낄 수 있다. 마치 금방이라도 둑을 넘는 물처럼 폭발할 것 같다.

당신은 변덕스러운 기분을 가지고 있을 수 있다. 당신은 갑자기 매우 화를 낸다. 그러다가 울거나 분노에 휩싸일 수도 있다. 이는 종종 다른 사람들을 놀라게 한다. 아내를 향한 프랭크의 분노가 실린 주먹과 매들린의 갑작스러운 울음은 바로 이러한 예들이다.

평상시 당신은 멍청하게 있을지도 모른다(우리는 이것을 해리되었다고 부른다). 마치 지금 다른 곳에 있는 것처럼 느껴진다. 혹은 당신에게 사물들이 비현실적으로 보일 수도 있다. 당신의 감정은 멍하다. 이것은 학대에 대한 심리적 도피의 일종으로 발전된 습관이다.

아드리엔 프랭크가 아무것도 말하고 싶어 하지 않을 때, 그는 다른 곳에 있는 사람 같아요. 마치 저조차도 존재하지 않는 사람 같고요.

프랭크 저는 그녀가 무엇을 말하는지 알아요. 또 제가 그렇게 한다는 것도 잘 알고 있어요. 그러나 정말 제가 그러려고 해서 그러는 건 아니에요. 단지 어떻게 해야 할지를 몰라서 그렇게 될 뿐이죠.

관계에 대한 당신의 경험은 고통스러운 것이다. 당신에게 관계는 편하지 않고 취약해지는 장소다. 오히려 그들은 위험해지고 예측할 수가 없다. 사람들은 당신을 상처주고, 배반하고, 이용한다. 당신은 방어적으로 있어야만 한다. 당신은 심지어 가장 가까운 사람조차 믿기 어렵다. 사실 불신을 심어주는 것은 특히 가장 가까운 사람들일 수도 있다.

　당신은 사람들이 비밀리에 당신을 해치려고 한다고 가정한다. 누군가가 호의적인 태도를 보일 때, 당신의 마음은 이면의 동기를 찾는다. 사람들이 당신에게 거짓말을 하고 이용하려고 한다고 예상한다.

매들린　대개 저는 그 남자가 아무리 멋있고 잘 생겼어도, 그가 나중에 정말로 원하는 게 무엇인지 알아요.

치료자　그것이 뭐죠?

매들린　섹스죠. 오직 섹스예요.

　불신과 학대는 과잉경계 상태를 불러온다. 당신은 계속해서 조심스럽다. 위협은 언제라도 나타난다. 어떤 사람이 당신에게 관심을 보일 때는 경계해야 하며, 살피고 기다려야 한다.

　이런 자세는 온 세상 사람들 혹은 특정 유형의 사람에게만 향할지도 모른다. 예를 들어 프랭크는 모든 사람을 의심하는 경향이 있지만, 매들린의 의심은 특히 남자에게만 제한된다(그녀는 여자에게도 문제를 가지고 있지만, 이는 버림받음에서 더 중요하게 작용한다).

　어린 시절의 학대를 기억하는 방식은 중요하다. 모든 것을 기억할 수도 있으나, 그 기억이 당신을 사로잡을 수 있다. 언제나 사건들은 학대를 상기시킨다.

매들린　저는 대부분의 성관계를 싫어해요. 양아버지에 대한 이미지가 불쑥 떠오르기 때문이에요. 저는 그저 혐오스러운 느낌만 받아요.

　혹은 학대에 대한 명확한 기억이 없을 수도 있다. 모호하고 안개가 낀 것처럼 보이는 아동기의 파편들일 수도 있다.

매들린   그 당시 기억나지 않는 일들이 많아요. 제가 기억하는 것이 전부라고 생각하지만 사실 아닐 수도 있는 거지요. 단지 예전부터 그랬으려니 하고 생각할 뿐이에요.

 당신은 아무것도 바로 기억하지 못할 수도 있다. 그러나 꿈이나 악몽, 공격적 환상, 침투적 이미지 등 뭔가 다른 방식으로 당신에게 학대를 상기시킬 때, 갑작스럽게 혼란스러운 느낌으로 기억할 수도 있다. 자신도 모르는 사이에 당신의 몸은 분명 기억하고 있다.

프랭크   어느 날 재미있는 일이 생겼어요. 제가 지은 창고 벽장으로 들어가 불을 켰는데, 갑자기 전구가 나가버리고 만 거예요. 어둠 속에 서 있는데 식은땀이 나기 시작했어요. 돌처럼 굳어져 버렸지요.
치료자   눈을 감고 그 순간의 이미지를 떠올릴 수 있나요?
프랭크   네.
치료자   이제 저에게 전에 그렇게 느꼈던 이미지를 말해보세요.
매들린   저는 어둠 속의 벽장에 서서 떨고 있는 어린애의 모습이 보여요.
치료자   왜 두려워하죠?
프랭크   아버지가 밖에서 저를 기다리고 있어요. 참 웃겨요. 그와는 어떠한 연결고리도 만들지 않았어요. 그것이 제가 무서워하는 이유예요.

 당신은 심지어 강렬하게 회상되는 기억이 있을 수 있다. 그런 기억은 너무나 강해서, 학대가 다시 발생하는 것처럼 느끼기도 한다. 그러나 아마도 당신이 기억하는 가장 위험한 방식은 현재의 관계를 통해서다. 당신은 어린 시절의 학대를 재활성화한다.
 불안과 우울감은 흔하다. 당신은 자기 삶에 대해 깊은 절망감을 느낄 수도 있다. 자존감이 낮고, 결함의 느낌도 확실하게 가질 것이다.

"당신을 믿을 수 없어" 불신과 학대의 덫

불신과 학대의 덫의 기원

이 덫의 기원은 학대받고, 조종당하고, 창피당하고, 배반당한 아동기 경험에 있다.

> **불신과 학대의 덫의 기원**
> 1. 가족 중 누군가가 어린 당신을 신체적으로 학대했다.
> 2. 가족 중 누군가가 어린 당신을 성적으로 학대하거나, 반복해서 성적으로 흥분되게 만졌다.
> 3. 가족 중 누군가가 반복적으로 당신을 창피 주고 놀리고 깔아뭉갰다(언어적 학대).
> 4. 가족들을 믿을 수 없다(그들은 당신의 신뢰를 배반하고, 당신의 약점을 착취해서 이득을 취하고, 조종하고, 거짓말을 했다).
> 5. 가족 중 누군가 당신이 고통받는 것을 보고 즐겼다.
> 6. 어린 당신은 심한 벌이나 보복의 위협 때문에 일을 하게 되었다.
> 7. 부모 중 한 명은 가족 외의 사람들을 믿지 말라고 반복해서 경고했다.
> 8. 가족들은 당신과 뜻이 달랐다.
> 9. 부모 중 한 명은 어린 당신에게 부적절하거나 불편한 신체적 애정 행위를 했다.
> 10. 사람들은 당신을 심하게 상처 입히는 이름으로 부르곤 했다.

모든 형태의 학대는 바로 당신의 경계를 침범했을 때 일어난다. 당신의 신체적, 성적 혹은 심리적 경계는 존중되지 않았다. 당신을 보호해야 할 가족 중 누군가 일부러 당신에게 상처 주기 시작했다. 어린 당신은 전적으로 무방비 상태였다.

매들린의 경우, 그녀의 성적 경계가 침범당했다. 그녀의 어머니와 계부는 서로 소원하게 되었고, 어머니는 수면제를 남용했다(약과 술은 종종 학대 상황과 어떻게든 연루된다). 그녀의 계부는 애정의 원천을 그녀에게 돌려 이용했다.

매들린   그것은 정상적인 포옹과 입맞춤으로 시작됐어요. 처음에 저는 정말로 양아버지를 좋아했어요. 그는 정말로 저를 돌봐주는 것처럼 보였어요.

처음에 그가 저를 껴안고 입맞춤할 때 저는 정말 좋아했지요.

이것은 흔한 시나리오이다. 부모는 갈등이 있거나 소원해지고, 한 부모가 아이를 대치 인물로 이용한다. 아이는 이러한 관심을 환영하기도 한다(나중에 죄책감의 근원이 될 수도 있다).

계부의 애정은 성적 학대로 발전하였다. 처음에 매들린은 성적 학대가 일어나고 있는 것을 확신할 수 없었다.

매들린 그러나 이것이 잘못된 거라는 걸 어느 날 알게 되었지요. 그가 저와 함께 카우치에서 잠들기 시작했을 때였어요. 그는 팔로 저를 감싸 안더니, 뜻하지 않게 저를 만지거나 비벼댔어요.

학대의 범위가 생각보다는 넓다는 것을 유념하는 것이 중요하다. 어떤 사람에게는 심한 성적 학대가 있고, 어떤 사람에게는 단순한 만지기나 애무에 국한된다. 가장 중요한 점은 당신이 그것을 어떻게 느꼈느냐는 것이다. 당신이 가벼운 터치에도 이상한 감정을 느꼈다면, 이는 거의 확실하게 성적 학대에 속한다.

나중에 또 다른 죄책감의 근원은 아이가 스스로 학대를 허용하고 북돋거나 심지어 즐겼다고 믿는 것이다. 매들린은 계부가 만지도록 허용했다.

매들린 저는 단지 거기 누워있었어요. 마치 제가 움직일 수 없는 것처럼요.
치료자 당신은 그것이 매우 무서운 짓이라는 분별이 없어서 자신을 보호해야 할 느낌이 없었기 때문입니다.

학대는 또한 매들린 안의 성적인 느낌을 뒤흔들었다. 이는 그녀를 혼란스럽게 했고, 자신이 나쁘게 느껴지고 부끄럽게 만들었다.

무엇보다도 당신은 전혀 책임이 없다는 사실을 아는 것이 중요하다. 성적 학대를 허용하고, 심지어 성적으로 반응했더라도 당신은 죄가 없다. 당신이 아이였다는 사실이 당신을 무죄로 방면한다. 가족 중에 당신보다 크고 강한 사람이 있고, 그가 당신의 경계를 침범하길 원했다면, 아이로서 당신이 할 수 있는 것은 별로 없다. 상황은 너무나 복잡하다. 당신은 자신을 스스로 보호할 수 없다. 오히려 당신의 가족이 당신을 보호해야만 했다.

누구도 자신을 보호하지 않았다는 사실이 매들린의 고통 중 가장 큰 근원이었다.

매들린 어머니와 계부 중 누구도 제게 무슨 일이 일어났는지 전혀 관심이 없었어요.

성적 학대는 당신의 신체뿐 아니라 정신까지도 파괴한다. 당신이 어떻게 느끼든, 당신은 결백하다. 당신의 결백과 믿음이 배신당했다.

비밀은 죄책감과 수치심의 또 다른 근원이다. 그녀의 계부는 그녀에게 이것은 둘만의 작은 비밀이라고 말하곤 했다.

치료자 왜 어머니에게 말하지 않았나요?
매들린 음, 먼저 그가 저에게 말하지 말라고 했기 때문이에요. 그리고 저 또한 너무나 수치스러워서 말할 수가 없었어요. 지금까지 살아오면서 말한 건 선생님이 처음이에요. 어머니에게만큼은 도저히 말할 수가 없었어요. 사실 저로 인해 가정이 붕괴될까 몹시 두려웠어요. 어쨌든 저는 어머니가 약을 더 적게 먹도록 노력했지요. 그는 어머니가 약으로 정신을 잃을 때 자주 그 짓을 하곤 했으니까요. 그녀는 뭔가 잘못되었다는 것을 알아야만 했어요. 그러나 그녀는 약 먹는 것을 멈출 수가 없었죠.

보호받지 못하는 느낌은 대부분 학대의 일부이다. 한 부모는 당신을 학대하고, 다른 부모는 그것을 예방하거나 중지시키는 데 실패한다. 그들은 둘 다 당신을 실망하게 한다.

우리는 모두 낯선 사람이 우리를 학대하려고 할 때, 우리가 무엇을 해야만 하는지 잘 안다. 우리는 저항하고, 도움을 청하고, 도망쳐야만 한다. 이런 모든 선택 사항은 당신이 어린아이이고, 학대자가 당신이 사랑하는 누군가일 때 문제가 된다. 근본적으로 당신은 이들과의 연결이 필요하기에 그러한 학대를 참아낸다. 이들은 부모 혹은 형제, 자매이다. 실제로 이들은 당신이 가질 수 있는 유일한 연결일 수도 있다. 이 연결이 없다면 혼자가 된다. 아이들 대부분은 아무리 학대를 동반한 연결이라도 전혀 없는 것보다는 낫다.

신체적, 성적 및 언어적이라는 세 가지 유형의 학대들의 공통점이 차이점보다 더 중요하다. 그들은 모두 비슷하게 사랑과 상처의 낯선 혼합을 포함한다. 프랭크의 신체적 학대 경험은 매들린의 것과 비슷하다. 그러나 어린 시절 프랭크를 학대한 사람이 그의 생부이고, 이것이 더 오래갔기 때문에 프랭크의 덫은 더 심각하다.

프랭크는 자신의 삶을 지속적인 공포 상태로 기억한다. 그의 아버지의 분노는 전혀 예측할 수가 없었다.

프랭크 선생님은 그가 언제 폭발할지 절대로 모를 거예요. 분명 정상적으로 대화를 나누고 있다가 어느 순간 목청껏 소리를 지르거나 주먹을 휘둘러요. 때때로 저와 제 동생에게 번갈아 가며 호통을 칠 때도 있어요. 마치 미친 거인과 한집에 사는 것 같았어요. 모든 일이 괜찮아 보여도, 그는 그렇지가 않았어요. 정말 안전한 공간이 없었지요.

오늘날에도 프랭크가 안전함을 느끼는 것은 어렵다. 그의 모든 관심은 오직 안전에만 쏠려있기에 다른 것에 집중할 여유가 없다. 그의 일부는 항상 그런 위협을 살핀다.

당신이 어릴 때, 세상이 얼마나 무질서하고 위험한지 그리고 누군가 가까운 사람이 당신을 공격하고 상처를 줄 수 있다는 사실을 전달하기 어렵다. 대부분 사람이 당연한 것으로 여기는 기본적 안전감이 단지 그곳에는 없다.

우리가 치료자로서 만나는 학대의 모든 경우, 학대자는 아이를 무가치하게 느끼도록 만든다. 학대자는 아이를 비난하고, 아이는 그 비난을 받아들인다.

프랭크 그때 저는 제가 너무 나빠서 그런 일이 생겼다고 생각했어요. 제가 서툴러서 야단맞은 거라고요. 아버지는 제가 지옥에서 썩을 것이라고 말하곤 했어요. 그 말을 곧이곧대로 믿었죠. 제가 그렇게 지저분한 아이이기 때문에 이런 일이 생겼다고 그냥 생각했어요.

학대는 강력한 결함의 감정을 만든다. 이것은 자신이 누구인지에 대해 수치스럽게 만든다. 당신은 무가치하다. 어떤 권리를 갖거나 자신을 옹호할 자격이 없다. 사람들이 당신을 이용하도록 놔두어야 한다. 이것은 당신이 학대를 받을 만한 사람이라는 느낌을 준다.

아이가 가지는 마지막 방어는 심리적이다. 현실이 너무나 무서울 때 심리적인 도피의 가능성이 있다. 학대의 혹독함에 따라 아동기의 일부를 해리 상태에서 보냈을 수도 있다. 특히 학대가 발생한 동안 해리를 배울지도 모른다. 이것은 아이의 적응 반응이다.

매들린   그가 그 짓을 하는 동안 저는 제가 우주에 떠도는 오렌지색 풍선이라고 생각했어요. 아무것도 실제가 아니고, 아무것도 저를 괴롭힐 수 없어요.

해리는 감정적으로 그 상황에서 자신을 제거하고 통과하는 길일 수도 있다. 또한, 이것은 사건을 독립된 상태로 만들어서 자기 삶의 나머지와 따로 생긴 것처럼 보도록 한다. 그래서 다른 상황에서는 학대자와 정상적 관계를 유지할 수 있게 된다.

매들린   제가 그때 그것에 대해 생각하지 않았다는 사실도 너무 이상해요. 전날 저녁에 계부와 성관계를 맺은 후 다음 날 아침, 아래층으로 내려가서는 아무렇지 않게 아침을 먹으면서 잡담을 했어요. 저녁 일은 또 다른 세계에서 일어난 것 같아요.

학대가 심각한 상황에서 해리는 다중인격의 형성을 가져올 수 있다. 프랭크의 분노 발작은 학대의 예상에 대처하는 반격이다. 때때로 그는 아버지처럼 된다. 아이는 학대자의 행동을 모방한다. 이것이 아이가 더 강력함을 느끼는 방식이다.

프랭크   저는 어린 동생을 때리곤 했어요. 지금은 아주 후회하고 있지만, 아버지가 저를 때렸던 것처럼 그를 때렸어요.

불신과 학대의 덫의 가장 흔한 반격 중 하나는 누군가를 학대하는 것이다. 이것은 학대의 사슬을 영속시킨다. 학대받은 사람이 때로는 학대자가 된다. 실제로 대부분의 아동 학대자들은 어릴 적에 학대받은 경우가 많다. 프랭크의 아버지가 이런 사례이다.

프랭크 저는 아버지가 왜 저를 학대했는지 알아요. 아버지 또한 학대받은 아이였어요. 할아버지가 아버지를 그렇게 때렸다고 해요.

그런 식으로 바뀌는 것이 항상 일어나는 것은 아니라는 것을 아는 것도 중요하다. 대부분의 아동 학대 희생자들은 아동 학대자가 되어간다. 비록 분노 폭발 성향은 가지고 있지만, 프랭크는 아이들을 학대하지 않았다, 그는 사슬을 끊은 것이다.

실제로 학대 행위를 하지 않는 학대의 희생자들은 사람들을 학대하거나 상처를 주는 환상을 가진다.

프랭크 제가 어린애였을 때, 저를 힘들게 했던 선생님을 기억해요. 그는 모든 학우 앞에서 저를 비굴하게 만들었어요. 그를 무척 싫어했지요. 그래서 저는 교실에 앉아서 그가 제발 자비를 베풀어달라고 할 때까지 그를 단단히 묶고 배를 반복해서 때리는 백일몽을 꾸곤 했어요.

당신은 돌발적으로 다른 사람들에게 욕을 퍼붓거나, 다른 사람이 상처받는 것을 즐길 수도 있다. 이렇듯 타인을 조정하거나 모욕 주는 것을 좋아할 수도 있다. 우리가 기술하는 이 것이 바로 당신의 가학적인 부분이다. 당신이 발견하기도 하는 당신의 끔찍한 일부, 즉 당신을 상처 준 사람처럼 됨으로써 반격을 하는 부분이다.

프랭크의 아버지는 언어적으로도 학대를 했다. 상처 입히려는 의도가 있을 때, 언어적 학대는 점차 스며들어 결함의 덫을 만들어 내는 신랄함으로 변화된다. 이런 사람은 고의로 당신을 창피주고 두들겨 팬다.

프랭크 아버지는 제가 우는 것을 좋아했어요. 그것이 재미있다고 생각했나 봐요. 울지 않으려고 애썼지만, 그는 계속해서 저를 울렸어요.

치료자   아버지가 당신에게 뭐라고 했죠?

프랭크   겁쟁이, 바보, 패배자 등의 별명으로 저를 불렀죠. 심지어 제 형제와 친구들 앞에서도요. 정말 제가 몸부림치는 것을 즐기는 듯 했어요. 맹세코 그는 정말로 그랬어요.

   프랭크의 아버지는 그를 미워하는 것처럼 보였다. 부모가 어떻게 이런 식으로 아이를 미워하는지 이해하기는 어렵다. 프랭크의 취약성은 그런 아버지를 견딜 수가 없다는 것이었다. 그는 자신의 취약성을 없애기 위해 취약성을 파괴할 필요가 있었다. 프랭크의 아버지는 불신과 학대의 덫에 지배받고 있었다. 그는 공격자가 됨으로써 자신의 어릴 적 학대를 보상받으려 했다.

   가학적인 부모를 가진 아이에게는 심각한 문제가 생긴다. 심한 상처 없이 이런 상황에서 나오는 것은 어렵다. 냉정하게 자식을 이용하고 상처입히는 부모들이 있다. 그러한 부모는 아이가 매우 어릴 적부터(5세 이하) 거의 늘 때린다. 그런 부모는 아이가 타인에게 발설하거나 학대의 문제가 발각될 것에 대해 그만큼 걱정하지 않는다.

   비록 심각한 형태의 덫은 아니라 해도, 사례를 통해 학대와 불신을 배우는 것은 가능하다. 친구를 대하거나 사업을 할 때, 비윤리적이고 사람을 이용하는 부모를 가졌을지도 모른다. 혹은 부모가 당신을 조종하거나 당신의 신뢰를 배신했다. 그런 식으로 당신은 대부분의 사람이 이런 식으로 살아간다고 배운다.

관계에서 위험 신호

위험이란 당신이 학대적이거나 믿을 가치가 없는 배우자에게 끌리게 되는 것을 뜻한다. 다음은 이러한 징후들의 특징이다.

> **배우자의 위험 신호**
> 1. 당신을 두렵게 하는 폭발적인 기질을 갖고 있다.
> 2. 너무 많이 취했을 때 자신을 제어할 수 없다.
> 3. 당신의 친구와 가족 앞에서 당신을 모욕한다.
> 4. 반복적으로 당신의 품격을 떨어뜨리고, 비난하고 당신을 무가치하게 만든다.
> 5. 당신의 필요를 존중하지 않는다.
> 6. 자기 식대로 하기 위해 거짓말 등 무슨 짓이든 한다.
> 7. 사업 거래에서 다소간 신용 사기의 명수이다.
> 8. 가학적이거나 잔인하다(당신이나 다른 사람이 고통을 받을 때 즐거운 듯하다).
> 9. 원하는 대로 하지 않을 때 때리거나 위협한다.
> 10. 원하지 않는 때조차 성관계를 강요한다.
> 11. 자신의 이득을 위해 당신의 약점을 착취한다.
> 12. 당신을 속인다(바람을 피우거나 양다리를 걸친다).
> 13. 매우 신뢰할 수 없고 당신의 관대함을 이용한다.

비슷한 자기파괴적 양상을 계속 반복해 보인다는 것은 당황스러운 사실 중 하나이다. 프로이드는 이를 반복 강박이라 명명하였다. 왜 어릴 적에 학대당한 누군가가 또 다른 학대적 관계에 참여하게 되는가? 이것은 이치에 맞지 않는다. 그러나 자기도 모르는 사이에 그러한 관계 속으로 끌려 들어가 있다.

당신은 자신이 학대적인 사람에게 매우 끌린다는 사실을 알지도 모른다. 당신을 이용하고 때리고 강간하거나 모욕하고 품격을 떨어뜨리는 사람들이 가장 매력적인 애인들이다. 이것이 어릴 적 학대의 가장 파괴적인 결과의 하나이다. 당신을 어른이 되어서도 학대적 관계에 끌리는 사람으로 만든 것이다. 그래서 성장한 후에도 치료하지 않는다면 이런 관계에서 절대로 도망칠 수가 없다.

다음 예에서 매들린이 20대 초반에 맺은 남자관계에 관해서 얘기하고 있다. 그녀는 그 당시 약을 즐겼기에 남자친구 몇 명은 약물 중독자였다.

매들린 저의 가장 오랜 남자친구는 리치예요. 아직도 종종 그를 만나곤 하지요. 그는 코카인 중독자였어요. 마약을 위해서 제 돈을 훔치기도 했고, 저와 자려고 할 때면 코카인를 조금 가져오기도 했어요.

약물 중독 때문이 아닌 실제 당신을 이용하고 착취하려는 사람들은 꼭 있는 법이다. 그러나 문제는 그녀의 남자친구들은 정상적인 사람들조차 어떤 의미에서 성적 학대자였다. 가장 흔한 시나리오는 '그들이 성관계 때문에 나를 이용한 후 버렸다'이다. 수년 동안 매들린은 학대적 관계 후에 또 다른 학대적 관계에 말려들었다.

우리가 매들린에게 이런 일이 일어나도록 허용한 이유를 묻자, 그녀는 '사랑에 빠졌기 때문이죠. 게다가 사실 혼자 있는 것보다는 나아요'라고 말했다. 그러나 우리는 그 말에 동의하지 않는다. 적어도 홀로 자존감을 치유하고 재구성하여 올바르게 대해주는 애인을 구할 기회를 얻어야 한다.

다음 장에서는 장기간의 친밀한 관계에서 맺어질 수 있는 덫을 열거하려고 한다. 학대는 매우 심각한 문제이기 때문에 수많은 덫이 사방에 깔려 있다.

관계에서의 덫

1. 종종 구체적 증거가 없어도 사람들이 당신을 이용하고 있다고 느낀다.
2. 그들을 두려워하거나 그런 취급을 받을 만하므로 다른 사람들이 당신을 함부로 다루는 것을 허용한다.
3. 그들이 당신에게 상처를 주거나 모욕할 것이라고 예상하기 때문에 다른 사람들을 서둘러 공격한다.
4. 성관계를 즐기는 것이 매우 어렵다. 그것이 의무같이 느껴지거나 즐겁지가 않다.
5. 사람들이 당신을 역이용할까 봐 개인적 정보를 드러내기를 주저한다.
6. 사람들이 이용한다고 예상하기 때문에 약점을 보이는 것을 주저한다.
7. 그들이 창피를 줄 것이라고 걱정하여 주변에서 안절부절못한다.
8. 사람들을 두려워하기 때문에 그들에게 너무나 쉽게 굴복한다.
9. 사람들이 당신의 고통을 즐기는 것 같다고 느낀다.
10. 가학적이거나 잔인한 면을 가지고 있다.
11. 혼자 있는 것보다 낫기 때문에 사람들이 당신을 이용하도록 허용한다.
12. 사람들을 믿을 수 없다고 느낀다.
13. 어린 시절 대부분을 기억하지 못한다.
14. 누군가를 두려워할 때 당신의 일부가 정말로 거기 없는 것처럼 무관심해진다.
15. 증거가 별로 없을 때조차 사람들이 숨은 동기나 나쁜 의도가 있다고 느낀다.
16. 가학적, 피학적 환상을 갖는다.
17. 그들을 믿을 수 없으므로 사람들과 가까워지는 것을 피한다.
18. 사람들 주변에서 두려움을 느끼지만, 그 이유를 이해하지 못한다.
19. 때때로 사람들에게, 특히 가장 가까운 사람에게 학대적이고 잔인해진다.
20. 사람과의 관계에서 무력함을 느낀다.

좋은 관계에 있을 때조차 당신은 이를 학대적인 관계로 변화시킬 수 있다. 즉 학대자가 되거나 학대 피해자가 될 수도 있다. 어느 쪽이든 어릴 적 학대가 재활성화되는 것이다.

좋은 파트너가 학대자처럼 보이도록 할 수 있는 일들은 많다. 당신은 그들의 순수한 말을 곡해해서 비꼼과 모욕으로 뒤튼다. 파트너가 통과해도 자신은 수긍할 수 없는 테스트로 상대방을 농락한다. 그들이 하지 않앉음에도 상처 입히려 한다고 비난한다. 또한, 그들의 신의 없음을 과장하고 사랑의 행동을 낮추어 본다. 그들이 진실로 당신을 대할 때조차 학대받고 있는 것처럼 느낀다.

 아내에 대한 프랭크의 태도는 이러한 덫의 완벽한 예이다. 모든 상황을 볼 때 우리는 아드리엔이 신뢰할 만하다고 생각한다.

치료자 그녀가 고의로 당신을 상처 입힌 순간을 말할 수 있나요?
프랭크 우리가 결혼하기 바로 전에 그녀는 조라는 녀석과 몰래 교제했어요.
아드리엔 오, 정말 미치겠어요. 수천 번 이야기했다고요. 결혼 전에 남자친구인 조가 내게 전화를 해서 중요한 일이 있으니 같이 점심을 먹자고 했어요. 약속을 잡았지만, 프랭크가 이해하지 못할 걸 알기 때문에 그에게는 말하지 않았어요. 정말 별일 아니에요.
치료자 조가 무엇을 원했죠?
아드리엔 그는 우리가 예전으로 되돌아갈 기회가 있는지를 알고자 했어요. 전혀 기회가 없다고 저는 말했죠. 그리고 그것이 다예요. 단지 조를 점잖게 깨우쳐 주려고 했을 뿐이에요. 저는 프랭크를 사랑했고 여전히 그래요.
치료자 이것이 당신 두 사람이 여러 번 얘기한 사건이군요.
아드리엔 선생님은 얼마나 자주 그가 이 문제를 공공연하게 꺼내 왔는지 믿을 수가 없을 거예요.
치료자 (프랭크에게) 당신은 그녀가 당신에게 일부러 상처를 주기 위해 고의로 행동한 다른 순간을 지목할 수 있나요?
프랭크 아뇨. 그녀가 옳다는 것을 알아요. 그러나 여전히 믿을 수가 없어요. 그녀가 저를 실망하게 하지 않을 거라는 걸 믿을 수가 없어요.

 어릴 적 기대에 대한 계속된 배신이 지금도 프랭크를 괴롭히고 있다.

그가 이러한 위험에 다시 한번 맞서기에는 너무 장시간 동안 이런 배신감에 노출되어 있었다.

학대의 정도에 따라 당신의 세계관이 사람들은 믿을 수 없다는 생각에 기초할 수도 있다. 기본적으로 사람에 대해서 그들이 당신을 상처 입히려 하고 비밀리에 당신의 고통을 즐긴다고 생각한다. 이것이 당신이 관계에서 갖는 누군가가 당신에게 다가올 때 느끼는 감정적 경향이다.

혹은 스스로가 자신의 가치를 낮춤으로써 당신을 비하하는 파트너를 격려할지도 모른다. 너무나 쉽게 사람이 원하는 것을 주고 자신을 낮추고 파트너가 당신을 이용하는 것을 놔두고 대접받을 가치가 없다는 신호를 보낸다.

매드린 남자들과 보낸 많은 시간 동안 전 그들과 잤고 참 즐거웠어요. 그중 제가 제일 좋아했던 남자는 앨런이었죠. 여러 남자와 자기는 했지만 사실 제가 정말로 관심을 가진 사람은 그였어요. 저는 늘 그에게 '우린 만나자마자 잤기 때문에 참 잘 맞는 거 같아' 혹은 '내가 여러 남자와 자서 그런지 참 잘 맞는다고 생각해'라고 얘기했어요.

치료자 그랬더니 무슨 일이 일어났죠?

매들린 결국 그는 떠나버렸어요. 아마도 제가 한 말을 모두 믿었나 봐요.

이것은 매들린이 자신을 낮추었을 뿐만 아니라 그녀 또한 자신을 방어하는 데 굉장히 무력했음을 의미한다. 남자들이 그녀에게 가학적으로 행동할 때 그녀는 아무것도 할 줄 모르는 아이 같다. 그녀는 자신을 두둔할 줄 모른다. '그들이 무엇을 하든지 간에 저는 안 된다고 할 수 없었어요'라고 말한 그대로다.

혹은 공격적 성향을 지닐지도 모른다. 이것은 대처 양상으로서의 반격이다. '가장 좋은 방어는 좋은 공격이다'라는 말처럼 다른 사람의 공격을 예상하고 먼저 공격한다. 그러나 시간이 흘러도 당신이 공격하는 유일한 사람이라는 것을 전혀 인식하지 못한다.

매들린 그는 늘 저를 비난했지만 동시에 저를 항상 받아주는 사람이에요. 그는 제가 그를 모욕했다고 말하지만 저는 그렇지 않아요. 정말로 그를 모욕하지 않으려고 주의해요. 또한, 이러한 행동이 그를 혼란에 빠뜨린다는 사실도 알아요. 어느 날 밤에 그가 얼음에서 미끄러져 넘어졌어요. 제가 그에게 괜찮은지 물었을 때 화를 내더군요. 제가 그를 웃겨서 넘어진 거라고. 맹세컨대 전 그런 적 없어요. 단지 그가 괜찮은지를 물어봤을 뿐이었는데…. 그때 굉장히 실망했죠. 마치 제가 그를 일부러 넘어뜨리게 만든 사람인 양 마구 몰아붙였거든요.

때때로 당신이 공격적일 때 다른 사람도 공격적으로 나온다. 분노의 분출은 역설적으로 당신이 무서워하는 바로 그러한 상태를 가져온다. 혹은 다른 사람들을 천천히 몰아낼 수도 있다.

당신은 사람들이 자신을 다룬 방식에 대해 이미 화가 많이 나 있는 상태이다. 좋은 관계에서조차 이 분노는 문제가 되며 이것은 파괴적인 방법으로 드러난다. 즉 사랑한 사람들을 학대하거나 잔인하게 대하도록 만들지도 모른다. 이것은 그만두어야 할 첫 번째 사항이다. 그들을 망가뜨리는 만큼 당신도 망가진다.

성적으로 학대받았다면 연인 관계에서도 이것은 문제가 된다. 성행위 동안 화가 나 있거나 감정적으로 죽은 느낌을 느끼기 쉽다.

매들린 다시는 남자들과 잘 수 없을 거 같기도 해요. 성관계할 때 감정이 마르고 혼란스러워지니까요.

불신과 학대의 덫을 바꾸기

다음은 당신의 불신과 학대의 덫을 바꾸기 위한 단계이다.

불신과 학대의 덫을 바꾸기
1. 가능하다면 이 덫에 대해서 당신을 도울 치료자를 만나라. 특히 당신에게 성적 학대나 신체적 학대가 있었다면 그렇게 하라.
2. 당신을 믿는 친구 혹은 치료자를 찾아라. 학대의 기억을 회상하도록 노력하라. 세세하게 각각 사고를 덜어주어라.
3. 상상하는 동안 학대자에 대한 당신의 화를 발산하라. 이미지에서 무력한 느낌을 멈춰라.
4. 자신을 비난하는 것을 멈춰라. 당신은 학대를 받을 만하지 않았다.
5. 이 덫이 작동하는 동안 학대자와의 접촉을 줄이거나 중지하라.
6. 가능하다면 준비되었을 때 얼굴을 맞대고 학대자를 직면하거나 편지를 보내라.
7. 현재 관계에서 학대를 참는 것을 멈춰라.
8. 그럴 가치가 있는 사람들을 믿고 가까워지도록 노력하라.
9. 당신의 권리를 존중하고 당신에게 상처 주기를 원치 않는 배우자와 함께하라.
10. 가까운 사람을 학대하지 마라.

1. 가능하다면 이 덫에 대해서 당신을 도울 치료자를 만나라. 특히 당신에게 성적 학대나 신체적 학대가 있었다면 그렇게 하라. 덫이 심각하다면 혼자서 다루려고 애쓰지 마라. 불신과 학대는 가장 강력한 덫이다. 이것은 관계에서 심각한 증상과 문제를 만든다. 또한, 가장 변화하기 어려운 덫이다.

자력 구제책을 통한 변화의 시도는 아마도 충분치 않을 것이다. 덫에 가벼운 부담을 갖는다면 이 장을 읽는 것만으로도 나아질 것이다. 그러나 어릴 적에 심하게 학대받았다면 치료자의 도움을 청해야 한다. 덧붙여서 가능하다면 근친 강간이나 학대 경험자들의 성인 자조 모임에 참여하라. 어느 나라건 이러한 모임은 꼭 있다. 또한, 학대 경험자를 위해 특별히 마련된 여러 훌륭한 책들도 있다. 그중 하나가 엘렌 바스와 로라 데이비스가 쓴 '도움을 청하는 용기'이다.

안전한 장소가 필요하다는 것을 기억하라. 치료자는 당신에게 안전한 장소를 제공할 수 있다.

2. 당신을 믿는 친구 혹은 치료자를 찾아라. 학대의 기억을 회상하도록 노력하라. 세세하게 각각 사고를 덜어주어라. 기억은 가장 강력한 부분이다. 이것은 특히 당신이 믿는 치료자나 다른 사람의 도움을 구하기 위한 부분이다. 신체적으로, 언어적으로 그리고 성적으로 학대받은 이미지는 두렵다. 떠오르는 느낌은 압도적일 수 있다. 그러나 치료자나 친구가 당신의 느낌을 품고 경험을 회복하는 것을 도와줄 수 있다.

당신은 분명 기억하고 싶지 않은 강력한 이유가 있다. 그 이유는 부모에 관한 것이다.

프랭크 저는 아버지가 그렇게 형편없는 부모였다는 것을 받아들이기가 너무 힘들어요. 늘 아버지가 저를 그렇게 대한 이유가 분명 있다고 생각했어요. 아버지는 과로에 시달렸고 어머니는 바가지를 긁고 저는 말썽을 부렸죠.
치료자 좋은 아버지라는 믿음이 매우 강하군요.
프랭크 네. 이유 없이 아버지가 이 모든 것을 했다고 생각했으면 어떻게 부모 자식 간의 관계를 유지할 수 있겠어요?

프랭크가 나쁜 부모를 가졌다는 것을 시인하는 것은 매우 힘들다. 아버지를 좋게 봄으로써 관계를 유지하고 처음부터 학대를 참을 수 있기 때문이다.

당신이 기억하고 싶어 하지 않는 또 다른 이유는 너무나 고통스럽기 때문이다. 한참 떨어진 상태에서 기억을 무시하고 완화할지도 모른다. 사실 이것은 매우 무서운 일이다.

상상을 통해서 프랭크가 기꺼이 학대를 탐구하도록 치료하는 데에는 여러 달이 걸렸다. 하지만 그가 마음먹자 이미지를 곧 떠올릴 수 있었다.

치료자 눈을 감고 어릴 적 이미지를 말해보세요.
프랭크 일곱 살짜리인 저와 거대한 아버지가 보여요. 떨면서 서 있는데 아버지가 저에게 고함을 치네요. 혁대를 푸는 그를 보자 난 너무 무서워서 팬티에 그만 실수를 했어요.

처음 프랭크는 기억을 모두 믿지는 않았다. '아마도 제가 조작한 기억일 거예요', 혹은 '아마도 상상일 거예요'라고 말했다. 기억을 진실로 받아들이는 것은 내면세계의 전쟁이기 때문이다.

일단 당신이 안전하다고 느끼면 바로 과거의 이미지가 떠오를 것이다. 그것을 전부 기억하고 다시 한번 고통을 경험하게 된다. 그러나 이러한 고통 속에서야 비로소 치료를 시작할 수 있다.

3. 상상하는 동안 학대자에 대한 당신의 화를 발산하라. 이미지에서 무력한 느낌을 멈춰라. 학대자를 받아쳐라. 당신 자신이 더 강하고 나이가 들고 잘 무장되어있음을 상상하고 분노를 표현하라. 무력한 아이로 있는 것을 멈춰라. 상상하는 동안 베개나 전화번호부를 내리쳐라.

치료자 무엇이 보이나요?
프랭크 부엌이에요. 아버지는 내 어린 남동생을 때리고 있어요. 그는 정말로 이성을 잃었어요. 어머니는 구석에 서서 소리를 지르고 있어요.
치료자 잠깐 멈추어 봅시다.
프랭크 네.

치료자   이제 아버지에게 가서 그가 잘못이라고 말하세요.

프랭크   난 못해요. 그것은 너무 위험해요.

치료자   이해해요. 당신은 충분히 강하지 못해요. 당신을 도울 뭔가를 해 봅시다. 저는 상상 속에서 당신이 성장하기를 원해요.

프랭크   좋아요.

치료자   이제 그에게 잘못하고 있다고 말하세요. 당신은 말하는 동안 긴 의자를 주먹으로 칠 수 있어요.

프랭크   좋아요. 저는 그와 어린 남동생 사이에 끼어들어서 그를 벽 쪽으로 밀어요. 신경질적인 그의 얼굴을 바라보면서 저는 그에게 말해요(의자를 주먹으로 내리치며). "이봐요!! 다섯 살짜리 꼬마를 때리는 아저씨! 당신은 벌레야. 보잘것없는 벌레!! 당신은 비열해요. 난 당신을 증오해요. 당신이 내 동생을 또 때린다면 저도 당신을 계속 때릴 거예요!!".

치료자   어떻게 느꼈죠?

프랭크   (웃으면서) 기분이 좋네요.

    이 연습은 당신을 강력하게 만드는 것 중 하나이다. 이러한 이미지 상상은 당신이 학대자의 지배로부터 자유롭게 되는 것을 도와준다. 어느 일정한 수준에서는 여전히 무서워하는 아이가 될 수도 있다. 우리는 당신이 어른의 힘을 요구하기를 원한다. 더는 학대자에게 굴복해서는 안 된다.

    4. 자신을 비난하는 것을 멈춰라. 당신은 학대를 받을 만하지 않았다. 학대자를 변명하는 것을 멈춰라. 당신은 잘못이 없는 무력한 아이일 뿐이었다. 할 수 있는 한 최선을 다했고, 이 문제에 대해서는 무엇보다도 명명백백한 것이 중요하다. 어떤 아이도 학대받을 이유는 없다.

매들린   저는 아무 남자들과 자면 안 된다는 사실을 알아요. 그것이 저를 더러운 존재로 느끼게 만들어요. 하지만 하룻밤이 아니면 누가 정말로 저를 원하겠어요?

치료자   자신을 비난하지 마세요. 더러운 것은 당신이 아니라 당신의 계부입니다.

어떻게 느끼든지 간에 당신이 나빠서 학대가 일어나는 것이 아니다. 그것은 단지 편리한 변명일 뿐이다. 가해자는 늘 자신의 희생자를 평가절하한다. 상처받은 아이에게 동정심을 느껴라.

치료자   당신이 어른의 이미지로 가서 아이를 돕기를 원합니다.

매들린   (한숨 쉬며) 그럼 저 자신에게로 가보겠어요. 꼬마 매들린은 그와 긴 의자에 누워 있어요. 그녀의 눈은 죽은 것처럼 보여요. 저는 그녀를 들어올려서 방 밖으로 데리고 가요. 그리고 그녀를 안은 채 앉아서 진정시켜요.

당신을 보호하지 않았던 부모에게 화를 내라. 이것 역시 상상이다. 내면에서 삭히지 말고 밖으로 표출하라. 화를 자기파괴적인 방법(과식, 약물 중독 혹은 우울감이나 공허감 등)으로 다루지 마라. 더 강해지도록 당신의 화를 이용하라.

5. 이 덫이 작동하는 동안 학대자와의 접촉을 줄이거나 중지하라. 우리는 환자들이 학대자와 만남을 끊을 때 보통 더 좋은 예후를 보인다는 것을 안다. 일부 환자들은 일시적으로 만남을 끊으나, 보통 다른 사람들은 영원히 끊어버린다. 학대자와의 최후의 관계는 전적으로 당신의 결정에 달렸다. 학대자에게 당신이 만남을 끊는 이유를 말하느냐 아니냐 또한 당신의 결정에 달렸다.

그러나 적어도 치료의 시작 단계에서는 잠깐이라도 만남을 끊는 것이 좋다. 학대자는 당신의 덫 중 가장 강력한 강화 요인이다. 그 사람들은 당신이 무력하고 희생자이며 결함이 있다는 나쁜 메시지를 준다. 다음과 같은 환경에서의 치료는 굉장히 어렵다.

프랭크   부모와 저녁을 먹을 때 저는 식탁에 앉자마자 경련을 일으켜 물잔을 뒤집어엎었고 그로 인해 바지가 젖어버렸어요. 아버지는 그런 날 비웃었어요. 그 순간, 마치 제가 벌레처럼 느껴졌어요.

치료자   그가 그렇게 했을 때 당신은 무엇을 했죠?

프랭크   아무것도요. 저는 조용히 있었어요. 남은 식사 시간 내내 그저 조용히요.

그렇게 독성 환경을 치유하는 것은 힘들다.

6. 가능하다면 준비되었을 때 얼굴을 맞대고 학대자를 직면하거나 편지를 보내라. 이 연습 또한 당신 자신을 강화하는 훈련이다. 학대자를 직면할 때 당신의 일부분은 사악한 어른들의 세상에서 홀로 남겨진 무력한 아이이다. 또한, 그 일부는 여전히 두려움에 떨고 있다. 그러나 당신은 절대 무력한 아이가 아니다. 학대자에게 대항할 수 있는 어른이다.

프랭크   토요일에 아버지를 아파트에 초대했어요. 내 집 마당에서 하는 것이 더 나으리라 생각했죠. 그가 오자마자 난 그에게 당신이 저와 동생을 학대했고, 그러한 행동은 약자를 괴롭히는 겁쟁이의 행동일 뿐이라고 말했어요. 또한, 이런 행동을 한 당신을 증오하며 앞으로 두 번 다시 절대 말하고 싶지 않다고 얘기했죠. 당신은 굉장히 이기적이고 유아적이며 심약한 사람이라고, 제가 어떤 식으로든 학대를 받을 만한 이유는 없었다고 전부 말했어요.

치료자 어떻게 느껴졌죠?
프랭크 지금까지 전혀 느껴보지 못한 개운함이요.

    학대자가 당신에게 한 것을 진술하라. 그것을 공개해라. 당신은 안도감을 느낄 것이다. '당신은 나에게 이렇게 했어.', '나는 이제는 허용하지 않아', '나는 당신에게 화가 나'라고 일어나서 말하라.
    매들린은 더는 계부를 만나지는 않지만, 편지를 썼다.

> 아버지에게,
>
>   제가 어린아이였을 때 당신은 사랑과 애정에 대한 저의 정상적 욕구를 이용했어요. 저는 굉장히 약한 존재였죠. 생부는 돌아가시고 어머니는 약에 절어 있었어요. 저를 보호해 줄 사람은 아무도 없었어요.
>   하지만 무엇보다도 저를 가장 상처 입힌 것은, 제가 진심으로 당신을 사랑했다는 거예요. 처음 만났을 때의 당신은 저에게 너무나 놀라운 존재였어요. 제가 사랑에 굶주려 있었을 때 사랑을 줄 유일한 사람이었어요.
>   그래서 더욱더 이것이 모두 거짓이라는 걸 믿기가 너무 어려워요. 그러나 진실이에요. 당신은 저를 이용하고 있었어요. 저를 보살폈다면 절대로 그런 짓을 했을 리가 없었을 테니까요.
>   이제 저는 당신을 미워해요. 당신은 사랑하는 제 능력을 훼손하고 저로부터 성에 대한 기쁨, 그 모든 것을 뺏었어요. 당연히 느껴야 할 나의 감정들을 모두 앗아가 버렸고, 당신은 저 자신을 미워하게 만들었어요.
>   두 번 다시 당신과 만나지 않길 바랍니다.
>
>   매들린

    당신이 이것을 보내든 말든 그러한 편지를 쓴다는 것은 좋은 연습이다. 이러한 편지는 정화 과정일 수 있다. 또 이것은 진실에 대한 당신의 시각을 나타내며 자신에 대한 중요한 확인이자 후에 얼굴을 맞대고 직면하는 연습이 될 수 있다.
    편지에 그들이 했던 짓이 나쁜 짓임을 그들에게 말하라. 그로 인해 어

떻게 느꼈는지 그리고 그 대신에 원했던 것을 말하라.

　　매들린은 실제로 어머니를 직면했다. 그녀는 여전히 약물 중독 상태였다.

매들린　그녀에게 약물 중독은 저에게 깊은 상처를 안겨준 이기적인 행동이라고 말했어요. 저는 너무나 어렸고 자신을 스스로 돌보지 못할 때 저를 버린 것과 마찬가지의 행위라고 말했죠. 그로 인해 수년 동안 그녀의 남편 중 한 명에게 성적 학대를 받았다고 얘기했어요.

치료자　어떻게 느껴졌죠?

매들린　혼란스럽지만, 기분은 좋았어요. 물론 그녀는 단지 일상적인 변명과 부정을 하기 시작했어요. 그러나 저는 그녀가 다가오도록 놔두지 않았어요. 단지 얼굴을 돌리고 방을 나와버렸죠. 제가 다시 그녀에게 전화할지는 아직 모르겠어요.

　　할 수 있는 한 당신이 믿을 수 있는 사람의 지지를 구하라. 십중팔구 당신의 학대자가 책임을 부정하기에 이것이 가장 중요하다. 우리의 경험에서 심각한 학대가 있던 시기에 대해 부모는 그것을 부정한다. 당신은 이 가능성에 대해서 대비해야 한다.

　　중요한 것은 당신이 진실을 말하고 있다는 점이다. 직면할 때 학대자의 반응에 의존해선 안 된다. 오히려 성공은 직면하는 당신 안에 있다. 자신에 대해서 얼마나 강하고 좋게 느끼는지를 따라라.

　　7. 현재 관계에서 학대를 참는 것을 멈춰라. 학대자에게 위험한 매력을 느끼는 자신과 싸워야만 한다.

매들린　저는 정신과 문제, 공포, 약물 중독과 거짓말 등에 20대 초반 전부를 소모했어요.

당신의 현재 관계를 봐라. 여전히 자신이 학대당하도록 허용하고 있는 방법(때리고 조종당하고 모욕당하고 비난받고 강간당하는 것 등)을 써 보아라. 이는 모두 즉시 중단되어야 한다. 당신의 덫이 강화되는 동안 치유될 수 없다. 이 순간부터 우리는 당신이 누구에게도 다시는 학대당하는 걸 방치되지 않았으면 한다.

당신의 학대자가 애인이거나 친구라면 그들이 변화할 작은 기회가 있다. 그 사람에게 한 번의 기회는 줄 수 있다. 당신의 권리를 옹호하라. 자신을 보호하라. 분노를 막지 말고 표현하라. 사람을 직면하라. 자신에게 공격적으로 되지 마라. 주장하고 조절하라.

그러나 부정에는 빠지지 마라. 학대자가 변화하지 않으면 당신은 당장 그 관계를 끝내야만 한다. 우리는 이것이 당신에게 고통을 준다는 것을 알고 있으며, 치료하는 동안 반드시 치러야 하는 일임을 다시 한번 강조한다. 당신은 어려운 결정을 위해 지지가 필요하다.

8. 그럴 가치가 있는 사람들을 믿고 가까워지도록 노력하라. 선의의 사람일지라도 그들을 믿는 데에는 어려움이 있을 수 있다. 이것은 덫에서 헤어 나오지 못하는 이유 중 하나이다. 객관적인 관점에서 인간관계를 받아들여라. 친밀한 관계(가족, 가까운 친구, 애인, 배우자와 아이 등)에 초점을 맞춰라.

객관적으로 모든 사람이 학대적이지는 않기 때문에 상대방을 믿을 수 있는 모든 증거를 써보아라. 그다음으로는 믿을 수 없는 모든 증거를 써보아라. 정말로 나쁜 대접을 받았다는 증거가 많지 않다면 더 믿도록 노력하라. 보호막을 차차 낮추어라. 더 가까워지고 그럴 만한 사람을 믿도록 노력하자.

환자들은 종종 여러 사람에 대한 불신이 사실은 너무나도 적은 객관적 증거들을 가지고 있다는 사실에 놀란다. 다음은 프랭크의 경우이다.

프랭크 정말로 제가 가진 유일한 증거는 그녀가 만난 그 남자가 수년 전의 남자친구라는 사실이었죠. 어쨌든 난 아드리엔에게 유리하게 해석하려고 노력했어요. 그녀가 어디에 가든지 확인하는 것을 그만두었고 그녀가 나를 속인다고 비난하지도 않았어요. (잠시 멈추고) 저는 단지 우리의 관계가 잘못될까 봐 두려울 뿐입니다. 굉장히 무서웠지만 묻고 싶은 걸 참았어요.

치료자 어떤 효과가 있었나요?

프랭크 분명히 더 좋아졌어요. 더는 잃는다고 느끼지 않아요. 무엇보다도 아드리엔이 굉장히 행복해했어요. 그러던 어느 날 빌이라는 녀석과 전화 통화를 하며 웃는 그녀를 보자 불끈 화가 치솟더니 다시 날 괴롭히기 시작하더군요. 모든 것을 조사해서 그녀와 그가 놀아나고 있다는 증거를 잡고 싶었어요. 하지만 일단 하지 않겠다고 결정하자 편안함을 느꼈어요. 분명 예전의 나라면 그 일로 그녀랑 한바탕 싸웠을 거예요.

당신 주위에 학대적인 사람들로 가득 차 있지 않다면 분명 그중에는 믿을 수 있는 사람이 한두 명쯤은 반드시 있을 것이다.

치료 관계는 당신이 새로운 삶을 시작할 수 있는 좋은 장소이다. 안전한 장소에서 믿음을 배울 수 있다.

9. 당신의 권리를 존중하고 당신에게 상처 주기를 원치 않는 배우자와 함께하라. 학대의 증거를 찾기 위해서 친밀한 파트너의 과거와 현재를 조사하라. 학대적 관계에 있다면 학대를 끝내거나 관계를 끝내기 위해 도움을 청하라. 학대적인 애인과 있는 것이 가장 파괴적이다.

장래의 배우자를 선택할 때 위험 신호를 인식하려고 노력하라. 위험 신호를 안다는 것은 믿을 만한 배우자를 선택할 수 있다는 자신감을 느끼도록 돕는다. 공감대가 약할지라도 당신의 권리를 존중하고 상처 입히기를 원하지 않는 사람들과 어울려라.

매들린에게 있어 가장 큰 고민거리는 연인 관계에 대한 회피를 극복하는 것이었다. 남자가 믿을 수 없는 존재라는 그녀의 확신은 뿌리 깊었다.

매들린　저는 다른 나쁜 관계에 빠지기보다는 오히려 혼자 있고 싶어요.
치료자　그래서 당신은 남자와의 관계가 좋을 수도 있다는 것을 믿지 않는군요.
매들린　그래요. 어떻게 남자들이 그러겠어요. 그들은 모두 마음속으로 저를 이용하고 나서 차버리기를 원할 거예요. 그들은 원하는 것을 얻기 위해서 단지 위로하는 척하는 거라고요.
치료자　당신은 지금 몹시 화가 나 있군요.
매들린　그래요. 저는 화가 나요. 화가 난다는 사실에 계속 열중해 있는 저 자신에게도 화가 나요.

매들린은 자신이 희망하는 최선이 또 다른 고통스러운 관계라는 것을 믿었다. 그 논리에 따르면 관계를 피하는 것이 이치에 와닿는다. 이것은 대처 양상으로 빚어진 도피의 예이다.

그러나 세상에는 가족보다 더 친절한 사람들이 많다. 세상이 가정과 같다고 예상하지만, 그것은 명백히 틀렸다고 해도 과언이 아니다. 단지 과도하게 일반화된 것뿐이다.

처음 교제할 때를 되풀이하라. 천천히 당신의 방식을 만들어라. 조절의 느낌을 유지하라. 관계가 가까워 짐에 따라 당신의 권리를 어떻게 옹호할지 확인하라. 자신을 보호하라. 자신을 높게 평가하라. 당신의 파트너가 똑같이 하도록 격려하라.

10. 가까운 사람을 학대하지 마라. 어릴 적 당신이 경험했던 학대적 행동을 배우자, 아이, 친구나 고용인에게 표현하지 마라. 학대에는 어떤

변명도 용납되지 않는다.

프랭크 아드리엔을 때리지 않았다 하더라도 일관된 나의 폭언과 분노가 학대의 한 모습이라는 것을 알게 되었죠.

사랑하는 누군가를 학대하고 있다면 곧바로 멈춰라. 멈출 수 없다면 즉시 도움을 청하라. 죄책감에 사로잡히고 이런 순환을 계속하는 것보다 멈추는 것이 당신을 도울 것이다.

우리는 당신이 상처 입힌 사람들에게 사과하기를 원한다. 그들에게 당신이 잘못했음을 인정하고 용서를 구하라. 변화하려고 하는 특별한 방법을 생각해 보아라.

내면의 아이를 기억하라. 자신이 학대자가 되는 것을 피하는 것이 가장 좋은 방법이다.

마지막 조언

불신과 학대의 덫에서 빠져나오는 길은 길고 어렵다. 그만큼 어려운 일이기에 가장 보람 있는 일 중 하나이기도 하다. 그 길은 당신이 늘 원해 온 것, 즉, 사랑하고 사랑받는 관계를 제공한다. 덫에 사로잡혀서 살지 말라. 빠져나오기 위해 도움을 청하라. 덫은 아동 학대에서 생긴다. 도움을 요청하는 것에 어떠한 수치도 느껴서는 안 된다. 사태를 개선하여 지지적인 인간관계에서 가능한 모든 기쁨을 누려라.

8
"나는 결코 사랑받을 수 없을 거야"
정서적 결핍의 덫

제드 | 39세. 여자들에게 항상 정서적 실망감을 느낀다.

제드가 왔을 때 우리는 두 가지 면에서 충격을 받았다. 첫째는 그의 뛰어난 외모였고, 둘째는 냉담함이었다. 무엇보다도 그의 냉담함으로 인하여 큰 거리감이 느껴졌고, 치료를 통해 큰 노력을 해야만 좁혀질 것 같았다. 어쨌든 그는 자신이 온 이유를 우리에게 이야기했다.

그는 청소년 시절부터 여러 차례 이상 교제를 했으나, 6개월을 넘어 본 적이 없다고 했다. 항상 같은 패턴이었다. 처음 사귀기 시작할 때는 희망과 흥분이 느껴지고 이 여자야말로 자신이 그토록 찾던 사람이라고 믿었다. 하지만 그처럼 강렬한 첫 느낌과 상관없이 항상 실망으로 끝나버렸다. 제드는 자신의 좌절감을 다음과 같이 이야기했다.

제드 이제 일레인과 그런 일이 반복되고 있어요. 이번에는 전과 다르다고 확신했는데…. 처음에는 너무 좋았어요. 그러나 다른 여자들과 마찬가지로 얼마 후에는 지루해지고 실망하고 말았어요.

치료자 일레인의 어떤 면이 당신을 화나게 했나요?

제드 그녀의 모든 행동이요. 전화했을 때 바로 응답하지 않는다든지, 파티에서 나 이외의 다른 사람들과 이야기하는 시간이 너무 길다든지, 나보다 친구들과 더 많은 시간을 보내고, 일에 너무 지나치게 몰두하고, 생일날에는 비싼 선물을 해주지 않았어요. 제일 중요한 이유는 그녀가 날 충분히 흥분시키지 못한다는 거예요. 그녀가 절 사랑한다는 건 알아요. 하지만 충분하지 않아요. 난 더 많은 걸 원해요.

더스틴 | 28세. 사랑해선 안 될 사람과 사랑에 빠진다.

더스틴 같은 일이 반복돼요. 어떤 사람을 열정적으로 사랑하게 되면 항상 다른 이유로 인해 더는 사랑할 수 없게 돼요. 예를 들면, 앤은 기혼자고, 제시카와 멜린다는 우리 관계를 전혀 모르는 남자친구가 있고, 리사는 너무 멀리 있고, 게일은 남자친구랑 헤어진 지 얼마 지나지 않아서 아직 다른 사랑을 시작할 마음의 준비가 안 되었어요.

더스틴의 연인들은 차갑고 무관심하다는 성격적 특성이 보인다. 더스틴이 관심을 두게 되는, 아니 집착하는 여성들은 자기애적이고 자기중심적이며, 기대는 많으나 돌려주는 것은 전혀 없는 여성들로 좀 더 친밀한 관계나 서로를 책임지는 관계는 결코 만들려고 하지 않는 사람들이었다. 폭풍처럼 몰아치는 관계 속에서 그는 황홀경과 고통을 동시에 경험한다. 분노와 좌절이 반복됨에 따라 여성들은 점점 그와 함께 있는 것을 꺼리게 될 것이다. 결국 그 관계는 끝나버리고 더스틴은 다른 여성을 만나기 전까지 실의에 빠져 있을 것이다.

엘리자베스 | 40세. 헌신적인 여성이나 온정이 없는 남성과 결혼했다.

  엘리자베스와 조쉬는 5년 차 부부로 남자아이가 하나 있다. 그녀는 따뜻하고 헌신적인 엄마이긴 하나 사실 아이를 굉장히 버릇없게 키우고 있었다. 아이의 우는 소리를 듣는 것이 고통스럽기 때문에 아무리 사소한 요구라도 얼른 달려가서 들어주고 말았다.

엘리자베스 아이가 태어나기 전에는 사회사업가로 일했어요. 하지만 데니가 태어나면서 일을 그만두게 되었지요. 제 인생은 아이에게 초점이 맞춰져 있어요. 아이랑 지내는 시간은 축복이지만 조쉬와 있으면 너무 불행해요. 그는 너무 차가워서 곁에만 있어도 냉기가 느껴지죠. 결혼할 때부터 알고 있는 사실이었지만 그래도 살다 보면 무언가 바뀔 거라 기대했는데 오히려 더 나빠진 것 같아요.

  조쉬는 대기업의 간부다. 야근과 출장이 잦아서 엘리자베스는 아이와 단둘이 지내는 시간이 많다. 집에 있을 때도 일에만 매달려있는 그를 바라보며 엘리자베스는 출장길에 바람을 피우지 않나 의심하기도 한다. 그런 그에게 그녀는 항상 화가 나 있었고, 가끔이라도 같이 있는 날에는 그를 불평하고 비난하기에 바빴다. 역설적으로 그녀의 그런 태도는 조쉬를 더 멀어지게 만들었다.

제드, 더스틴, 엘리자베스는 모두 정서적 결핍이라는 삶의 덫에 걸려 있다. 만일 이 덫에 걸려 있다면 여러분은 사랑이 이뤄질 수 없다는 고정관념에 빠져 있을 것이다.

"나는 결코 사랑받을 수 없을 거야" 정서적 결핍의 덫

정서적 결핍의 덫 질문지

이 질문지는 당신의 정서적 결핍의 덫의 강도를 측정하는 것이다. 아래에 있는 척도를 이용해서 각 항목에 답하라. 당신의 성인기 동안 일반적으로 느끼고 행동했던 방법에 근거해서 각 항목을 평가하라. 성인기의 어느 시기에 변화가 있었다면 각 항목을 평가할 때 가장 최근의 일 년 혹은 2년에 초점을 맞춰라.

완전히 나와 다르다.	1	어느 정도는 나와 일치한다.	4
대부분 나와 다르다.	2	대부분 나와 일치한다.	5
다른 면보다 일치하는 면이 좀 더 많다.	3	완전히 일치한다.	6

비록 점수의 합계가 낮더라도 5점이나 6점에 해당하는 항목이 하나라도 있다면 이 덫은 당신에게 존재하는 것이다.

질문	점수
1. 나는 지금보다도 더 많이 사랑받고 싶다.	
2. 누구도 나를 진정으로 이해하지 못한다.	
3. 나는 차가운 사람에게 비록 내 욕구를 채워주진 못해도 흔히 끌린다.	
4. 아무리 가까운 사람이라도 단절되어 있다고 느낀다.	
5. 내 주변에는 공유하길 원하고, 내게 어떤 일이 일어났는지를 걱정해 주는 사람이 없다.	
6. 나에게 따뜻한 애정을 가지는 사람은 아무도 없다.	
7. 내 욕구와 감정에 관심을 두는 사람을 가져본 적이 없다.	
8. 다른 사람이 나를 보호해 주고 안내해 주는 것을 허락하는 것이 힘들다.	
9. 다른 사람이 나를 사랑하는 것을 받아들이기 힘들다.	
10. 나는 많은 시간 혼자였다.	
당신의 최종 점수(질문 1번에서 10번까지의 점수를 더하라)	

점수 해석

10 – 19 매우 낮음. 이 덫은 당신에게 적용되지 않는다.
20 – 29 낮음. 이 덫은 아주 가끔 당신에게 적용될 것이다.
30 – 39 중간. 이 덫은 당신의 인생에서 문제가 될 수 있다.
40 – 49 높음. 이 덫은 당신에게 분명히 중요하다.
50 – 60 매우 높음. 이것은 분명히 당신의 핵심 삶의 덫 중 하나다.

정서적 결핍의 경험

정서적 결핍의 경험을 정의하기란 다른 삶의 덫을 정의하는 것보다 더 힘들다. 종종 생각으로 구체화되지 않는 때도 있는데, 이는 언어기능이 채 발달하기 전의 나이에 일어났기 때문이다. 정서적인 박탈감의 경험이란 영원히 혼자라는 느낌, 혹은 그 무엇도 당신을 충족시켜줄 수 없을 거라는 느낌일 수도 있고, 당신의 말에 아무도 귀 기울여주지 않고, 아무도 자신을 이해해 주지 않을 것이라는 느낌일 수도 있다.

정서적 결핍이란 뭔가 빠진 듯한 바로 공허한 느낌이다. 아마 이 의미를 가장 잘 보여주는 단적인 예로는 방치된 아이의 이미지를 들 수 있다. 정서적 결핍은 방치당한 아이가 느끼는 감정이다. 외로움이며 아무도 없는 그런 느낌. 당신이 결국 혼자일 수밖에 없다는 사실을 느끼는 것이다.

제드가 치료를 받으러 왔을 때 무엇이 자신을 힘들게 하는지 구체적으로 말하지 않았다. 처음 그가 말한 느낌은 그저 '외롭다'와 '동떨어진 느낌'이라는 것이었다. 후에 그는 그런 느낌들이 점점 강해져 한때는 자살까지 생각했다고 말했다.

제드 제 감정은 마치 죽은 것 같아요. 여성들과의 관계뿐 아니라 다른 어떤 관계에서도 친밀감을 느끼지 못해요. 가족뿐만 아니라 친구조차도 말이에요.

제드에게 세상은 감정이 메말라버린 사막이다. 격리 상태에서의 일시적인 해방은 여성들과 만남이었다. 하지만 우리가 알듯 그런 기간은 오래가지 못한다.

이 덫에 걸린 사람들은 대인관계에서 요구가 많다. 이 덫은 만족할 줄 모르는 경향을 가지고 있다. 아무리 많은 것을 주어도 만족을 모른다. 스스로 물어보아라. 내가 너무 요구가 많다거나 바라는 게 많다는 이야기를 남들에게 들은 적이 있는가?

  제드가 바로 그러한 경우에 대표적 예이다. 일레인은 그의 생일 파티를 위해 정성과 돈을 들였다. 그런데도 선물을 열어 본 제드는 그저 실망만 할 따름이었다. 단지 '내가 그녀에게 선물한 것이 더 비쌌는데'라는 식의 생각이 들 뿐이었다. 이렇듯 상대가 분명히 배려하고 있음에도 불구하고 끊임없이 박탈감을 느끼는 것이 바로 정서적 결핍의 덫을 가진 사람의 특징이다.

  다른 사람들의 욕구를 충족시키는 직업을 선택한 엘리자베스의 경우처럼 직업 선택이 정서적 결핍의 표현인 경우도 있다. 사회사업가로 일하는 그녀와 같이 아마 당신도 다른 사람들을 도와주거나 치료하는 직업을 가지고 있을 것이다. 남들을 돌보는 것은 당신의 충족되지 못한 감정적인 욕구를 보상하는 방법일 수도 있다.

  유사한 맥락에서 다음과 같이 당신은 친구의 욕구를 만족시키기 위해 필사적으로 노력할 수도 있다.

엘리자베스 저는 언제나 남의 이야기를 들어주는 편이에요. 남들이 제게 고충을 호소하면 최선을 다해 도와주지만 제 문제를 다른 사람에게 얘기해 본 적은 없어요. 그런 점이 제가 치료받으러 온 이유가 아닐까 생각해요.

  결국, 다른 사람에게 만성적인 실망감을 느끼는 것은 정서적 결핍의 증거이다. 사람들은 당신을 실망하게 한다. 단지 한 번의 실망을 이야기하는 게 아니라 오랫동안 경험의 패턴을 이야기하는 것이다(만일 당신이 대인관계에 있어서 감정적으로 의지할 사람이 없다는 결론을 내렸다면 이것은 당신이 이 덫을 가지고 있다는 증거일 수 있다).

정서적 결핍의 기원

정서적 결핍의 기원은 어린 시절 어머니 역할을 한 사람(아이의 감정적인 양육에 대한 책임이 있는 사람)에게 있다고 볼 수 있다. 어떤 가정에서는 이 역할을 아버지가 할 수도 있으나, 대부분은 주로 어머니가 맡는다. 물론 아버지도 중요하지만 태어난 첫해에 아이의 세계를 형성해주는 것은 어머니다. 이러한 첫 관계는 생애 이후의 관계에서 가장 기본이 된다. 즉 이후의 인생의 친밀한 관계는 어머니의 영향을 받아 형성된다고 해도 과언이 아니다.

정서적 결핍을 가진 아이는 평균 이하의 양육을 받는다. 이 덫의 기원을 밝혀둔 아래 표에서 유추할 수 있듯이 양육에는 여러 차원이 있다. 여기서 우리가 사용하는 어머니라는 단어는 어머니 상을 말하는 것이다.

> **정서적 결핍의 기원**
>
> 1. 어머니는 차갑고 애정이 없다. 아이를 보듬어주고 붙잡아주지 않는다.
> 2. 아이는 자신이 사랑을 받을 가치가 있다는 느낌, 자신이 소중하고 특별한 존재라는 느낌이 없다.
> 3. 어머니는 아이에게 충분한 시간과 관심을 쏟지 않는다.
> 4. 어머니는 아이에게 진정으로 동조되어 있지 않다. 아이 세계로의 감정이입이 어려우며 아이와 진정으로 연결되어 있지 않다.
> 5. 어머니가 아이를 적절하게 달래주지 못해 아이 스스로가 진정하는 법을 배우지 못했다.
> 6. 부모는 아이를 적절하게 안내해 주지 못하거나 방향을 제시해 주지 않는다. 아이가 의지할 만한 사람이 없다.

제드의 박탈감은 심각했다. 그는 거의 전적으로 방치된 상태에서 자라났다. 어머니가 제드를 가졌을 때의 나이는 겨우 열일곱 살이었다. 그의 아버지는 훨씬 나이가 많은 유부남으로 제드를 자식으로 인정하지 않았다. 어머니는 제드를 낳으면 그가 돌아올 것이라고 믿었다. 하지만 그런 일은 일어나지 않았다.

제드　아버지는 제가 태어나고 나서 어머니에게 더는 관심을 두지 않았어요. 저의 존재가 아버지를 돌려놓을 수 없다는 것을 알고부터는 어머니 또한 저에 관한 관심이 완전히 사라졌지요. 그녀의 삶을 원래 상태로 돌려놓으려 했고, 나이 많은 갑부와 연애하기 시작했죠. 어머니가 왜 저를 낳았는지 모르겠어요.

　　우리는 종종 정서적 결핍을 가진 환자로부터 이런 이야기를 듣는다. '왜 나를 낳았는지 모르겠다.', '나를 낳는 게 아니었다'. 제드는 아무도 자신을 보살펴 주지 않았던 어린 시절에 관해 이야기했다.

제드　어렸을 적 어머니는 거의 저랑 있어 주신 적이 없어요. 하지만 같이 있다고 해서 별로 다를 건 없었어요. 제가 뭔가를 바라면, 그녀는 항상 '조용히 가서 잠이나 자. 낮잠 잘 시간이다'라고 말했어요. 그리고는 마치 저는 있지도 않은 것처럼 자기가 하던 일을 계속했어요.

　　엘리자베스의 정서적 결핍은 사실 미묘한 수준이다. 그녀의 어머니는 책임감 있었고 자신의 아이를 방치하지는 않았다. 하지만 제드의 어머니처럼 그녀의 어머니 또한 자기애적인 사람이었다. 어머니는 엘리자베스를 자신의 욕구 충족을 위한 대상으로 보았다. 엘리자베스의 어머니가 인생에서 실패한 것은 단지 부자가 되지 못한 것이었다. 그래서 그녀는 엘리자베스가 부유한 사람과 결혼하기를 원했다.

엘리자베스　어머니는 제게 예쁘고 매력적이어야 한다고 가르쳤어요. 그것이 어머니의 사랑에 대해 치러야 할 대가였죠. 사교 모임에 나가는 걸 가르치셨고 인형처럼 옷을 입혔어요. 하지만 쇼핑을 다 하고 사람들이 사라지고 나면 어머니는 저를 무시했어요. 어머니에게 있어서 더는 가치가 없는 존재였기 때문이죠.

알다시피 엘리자베스는 어머니의 소망을 충족시키면서 자랐다. 그녀는 갑부와 결혼했고 이제 간부의 부인이 되었다. 그의 남편은 엘리자베스가 사교 모임에서 가장 예쁘고 매력적으로 보이기를 바라지만 사교 모임이 끝나면 그녀는 그의 안중에도 없다.

사랑해서는 안 될 사람과 사랑에 빠진 더스틴은 겉보기에는 좋은 어머니 밑에서 자란 것처럼 보인다. 항상 올바른 일만 하기를 강조했고 최고의 장난감, 옷, 학교, 휴가를 마련해 주었다. 하지만 그 저변은 굉장히 냉혹했다. 더스틴의 어머니는 성공한 변호사였고, 여자로는 보기 드물게 법조계에서 화려한 경력을 쌓았다. 그녀의 관심은 오로지 일에만 있었다. 집에서는 항상 자기 생각에 골똘히 빠져 있었다.

그녀에게는 더스틴이 성가신 존재였고 일에 방해가 되는 요구 많은 아이였다. 그녀는 마음이 따뜻한 사람도 아니었다. 더스틴보다 더 중요하게 생각하는 사람에게도 애정을 표현하기가 힘든 사람이었다. 그녀는 은근히 더스틴에 대해 관심이 적은 것을 더스틴의 탓으로 돌렸다. 더스틴이 사랑을 못 받는 것이 그녀의 잘못은 아니라는 점을 강조했다.

더스틴은 자신을 돌봐주는 어머니가 없다는 슬픔을 간직한 채 자랐다. 그는 슬픔이라는 연약한 부분을 분노라는 단단한 껍질로 감쌌다. 이것은 우리가 4장에서 본 반격이라는 대처 기전의 예이다. 표면적으로 더스틴은 버릇없고 별난 아이였다.

이제 성인이 되어 더스틴은 사랑해서는 안 될 사람과 연애를 함으로써 정서적 결핍의 덫을 재연하고 있다. 언제나 새로운 비련의 관계를 찾고 있다. 불가피하게도 교제했던 여성들은 그를 계속 좌절시켰고, 그럴수록 요구는 점점 늘어났다. 언제나 여인들이 그의 마음을 아프게 하고 관계는 금세 끝이 났다.

더스틴 치료를 받기 전에는 제가 이런 과정에 빠져 있는 줄 몰랐어요. 사랑해서는 안 되는 사람을 사랑하는 게 그저 우연히 일어나는 일인 줄만 알았죠.

비록 그의 어머니가 감정적으로 메마른 사람이라 하더라도, 더스틴은 어떤 면에서는 운이 좋았다. 그에게는 좋은 아버지가 있었다. 그런 아버지의 존재가 없었더라면, 더스틴은 친밀한 관계로부터 자신을 영원히 격리했을 것이다. 아버지의 사랑이 어머니로부터 받은 상처를 어느 정도 치료해 주었고, 그로 인해 덫은 제한적으로 발달하였다.

더스틴의 성인기에는 덫의 영향이 비교적 제한되어 있었다. 모든 사람에게 정서적 결핍을 느끼지는 않았으며, 단지 사랑하는 여자들에게만 제한되어 있었다. 여러 사람과 만족스러운 관계를 맺고 있었으며, 그에게는 좋은 남녀 친구들이 많았고 격정적인 사랑으로 인한 비극을 위로받을 수 있었다.

더스틴의 사례는 아이의 어린 시절에 아버지의 역할이 얼마나 중요한지를 보여준다. 아이에게 감정적으로 메마른 어머니와 그렇지 않은 아버지가 있으면 아버지는 아이의 어두운 심리적인 세계에서 한 줄기 빛이 된다. 아버지의 사랑은 아이의 정서적 결핍을 어느 정도 치료할 수 있다. 운이 좋은 경우에는 아버지가 어머니의 사랑이 충분치 않음을 알고 아이의 양육에 좀 더 관여할 수도 있다. 더스틴은 '아버지는 내가 세상에 대한 희망을 버리지 않게 해주었다'라고 종종 말했다. 비슷하게 아버지가 감정이 메마르고 어머니가 그렇지 않은 경우에도 어른이 되어서 관계에 따라 정서적 결핍을 재연하기도 하고 그렇지 않을 수도 있었다. 예를 들면, 감정적으로 메마른 아버지 밑에서 자란 여자아이의 경우 연애할 때는 덫이 작용하지만 다른 관계에서는 그렇지 않을 수도 있다.

때로는 환자가 정서적 결핍의 덫에 걸려 있음을 깨닫는 데 시간이 걸릴 수도 있다. 다른 대부분 덫, 즉 부모가 아이에게 손상을 주는 능동적인 행위를 하는 경우와 달리 정서적 결핍은 어떤 특정한 양육 행동의 부재에서 발생한다. 결함의 덫을 유발하는 부모가 아이를 비난하는 행동이나 복종의 덫을 유발하는 지배적인 태도를 보이는 경우는 눈에 잘 띈다. 부모가 했던 행동을 아이가 다 기억할 수 있기 때문이다. 하지만 정서적 결핍의 경우 항상 이런 식은 아니다. 정서적 결핍은 아이가 알 수 없는 무언가를 잃어버린 것과 같다.

따라서 정서적 결핍은 알아채기 힘든 덫 중 하나이다. 극도의 무시를 경험한 것이 아니라면 유년기로 돌아가서 당신이 결핍을 경험했었는지 알아볼 필요가 있다. 어떤 경우에는 특정한 질문을 자신에게 해보아야 알 수 있다. 어머니에게 친밀감을 느꼈는가? 어머니가 나를 이해한다고 느꼈는가? 내가 사랑받고 있는가, 나는 어머니를 사랑했는가? 어머니는 매우 따뜻하고 애정 어린 분이었는가? 내 감정을 어머니에게 말할 수 있었는가, 어머니는 내가 원하는 것을 주었는가?

정서적 결핍의 덫을 가진 많은 사람이 처음에는 모두 '저는 정상적인 유년 시절을 보냈어요. 어머니는 항상 제 곁에 있었어요'라고 말을 한다. 더스틴도 처음에 '어머니는 모든 걸 주셨고 제가 원하는 것은 모두 가질 수 있었어요'라고 이야기했다. 하지만 이 덫을 가지고 있는 사람들의 이야기를 자세히 들어보면 분명 과거와 최근의 대인관계 사이에서는 무언가 잘못된 점이 있다. 고통스러운 패턴 혹은 단절된 느낌이 있다. 결핍에 대해 예민하거나 만성적으로 화가 나 있을 수도 있다. 그 근원을 이해하기 위해서는 지나온 과거를 돌이켜 보아야 한다. 정서적 결핍은 가장 흔한 덫 중 하나이지만 발견하기는 가장 힘들다.

연인 관계

우리의 문화에서 연인 관계라는 것은 가장 친근한 관계이다. 이런 이유로 정서적 결핍의 덫을 가진 사람들은 연인 관계를 전적으로 회피하거나 단지 짧은 기간만 유지한다. 이것은 회피라는 대처방식의 전형이다. 하지만 연인 관계를 기꺼이 갖기를 원한다면 덫은 잘 드러나 보인다.

당신도 제드처럼 사람들과 어느 정도 가까워지고 나서 관계가 깨지는 경험이 있을 것이다. 이런 경우 관계가 깨지는 것에 대해 그럴듯한 이유를 댈 것이다. 또는 더스틴의 경우처럼 사랑할 수 없는 사람을 연인으로 선택함으로써 친밀감으로부터 자신을 보호할 수도 있다. 혹은 엘리자베스처럼 곁에 있지만 차갑고 정을 주지 않는 사람을 선택할 수도 있다. 어떤 길을 택하든 도착지점은 같다. 정서적으로 박탈된 상황에 휘말려 들어감으로써 어린 시절의 박탈감을 재현하는 것이다.

다음 표는 데이트 초반에 피해야 하는 위험 신호들이다. 이것들은 당신이 같은 패턴을 반복할 것이며 정서적 결핍을 초래하는 사람과 만나고 있음을 알려주는 신호이다.

데이트 초반에 나타나는 위험한 신호들

1. 내 이야기에 귀를 기울이지 않는다.
2. 항상 자기 이야기만 한다.
3. 신체 접촉이나 키스를 불편해한다.
4. 함께 있는 경우가 드물다.
5. 차갑고 무관심하다.
6. 당신이 상대방보다 더 친밀감에 관심을 가진다.
7. 약해져 있을 때 상대방이 당신 곁에 없다.
8. 상대방이 멀어질수록 더 집착하게 된다.
9. 당신의 감정을 이해해 주지 않는다.
10. 당신이 상대로부터 받는 것보다 상대에게 더 많은 것을 준다.

이 중 몇 가지가 한꺼번에 일어나는 경우, 특히 상대에 대해 강한 매력을 느낄 때는 그 관계로부터 달아나라.

이런 충고를 받아들이기 힘들다는 것을 안다. 더스틴도 예외는 아니었다. 그는 치료 중에 뛰어난 미모의 여성이자 뉴욕에서 성공한 모델인 크리스틴과 데이트를 시작했다. 더스틴은 그녀를 동경하는 남자 중 한 명이었다. 그 관계가 깨질 것을 알고 있지만 멈출 수가 없었다. 그의 덫은 그 관계를 계속 유지하게 했다. 우리는 크리스틴과 그의 고향 집에서 주말을 보내는 것에서부터 마침내 그녀가 절교를 선언한 후 계속되는 더스틴의 전화에 답하기를 거부하는 과정까지 모든 것을 지켜보았다.

비록 정을 줄 수 있는 적당한 사람을 선택했다 하더라도 관계가 진전됨에 따라 피해야 할 몇 가지 함정이 있다.

대인관계에 있어서 정서적 결핍의 덫

1. 원하는 것을 말하지도 않고 욕구가 충족되지 않은 것에 대해 실망한다.
2. 자신의 느낌을 상대방에게 이야기하지 않고 상대방이 나를 이해해 주지 않는다고 실망한다.
3. 상처받지 않기 위해 상대방이 당신을 보호하거나 이끌도록 만든다.
4. 박탈감을 느끼지만, 아무 것도 말하지 못한 채 속으로 분노를 쌓아간다.
5. 화가 나고 요구하게 된다.
6. 상대방에게 자신을 돌봐주지 않음에 대해서 항상 비난한다.
7. 당신은 사람들과 소원해지고 닿을 수가 없게 된다.

대인관계를 소홀히 함으로써 정서적 결핍을 강화할 수도 있다. 무시당하는 것에 예민해질 수도 있다. 연인이 당신의 마음을 읽고 마술처럼 욕구를 충족시켜주기를 기대할 수도 있다. 원하는 것을 이야기하지 않고는 정서적 욕구가 만족되지 않기에 상처받고 소원해지거나 화가 난다.

대인관계에서 지나친 요구를 하는 경향

정서적 결핍의 덫에 걸린 사람 중 일부는 반격한다. 그들은 박탈감을 보상하기 위해 공격적으로 많은 요구를 하게 된다. 이런 사람들은 자기애적이다. 그들은 마치 자신들의 욕구를 충족시킬 권리가 있는 것처럼 행동하며 연인에게 많은 것을 요구하고 많은 것을 얻는다.

제드가 이런 식이다. 여성에게 아무리 많은 보살핌을 받아도 그는 여전히 욕구 불만으로 가득 차 있다. 상처를 받거나 거부당했다는 느낌을 받는 대신 화를 낸다. 이것이 엘리자베스와는 매우 다른 점이다. 그녀 또한 감정적 상처에 대해 과민하지만, 자신의 욕구를 표현하지 않고 침묵한다. 제드와 엘리자베스는 정서적 결핍에 대처하는 두 유형을 보여주고 있다. 제드의 분노와 요구는 반격이라는 대처 유형의 전형이다. 반면 엘리자베스의 침묵은 굴복이라는 대처 유형의 특징이다.

어떤 사람들이 자기애적인 태도로 정서적 결핍에 반응하는 것일까? 이런 사람들은 정서적 결핍의 덫과 특권 의식의 덫이 조합되어 있다. 자기애적인 사람들은 어린 시절에 정서적 욕구가 충족되지 않은 것에 대해 다른 표면적인 욕구들을 지나치게 요구하는 태도로 결핍에 대처하는 법을 배웠다.

예를 들어, 당신은 먹는 음식, 입는 옷, 함께 지내는 사람, 가는 장소 등에 대해 지나친 요구를 할 수 있다. 물질적인 것에 대해 지나친 요구를 할 수 있는 것이다. 즉 진정한 갈망의 대상인 정서적인 보살핌 이외의 다른 어떤 것에 대해서도 지나친 요구를 할 수 있다. 불행하게도, 이런 물질적 요구는 궁극적으로 사랑과 이해를 대체하기에는 부족하므로 만족할 수가 없다. 저변의 근본적인 문제를 해결하지 못한 채, 당장 눈에 보이는 보상을 끊임없이 요구하고 결코 만족하지 못한다.

어린 시절에 당신은 정서적 욕구 충족이 허용되지 않았다. 아마 어머니가 반응해 주지 않았을 것이다. 그러면서 다른 욕구에 대한 지나친 요구는 받아주었을 것이다. 이것이 더스틴에게 일어난 일이다. 더스틴의 어머니는 냉정했지만, 다른 욕구들은 마음껏 충족시켜주었다. 물질적인 선물을 주는 데에는 아낌이 없었고, 그로 인해 더스틴은 물질적인 것에 대한 특권 의식이 생겼다. 더스틴과 달리 어떤 아이는 정서적, 물질적 영역 모두에서 박탈당하는데, 이런 아이들은 대부분 단지 포기하고 아무것도 기대하지 않는 것을 배우게 된다(굴복이라는 대처 유형). 자기애적인 사람과의 관계는 진실성이 없다. 친밀한 만남, 심지어 가장 가까운 사람들과 만남마저도 표면적인 수준에 머물게 된다. 만일 당신이 이런 경우라면, 어떤 수준에서 당신은 대인관계의 피상성에 절망감을 느끼게 된다. 이것은 가장 절박한 욕구인 일차적 감정적 욕구를 좀처럼 요구하는 일이 없기에 당신의 대인관계가 일종의 가상적인 성격을 띠기 때문이다.

아래의 목록은 정서적 결핍의 덫을 바꾸기 위한 단계를 요약하고 있다.

> **정서적 결핍을 바꾸기**
>
> 1. 어른 시절의 박탈을 이해하라. 내면의 결핍된 아이를 느껴라.
> 2. 현재 대인관계에서의 박탈감을 살펴보라. 보살핌, 감정이입, 방향 제시에 대한 욕구를 느껴보라.
> 3. 과거의 관계들을 되새겨보고 반복되는 패턴들을 명백히 밝히어라. 지금부터 피해야 할 함정을 열거하라.
> 4. 강한 매력을 느끼는 냉정한 이성을 피하라.
> 5. 감정적으로 관대한 연인을 만났을 때 그 관계를 지속해라. 당신이 원하는 것을 요청하라. 연인과 취약점을 나누어라.
> 6. 배우자를 비난하고 당신의 욕구를 채워달라고 요구하는 것을 그만두라.

각 단계를 더 자세히 살펴보자.

1. 어린 시절의 박탈을 이해하라. 내면의 결핍된 아이를 느껴라. 이해

하는 것이 항상 첫 단계이다. 어린 시절에 당신에게 어떤 일이 일어났는지 알아야 한다. 앞서 언급했듯이 정서적 결핍의 경우 이 단계가 다른 삶의 덫에서보다 어려울 수 있다.

제드는 치료를 받으러 왔을 때 자신이 박탈당했음을 알고 있었다. 이런 노골적인 박탈은 쉽게 인식될 수 있다. 치료 초기부터 무관심과 관련된 이미지(예, 다른 엄마들은 수업 참관하려고 다 와 있는데, 제드의 어머니만 오지 않는 경우 등)를 떠올릴 수 있었다. 혹은 성적표에 서명해달라는 부탁조차 어머니에게 할 수 없어서 서명을 위조한 것도 기억해냈다.

제드는 박탈감으로 인한 분노를 쉽게 인식할 수 있었으나, 박탈감으로 인한 고통을 인식하지는 못했다(반격하는 유형은 대개 이런 식이다). 반면 엘리자베스는 고통을 쉽게 느낄 수 있지만, 자신의 분노를 쉽게 인식하지 못했다(굴복하는 유형에서 전형적으로 관찰되는 양상이다). 그러나 두 유형 모두 박탈에 대한 분노와 슬픔, 모두 가지고 있다. 앞에서 보듯이 두 가지 측면을 모두 느끼도록 노력하는 것은 매우 중요하다.

더스틴과 엘리자베스에게 과거를 이해한다는 것은 좀 더 어려운 일이었다. 그들은 더욱 미묘한 과정을 밝혀내야 했다. 여기에서 다시 한번 정의를 내리자면, 실질적으로 볼 때 정서적 결핍은 세 가지 유형으로 나눌 수 있다. 이런 식의 분류가 어린 시절 당신에게 일어난 일들을 명료화하는 데 도움을 줄 것이다. 당신은 이들 영역 중 한두 가지를 박탈당했을지도 모른다.

> **정서적 결핍의 세 가지 영역**
>
> 1. 보살핌의 결핍   2. 공감의 결핍   3. 보호의 결핍

결핍의 각 유형은 사랑의 여러 측면에 대응된다. 보살핌은 따뜻함, 관심, 신체적 애정을 나타낸다. 부모님은 당신을 안아주고 기분 좋게 흔들

어 주었는가? 당신을 편안하게 해주고 안심시켜주었는가? 함께 시간을 보냈는가? 당신이 부모님을 쳐다보았을 때 꼭 껴안고 입 맞춰 주었는가?

공감은 당신의 세계를 이해하고 당신의 감정을 인정해 주는 누군가가 있다는 것을 의미한다. 부모님은 당신을 이해하였는가? 당신의 감정에 동조했는가? 문제가 생겼을 때, 부모님이 도와주리라 확신할 수 있었는가? 부모님이 당신의 말을 관심 있게 들어주었는가? 당신은 부모님과 언제든 대화할 수 있었는가?

마지막으로 보호는 힘과 방향, 안내를 제공한다. 어린 시절 충고가 필요할 때 달려갈 수 있는 누군가가 있었는가, 또한 피난처를 제공하고 도움과 격려를 해주는 사람이 있었는가? 당신에게 주의를 기울이고 안전하게 보살피는 누군가가 있었는가?

제드는 이 세 영역 모두에서 심한 결핍을 경험했다. 그는 너무 상처받았기에 어른이 되어서도 세 가지 중 어느 하나도 주고받지 못했다. 엘리자베스와 더스틴의 경우는 좀 더 미묘하다.

더스틴은 어머니가 자신을 보호해 주었다고 느끼고 있으며, 분별 있고 감정에 휩쓸리지 않는 충고가 필요할 때 어머니가 도움이 되었다고 느낀다. 또한, 가족의 명성과 부가 모든 역경으로부터 자신을 지켜줄 것이라는 마술적인 믿음을 가지고 있었다. 그러나 더스틴의 어머니는 잘 보살피지도 공감해주지도 못했다. 그렇지만 그에게는 어머니에게 받은 손상을 일부 치유해 주고 그의 덫을 약화해 준 아버지가 있었다.

엘리자베스는 어린 시절에 외관상으로는 많은 사랑과 애정을 받았다. 그녀는 어머니가 자신을 안아주고 입 맞춰 주던 모습들을 떠올렸다. '나는 엄마의 무릎에 앉아 있다. 우리는 파티를 하고 있고, 나는 예쁜 드레스를 입고 있다. 나는 예쁘고 특별하다고 느낀다.'가 바로 전형적인 기억의 사례다. 이 이미지의 피상성이 암시하듯, 어머니의 사랑은 가식적으로 보는 사람들이 있을 때만 주어졌다. 사실 저변에서의 보살핌은 결핍된 상태였다. 그러나 그녀도 더스틴처럼 어린 시절에 보호받았다는 느낌은 들고 있었다. 사실 그녀는 어머니에게서 지나칠 정도로 많은 충고와 인도를 받았다. 그러나 엘리자베스는 공감의 결여를 분명하게 경험했다. 예를 들어, 그녀는 치료시간에 이러한 이미지를 떠올렸다.

치료자 무슨 일이 일어나고 있나요?
엘리자베스 (눈을 감고) 엄마와 함께 생일 파티를 하고 있어요. 엄마가 내게 다른 작은 여자애에게 가서 키스해 주라고 말했지요. 전 저 작은 여자애가 너무 싫다고 말했죠. 그러나 엄마는 제게 '터무니없는 소리 하지 말아라! 넌 그 애를 좋아하고 있어'라고 저에게 강요하고 있어요.
치료자 어떻게 느껴지나요?
엘리자베스 모르겠어요.

그녀의 어머니는 엘리자베스의 느낌을 그녀에게 반영해 주지 못했다. 어머니는 그녀의 감정을 알지 못했고 알려고 하지도 않는 것 같았다.

어린 시절의 박탈을 이해하는 첫 단계는 이미지를 떠올리는 것이다. 조용한 공간에서 당신 마음의 표면에 어린 시절의 이미지들을 떠오르게 하라. 모든 기억을 떠올리고 그 기억과 동반된 모든 감정을 경험하라. 아버지와 어머니에 대한 이미지를 모두 떠 올려 보라. 더스틴처럼 부모님 한 분 때문에 생긴 상처를 다른 한 분이 치유해 줄 수 있다. 가족 구성원 모두를 포함해 보라.

2. 현재 대인관계에서의 박탈감을 살펴보라. 보살핌, 공감, 안내에 대한 욕구를 느껴보라. 현재 삶에서의 박탈의 느낌을 더욱 많이 알아보도록 하라. 삶의 덫이 자극되는 순간을 알아차릴 수 있도록 하라. 모욕받았다고 느낄 때일 수도 있고, 외롭거나 공허하다고, 혹은 그 누구도 당신의 감

정을 이해하지 못한다고 느낄 때일 수도 있다. 당신의 연인이 도움이 되지 않거나 차갑고 인색해서 슬퍼할 수도 있다. 당신이 항상 강한 사람이어야 하고 연인을 항상 돌봐야만 해서 분노를 느낄 수도 있다. 어떤 것이든 강력한 박탈의 느낌은 덫이 가동을 시작했으며, 무슨 일이 일어날지 주의를 기울여야 한다는 신호로 볼 수 있다.

덫이 작동하면서 자극되는 모든 감정을 자신이 느낄 수 있도록 허용하는 것이 중요하다. 어떤 느낌도 막지 않도록 하라, 일어나는 모든 감정을 탐구하라.

감정을 확장하기 위해 이미지를 이용할 수 있다. 현재 생활상의 어떤 사건이 강한 박탈감을 유발할 때 이미지를 통해 그 경험을 되새겨보라. 감정이 터져 나올 수 있게 하라. 보살핌, 공감, 보호에 대한 욕구를 느껴 보도록 하라. 그리고 나서 과거 어린 시절에 같은 방식으로 느꼈던 때의 이미지를 떠올려보라. 이러한 방법으로 과거와 현재 사이를 반복적으로 오가다 보면 어린 시절의 박탈감이 현재에 재현되는 방식을 더 깊이 이해할 수 있을 것이다.

더스틴은 치료시간에 우리와 이러한 심상 훈련을 시행했다. 그는 자신을 심하게 흥분시킨 크리스틴과의 사건에 관해 이야기했다. 그들은 이미 헤어졌고 개별적으로 파티에 참석했다가 마주친 것이다. 우리는 더스틴에게 크리스틴의 모습을 떠올리도록 요구했다.

치료자 무엇이 보이나요?

더스틴 크리스틴이 보이네요. 이미지의 중앙에 흰옷을 입은 그녀가 있어요. 마치 잡지 모델 같아요. 차갑고 완벽해 보여요. 아, 그녀는 유리에 둘러싸여 있어요.

치료자 당신은 어디에 있나요?

더스틴 저는 유리 밖에 있어요. 그녀에게 뭔가 말하려 하는데 사방으로 막힌 유리 때문에 그녀는 전혀 듣지 못해요. 갖은 애를 써보지만 나를 쳐다보게 할 수가 없어요. 팔을 흔들면서 소리치지만, 그녀는 듣지를 못해요.

치료자 어떤 느낌인가요?

더스틴 마치 외톨이가 된 것 같아요.

다음으로 우리는 더스틴에게 어린 시절, 이와 같은 느낌을 받았을 때의 이미지를 떠올려 보라고 했다. 한참을 고민한 후 떠오른 것은 어머니에 관한 기억이었다.

더스틴 책을 읽으며 소파에 앉아 있는 어머니가 보입니다. 저는 어머니가 책을 읽을 때 방해받으면 화를 낸다는 것을 알기 때문에 거실 반대 방향으로 조용히 걸어가고 있어요.

3. 과거의 관계들을 되새겨보고 반복되는 패턴들을 명백히 밝히어라. 지금부터 피해야 할 함정을 열거하라. 삶에서 가장 중요한 관계 목록을 만들어라. 감미로운 관계들에 초점을 맞추고 싶을 수도 있고, 가족이나 가까운 친구들을 적고 싶을 수도 있다. 각각의 관계에서 잘못된 점들을 생각해 보라. 사람들이 당신의 욕구를 들어주지 않으려 했던가, 아니면 들어줄 능력이 없는 건가? 당신이 채워 봤자 별다를 게 없는 끊임없는 요구로 그들을 멀리 쫓아버리지는 않았는가? 사실 당시 생각한 것보다 더 많은 것을 상대로부터 얻어내지 않았는가?

더스틴은 이런 목록을 만드는 과정에서 자신의 패턴을 명백하게 깨달았다. 매력을 느낀 여성들에게서 처음부터 이루어질 수 없는 관계라는 신호가 포착되었음을 확실히 알게 되었다. 물론 그는 매번 초기의 경고 신호를 무시했다. 치료 과정에서 과거 연인들과의 관계가 시작부터 실패할 운명이었다는 사실은 그에게 매우 큰 고통이었다.

엘리자베스가 만든 목록에서 나온 패턴은 다른 사람에게 너무 많은 것을 주지만 되돌아오는 것은 거의 없다는 점이었다. 제드의 경우 연인들이 무엇을 제공하든 모든 여성에게 만족하지 못한다는 점이었다. 그 특유의 비판적인 방식으로 그는 '매번 나를 실망하게 한 사람들의 목록이에요'라고 말했다. 지금 당신의 목록에 일관하는 원칙은 무엇인가? 또한, 피해야 할 함정은 무엇인가?

4. 강한 매력을 느끼는 냉정한 이성은 피하라. 이것은 간단한 원리지만 따르기가 힘들다. 당신에게 박탈감을 주는 파트너에게 얽히지 말라. 바로 이런 유형의 파트너에게 가장 매력을 느끼기 때문에 이 원리를 따르기가 어렵다. 우리는 종종 환자에게 다음과 같은 방식을 제시한다. 강한 매력을 느끼는 사람을 만나면 그 정도에 따라 0에서 10까지 점수를 매겨 보라. 만일 점수가 9~10점일 경우 이 사람을 사귈 것에 대해 신중히 재고해 보라. 가끔은 이런 관계가 심한 풍파를 겪었다가 회생할 수가 있다. 그러나 당신이 느끼는 강한 매력은 관계를 지속할 수 있는 긍정적인 면보다는 당신의 삶의 덫에 기반한 것이다.

당신에게 0~5점 정도의 파트너를 동반자로 삼아야 한다고 말하는 것은 아니다. 관계를 위해 어느 정도의 매력은 있어야 한다고 생각한다. 그러나 단지 매력뿐이라면 오래가지 못할 것이다.

5. 감정적으로 관대한 연인을 만났을 때 그 관계를 지속해라. 당신이 원하는 것을 요청하라. 연인과 취약점을 나누어라. 당신이 건강한 관계에 접어들고자 할 때 기회를 주어라. 이 덫에 걸린 많은 사람이 건강한 관계를 지루해하고 불만을 느껴 떠나려 한다. 관계가 흥미롭지 않더라도 그렇게 빨리 떠나지 말라. 단지 감정적 욕구가 충족되는 낯선 느낌에 익숙해질 필요가 있다.

크리스틴과의 큰 실패 이후, 더스틴은 미셸이라는 여성과 사귀게 되었는데 그녀는 따뜻하고 자상한 여자였다. 처음에는 그녀에게 강한 매력을 느꼈으나 곧 변화가 왔다. 그들의 관계가 깊어질수록 그녀에게 느낀 매력은 쇠퇴해가기만 했다. 그는 치료시간에 미셸에게 싫증이 났으며 더는 매력을 느끼지 못하고 그녀와 만난 것이 실수였다고 말했다. 그러나 우리는 여전히 희망적이었다. 그때 그들에게는 좋은 일들이 일어나고 있었기 때문이다. 더스틴은 미셸이 그를 돌볼 수 있도록 한 것이다. 관계를 끝내고 싶은 더스틴의 느낌에도 불구하고 관계가 여전히 유지될 것 같은 희망이 느껴졌다. 무엇보다도 그는 일단 그녀에게 끌렸다. 처음부터 그녀에게 전혀 호감이 없었다면 그렇게까지 끌릴 수가 없었을 것이다. 시작할 때 어느 정도의 매력이 있었다면 그것이 쇠퇴할 때, 다시 잡을 만한 가치가 있다. 매력을 되살릴 수 있다는 희망 속에는 두 사람의 관계에서 문제점을 다룰 만한 가치가 있다. 다른 사람과 관계를 맺어가고 자신의 약점을 드러내 당신이 원하는 바를 요청할 수 있게 하는 문제이다.

치료하면서 더스틴은 대부분의 시간 동안 미셸에게 싫증이 난 것이 아니라 자극받았다는 것을 깨닫게 되었다. 그는 그녀가 자신이 원하는 것을 주지 않는다고 화가 나 있었다. 물론 더스틴은 자신이 원하는 것에 대해 미셸에게 말하지 않았다. 이것은 정서적 결핍의 덫에 빠진 사람들이 흔히 보이는 행태이다. 자신이 원하는 것을 비밀로 해둔 채 그것을 얻지 못할 때는 화를 낸다. 원하는 것을 계속 비밀로 유지하는 것은 삶의 덫에 굴복하는 것이다. 연인이 따뜻한 사람임에도 불구하고, 당신은 여전히 자신의 욕구가 만족하지 못할 것이라고 확신한다. 만일 사랑하는 사람과 함께 있다면 원하는 것을 말하라. 상대방이 당신을 돌보고 보호하고 이해하는 것을 허락하라.

이것은 무서울 수도 있다. 이것은 당신이 연인 앞에서 약한 사람이 된다는 것을 의미한다. 지금까지는 그 반대가 되기 위해 노력해왔다. 자신을 실망으로부터 보호하기 위해서 말이다. 어린 시절에는 그럴 만한 이유가 있었으며 그 이후에도 지금까지 많은 관계에서 이러한 벽을 유지할만한 이유가 있었을 것이다. 그러나 자신에게 물어보라. 지금은 다른가?

내가 이 사람을 믿을 수 있는가? 만일 그 대답이 '예'라면 아마도 당신은 기회를 잡아야 할 것이다.

6. 배우자를 비난하고 당신의 욕구를 채워달라고 요구하는 것을 그만두라. 어느 날 더스틴은 '분노가 점점 쌓이고 있어요. 마침내 분노가 폭발할 지경에 이르렀고, 제가 할 일은 오로지 미셸에게 헤어지자고 하는 거예요'라고 호소했다. 분노를 쌓아두지 말라. 당신이 원하는 것을 상대방에게 직접 표현하라. 화가 났을 때 상대방에게 당신의 느낌을 말하라.

상대를 비난하지 말고 침착하게 말하라. 분노의 저변에는 상처와 취약함의 느낌이 있다. 그 느낌을 연인과 나누어라. 단지 분노하고 지나친 요구를 하는 표면만을 보인다면 상대방을 궁지에 몰아넣게 되고 당신의 욕구를 만족시켜줄 수 없게 만드는 것이다. 화를 내고 요구하는 것은 자멸적이다. 그래서는 되는 일이 없다. 좋은 결말이 나는 경우란 거의 없고 단지 사태를 악화시킬 뿐이다.

우리가 말하고 있는 것의 대부분은 대화로 귀결된다. 만일 관계가 제대로 이루어지길 원한다면 연인에게 당신의 생각과 느낌에 관해 얘기해야 한다. 자신을 나누어야 하며 상대방에게 연결되어야 한다.

변화에 대한 전망

변화는 쉬운 일이 아니다. 우리가 전에 말했듯 그것은 당신의 손에 달려 있다. 얼마나 변하는가는 얼마나 노력하고 참아내느냐에 달려있다. 정서적 결핍의 덫은 어느 날 갑자기 떨어져 나가는 것이 아니다. 서서히 덫을 약화해 나가는 것이 중요하며, 자극될 때마다 거기에 대항하는 것이 중요하다. 당신의 전 존재(생각, 느낌, 행동)를 던져 삶의 덫에 대항해 나가야 한다.

어린 시절 많은 상처를 받았을 수록 해결하기는 더 어렵다. 어린 시절의 상처가 깊을 수록 전문적인 도움을 받는 것이 좋다.

제드의 경우 변화를 보이기까지는 참으로 오랜 시간이 걸렸다. 그는 일상생활에서 마주치는 사람들과 우리와의 관계에서 자신의 취약성을 노출하는 데 큰 어려움을 겪었다. 항상 위험을 감수하기보다는 모든 것을 잃겠다는 식이었다. 어린 시절에 그를 가장 잘 보호한 갑옷이 성인기에는 자신의 적이 되었고, 연대감과 친밀한 관계로부터 그를 차단해버렸다.

제드는 과거에 대한 분노는 쉽게 느꼈지만, 고통을 느끼기는 힘들었다. 고통보다는 분노를 느꼈고, 주로 표현하는 것 또한 분노였다. 그는 먼저 관계를 맺으려 하지 않았다. 항상 다른 사람들이 어떻게 자신에게 실망하는지. 남들이 어떻게 자신을 실망하게 하는지에 초점을 맞추었다. 처음에 이것이 치료의 주제가 되었다. 우리는 그를 어떻게 실망하게 하는지, 더 좋은 다른 치료법은 없는지를 논의했다. 그러나 무엇인가가 그에게 계속 치료를 받게 만들고 있었다. 마음 깊은 곳에서는 자신이 또다시 짧고 공허한 관계에 빠질 수 있으리라는 것을 알고 있었다. 그는 외로움의 고통에 대해 표현하기 시작했다.

제드 길가의 찻집에서 커피를 마시고 있었는데 한 쌍의 연인이 다가왔어요. 남자가 자신의 팔로 여자를 감싸고 그녀를 바라보고 있었죠. 표현하기는 힘들지만, 그때 갑자기 엄마가 나를 차에 태워 안아주던 생각이 나서 울고 싶었어요.

제드는 자신의 고통과 취약성을 드러내고 공유하기 시작했다. 처음으로 연인 관계를 6개월 이상 지속하더니 니콜이라는 여자와 약혼했다.

엘리자베스는 치료 중에 남편인 조쉬를 떠났다. 우리는 그녀의 결정을 지지해주었다. 변할 희망이 없는 불만족스러운 관계는 단절해야 한다고 생각하기 때문이다. 엘리자베스는 조쉬와의 관계를 유지하기 위해 오랫동안 노력해왔지만 사실 별 소용은 없었다. 만일 그녀가 결혼 생활을 계속했다면 아마도 여전히 좌절되고 불만스러운 상태로 살고 있을 것이다. 조쉬는 자신을 변화시킬 만큼 그녀를 사랑하지 않았다.

이혼한 후에 엘리자베스는 즉각 두 명의 차갑고 인색한 남자와 같은 패턴을 반복했다. '다시 그런 생활에 빠지고 나서야 확실히 깨닫게 된 것 같아요'라고 말한 그녀는 여전히 자기애적인 남자에게 매력을 느끼지만, 이제는 그런 경향에 저항한다. 최근에 엘리자베스는 마크와 사귀고 있다. 남자와의 관계에서 처음으로 그녀는 사랑을 줄 뿐 아니라 사랑을 받고 있다. 그녀는 '저는 마크가 저를 돌보도록 했어요. 남에게서 받는 법을 배워야 한다는 게 우습지만, 제가 요즘 하는 일이 그거예요. 받는 법을 배우고 있어요'라고 했다.

더스틴은 미셸과의 관계를 유지하고 있다. 그들은 결혼해서 아이를 낳았다. 마지막 치료시간에는 자신의 최근 생활에 관해 이야기했다.

더스틴 저는 여전히 불만이 있고, 뭔가 부족하다는 느낌이에요. 그러나 예전처럼 제가 혼자라는 느낌이 들 때는 많지 않아요. 주변을 살피다가 미셸과 아이를 발견하고는 갑자기 제가 더는 혼자가 아니라는 것을 느끼곤 하죠.

9

"나는 적합하지 않아" 사회적 소외의 덫

데브라 | 25세. 그녀는 사회적 상황에서 불안감과 열등감을 느낀다.

자신의 사회생활이 불행하다고 하는 데브라는 대학을 졸업한 이후 줄곧 사람들과 만나는 데 어려움이 있었다.

데브라   저는 지난 7개월 동안 데이트를 하지 못했어요.
치료자   당신은 주로 어디에서 사람들을 만나죠?
데브라   그것이 문제인 것 같아요. 저는 사람들을 만날 수 있는 장소에 가는 게 너무 싫어요. 부끄러움이 많아서인지 사람들과 제대로 이야기를 나눌 수가 없어요. 더욱이 사람들이 저를 좋아할 것이라는 기대감도 없고요.

그녀의 외모가 매우 단정했기 때문에 이런 그녀의 말에 우리는 매우 놀랐다. 아울러 사람들이 어떤 사회적 상황에 있을 때 우리가 느끼는 것과 달리 행동할 수 있음을 다시 한번 실감하게 해주었다. 우리는 여러 사람과 섞여 있을 때 한없이 더 부끄러워하고 어색해질 수 있다.

우리가 좀 더 이야기를 나누었을 때, 데브라는 거의 모든 사회적 상황을 회피하는 것 같았다. 그녀는 '사람들은 저를 너무 불안하게 해요. 사실 참 어리석은 일이긴 하지만요'라고 말했다. 그녀는 자신이 매력적이지 않다고 생각했으며, 자신에게 성적으로 끌리는 남자가 없을 것으로 생각했다. 그녀는 '사회화된 성인이 되는 데 실패한 것 같다'며 울먹였다.

아담 | 35세. 외롭다는 것이 그의 문제다.

처음에 아담에게서 거리감이 느껴졌다. 그는 소원한 상태에 머물기 위해 자신을 스스로 붙들어 매는 것 같았다. 데브라만큼 자신의 문제를 분명하게 얘기하지는 못하지만, 그의 문제 역시 외로움이었다.

아담은 자신이 사람들과 다르다고 느꼈다. 몇몇 친한 친구들과 종종 만나고는 있었지만 해가 갈수록 그 빈도는 줄어들었다.

아담 결국에는 혼자가 될까 봐 무척 두렵습니다. 저는 직장 동료들과도 그다지 잘 어울리지 못하고 제 개인적 삶은 점점 빈약해져 갔어요. 어느 곳에도 속해 있지 못한다고 느꼈고, 항상 국외자로서 내부를 들여다보고 있는 것 같았어요.

과거에 그는 연인들, 친구들과 친밀한 관계를 맺었다. 그러나 그는 사람들과 만나는 것을 그만두었고, 직장 외에는 어떤 조직에도 속하지 않았다. 데브라와 같이 그는 대부분의 사회적인 관계를 피했다.

사회적 소외의 덫 질문지

이 질문지는 당신의 사회적 소외의 덫의 강도를 측정하는 것이다. 아래에 있는 척도를 이용해서 각 항목에 답하라. 당신의 성인기 동안 일반적으로 느끼고 행동했던 방법에 근거해서 각 항목을 평가하라. 성인기의 어느 시기에 변화가 있었다면 각 항목을 평가할 때 가장 최근의 일 년 혹은 2년에 초점을 맞춰라.

완전히 나와 다르다.	1	어느 정도는 나와 일치한다.	4
대부분 나와 다르다.	2	대부분 나와 일치한다.	5
다른 면보다 일치하는 면이 좀 더 많다.	3	완전히 일치한다.	6

비록 점수의 합계가 낮더라도 5점이나 6점에 해당하는 항목이 하나라도 있다면 이 덫은 당신에게 존재하는 것이다.

질문	점수
1. 나는 사회적 상황에서 남의 시선을 의식한다.	
2. 나는 파티나 모임이 재미없고 따분하며, 무슨 말을 해야 할지 모르겠다.	
3. 내가 친구로 사귀고 싶은 사람들은 어떤 면(용모, 인기, 재산, 지위, 교육, 직업 등)에서든 나보다 나은 사람들이다.	
4. 나는 대부분의 사회적 역할을 하기보다는 피하려 한다.	
5. 나는 너무 뚱뚱하거나, 말랐거나, 키가 너무 크거나, 작거나, 못생겼다는 등의 이유로 매력적이지 않다고 느낀다.	
6. 나는 근본적으로 다른 사람들과 다르다.	
7. 나는 어디에도 소속되어 있지 않다. 나는 외톨이다.	
8. 나는 언제나 집단에 소속되어 있지 않다는 느낌이다.	
9. 내 가족은 주변의 다른 가족들과는 달랐다.	
10. 나는 대체로 지역사회와 단절된 느낌이 든다.	
당신의 최종 점수(질문 1번에서 10번까지의 점수를 더하라)	

점수 해석

10 – 19 매우 낮음. 이 덫은 당신에게 적용되지 않는다.
20 – 29 낮음. 이 덫은 아주 가끔 당신에게 적용될 것이다.
30 – 39 중간. 이 덫은 당신의 인생에서 문제가 될 수 있다.
40 – 49 높음. 이 덫은 당신에게 분명히 중요하다.
50 – 60 매우 높음. 이것은 분명히 당신의 핵심 삶의 덫 중 하나다.

사회적 소외의 경험

우선적인 감정은 외로움이다. 바람직하지 못하거나, 다르기에 세상에서 소외되었다고 느낀다. 이것이 사회적 소외의 두 가지 형태이다. 물론 그것들은 종종 섞여 있고, 두 가지 모두 가지고 있을 수도 있다.

데브라는 그 중 첫 번째 형태이다. 그녀는 사회적 관계에서 열등감을 느꼈고 결과적으로 심한 사회적 불안감을 경험하였다.

데브라   저는 지난 토요일 밤 파티에 초청받고 나서 일주일 내내 두려움에 떨었어요. 어떻게 해야 할까? 다른 사람들은 파티를 기대하지만 전 불안한 마음뿐이었어요. 거의 울기 직전이었지요.

치료자   무슨 일이 일어날 것 같았나요?

데브라   선생님도 아시다시피 파티에 가면 신경이 곤두서서 무슨 말을 해야 할지 모를 거라고, 마치 경련이 일어난 것처럼 행동할 거로 생각했어요. 모든 사람이 저보다 나아 보이고 멋있어 보이고 성공한 듯 보여 아무것도 할 수가 없을 거로 생각했어요. 아시겠지만 거의 현실과 다를 바 없었죠. 파티는 마치 끔찍한 악몽 같았어요. 끝나기 전에 나와버렸고 집에 돌아와서 전 계속 울었죠.

데브라는 표면적인 것들로 인해 소외감을 느끼고 있다. 그녀가 자신을 표현하는 방식 중 잘못된 부분이 있다는 것이 느껴졌다. 그러나 데브라는 결함의 덫에 걸린 것은 아니다. 일단 돌파구를 마련해서 사람들을 만나고 친해진다면 그녀는 매우 좋아질 것이다. 친밀한 관계를 쉽게 맺을 수 있으며, 비록 그녀에게 남자친구는 없었지만, 동성의 친구들이 많았다. 이런 친한 친구들과의 우정은 그녀의 열등감과 외로움에 대해 다소 위안을 제공할 것이다. 사회적 소외는 표면적이고 외부적인 특성과 관련된 것이나 결함은 내적이며 내부적인 특성과 관련되어 있다.

당신은 사회적 소외와 결함을 둘 다 가지고 있으나, 사실 결함이 좀 더 핵심적인 삶의 덫일 수 있다. 만일 그렇다면 사태는 좀 더 심각하다. 아무런 관계를 맺을 수 없게 되고, 홀로 남을 수도 있다. 사회적 소외도 어렵지만, 사회적 소외에 결함이 겹치면 더욱 어려워진다. 돌아보면 데브라가 열등감을 느끼게 하는 주범은 바로 그녀의 불안이다.

데브라   제가 들어서는 순간부터 불안해한다는 것을 알았어요. 너무 불안해서 당황스러웠고, 제가 불편했기 때문에 다른 사람들을 불편하게 만든다는 것을 알았어요. 들어가자마자 제가 뭔가를 망치고 있다는 것을 느꼈죠. 뭔가 잘못된 말 또는 행동을 하고 있다는 걸 말이죠. 저는 쥐구멍 속으로 기어들어 가고 싶었어요.

데브라는 지속해서 자신을 다른 사람과 비교하였다. 다른 사람이 좀 더 좋아 보이고 멋져 보이고 흥미로워 보였다. 불안의 주된 초점 중 하나는 그녀가 다른 사람들과 지속해서 대화할 능력이 없다는 것이다. 그녀는 적절하게 반응하기를 원했다. 솔직히 말하고 미소 짓고 웃고 질문도 하는 등 보통 사람들과 같은 반응을 보이고 싶은 것이다. 하지만 그녀는 자신을 너무 억제하다 보니 그렇게 할 수 없었다.

데브라   큰 좌절감을 느껴요. 사람을 알고 나면 정상적인 대화를 할 수가 있는데 낯선 사람과 만나면 그럴 수가 없어요. 얼어붙는 것 같아요.
치료자   거의 공포에 가까운 수준이군요.

이런 식의 수행 불안이 경험의 근원적인 부분이다. 누가 당신을 자세히 뜯어보고 평가하고 부정적으로 판단하는 것을 두려워한다. 사람들이 당신을 어떻게 생각하느냐에 집착한다. 당신이 외모, 경력, 지위, 지적 능력 또는 대화 능력 중 무엇에 민감한가에 따라서 부적절한 부분이 드러나는 것을 두려워한다.

데브라의 불안은 그녀를 사회적으로 위축되게 만들었다. 비록 그녀가 평안할 때는 좋은 사회기술을 가지고 있지만, 대부분 상황에서는 너무 신경이 곤두선 나머지 그 좋은 기술들을 구사하지 못한다. 균형을 잃고 점점 더 부끄러워하고 위축되어 가는 것이다. 자신이 남들과 별개의 존재로 느끼는 것은 아니다. 단지 사회적으로 서투르다고 느끼고 있었다.

이와는 반대로 아담의 문제는 사회기술과 연관되어 있지 않다. 사실 그는 매우 좋은 사회기술을 가지고 있다. 아담은 본질적으로 자신을 다른 사람들과 다른 존재로 느낀다. 그것은 불안이라기보다 거리감이라는 분위기를 띤 채 다가온다. 그는 접근할 수 없는 독특한 분위기를 가지고 있었다.

아담 마치 군중 속에서 홀로 있는 기분이에요. 실제 사람들과 함께 있으면서도 혼자인 것처럼 느끼죠.

치료자 당신의 외로움이 점점 명백해지는군요.

아담은 그의 삶이 낯선 사람의 무리 속을 지나가는 것처럼 느껴진다고 했다. 그가 속해있는 곳은 아무 곳도 없다.

대부분 사람에게 남과 다르게 느껴지는 것은 고통스럽다. 비록 어떤 사람은 자신을 좋게 보거나 다르다는 것을 좋게 느끼더라도 대부분은 그것을 불행의 기원이라고 본다. 우리 중 대부분은 조화되기를 원하고 그렇게 되지 못한다면 고통스럽고 상처받고 외로움을 느낄 것이다.

사회적 상황에서 거부감을 느끼는 데브라와는 달리, 아담은 무가치와 단절의 감정을 느낀다. 그에게 있어서 사회적 상황은 고립감을 유발한다.

치료자 파티에서 다른 사람들과 이야기하고 싶지 않을 땐 어떻게 하셨나요?
아담 나만의 작은 세계로 들어갔죠.

아담은 그를 거부하는 세상에 대해 화를 내지 않는다. 오히려 국외자 같은 감정을 느낀다. 그는 다른 사람들과 달랐기에 조화될 수 없다.

사회적 소외는 많은 측면을 가지고 있다. 모든 사람에게 괴롭힘을 당하거나 위협당할 수도 있다. 국외자일 수도 있다. 외로운 사람이나 사회적 추방자 혹은 어떤 클럽이나 그룹에 속하지 않는 경계인으로 머물 수도 있다. 사회적 상호작용 중에 머물러 있으나, 내부적으로는 외로움을 느낄 수 있다.

무슨 타입이든지 간에 아마도 당신은 여러 가지 정신적, 신체적 증상에 시달릴 것이다. 외로움은 종종 심장과 위장의 문제들, 수면장애, 두통, 우울증 등과 연관되어 있다. 이러한 것들은 어린아이 시절에 바람직하지 못하거나 남들과 다르다고 느낀 이유가 될 수도 있다.

> **사회적 소외의 근원**
>
> 1. 외모나 키, 말더듬과 같은 외부적인 특성 때문에 다른 아이들보다 열등하다고 느꼈다. 다른 아이들에게 괴롭힘을 당하거나 거부당하거나 모욕을 당한 경험이 있다.
> 2. 당신의 가족은 주위 사람들이나 이웃들과 동떨어져 있었다.
> 3. 당신은 심지어 가족 내에서도 다른 형제들과는 다르게 느껴졌다.
> 4. 어린아이일 때 수동적이었다. 당신에게 기대되는 것을 했을 뿐 자신의 강한 흥미나 선호를 발전시키지 못했다. 이제 당신은 화젯거리로 내놓을 만한 것이 없다고 느낀다.

사회적 소외의 근원 중 하나는 보통의 가정과는 다른 환경에서 자라나는 것이다. 당신의 가족들은 인종, 윤리적 배경, 종교, 사회적 지위, 교육 정도, 결혼 상태 등 여러 가지 면에서 달랐을 것이다. 아마도 당신 가족의 일상에서의 버릇도 다르고 예절과 관습도 달랐을 것이다. 또는 언어적 장벽이 있을 수도 있다. 당신의 가족은 이곳에서 저곳으로 옮겨 다녔으며 결코 뿌리내릴 정도로 오래 머물지 않았을 수도 있다.

다른 기원은 당신에 관한 어떤 것으로서 그로 인해 형제자매들과도 다르게 느끼는 것이다. 타고난 재능이 있는 아이는 종종 이런 경험을 한다. 그들의 흥미는 아이들과는 다르다. 그들은 다른 아이들과 노는 것보다 책을 읽거나 음악을 듣는 것을 좋아한다. 남자아이가 인형을 가지고 노는 것을 좋아한다든지, 여자아이가 거친 남자아이의 놀이를 좋아하는 것처럼 성별에 맞지 않는 다른 것에 흥미를 느끼고 있을 수도 있다. 성정체성이 분리되어 있을 수도 있다(동성연애자인 남자들과 여자들은 종종 사회적 소외의 덫에 빠져 있다). 혹은 성격이 남달랐을 수도 있다. 수줍음을 타고 감정적이고 내성적이고 지적이거나 또는 억제되어 있을 수 있다. 또는 신체적, 성적으로 조숙하거나 미숙했을 수 있으며, 독립심, 지적 능력, 또는 사회기술이 다른 아이보다 빠르게 또는 느리게 발달했을 수도 있다.

혹은 어떤 부분이 열등감의 원인이 되었을 수도 있다. 아마도 괴롭힘을 당하거나 굴욕감을 느꼈을 수도 있다. 환자들은 그러한 공격의 표적이 된 여러 가지 이유를 우리에게 이야기했다.

어린 시절과 청소년 시절 놀림감이 되는 기원

신체적
뚱뚱하다, 말랐다, 키가 크다, 키가 작다, 약하다, 못생겼다, 여드름이 많다, 신체 징애가 있다, 가슴이 크다, 가슴이 작다, 사춘기가 늦었다, 운동을 못한다.

정신적
학습 부진, 책벌레, 말더듬이, 정서적 문제들.

사회적
사교적으로 부적절하다. 성숙하지 못하다, 대화를 잘할 수 없다, 기분 나빠 보인다, 멍청하다, 세련되지 못하다.

겉으로 보이는 바람직하지 못한 점이나 남다른 점 때문에 다른 아이들은 당신을 그들의 그룹에서 배제하고 괴롭히며 놀려댔다. 당신은 괴롭힘을 당하지 않으려고 뒤로 물러섰다. 사회적 모임에 참석할 때에는 더욱 큰 자의식을 느낀다. 거절당하는 것, 그 자체가 두려웠기에 아예 친구 사귀려는 노력을 그만둔다. 국외자인 아이들과 사귀었을 수도 있으나, 마음속으로는 주류 그룹에 속하기를 갈망했을 것이다. 점점 더 외로워지고 고립되어간 당신은 책을 읽거나 컴퓨터 게임 같이 혼자서 할 수 있는 일에 흥미를 발전시켰다. 열등감을 보상하기 위해 비사회적 영역에서 전문가가 될 수도 있다.

하여튼 이 모든 일이 당신에게 일어날 수 있으며, 그것 중 대부분은 데브라에게 일어났다.

데브라 저는 어렸을 때 매우 뚱뚱했고 혐오스러웠죠. 운동장에서 놀 때, 아이들이 놀려댔고 심지어는 절 넘어뜨리려고도 했어요. 조금 커서는 저와 같이 다니려는 남자아이가 아무도 없었어요. 대학에 입학하기 전 몸무게를 뺀 후에야 처음으로 데이트를 하게 되었죠.

데브라의 사회적 소외는 많은 부분 수치심을 내포하고 있다. 몸무게에 대한 그녀의 수치심은 다른 아이들과 동떨어져 있게 하였다. 창피스러운 부분을 보인 순간 소외될 것 같았다.

사회적 성공의 부족을 보상하기 위하여 데브라는 학업에서 두각을 나타냈다. 실제로 그녀는 학업에 관해 엄격한 기준을 세웠다. 사회적으로 바람직하지 못한 아이들이 그 보상으로서 학업에서 엄한 기준을 세우는 것은 매우 흔한 일이다. 데브라의 문제 일부는 그녀가 마주하는 사회적 상황에서 어떻게 해야 하는지에 대해 높은 기준을 가지고 있으며(예, 어떻게 자세를 취했을 때 지적이고 매력적인가 등), 이러한 것들이 부족하면 다른 사람들이 자신을 받아들이지 않으리라 생각했다. 그녀는 비난을 예상하였다. 이것이 그녀가 그렇게 불안해하는 중요한 이유다.

앞서 언급한 바와 같이 당신은 좀 더 핵심적인 결함의 덫의 한 부분으로 사회적 소외를 발전시켜왔을 수도 있다. 가족에게 사랑받지 못한다는 막연한 느낌이 있었으며 이것은 자연스럽게 사회적 생활로 연결된다. 아마 친밀한 관계나 사회적 상황에서 불편을 느꼈을 것이다. 지금에 와서는 다른 사람과 만날 때마다 당신의 바람직하지 못한 특성이 화제가 되리라 추측하고 불안감을 느끼거나 상황을 회피하려고 할 것이다. 자신이 사랑받거나 가치 있게 여겨질 것이라고는 기대하지 않는다.

아담은 알코올 중독자 가정에서 자라났다. 양친 모두가 항상 취해 있었기에 맏아들인 그가 가정을 꾸려나가야 했다. 열두 살 때 이미 그는 네 명의 동생들을 위해 부모 역할을 하고 있었다.

아담 제 가정생활은 학교생활을 비현실적으로 만들었어요. 다른 아이들은 파티에 어떤 옷을 입고 갈지, 어떤 팀을 만들지, 누구를 무도회에 초청할지 등을 걱정하였지만, 저는 매달 청구서를 어떻게 갚을지, 우리가 거리로 내쫓기지는 않을까만을 걱정했어요.

비록 아담은 학교에서 정상적으로 행동했지만, 마음속에서는 정상과는 거리가 멀다고 느꼈다. 이 당시의 상황을 아담은 '저는 완전히 다른 부류의 사람 같았어요'라고 회상하고 있다. 그는 결코 친구들을 집으로 초대하지 않았고 친구들이 그의 부모님과 접촉할 때마다 극도로 불안해했다. 그는 학교와 집을 분리하려고 했으며 가족은 다른 아이들에게 숨겨야 할 비밀이 되어갔다.

아담의 유년기 동안 가정의 재정 상태는 점점 더 나빠져 갔다. 이것은 아담을 점점 더 나쁜 상황으로 몰고 갔다. 아담의 가족들은 자주 이사를 해야 했으며, 자신들과는 수준에 맞지 않는 동네에 살게 되었다고 생각했다.

아담 부모님들은 항상 우리가 주위 사람들보다 우월한 것으로 생각했어요. 우리가 정말 주위 사람과는 다른 것처럼 행동했죠. 마치 여전히 환상적인 동네에 있는 환상적인 집에서 사는 것처럼 말이에요. 이웃들이 나쁜 사람들인 것처럼 여겼고, 나쁜 영향을 미칠 것으로 생각하셨어요. 그래서 제게 그들과는 다르게 행동하고 다른 아이들과는 어울리지 못하게 하셨죠.

아담의 부모님은 그를 이웃 사람들과 어울리기 싫어하게끔 했다. 가끔 지나치게 비판적인 부모가 사회적 소외를 조장한다. 우리는 부모에게 사회적으로 불완전하다고 비난받는 환자를 치료한 적이 있었다(부모님은 그의 모습, 말투, 행동을 모두 비판했다). 그들은 그를 사회적으로 부적절하다고 느끼게 하였다. 그 결과 그는 사회적 상황에서 엄청난 위축감을 느끼게 되었고 비난받는 것을 두려워하였으며 다른 사람들과 접촉하기를 피했다.

사회적 소외의 또 다른 기원은 의존과 복종이라는 삶의 덫과 연관되어 있다. 사회화를 배우기 위한 중요한 조건 중 하나는 활동적이고 자율적인 자신을 느끼는 것이다. 우리는 부모님에 의해 자신의 독특한 정체성, 흥미, 선호를 발달시키도록 격려받는다. 개개인 모두는 독특한 인격을 가지고 있다. 이러한 인격은 다른 사람들과 대화할 수 있는 에너지와 생각을 제공한다.

어떤 아이들은 선천적으로 수동적이거나 부모로 인해 독자성의 발달을 방해받을 수도 있다. 독창성이 짓밟혔을 때, 당신은 다른 사람들의 기대에 맞추어 행동하고 그들이 이끄는 대로 따라가게 된다. 그리고 자신의 독자적인 선호나 흥미, 생각을 발전시키는 데에는 실패한다.

당신이 대화할 때는 곧 아무것도 말할 것이 없다고 느낀다. 대화를 지속하는 것 자체가 짐이 되는 것이다. 듣는 것은 매우 편하지만, 화제를 만들어 낼 수가 없다. 즉, 자신의 의견을 제기할 수가 없다.

무엇해야 할지, 어디로 가야 할지 의견을 낼 수가 없다. 어른이 되어 다른 사람들과 함께하기보다는 회피하려고 결심할 수도 있다. 이러한 패턴은 이미 언급된 다른 기원들과 마찬가지로 사회적으로 불안하고 고립되어 있음을 느끼게 한다.

대다수 사람은 사회적 소외라는 삶의 덫을 가지고 있다. 우리는 불안정하고 받아들이기 어려운 일부분을 가지고 있다. 어느 정도의 사회적 거부를 경험하지 않는 사람이 있겠냐마는, 가장 큰 문제는 그것이 어느 정도의 범위를 가지며 어느 정도의 상처를 주느냐이다. 이러한 관점에서 볼 때, 사회적 소외가 일찍 시작될수록 삶의 덫은 더욱 강력한 힘을 가지게 된다.

청소년 시기에 이 덫이 발생하는 사람들이 많다. 청소년기는 동년배들의 힘이 매우 큰 시기이다. 또래 그룹에 부적합하다고 규정되기는 쉬운 일이다. 대부분 10대는 그들이 남과 다르고, 고립되어 있고, 소외되었다고 느낀다. 사실 그것은 매우 흔하고 정상적인 일이다. 우리 대부분은 이러한 소외감이 대학에 진학한 후나 그 이후에는 끝나게 된다. 우정을 발견하거나 유사한 친구들의 그룹이 되기도 하며 혹은 인기 있는 그룹 일부분이 되는 것에 관심을 덜 가지게 된다.

하지만 어떤 사람들은 사회적 소외의 감정이 평생 지속되기도 한다. 이런 일은 아주 어린 시절에 삶의 덫이 시작된 사람들에게 흔하다. 사회적 소외의 덫에 걸린 사람들의 기억을 살펴보면 어렸을 적 대부분 동년배에게 소외의 감정을 가졌던 시기가 있다.

일과 사랑에서의 덫

다음 페이지에는 사회적 소외라는 삶의 덫을 유지하는 방식들이 나열되어 있다.

> **사회적 소외의 덫**
>
> 1. 주변 사람보다 열등하거나 다르다고 느낀다. 심지어 사람들과 함께 있을 때도 외로움을 느낀다.
> 2. 직장에서도 당신은 주변에 머물고 있다. 자신이 적합하지 못하다고 생각하기 때문에 어떤 계획에도 참여하지 않는다.
> 3. 사람들 무리 속에서 매우 예민해지거나 자신의 모습이 어떻게 비칠지 걱정한다. 여유를 느끼거나 편안해하지 못한다. 행동이나 말을 할 때 실수할까 봐 걱정하며 무슨 말을 할지 생각해내느라 애쓰고 있다.
> 4. 사회적으로 당신은 그룹에 참여하거나 공동체의 일원이 되는 것을 회피한다. 단지 가족이나 한두 명의 친구들과만 시간을 보낸다.
> 5. 사람들이 당신의 가족을 만나거나 가족에 대해 많은 것을 알고 있다면 당황한다. 가족에 관해서는 비밀을 유지하려고 한다.
> 6. 사람들과 어울리기 위해 그들처럼 행동한다. 자신의 비관습적인 부분을 사람들이 모르게 한다. 비밀스러운 생활이나 감정이 사람들에게 알려지면 모욕당하거나 거부당할 것으로 생각한다.
> 7. 자신의 가족에게 결핍된 것을 보상하기 위해 애를 쓴다. 지위, 물질적 소유를 획득하려 애를 쓰고 교양 있게 보이려 애쓰며 인종적 차이를 숨기기 위해 노력한다.
> 8. 자신의 본성 중 어떤 부분들(너무 수줍음이 많거나, 지적이거나, 감정적이거나, 의존적이라는)을 절대 받아들이지 않는다. 왜냐하면, 그런 이유로 평가절하된다고 생각하기 때문이다.
> 9. 당신은 외모를 지나치게 의식한다. 남들이 당신에게 말하는 것보다 자신이 덜 매력적이라고 느낀다. 당신은 신체적으로 매력적으로 되기 위해 과도하게 노력하며, 신체적 결함에 특히 민감하다.
> 10. 자신이 멍청해 보이거나 둔해 보이거나 서툴러 보이는 상황(예, 대중 앞에서 연설하기)을 회피한다.
> 11. 자신에게 부족한 것(예, 외모, 돈, 운동 능력, 성공, 옷차림 등)을 가졌다고 생각되는 사람들과 자신을 비교한다.
> 12. 자신의 사회적 부적격성의 기원으로 생각되는 것들을 과도하게 보상하려고 한다. 즉 당신의 대중성이나 사교 기술을 높이려고 하거나, 사람들과 경쟁에서 이기려고 하거나, 다수의 편에 서려고 한다.

당신은 여러 유형의 사람들에게 끌리거나 자신과 반대의 사람들에게 끌릴 수도 있다. 자신에게 부족한 외면적 특성이 있는 사람들에게 말이다. 사회적 소외 중 어떤 문제에 사로잡혀 있느냐에 따라 외모가 괜찮거나 인기가 있거나 그룹에 잘 융화되거나 사회적 상황에서 편안함을 느끼거나 정상적이고 전통적인 배우자를 추구할 수도 있다. 이러한 방식으로 사회에 소속감을 느낄 수 있다.

사교적인 배우자를 선택하는 것에는 장단점이 있다. 배우자 덕분에 사회적 연대감을 가질 수도 있지만, 반대로 사회적 상황을 쉽게 넘어가게 해주는 배우자에게 과도하게 의존해버리게 되는 위험성도 있다. 이전보다 더 수줍어질 수도 있고 대화를 나누는 사회적 만남에 있어 전적으로 배우자에게 의존할 수도 있다. 이런 배우자와 생활함으로써 자신이 사회적으로 부적합하다는 느낌이 더 강화될 수도 있다.

당신은 또 다른 국외자에게 끌릴 수도 있다. 사회적으로 소외된 사람과 특별한 연대감을 느낄 수 있다. 독특하게 느끼는 서로를 받쳐주는 것이다.

아담 여자친구인 수잔은 소외된 사람이었죠. 그녀는 항상 검은색 옷을 입고 기묘한 그림을 그리는 예술가 타입이에요. 우리가 함께 있을 때면 사람들은 우리를 조롱했지요. 우리가 사람들의 지극히 평범한 삶에서 볼 때 이상했나 봐요.

이런 종류의 배우자는 당신의 독특한 생각을 편안하게 할 수 있고 독특함을 좀 더 가치 있게 만들 수 있다. 혼자 외롭게 남들과 다르다고 느끼는 대신 독특한 두 사람이 함께 있는 느낌이 들 수 있다. 둘 다 관습적인 삶을 살아가는 다른 사람보다 뛰어난 존재인 것이다.

남들과 다르다고 느끼는 사람들이 그룹을 만드는 경우가 종종 있다.

예술가 타입이거나 펑키 스타일이나 폭주족들은 그룹을 이루어서 힘이 생긴다. 소외된 사람들이 그들의 지위를 높일 수 있고 우월감이나 특별한 존재 가치를 느낀다. 컬트 그룹들이 이런 현상을 보여준다. 이들은 단지 자신들만이 소유하는 비밀을 가진다고 생각한다. 이 사실은 그들을 국외자에서 벗어나게 해준다. 이제 그들이 내부인이고 나머지 사람들이 국외자인 것이다.

그러나 이 덫에 걸린 사람 중에는 하위문화에도 속하지 못하는 예도 있다. 당신은 모든 집단에서 소외될 수도 있다.

아담 저는 어디에도 어울리지 못했어요. 운동했지만 운동선수는 되지 못했고, 지적이지도 못했고, 보해미안도 아니지만, 여피족도 아니었어요. 모든 세계에서 분리되었고 어디에서도 정체성을 찾지 못했죠.

성인기에 사회적 소외를 극복한다고 하더라도 여전히 가끔 바람직하지 못하거나 남과 다르다고 느낀다. 낡은 감정은 지속한다. 당신은 자신과 타인의 차이를 확대함으로써 남들과 연대하기가 어려울 수 있다. 친밀해지려는 순간 차이점을 훨씬 민감하게 느낀다.

이 덫은 직업을 선택하는 데 영향을 끼친다. 의미 있는 그러나 사회적 활동이 많지 않은 직업에 끌릴 가능성이 있다. 실제로 나중에 좋은 경력이 될 수 있는 혼자만의 활동에 몰두하게 되는 것이 이 덫이 갖는 장점이다. 당신은 예술가가 될 수도 있고 과학자나 자유기고가도 될 수 있다. 리포터가 될 수도 있다. 여행과 관련된 직업을 선택할 수도 있고 집에서 일할 수도 있다. 이 덫에 걸린 사람에게 컴퓨터 전공은 흔한 일이다. 심지어 회사를 창업함으로써 자신만의 용어로 팀을 만들 수도 있다. 이제 더는 다른 사람들이 받아줄지를 걱정할 필요가 없다. 하지만 승진 여부가 사람들과 접촉하고 연대하는 직업은 결코 선택할 수가 없다. 정치적 수완을 발휘해서 승진할 수 있는 단체에 적합한 사람은 아니다.

만일 법인이나 다른 조직에서 일한다면 당신은 아마도 열등감을 느끼거나 적합하지 않다고 느낄 것이다. 직무를 훌륭하게 수행해낼 수는 있지만, 당신의 덫이 발목을 잡을 것이다.

데브라   저는 고객을 접대하고 저녁 식사나 술자리를 같이해야 함에도 그런 일을 회피해왔어요. 그래서 언제나 손해를 봐요. 고객과 거래 관계를 오래 유지할 수가 없어요.

심지어 자신을 이상하고 괴짜이며 냉담하게 보이게 할 수도 있다.

도피는 삶의 덫에 대처하는 주요 방법이다. 사회적 상황에서 회피하기만 하면 변할 수 없다는 믿음이 더욱 강해진다. 기술은 향상될 수 없고 믿음은 반박될 수 없다. 변화를 위해서는 도피로부터 직면과 숙달로의 태도 변화가 필요하다. 사회적 소외를 극복한 사람들은 이 변화를 이룬 사람들이다.

다음에 사회적 소외의 극복을 위한 단계들이 소개되어 있다.

> **사회적 소외 바꾸기**
>
> 1. 어린 시절 사회적 소외를 이해하라.
> 2. 불안하고 불편하게 느껴지는 매일의 사회적 상황을 나열하라.
> 3. 회피하는 사회적 상황을 나열하라.
> 4. 다르다고 느낄 때 당신이 반격하거나 과잉보상하는 방법을 나열하라.
> 5. 이질적이고 취약하거나 열등하다고 느껴지는 자신의 특징을 나열하라.
> 6. 만일 결점이나 차이점이 진짜라고 확신한다면 극복할 수 있는 단계를 하나하나 적어보라. 변화를 위한 계획을 점진적으로 실행하라.
> 7. 바꿀 수 없는 결점의 중요성을 재평가하라.
> 8. 결점마다 플래쉬 카드를 만들어라.

> 9. 회피하고 있는 사회나 직업 그룹의 위계를 만들어라.
> 10. 단체에 속해있을 때 대화를 시작하는 노력을 해 보아라.
> 11. 단체에서 당신 자신이 되라.
> 12. 원치 않는 영역에서 과잉보상하려고 지나치게 노력하는 것을 중지하라.

1. 어린 시절 사회적 소외를 이해하라. 내면의 고립되고 열등한 아이를 느껴보라. 첫 번째 해야 할 일은 기억하는 것이다. 다른 아이들과 다르거나 소외된다고 느꼈을 때의 기억을 떠올려보라. 혼자 있을 시간이 있다면 방을 어둡게 하고 편한 장소에 앉아라. 이미지를 억지로 만들어 내려 하지 말라. 눈을 감고 자연스럽게 떠오르게 하라. 당신이 다르거나 열등감을 느낀 때를 기억하라. 사회적 소외감을 유발하는 현재 상황에 대한 이미지부터 시작할 수도 있다.

종종 모욕당하고 놀림당하거나 위협받거나 남들과 동떨어져 있거나 잘 어울리지 못한 기억들이 있을 것이다. 이제 데브라가 떠올린 이미지를 예로 들어보려 한다. 치료 중에 그녀는 우리에게 다른 끔찍한 파티에 관해 이야기했다.

데브라 한 남자 옆에 서 있는데 그 남자가 제게 말을 걸었어요. 어떤 사람이 제게 말을 걸어 혼자 있지 않아도 된다는 사실에 안도감을 느꼈지만, 너무 긴장해서 그 남자에게 말을 할 수가 없었어요. 제가 너무 빨리 이야기하고 있고, 제 눈이 매우 불안해 보인다는 것을 느낄 수 있었죠. 그건 굉장한 압박감이었어요. 그 남자도 불편해하다가 얼른 대화를 끝내고 다른 곳으로 가버리더군요. 그러고 나서 줄곧 혼자 있었어요. 그날 이후로는 지금까지 파티에 가지 않았죠.

치료자 그 심정으로 있으면서, 어린 시절에 똑같은 느낌이 들었을 때의 기억을 떠올려보세요.

데브라 예. 제 친구 지나의 집이에요. 여러 아이와 함께 있어요. 우리는 킥볼 게임을 하려고 편을 가르고 있었는데 아무도 저를 선택하지 않다가 마지막에 데려갔죠. 제가 들어간 팀의 아이들이 모두 불평했어요.

아담의 이미지는 집단의 외부에 있다는 것에 초점이 맞추어져 있다. 치료시간 중에 그는 우리에게 어린 시절 캠핑 여행에 관해 이야기했다.

아담 폭포 근처에서 다섯 명이 수영하고 있었어요. 저는 폭포에 뛰어들어서 다른 아이들이 오기를 기다리고 있었어요. 그 폭포 속에서 저는 다른 아이들의 모습이 희미해지고 그들의 목소리도 폭포의 으르렁거리는 소리에 묻혀 사라져가는 것을 들었어요. 갑자기 혼자라는 느낌이 들었죠. 항상 이런 식이에요. 모두가 내게서 멀어져가고, 저는 창을 통해서 그걸 보고 있어요. 나머지 사람들은 모두 밖에서 어울리며 정상적인 삶을 누리고 있고, 저는 밖에서 그 모습을 들여다보고 있지요.

사회적 소외의 기억은 고통스럽다. 우리는 당신이 소외된 아이를 편안하게 해주기를 바란다. 어린 시절의 모습을 위로하는 어른이 된 당신을 상상하라. 사회적 고립은 차갑고 외롭다. 내면의 아이를 그처럼 추운 곳에 내버려 두지 말라. 성인이 된 당신이 그 이미지 속으로 들어가 내면의 아이를 지지해 주어라.

아담 지금 제 기억 속 어린 시절로 돌아가, 제가 서 있는 폭포에서 다이빙했어요. 그리고 넌 절대 혼자가 아니고, 내가 여기 있고, 다른 사람들과 연결되도록 도울 것이라고 말해요.

2. 불안하고 불편하게 느껴지는 매일의 사회적 상황을 나열하라. 당신을 불편하게 만들지만 피할 수 없는 상황을 적어라. 리스트에는 파티, 모임, 공공장소에서 식사하기, 데이트하기, 대중에게 말하기 등이 포함될 것이다. 여기 데브라의 리스트가 있다.

> 나를 불안하게 하지만 피할 수 없는 사회적 상황
>
> 1. 수위에게 인사하기
> 2. 고객에게 전화하기
> 3. 사내 식당에서 점심 식사하기
> 4. 교회에서 커피 시간 갖기
> 5. 동료와의 모임하기
> 6. 잘 모르는 사람에게 말하기

이제 차트에 두 개의 세로줄을 그어라. 두 번째 줄에는 각기 상황마다 당신이 바람직하지 못하고 다르거나 열등하다고 느끼는 것들을 적어라. 예를 들어, 파티에 대해서 데브라는 '외모가 떨어지고 대화를 잘 나누지 못하고 불안해 보인다'라고 적고, 직장 모임에 대해서는 '내 차례가 되었을 때, 어리석은 말을 하고, 긴장을 풀 수 없다'라고 적었다.

마지막 줄에는 벌어질 수 있는 최악의 시나리오를 적어라. 생생한 이미지를 떠올려보자. 당신이 두려워하는 재앙은 무엇인가? 사람들이 비웃거나 거부하는 것인가? 열등한 면이 드러나는 것인가? 아니면 부적격자로 낙인찍히는 것인가?

3. 회피하는 사회적 상황을 나열하라. 여기 당신이 피하는 상황의 리스트가 있다. 다음은 데브라의 리스트이다.

> 내가 피하는 사회적 상황
>
> 1. 대부분의 파티 참석하기
> 2. 고객과 저녁 식사하기
> 3. 데이트하기
> 4. 상사에게 부탁하기
> 5. 퇴근 때 동료들과 같이 나가기
> 6. 직장에서 발표하기

리스트를 완성한 후, 두 개의 세로줄을 긋고, 각 상황에 대해 앞에서 한 것과 같은 과정을 거쳐라. 두 번째 줄에는 당신이 남들과 다르거나 열등하다고 느끼는 것을 적어라. 마지막 줄에는 상상할 수 있는 최악의 시나리오를 적어라.

4. 다르거나 열등하다고 느낄 때 당신이 반격하거나 과잉보상하는 방법을 나열하라. 당신이 삶의 덫이 거짓임을 증명하기 위해 노력하는 방법들이 아래에 나열되어 있다. 이것은 반격의 형식이다. 당신은 자신이 남들과 다르지 않고 바람직하지 못한 존재가 아니라는 것을 보여주기 위해 가능한 모든 일을 함으로써 덫과 싸우려 노력한다.

여기 아담의 목록이 있다.

> **내가 과잉보상하는 방법**
>
> 1. 나는 그저 어울리기 위해 함께 있는 사람들과 똑같은 것처럼 행동한다. 그러면서 내 생각을 숨긴다.
> 2. 사람들에게 내 전부(가족, 취향 등)를 보여주진 않는다.
> 3. 여자친구가 내 친구나 가족과 시간을 보내도록 하지 않는다. 타인과 나의 세계가 서로 독립되어 있도록 만든다.
> 4. 내가 좋아하는 것보다 보수적으로 옷을 입는다.
> 5. 내가 인기가 있다는 인상을 사람들에게 심어주려고 노력한다.
> 6. 인기 있는 친구를 사귀려고 노력한다.

이런 방식들과 유사하게 당신은 외모에 지나치게 초점을 맞추거나, 일로 성공하거나, 집단에 소속되려 애쓰거나, 결점을 숨기는 방식으로 열등감을 과잉보상할 수도 있다.

이런 과잉보상은 취약하며 쉽게 무너진다. 우리는 당신이 좀 더 견고한 기초를 쌓을 수 있기를 바란다. 새로운 사회적 상황을 경험하기 위해 개방적으로 되기를 바란다. 그런 경험들이 어린 시절 경험한 악몽과 매우 다르다는 것을 발견할 것이다. 성인들은 대개 아이들이나 청소년들보다 차이를 잘 받아들인다. 그들은 당신을 비웃거나 거부하거나 하지는 않을 것이다.

5. 이질적이고 취약하거나 열등하다고 느껴지는 자신의 특징을 나열하라. 각 특징에 관한 종이를 한 장씩 준비하고 장마다 제목을 적어라(예, 뚱뚱한 아이, 바보 같은 아이). 그리고 장마다 다음과 같이 해보라.

    a) 각 특징을 구체적인 용어로 정의해 보라(예, 뚱뚱한 = 90kg 이상).

    b) 이것이 성인으로 사는 생활에서도 실제 결점일 수 있다는 느낌을 뒷받침하는 모든 증거를 나열하라.

c) 그러한 느낌을 반박하는 증거를 나열하라.
d) 각 특징에 대해 친구와 가족은 어떻게 생각하는지 물어보라.
e) 객관적인 증거 자료를 요약하는 구절을 적어라. 자가비판이 얼마나 타당한가?

마가렛이 나열한 특징에는 '예쁘지 않다', '파티에서 재미있게 대화를 나눌 수 없다', '충분히 성공하지 못했다', '사회적 모임에서 불안해한다', '경솔하고 어리석게 말한다', '첫인상이 나쁘다' 등이 있다. 여기 '첫인상이 나쁘다'라는 제목의 종이에 쓴 내용이 있다.

> "나는 첫인상이 나쁘다"
>
> a) 정의
> 사람들은 나를 처음 만났을 때 좋아하지 않는다.
>
> b) 이것이 실제적인 결점이라는 성인 생활에서의 증거
> 나는 파티에서 남자를 만나지 못한다. 처음 보는 사람들은 파티에서 내게 말을 걸었다가 금방 흥미를 잃는다. 취업 면접을 잘하지 못한다. 새로운 사람들을 만나는 것이 힘들며 이웃들도 나를 좋아하는 것 같지 않다.
>
> c) 이러한 느낌을 반박하는 성인 생활에서의 증거
> 어른이 되어서 새 친구를 몇 명 사귀었으며 사실 좋은 친구들이 많다. 대학 시절, 남자 친구의 어머니는 나를 좋아하는 것처럼 보였다.
>
> d) 친구와 가족에게 물어보기
> 여동생, 어머니, 두 명의 친구에게 물어본 결과, 어머니 외에는 모두 내 첫인상이 딱딱하게 보인다고 했다.
>
> e) 객관적 증거의 요약
> 가끔 첫인상이 좋다는 증거가 있지만, 대부분은 이것이 실제적인 결점임을 말해준다.

이런 작업을 통해, 마가렛은 자신의 외모가 괜찮고 충분히 성공적이라는 것을 인정했다. 그러나 다른 결점들은 실제적이었다.

아담이 나열한 특징은 다음과 같다.

나는 대부분 사람과 어떻게 다른가?

1. 남들이 말하는 것에 대해 말하지 않는다.
2. 나는 이상하게 보인다.
3. 사람들은 나에 대해 알기를 원하지 않는다.
4. 나는 너무 심각하다. 밝아질 수가 없다.
5. 보통 사람들과 다르게 옷을 입는다.
6. 보통 사람들에게 없는 독특한 취향을 가지고 있다.
7. 내가 너무 무관심해서 사람들을 떠나게 한다.

한 장씩 종이에 써본 뒤에, 그는 '남들이 말하는 것에 대해 말하지 않는다', '나는 너무 심각하다. 밝아질 수가 없다', '내가 너무 무관심해서 사람들을 떠나게 한다' 등은 실제적인 결점이라고 결론지었다.

아담의 결점이 실제적이든 상상의 것이든, 우리의 평가를 통해 하나는 분명해졌다. 그가 자신과 다른 사람의 차이를 과장한다는 것이다. 이것이 그의 덫을 강화하는 한 가지 중요한 방법이다. 그는 계속해서 차이점은 극대화하고 공통점은 극소화하였다.

치료자 왜 당신은 직장에서 새로운 매니저에게 이야기할 수 없다고 느끼나요?

아담 공통점이 없다고 느껴서요.

치료자 그러나 같은 분야에 있잖아요. 그것이 이미 공통점이잖아요.

아담 그러나 너무나 많은 중요한 부분에서 달라요.

치료자 예를 들면요?

아담　그는 나와 다르게 옷을 입고 비싼 차를 몰아요.

치료자　그러나 그 사람도 외국 영화광이라면서요?

아담　예. 그러나 그의 차에 대한 취향 때문에 그 사람과 가까워지지 못하겠어요. 전 그렇지 않은데 그는 굉장히 물질적인 사람이니까요.

　　세상을 유사점보다는 차이점의 관점에서 바라보는 방식이 아담의 덫을 강화했다.

6. 만일 결점이나 차이점이 진짜라고 확신한다면 극복할 수 있는 단계를 하나하나 적어보라. 변화를 위한 계획을 점진적으로 실행하라. 당신은 사회기술을 향상하는 방법, 사람들에게 더 따뜻하고 다정해지는 것, 체중을 줄이거나 늘리는 일, 웅변 수업을 듣거나, 학교로 다시 가거나, 멋지게 보이는 방법을 배우는 것 등의 여러 가지 자기 계발 전략을 적을 수 있다. 이런 것들을 점진적으로 실행해 나가라. 결점이 있을 때 우리는 극복하려 하기보다는 오히려 위축된다. 너무 수치스러워서 그 결점에 대해 생각조차 하기 싫어한다. 이런 함정에 빠지지 않도록 하라. 결점과 정면 대결하라.

　　데브라는 자신의 끔찍한 첫인상을 해결하기 위한 계획을 세웠다. 첫째, 그녀는 행동의 어떤 면이 문제가 되는지 알기 위해 직접적인 피드백을 받았다. 사람들을 만날 때 자신을 관찰하고 친구와 가족에게 자신의 이러한 모습에 관해 물어보고 우리와의 치료시간에 첫 만남에 관한 역할 연기를 해봄으로써 이 단계를 수행했다.

치료자　이 모든 것에서 어떤 결론을 내릴 수 있을까요?

데브라　저는 좋은 첫인상을 만드는 데 두 가지 주된 문제점이 있다고 추측해요. 첫 번째는 몹시 불안한 나머지 농담을 한다는 것이 오히려 경박한 말을 해버리고 만다는 사실이에요. 그리고 두 번째는 사람들이 나에 관해 물을 때 뭐라고 대답해야 할지 모른다는 거예요.

일단 데브라가 자신의 경박해지는 경향을 알고 난 뒤에는 그런 행동을 멈추기가 비교적 쉬웠다. 그녀는 적어도 사람들을 좀 더 알게 될 때까지는 농담하지 않게 되었다. 두 번째 문제에서는 치료시간에 그녀 자신에 대해 말하는 연습을 했다. 우리는 데브라가 일, 가족, 흥미 등 다양한 영역에서 그녀 자신에 대해 이야기할 수 있도록 연습시켰다. 많은 사회기술이 예습을 통해 습득될 수 있다. 다양한 시나리오를 다루는 방법을 미리 계획하는 것이 불안을 줄여줄 것이다.

심상 훈련은 예습 과정에서도 큰 역할을 한다. 일을 앞두고 재앙이 닥쳐올 상황을 상상하여 자신을 더욱 두려움에 빠뜨리면서 시간을 보내기보다 자신이 잘하는 모습을 상상하면서 시간을 보내라. 당신이 원하는 대로 행하는 모습을 상상하라. 실패보다는 성공을 연습해라.

데브라 회사 크리스마스 파티에 가기 전에 누워서 긴장을 풀면서 파티가 매우 잘될 것이라는 상상을 했어요. 당당하게 걸어 들어가서 주위를 둘러보고 미소 지으며 한 사람에게 다가가서 이야기를 나누는 그림을 그렸어요. 저는 걸어가서 '안녕하세요'라고 인사하고 제가 말하고 싶은 것을 이야기하는 모습을 그려보았지요.

7. 바꿀 수 없는 결점의 중요성을 재평가하라. 익명의 알코올 중독자 모임에서는 '주여, 제게 바꿀 수 없는 것을 받아들이는 평온함과 바꿀 수 있는 것을 바꿀 용기와 그 둘을 구분할 수 있는 지혜를 주소서'라고 기도한다. 자신에 대해 바꿀 수 있는 것이 있고, 바꿀 수 없는 것이 있다. 자기 향상 이외에 자기 수용이 있는 것이다.

당신은 반드시 바꿀 수 없거나 바꾸기 어려운 결점이 있을 수 있다.

너무 키가 작거나 클 수도 있고, 너무 뚱뚱할 수 있다. 충분히 성공적이지 않을 수 있고 파티에서 대단한 이야기를 못 할 수 있다. 그러나 사회적 소외의 덫에 걸린 사람들은 대개 결점의 중요성을 과장한다.

실제 당신의 결점이 다른 좋은 특징들에 비해 얼마나 중요성이 있는가? 당신의 장점과 결점을 나열해 보아라. 아는 사람들에 대해서도 똑같이 해보라. 실제로 더 형편없고 다른 존재인가? 결점을 전체적으로 보라. 데브라는 사회적인 상황에서 어려울 수 있지만, 그녀 역시 지적이고 민감하고 다정한 사람이다. 아담도 마찬가지다. 그는 재미있고 흥미로운 존재이며 남다른 점이 카리스마로 느껴지기도 한다. 이 덫에 걸린 여러 환자를 경험해 보면 그 사람의 전체적인 배경에서 볼 때 결점은 퇴색된다는 것을 알 수 있다.

아마도 어린 시절에 당신을 놀리던 아이들처럼 다른 성인들이 당신의 결점을 취급한다고 믿을지도 모른다. 그러나 그것은 잘못된 생각이다. 성인들은 대개 아이들보다 차이점에 대해 더 관대하다. 성인들은 차이를 인정한다. 남들과 같아지라고 압력을 주는 것은, 오직 아이들 혹은 미성숙한 성인들이 하는 것이다.

데브라 파티에 갔을 때 저는 학교 운동장에 돌아온 느낌을 받았어요. 쉬는 시간에 모두가 저를 놀리고 있어요. 사람들이 저를 둘러싸고 제가 얼마나 뚱뚱한지를 노래 부를 것이라고 예상했어요.

결국, 당신은 바꾸기를 원치 않는 결점도 있을 것이다. 결점 중 몇 가지는 자신의 가치 있는 부분일 수도 있다. 아담은 자신이 좋아하는 옷을 사고 자신만의 옷 입는 방식을 즐겼다. 그의 옷 입는 방식은 독특했지만 괴상하지는 않았다.

데브라도 화장에 대해 비슷한 고민이 있었다. 분명 남자에게 호감도를 높일 수 있는 부분이었으나 그녀는 화장하지 않으려고 했다.

자신을 얼마나 기꺼이 바꾸려 하는가는 궁극적으로 당신의 선택이다. 그러나 선택의 결과에 대해 알고 있어야 한다. 만일 어울리는 것이 목적이라면 독특함을 과시하는 것은 도움이 되지 않는다. 인생에서 가장 도전적인 일 가운데 하나는 남들과 어울리고 정상적으로 보이는 것과 자신만의 개성을 표현하는 것에서 균형을 찾는 것이다. 만일 적합성에 너무 기울면 나는 누구인가의 감각을 잃게 될 것이고, 개인적인 표현이나 독특함으로 너무 기운다면 사회 구성원들과 어울릴 수 없을 것이다.

8. 결점마다 플래쉬 카드를 만들어라. 당신이 가지고 다닐 플래쉬 카드를 만들어라. 덫이 작동하려 할 때마다 읽어라. 이런 방법으로 덫에서 벗어날 수 있다.

플래쉬 카드를 쓰고 있을 때 결점을 과장하고 있는 방식을 강조하라. 장점에 대해 언급하라. 향상되는 방법을 포함해라.

다음의 데브라가 쓴 카드로 우리는 몇 가지 예를 들어보려고 한다. '나는 사회적 상황에서 불안하다'라는 제목이다.

> 사회적 상황에 대한 플래쉬 카드 #1
>
> 나는 지금 모든 사람이 나를 쳐다보고 있는 것처럼 불안하다는 것을 알고 있다. 누구에게도 말을 걸 수가 없다. 그러나 이것은 단지 나의 덫이다. 주위를 둘러보면 사람들이 나를 쳐다보지 않는다는 것을 알 것이다. 설록 그런 사람이 있더라도 아마 우호적인 시선일 것이다. 사람들과 말을 하다 보면 불안감은 점차 줄어들 것이다. 모든 사람이 사회적 상황에서 조금씩 불안해한다. 긴장을 풀고 주위를 둘러본 다음 말할 사람을 찾으면서 시작해볼 수 있다.

이처럼 플래쉬 카드는 덫의 마법을 부수고 올바른 길을 가도록 도울 것이다.

> 사회적 상황에 대한 플래쉬 카드 #2
>
> 나는 이제부터 나와 함께 있는 사람들을 다르게 느낄 것이다. 나는 군중 속에서 국외자로 외로움을 느낀다. 나는 물러서서 어색해진다. 그러나 이는 나의 삶의 덫이 작동하는 것이다. 사실 나는 다르다는 사실을 너무 과장하고 있다. 내가 친근감 있게 되면, 우리가 공통점이 있다는 것을 발견할 것이다. 나는 단지 자신에게 타인과 연결될 기회만 주면 되는 것이다.

플래쉬 카드는 삶의 덫의 저주를 풀고 바른길로 올라타도록 도울 수 있다.

9. 회피하고 있는 사회나 직업 그룹의 위계를 만들어라. 점진적으로 진행해라. 이것이 가장 결정적인 단계이다. 도망치는 일은 이제 중단하라. 덫을 유지하는 요소 중에서 회피가 가장 큰 역할을 한다. 계속 도망만 다닌다면 덫을 부술 수 없다.

성인이 되면 사람들이 상대방을 거부할 우려는 아동기 때보다는 낮아진다. 사람들은 나이가 들면 더 관대해지고 수용적으로 된다. 그러나 당신은 이 사실을 알지 못한다. 어린 시절 상태 그대로 얼어붙어 있고, 주변 세상이 변한 것을 알지 못한다. 주위의 성인들이 아이의 정신세계를 가지고 있다고 생각한다. 그래서 긍정적인 피드백을 받을 수 있는 상황을 피한다. 자신이 타인들에게 받아들여질 수 있는 사람임을 결코 알지 못하는 것이다.

우리는 이 단계가 어렵다는 것을 알고 있다. 가능한 한 쉽게 만들 것이다. 당신이 도피하려고 하는 이유는 사회적 상황에서 심한 불안을 경험하기 때문이다. 이런 불안을 피할 수만 있다면 무슨 일이든 할 것이다. 심할 때는 모든 사회적 상황을 피하면서 인생을 살아갈 수도 있다. 인생의 중요 영역에서 성취가 없어도 말이다.

3단계에서 만든 당신이 회피하는 상황의 리스트를 나열하면서 각 항목에 다음 척도를 적용하여 그 일을 해내기가 얼마나 어려운지 평가하라(0에서 8까지 사용).

난이도			
매우 쉽다.	0	매우 어렵다.	6
약간 어렵다.	2	거의 불가능하게 느껴진다.	8
상당히 어렵다.	4		

예를 들어, 데브라는 아래처럼 각 항목에 점수를 매겼다.

피하려는 사회적 상황	난이도
1. 대부분의 파티	8
2. 고객과 저녁 먹기	5
3. 데이트	6
4. 상사에게 부탁하기	4
5. 퇴근할 때 동료와 같이 나가기	3
6. 직장에서 발표하기	8

가장 쉬운 항목부터 시작하라(1, 2, 3점짜리처럼 상대적으로 쉬운 항목을 반드시 포함해라). 그 수준의 어려운 과제에 숙달되었다는 느낌이 들 때까지 그 과제들을 반복 수행하라. 데브라에게 가장 쉬운 항목은 '퇴근할 때 동료와 같이 나가기'였다. 그녀는 상위 항목으로 옮겨 가기 전 5개월 동안 한 달에 여러 번 이 과제를 수행했다.

그다음 3 정도의 난이도에 해당하는 다른 과제를 찾아 이를 수행했다. 그녀와 자주 만나는 사람들, 예를 들어, 수위나 점원들과 이야기를 주고받았다. 그리고 나서 어느 정도 매력 있는 남자와 대화를 시도해 보았다. 그녀가 난이도 4에 도달했을 때에는 충분히 수행해낼 준비가 되어 있었다. 각 난이도의 단계에서 같은 난이도를 몇 가지 더 골라 연습해 보라. 각 항목을 어떻게 완수할지에 대해 계획을 신중히 세워라. 모든 것이 발전 과정 중에 있다고 생각하라. 벌어질 수 있는 많은 일에 대해 해결책을 찾아라. 긍정적인 상상을 통해 그 일들을 잘 수행하도록 연습하라.

점차 더 어려운 일들로 진행해가라. 성공의 경험이 계속하는 힘을 줄 것이다. 시작하는 것이 가장 힘들다. 다시 사회적 성장을 시작하는 기회를 잡아라. 일단 시작해서 하다 보면 그것을 즐기게 될 것이다.

10. 단체에 속해 있을 때, 대화를 시작하는 노력을 해보아라. 사회적인 모임에 참석했을 때 몇 번이나 대화를 시도할지 목표를 정하고, 그 목표를 달성하기 위해 노력해 보라. 자신을 외부 세계로 향하게 하라. 이 덫에 걸려 있는 사람은 자신의 내면에 머무르는 데 너무 많은 시간을 소모한다. 그들은 외부와 연결되지 않는다. 심지어 사회적 상황에 들어가더라도 여전히 실제적인 접촉을 피하고 있다. 그곳에 있지만, 진정으로 있는 것이 아니다. 회피만큼의 이런 미묘한 회피 방법 또한 극복해야만 한다.

데브라와 아담이 각 위계의 항목들을 연습했을 때 그들은 말을 걸 사람들의 수를 정하는 것에 동의했다. 파티에 가서 자신에게 '내가 모르는 적어도 두 사람과 얘기할 것이다'라고 다짐하는 것이다. 여러분도 이렇게 해보기 바란다. 구체적인 목표가 불안을 오히려 낮춘다는 것을 알면 놀랄 것이다. 한번 예기 불안이 지나가고 나면 다가가서 사람에게 얘기하는 것이 훨씬 덜 불안하다는 것을 알게 될 것이다. 이것이 회피를 극복하는 방법이다. 이를 통해 당신은 실제보다 더 많이 불안해했다는 점을 새로이 깨달을 수도 있다.

데브라 정말 나쁘지 않았어요. 커피를 마시면서 두 사람에게 말을 걸었는데 괜찮은 경험이었어요. 그리고 이제 제가 얘기할 수 있는 사람이 생겼으니 다음에 갈 때는 훨씬 더 좋을 거예요.

그룹 내의 한 명 정도와는 친구가 되도록 노력해라. 그러고 나서 점차 다른 구성원으로 확대해가라. 이런 전략이 도움이 될 것이다. 전체 그룹에 초점을 맞추는 것은 너무 힘들다. 당신은 집단의 눈이 자신을 향한다고 느낀다. 집단을 다루기 쉬운 단위로 나누어서 한 번에 한 명에서 두 명씩 공략해라.

11. 단체에서 당신 자신이 돼라. 다른 방식의 좀 더 미묘한 회피가 있다. 이것은 자신을 숨기는 것이다. 사람들에게 말을 걸지만, 결점이나 차이점이 드러나지 않도록 어떤 주제에 대해 매우 조심스럽고 비밀스러워하며 피하려 한다. 아마 당신이 동성연애자거나 성공하지 못한 사람이거나 어떤 집안 출신이거나 이런 내용일 것이다. 아니면 신체적 특징이거나 지위에 관한 부분(교육이나 수입)일 수도 있다.

당신은 이러한 비밀을 유지하기 위해 너무 비싼 값을 치른다. 사람을 만나는 것이 긴장되고 외로운 일이 되고 만다. 환자 중 한 사람이 '비밀을 갖는 것은 고립되는 것과 같다'라고 말했다. 가능한 한 결점이나 차이점을 숨기지 않도록 노력하라. 우리는 엄청나게 다르다고 말하는 것이 아니다. 단순하게 당신 자신이 되라고 말하는 것이다. 동성연애자이건 어떤 가족 출신이건 사람들이 알게 내버려 두어라. 숨기는 것을 멈추라. 사람들과 잘 알게 되면 취약성과 불안정함을 그들과 나누어라. 그런데도 당신이 받아들여질 수 있다는 것을 알게 될 것이다.

12. 원치 않는 영역에서 과잉보상하려고 지나치게 노력하는 것을 중지하라. 대부분 사람이 있는 그대로의 당신을 받아들이는 것을 경험해보

라. 업적이나 소유물로 그들에게 인상을 남기려고 애쓰지 마라. 그런 압박감에 저항하라. 그러면 포기하는 것이 편하다는 것을 알 수 있을 것이다.

아담　제가 인기 있는 사람이라는 것을 항상 증명해 보이기가 힘들었어요. 제가 누구인가에 대해 항상 거짓말을 해왔는데 이제 더는 그렇게 하고 싶지 않아요.

　　데브라는 이뤄놓은 것이 없다는 문제를 가지고 있었다. 그녀는 자신의 직업적 상황이 부끄러워서 사람들에게 자신이 얼마나 똑똑한지 증명해 보이려고 끊임없이 노력했다. 직업과 관련된 주제가 나오면 그녀의 대화는 항상 경직되고 부자연스러웠다.

데브라　억지로라도 내 자랑을 하려고 했었죠. 주제가 무엇이든지 간에 결국은 제가 대학에서 상 받은 일 등에 대해 조금이라도 더 이야기하려고 했어요. 어떤 복잡한 이론에 관해 이야기하면 반대로 갑자기 겸손한 체합니다. 그런 말들은 정말 공허하게 들리니까요. 다른 사람도 내 속마음을 알 거로 생각해요.

　　이 같은 반격은 부담일 뿐만 아니라, 당신의 의도 역시 빤히 보인다. 다른 사람들은 당신을 정확히 본다. 그들은 당신이 속으로 부끄러워하고 있음을 알고 있다. 과시하는 것은 허세이다. 당신도 알고 있고 그들 역시 알고 있다. 꾸민 모습을 실제의 모습으로 대체하라. 그러면 사람들은 당신을 더욱 좋아할 것이고 당신 또한 자신을 더 좋아하게 될 것이다. 자신을 깎아내리라는 것이 아니다. 단지 다른 사람에게 강한 인상을 주려고 노력하는 것을 중지하라고 말하는 것이다.

마지막 조언

　사회적 고립으로부터의 여행은 외로움에서 관계로의 여행이다. 그 여정을 이처럼 긍정적인 면에서 보도록 노력해라. 만일 기꺼이 이 변화의 전략에 동참한다면 많은 보상을 얻게 될 것이다. 데브라는 이제 데이트도 하고 파티에서 즐길 수 있으며 외출도 한다. 그녀는 치료시간에 행복한 마음으로 온다. 아담은 진실을 나눌 수 있는 친한 친구 몇 명을 새로 사귀었다. 궁극적인 보상은 사회생활의 만족이다. 당신은 단체나 그룹의 일원임을 느낄 것이다. 이것은 현재 당신에게는 부족한 인생의 핵심적인 부분이다. 왜 이러한 것을 놓치는가?

10
"나 혼자서는 해낼 수 없어" 의존의 덫

마가렛 | 28세. 학대적인 남편에게 얽매여 있다고 느낀다.

마가렛이 우리 사무실을 처음 방문했을 때 그녀의 눈빛에는 두려운 기색이 역력했다. 그런 모습은 우리에게 보호 본능을 불러일으켰다. 우리가 그녀에게 굉장히 불안해 보인다고 하자 그녀는 자기 문제에 관해 말하는 건 고사하고 생각해 볼 엄두도 내지 못한다고 했다.

마가렛은 떠나기가 너무 두려운 나머지 끊을 수가 없는 관계에 갇혀 있다고 느낀다. 혼자 남기가 두려운 것이다. 남편 안토니는 입이 험하다. 2년간 실직 상태에 있는 그는 자신의 실직을 언제나 그녀의 탓으로 돌렸다. 사실 그는 자신의 모든 문제를 그녀 탓으로 돌리고 있었다.

마가렛은 광장공포증을 앓고 있다. 이런 공황발작의 두려움 때문에 기차, 식당, 식료품 가게, 쇼핑센터, 군중들, 영화관 등과 같은 많은 상황을 피하고 있었다. 어떤 날에는 너무 불안해서 집 밖으로 나갈 엄두도 내지 못했다. 결국, 결혼 생활과 공포증에 대처하기가 너무 힘든 마가렛은 최종적으로 우리를 찾아오게 된 것이다.

당신이 상상하는 바와 같이 마가렛의 광장공포증은 하루하루의 생활을 어렵게 하는 것은 물론 여가의 즐거움을 앗아간다. 다른 사람들이 즐거워하는 활동이 그녀에게는 단지 부담스러울 뿐이다.

마가렛 안토니는 제게 몹시 화가 났어요. 그는 내일 저녁 레스토랑에서 식사를 하고 싶어하지만, 집으로 먼저 와서 나를 데리고 가기는 원치 않아요. 하지만 난 전철을 탈 수가 없어요.

치료자 무엇을 두려워하죠?

마가렛 제게 어떤 일이 일어났는데 저를 돌봐줄 사람이 아무도 없다면 어떻게 하죠?

치료자 무슨 일이 일어날 것 같은가요?

마가렛 무슨 일이 일어나냐고요? 공황발작이 너무 심해져 길거리에서 쓰러지겠죠.

마가렛이 집에 있는 동안 안토니가 나가야 할 일이 생기면 그녀도 따라 나가야 한다. 혹은 여기저기 전화를 걸기 시작한다. 그녀는 전화를 세상과 자신을 연결해 주는 생명줄로 여기고 있었다.

안토니는 그녀를 아기처럼 돌봐야 하는 자신의 처지에 대해 화를 내면서도 그녀가 혼자 나가려 할 때는 만류했다. 마가렛은 안토니가 이상한 방법으로 자신을 의존적인 상태에 머물게 하고 있음을 느꼈지만, 이에 대해 어떤 식으로 확실한 태도를 보여야 하는지는 알지 못했다.

윌리엄 | 34세. 자립하지 못한 채 여전히 부모에게 의존하고 있다.

윌리엄 또한 불안한 표정을 짓고 있었다. 수줍고 조용한 사람처럼 보이는 그를 우리는 안심시키고 돌보아야 할 의무감마저 느꼈다.

윌리엄은 지금도 부모와 함께 살고 있다. 그가 오랫동안 집을 떠나있었던 것은 대학 시절, 단 일 년간뿐이다. 그 후에는 집에서 통학할 수 있는 거리의 작은 학교로 옮겼다. 윌리엄은 자신의 아버지처럼 공인회계사가 되었고, 지금은 아버지의 회사에서 일하고 있다고 했다. 그는 자기 일에 대해 몹시 불안해하고 있으며, 캐롤이라는 여자와 사귀고 있지만 함께 살 것인지는 마음을 정하지 못하고 있다. 그녀가 자신에게 적합한 사람인지 결정할 수 없는 것이다.

윌리엄 저는 계속 생각해요. 내가 실수하는 건 아닐까? 그녀가 내게 적합한 사람이 아니면 어떻게 하나? 더 좋은 사람이 있을지도 몰라. 그녀가 내게 가장 적합한지 어떻게 알 수 있단 말인가? 아니면 좀 모자란 듯해도 만족할까? 우리는 계속 만나지만 불꽃이 타오르는 것 같은 느낌이 없어요. 그녀는 아이를 많이 낳고 싶어 하는데, 그 많은 가족을 과연 내가 부양할 수 있을까? 내 한 몸을 가누기도 어려운데…. 가끔 저는 차라리 지금 그녀와 헤어져야 한다고 생각하곤 해요.

윌리엄은 캐롤에 대해 마음을 정리하려고 지난 2년 내내 노력해왔다. 그가 치료를 받으러 온 이유는 그녀가 결혼하든지 관계를 끝내든지 결정하라는 최후통첩을 했기 때문이다. 그 말을 듣는 순간 윌리엄은 온몸이 마비되는 느낌이었다고 했다.

크리스틴 | 24세. 지나치게 독립적이어서 도움이 필요한 경우에도 도움을 받지 못한다.

크리스틴에겐 불안한 표정이 없었다. 반대로 그녀는 자신을 너무나도 잘 돌볼 수 있는 타입처럼 보였다. 굉장히 자신감이 넘쳤고 유능한 능력을 갖춘 듯했다.

크리스틴은 자신의 독립심에 대해 자부심을 느낀다. '전 아무도 필요하지 않아요'가 그녀의 첫마디였다. 대학에 입학한 후 자신을 스스로 돌보며 혼자 살아온 그녀는 지난 수년간 약물치료센터에서 사회복지사로 일했다.

우리와 치료를 시작하기 8개월 전에 그녀는 스키를 타다가 다리에 골절상을 입었고 아직도 목발을 짚고 다니는 상태였다.

사고 난 직후 돌봐줄 사람이 아무도 없었기에 그녀는 부모님의 집으로 돌아가야만 했다. 부모님과 두 여동생은 그녀에게 음식을 가져다주고 씻어주고 옷을 입혀주는 등 최대한의 지원을 아끼지 않았다. 하지만 남들에게 보살핌을 받는다는 것 자체가 그녀에게 너무나도 큰 스트레스였고, 그 결과 치료를 받게 된 것이다.

크리스틴 저는 남에게 보살핌 받기를 바라는 유형의 인간이 아니에요. 저는 그런 게 싫어요. 그래서 정말 우울해졌지요. 물론 그렇게까지 흥분할 필요는 없었다고 생각하지만요. 제 아파트로 돌아와 과거에는 제가 친구들을 위해 해주던 일을 친구들이 제게 해주는 상황이 되었지만 참 받아들이기가 힘들어요. 차라리 제가 남들에게 무엇인가를 베푸는 상황이 편안하지, 남들이 저를 위해 무엇인가를 해주는 상황은 정말 참기 힘들어요. 왜 전 사람들의 도움을 받아들이지 못할까요?

의존의 덫 질문지

이 질문지는 당신의 의존의 덫의 강도를 측정하는 것이다. 아래에 있는 척도를 이용해서 각 항목에 답하라. 당신의 성인기 동안 일반적으로 느끼고 행동했던 방법에 근거해서 각 항목을 평가하라. 성인기의 어느 시기에 변화가 있었다면 각 항목을 평가할 때 가장 최근의 일 년 혹은 2년에 초점을 맞춰라.

완전히 나와 다르다.	1	어느 정도는 나와 일치한다.	4
대부분 나와 다르다.	2	대부분 나와 일치한다.	5
다른 면보다 일치하는 면이 좀 더 많다.	3	완전히 일치한다.	6

비록 점수의 합계가 낮더라도 5점이나 6점에 해당하는 항목이 하나라도 있다면 이 덫은 당신에게 존재하는 것이다.

질문	점수
1. 일상의 책임을 처리하는 데 있어, 나는 어른이라기보다는 아이처럼 느껴진다.	
2. 나 스스로 세상을 헤쳐나갈 수가 없다.	
3. 나 혼자서는 잘 대처할 수가 없다.	
4. 내가 자신을 돌보는 것보다 다른 사람들이 나를 더 잘 돌봐줄 수 있다.	
5. 누군가가 나를 이끌어주는 사람이 없이는 새로운 일을 처리하는 데 어려움을 겪는다.	
6. 나는 어떤 일도 제대로 처리해낼 수가 없다.	
7. 나는 무능하다.	
8. 나는 상식이 부족하다.	
9. 나의 판단을 신뢰할 수 없다.	
10. 매일의 삶에 압도되는 느낌이다.	
당신의 최종 점수(질문 1번에서 10번까지의 점수를 더하라)	

점수 해석

10 – 19 매우 낮음. 이 덫은 당신에게 적용되지 않는다.
20 – 29 낮음. 이 덫은 아주 가끔 당신에게 적용될 것이다.
30 – 39 중간. 이 덫은 당신의 인생에서 문제가 될 수 있다.
40 – 49 높음. 이 덫은 당신에게 분명히 중요하다.
50 – 60 매우 높음. 이것은 분명히 당신의 핵심 삶의 덫 중 하나다.

의존의 경험

　의존의 덫에 걸려 있다면 인생이 너무 부담스럽게 느껴져 잘 헤쳐나갈 자신이 없을 것이다. 또한, 자신을 돌볼 능력이 없으므로 다른 사람에게 도움을 구해야 한다고 생각한다. 그런 도움이 있어야만 생존할 수 있는 것이다. 의존이란 경험의 핵심 안에는 어른들의 생활은 정상적인 책임을 다하기 위한 끝없는 투쟁이라는 관념이 들어있다. 당신은 거기에 필요한 무엇인가를 갖고 있지 못한 것이다. 자신이 뭔가 부족하고 부적합하다는 느낌이다. 의존의 핵심을 생생하게 보여주는 것은 세상이 너무 무섭다는 것을 알고 나서 엄마를 부르며 우는 어린아이의 이미지이다. 어른들의 세상 속에 던져진 어린아이의 이미지, 즉 돌봐주는 어른이 없는 미아의 신세와도 같다. 의존적인 사람은 변화를 좋아하지 않으며 모든 것이 그대로 있기를 원한다.

마가렛　제가 안토니를 처음 만났을 때 그는 빨리 졸업하고 싶어 했지만, 저는 그 시간이 영원히 계속되기를 원했어요.
치료자　무엇을 잃을 것 같았나요?
마가렛　그 속에서 느꼈던 안전감인 것 같아요. 학교에서는 무슨 일이 일어날지 예측할 수 있었거든요.

　당신이 변화를 두려워하는 이유는 자신의 판단을 신뢰하지 못하기 때문이다. 새로운 상황에서 당신은 자신감이 없다. 왜냐하면, 그런 상황에서는 스스로 판단을 내려야 하는데 자신을 믿지 못하기 때문이다. 익숙한 상황에 대해서는 다른 사람의 판단을 참고해본 적이 있어서 가장 좋은 해결 방법이 어떤 것인지를 알고 있다. 그러나 새로운 상황에 부닥쳤을 때 누군가 충고해 줄 사람이 주위에 없다면 스스로가 판단하고 헤쳐나가야 하나 이 덫에 걸리면 그러한 능력을 갖추지 못한다.

　보통의 경우 자신이 무능하다는 느낌은 실제가 아니라 그 사람의 상상이다. 그러나 불행하게도 실제 상황일 수도 있다. 의존적인 사람 중에는 성인이 되어서도 그러한 일들을 너무나도 완벽하게 회피해왔기 때문에 정말 무능해지는 때도 있다. 이런 사람들은 항상 남에게 자기 일을 대신하게 한다. 이런 회피로 인해 기술과 판단력이 실제로 결핍되는 것이다. 그러나 대부분의 의존적인 사람들은 자신의 무능력을 과장한다. 그들은 상황과는 합당한 수준 이상으로 자신을 의심한다.

　남들이 당신의 일을 대신 처리해 주는 상황이 반복되고 있다면 당신은 덫에 굴복하고 있어야 한다. 남들이 당신 대신 일을 해주게 되면 스스로 해나갈 수 없다는 생각이 강화되고 자신의 능력에 대한 자신감이 생겨나지 않는다. 반대로 자신의 힘으로 살고 있다면 언젠가는 살아가는 능력을 갖추는 데 필요한 일들을 배울 수 있게 될 것이다. 당신의 의존은 검증받지 않은 가설인 것이다.

　회피하는 대처 방식 또한 덫을 강화한다. 당신은 너무 어렵게 생각하는 임무들을 피하고 본다. 의존적인 사람들이 회피하기 잘하는 특정 업무들이 있다. 운전, 재정적 문제에 대한 대처, 판단을 내리는 것, 새로운 책임을 맡는 것, 새로운 전문 기술을 익히는 것 등이다. 부모나 배우자로부터 분리되어 나가기를 두려워한다. 혼자 살거나 여행하거나 혼자 영화를 보거나 식사를 하는 경우도 드물다. 이런 일들로부터 끊임없이 도피함으로써 그 일들을 스스로 해낼 수 없다는 것을 증명한다.

의존과 분노

당신이 비록 변화를 두려워하고 거기에 저항하지만, 안전감을 느끼면서도 뭔가 갇혀 있는 듯한 느낌을 받을 수 있다. 이것이 의존의 덫의 부정적인 측면이며 당신이 치르는 대가이다. 의존적인 사람들은 의존 상태를 유지하기 위해 상대방이 자신을 학대하고 굴복시켜도 참는다. 상대와 함께하기 위해서는 무슨 일이든 하는 것이다.

가족이나 연인, 친구들과의 관계에서도 아랫사람의 역할을 하려고 한다. 이런 상황은 비록 당신이 그 분노를 인식하지 못한다 해도 의심할 여지 없이 분노를 유발한다. 이런 관계가 주는 안전감을 좋아하면서도 그러한 관계를 제공하는 상대에 대해서는 분노를 느끼는 것이다. 그러면서도 자신의 분노를 감히 공개적으로 표현하지는 못한다. 그렇게 하면 당신이 너무나 필요로 하는 사람들이 떠나갈 것이기 때문이다. 이 덫의 어두운 측면은 당신이 의존적인 역할에 꼼짝없이 갇혀 있는 것이다.

치료자 눈을 감고 당신의 결혼 생활을 이야기해 주세요.
마가렛 저는 빠져나갈 수 없는 어두운 곳에 있어요. 그곳에는 공기가 없어서 전혀 숨을 쉴 수가 없어요. 폐소공포(역주: 빠져나올 수 없는 좁은 장소에 있을 때 생기는 공포증)를 유발해요. 안토니는 제게 뭐라고 소리치고 있어요. 계속 외치는 그의 말소리가 너무 싫어요.
치료자 당신은 무엇을 하고 있습니까?
마가렛 그에게 사과하고 다시는 그러지 않겠다고 약속해요.

마가렛의 공황발작 중 대부분이 안토니에게 화가 난 것을 감추려 할 때 일어난다. 의존은 자유와 자기-표현이라는 면에서 많은 대가를 요구한다. 의존적인 사람 중 어떤 사람들은 분노를 좀 더 공공연히 표현한다. 이들은 소위 의존적이면서도 특권 의식을 가지고 있는 사람들이다. 의존적인 사람 중 일부는 자신의 의존 욕구가 충족될 권리가 있다고 생각한다.

캐롤은 치료시간에 윌리엄에게 이런 경향이 있음을 드러냈다.

캐롤   어제 윌리엄은 정말 야비했고 저를 비난하기만 했어요. 저녁을 준비하는 데 주변을 맴돌면서 저의 잘못을 지적하는 거예요. 제대로 해내는 게 하나도 없다는 식이었죠.

치료자   (윌리엄에게) 당신에게 무슨 일이 있었던 거죠?

윌리엄   제가 병원에 다녀온 후였어요. 알레르기를 치료하기 위해 의사에게 갈 때 이 사람이 같이 가려 하지 않아서 몹시 화가 났어요. 저에게 혼자 가라고 하더군요.

캐롤   저는 경제학 시험이 있었어요.

윌리엄   그건 나중에 해결할 수도 있었잖아.

이것은 의존과 특권 의식의 덫이 복합된 경우이다. 이런 경우 사람들이 당신의 요구에 부응하지 않으면 화를 낸다. 그저 삐지거나 짜증스럽게 행동하거나 노골적으로 화가 난 티를 내서 그들에게 보복한다.

의존과 불안

공황발작과 광장공포증은 흔한 것이다. 많은 경우에 광장공포증은 의존의 드라마다. 자율성의 핵심은 세상 속으로 과감하게 뛰어들어 자신이 가진 능력을 독립적으로 발휘하는 것이다. 광장공포증은 그와는 정반대이다. 마가렛은 무력감을 느낀다. 세상 속에서 벌어지는 일들을 스스로 처리해낼 자신이 없다. 그녀는 차라리 세상을 피해서 안전한 집 안에 머물기를 원할 것이다.

　마가렛은 자신이 어린아이 같다고, 어쩌면 어린아이보다도 혼자 살아남을 능력이 부족한 것 같다고 느낀다. 그녀의 유일한 소망은 자신을 돌봐줄 사람에게 매달리는 것이다. 가장 두려워하는 것은 죽음, 실성, 가난, 노숙과 같은 극단적으로 무력한 상태이다. 공황발작을 겪을 때마다 그녀는 자신에게 심장발작이 일어나거나 자신이 미쳐간다고 생각한다. 대부분의 공황장애 환자들과 마찬가지로 그녀는 취약성이라는 자율성 영역에서의 또 다른 덫을 가지고 있다.

　당신이 비록 공황발작을 경험하지 않는다고 해도 틀림없이 엄청난 불안감을 가질 것이다. 삶 속에서 경험하는 모든 변화는 비록 긍정적일지라도 우리에게 압박감을 준다. 직장에서의 승진, 아기의 탄생, 졸업, 결혼 등 어떤 새로운 책임도 불안감을 유발한다. 대부분 사람이 축하할 만한 일로 간주하는 사건들도 당신을 공포 상태로 밀어 넣는다.

　불안감과 함께 만성적인 우울감도 느낄 수 있다. 마음속으로는 남에게 의존하는 자신을 경멸하고 있을 수 있다. 윌리엄이 얘기하듯 '나는 부적격자 같다'라는 것이다. 낮은 자존감은 의존성이라는 덫의 고통스럽고도 필수 불가결한 일부분이다.

항의존

　다리 골절상을 입은 사회복지사 크리스틴은 항의존의 대표적 예이다. 그녀는 자신의 모든 에너지를 쏟아 높은 지위를 얻고 완전히 독립적으로 되려고 노력함으로써 의존의 덫에 대처한다. 자신이 무능하다는 핵심 감정과 끊임없이 싸움으로써 과잉보상하며 헤쳐나가기 위해 자신과 타인에게 자신을 끊임없이 증명해내야 한다. 그녀는 숨겨진 의존으로 고통받고 있다.

크리스틴은 유능하다. 유능함이 그녀의 가장 눈에 띄는 점 중 하나다. 그러나 한 꺼풀 아래에는 엄청난 불안감을 느끼며 제대로 해내지 못할까 봐 끝없이 두려워하는 그녀가 숨겨져 있다. 친구들은 흔히 그녀를 리더의 위치에 올려놓는데, 제대로 해내긴 하지만 그만큼 심한 공포에 시달리고 만다. 크리스틴은 자신의 공포로 인해 자신에게 더 높은 수준의 능력을 요구하고 모든 과제에 숙달하려 한다. 그러나 결코 자신을 신뢰하지는 않는다. 그녀는 자신이 사람들을 농락한다고 생각한다.

항상 자신의 성과를 평가절하하고 실수나 부족함을 과장한다. 누구의 도움도 필요 없는 것처럼 행동함으로써 의존을 과잉보상한다. 크리스틴은 너무나도 독립적이다. 아무리 불안해도 그녀는 혼자서 문제와 맞서도록 자신을 몰아붙인다. 이처럼 반대의 극단으로 흐르는 경향을 항의존이라 하며 의존의 덫이 존재한다는 강한 증거가 된다. 항의존적인 사람들은 타당한 이유가 있는 경우에도 남에게 도움 청하기를 거부한다. 그들은 충고, 도움, 지도 요청을 거부한다. 남에게 정상적인 도움을 받는 것조차 자신이 취약하다고 느끼기에 그렇게 하지 못한다.

크리스틴 누군가에게 조금이라도 기대기만 하면 내 모든 걸 의존하는 느낌이에요. 다리가 부러져서 집에 있었을 때, 저는 그 이후에도 다시 부모님께 모든 걸 기대게 될까 봐 두려웠어요.

당신이 항의존적이라면 자신이 의존을 부인한다 해도 마음 깊은 곳에는 다른 의존적인 사람과 같은 느낌이 있는 것이다. 잘해나가고 있는 것처럼 보이지만 극심한 불안을 간직한 채 대범한 척 행동하고 있다.

의존의 덫의 기원

　의존의 덫은 과보호적인 부모나 제대로 보호해 주지 않는 부모로 인해 시작된다. 과보호적인 부모는 자녀들이 의존적인 상태로 머물게 한다. 그들은 의존적인 행동을 강화하고 독립적인 행동을 좌절하게 만든다. 자녀에게 자유를 허락하지 않아 숨이 막힐 지경으로 몰아넣고 자녀가 자족적으로 행동하도록 지원하지 않는다.

　제대로 보호해 주지 않는 부모는 자녀를 어떻게 돌보는지 모른다. 자녀는 어려서부터 자신의 힘으로 세상을 살아야 하며 자기 나이를 넘어서는 수준에서 능력을 발휘해야 한다. 그런 아이는 자율적이라는 인상을 줄 수 있으나 사실 강한 의존 욕구를 지니고 있다.

　우리는 부모에게 전적으로 의존한 채 태어난다. 부모는 우리의 신체적 욕구를 채워주는 존재이다. 먹여주고 입혀주고 따뜻하게 해주며 우리가 세상 속에 과감히 뛰어들 수 있는 안전한 기반을 제공한다. 이것은 두 단계로 이루어진 발달 과정이다.

> **독립을 향한 단계**
> 1. 안전한 기반을 수립하기
> 2. 자율적으로 되려고 이러한 기반으로부터 움직이기

　이 두 단계 중 어느 하나라도 없으면 그 사람은 의존의 덫에 빠진다. 안전한 기반이 없다면 혹은 의존적인 상태에서 편안하게 휴식한 적이 없다면, 독립하기 어려울 것이고 의존의 상태를 항상 그리워할 것이다. 크리스틴이 말하듯 '어른처럼 행동하는 어린아이'와 같을 것이다. 당신에게 능력과 독립심은 사실처럼 느껴지지 않으며, 언제 붕괴할지 모르는 기반 위에 있는 것이다.

　안정된 기반을 마련해 주는 것과 더불어 부모는 우리가 독립을 향해

떠나가는 것을 허용해 줄 필요가 있다. 부모는 우리가 필요한 만큼의 도움을 줘야 한다. 그것은 미묘한 균형이다. 지나치게 많은 도움을 주어도 안 되고 도움이 너무 부족해도 안 된다.

다행히 부모는 대부분 중용을 취하게 마련이고, 대부분 아이는 정상적인 수준의 자율성을 발전시킨다. 그러나 양극단에 있는 부모는 자녀를 의존의 덫에 빠뜨린다.

부모는 우리에게 세상을 탐구할 수 있는 자유를 주고, 우리에게 부모가 필요할 때 항상 옆에 있을 것이며, 도움이 필요할 때는 언제든지 도움을 준다는 그리고 우리 자신의 힘으로 성공할 수 있을 것이라는 확신을 심어준다. 우리가 안전할 수 있도록 보호해 주고, 자신의 힘으로 헤쳐나갈 수 있는 자유를 준다.

의존의 덫은 아주 어릴 때부터 시작된다. 어린아이의 의존 욕구를 만족시켜주지 못하는 부모나 어린아이의 독립심을 억압하는 부모가 일찍부터(아마도 걸음마를 할 무렵부터) 그런 식으로 아이를 대한다. 아이가 학교에 갈 무렵이면 삶의 덫은 이미 확고하게 뿌리내린 상태이다. 나중에 보게 되는 것은 이미 오래전에 시작한 과정의 연속일 뿐이다.

과보호가 기원인 경우

의존의 가장 흔한 근원은 과보호적인 부모이다. 마가렛과 윌리엄도 그런 경우에 해당한다.

> **과보호에 의한 의존의 근원**
> 1. 부모가 과보호적이고, 당신의 실제 나이보다 어리게 대한다.
> 2. 부모가 당신 대신 결정을 내린다.

> 3. 당신의 인생에 있어서 세세한 부분까지 모두 부모가 처리하므로, 당신은 그런 일들을 어떻게 스스로 처리하는지 배우지 못한다.
> 4. 부모가 과제를 대신해 준다.
> 5. 당신에게는 책임을 전혀 주지 않거나 거의 주어지지 않는다.
> 6. 부모와 떨어져 본 적이 거의 없으므로 개별적인 인간으로서의 자신에 대한 느낌이 거의 없다.
> 7. 부모가 일상적인 과제들에 대한 당신의 의견과 수행 능력을 비판한다.
> 8. 새로운 과제에 뛰어들 때 부모가 지나치게 충고하거나 지시한다.
> 9. 집을 떠나기 전에는 심각한 거절이나 실패를 경험해 본 적이 없다.
> 10. 부모가 평소 근심 걱정이 많아서 당신에게 항상 위험에 대해 경고한다.

과보호는 두 개의 차원으로 이루어진다. 첫째가 지나친 참견이다. 아이가 스스로 해보기도 전에 부모가 끼어들어 대신해 준다. 물론 좋은 의도로 그런 것이다. 아이의 인생이 좀 더 쉽게 풀리도록 해주고 싶고, 아이가 실수를 범하는 고통을 면하게 해주고 싶은 것이다. 그러나 부모가 대신해 준다면 아이는 독립적으로 살아가는 법을 배울 기회가 없어진다. 시행착오를 겪으면서 노력해 나감으로써 세상을 알아가는 것이다. 배움이란 이런 것이며, 직접적인 경험이 없이는 배울 수가 없다. 오로지 부모가 필요하다는 것을 배울 뿐이다.

윌리엄의 어린 시절은 위에 말한 것의 전형적인 예다. 그의 아버지는 간섭이 심했다.

윌리엄 아버지에게는 제가 학교에서 좋은 성적을 내는 것이 가장 중요한 일이었어요. 숙제하는 데 어려운 것이 있으면 대신해 주셨고, 논문이나 연구 과제도 대신 써주셨어요. 숙제 중 단 한 가지도 저 혼자 힘으로 한 적이 없었죠.

아버지의 이런 노력에도 불구하고, 중학교에 입학할 무렵 윌리엄은 그저 보통의 학생이었다. 논문이나 연구 과제처럼 집에서 하는 것들은 잘

해냈지만, 시험 성적은 좋지 않았다. 시험은 혼자서 봐야 했기 때문에 그에게는 심한 시험공포증이 있었다. 아버지가 시험 전날 밤에 요령을 가르쳐주었고 머리도 좋은 그여서 쉽게 따라갔지만, 시험 성적은 좋지 않았다. 시험을 망치는 이유는 바로 불안감 때문이었고 시간이 지나면 지날수록 성적은 곤두박질쳤다. 윌리엄은 자신이 아버지의 도움을 받았을 때만 좋은 성적을 내는, 사실은 무능한 학생이라는 생각에 빠져들게 되었다.

윌리엄 저는 제가 게으른 아이라고 생각하게 되었어요. 그렇지 않으면 왜 아버지가 그렇게 제 숙제를 많이 해주시겠어요?

윌리엄의 아버지는 윌리엄의 학업뿐만 아니라, 사회생활과 여가, 매일의 일과까지 간섭했다. 아버지의 존재가 윌리엄의 생활 전체를 지배했다. 윌리엄을 항상 지도하고 지시했으며 때로는 대신 결정을 내리기까지도 했다. 삶의 대부분 영역에서 윌리엄의 독립적인 능력은 손상되었다.

과보호의 두 번째 차원은 부모가 자녀의 독립 시도를 방해할 때 일어난다. 부모가 자녀의 판단을 비난하고 자녀가 내린 결정에 대해 흠을 잡는 것이다.

마가렛 제가 어머니에게 가장 자주 들은 이야기는 '네가 내 말만 들었어도…'였어요. 또 입버릇 중 하나가 '내가 뭐랬니?'였지요. 지금, 이 순간에도 저는 어머니의 충고를 따르지 않으면 실패할 것 같아요.

윌리엄은 아버지에게 역사 에세이를 혼자 힘으로 써보겠다고 한 것을 기억하고 있다. 그의 아버지는 그가 앉아 있던 의자를 갑자기 잡아 빼더니 '좋아, 그 대신 이제는 생각나지 않는다고 울면서 날 찾지나 마라'라고 했다. 윌리엄의 아버지는 노골적으로 그의 용기를 꺾은 것이다. 이것은 윌리엄에게 참으로 고통스러운 경험이었다. 심지어 지금, 이 순간 약간의 비판에 대해서도 그는 민감하게 반응한다. 특히 권위자에게 그러한 조짐이 보일 때 더욱더 그렇다. 대부분 부모님이 의존을 조장하긴 해도, 용기를 꺾는 과정은 더 미묘하게 이루어진다.

마가렛의 어머니가 그녀를 비판하는 일은 드물었다. 오히려 그녀를 지지하고 애정이 많은 사람이었다. 그러나 마가렛의 어머니 자신이 겁 많은 사람이었기에 마가렛이 독립하려 할 때마다 불안해했고 이런 어머니의 불안을 감지한 마가렛도 불안했다. 어머니처럼 그녀도 세상을 두려워하게 된 것이다.

의존적인 환자들의 상당수가 부모의 불안으로 인해 이 세상을 위험한 곳으로 본다. 마가렛의 어머니는 마가렛이 의존의 덫에 걸리게 했을 뿐 아니라, 자신의 취약성의 덫을 물려주기까지 했다. '나가지 마라'가 그녀의 입버릇이었다. '밖에 나가지 마라. 너무 춥지 않니? 감기에 걸릴 거야. 나가지 마라. 너무 위험하지 않니? 나가지 마라, 너무 어둡지 않니?'가 어머니에게서 제일 많이 들은 말이었다.

마가렛의 어머니를 통해 보면 알 수 있듯이 자녀들에게 의존을 심어주는 부모들은 인색하지 않다. 그들의 문제는 사랑과 온정의 결핍이 아니다. 그 반대로 사랑과 온정이 지나치게 많은 것이 문제다. 전형적으로 잘 놀라고 신경질적이고 불안이 심하며 대중 앞에 나서기를 두려워한다, 이러한 불안감으로부터 자녀를 지키기 위해 항상 곁에 두며, 그런 과정에서 자율성을 망치는 것이다. 그들은 종종 너무 심한 불안을 느끼기 때문에 자녀들에게 안전감을 제공하지 못한다. 사랑을 주지만 독립하는 데 필요한 지지와 자유를 제공하지는 못한다.

우리는 그 근원이 과보호일 경우, 의존의 덫이 다른 덫과는 차이가 있다는 것을 알았다. 일반적으로 과보호 받은 환자들은 고통스러운 기억을 하고 있지 않다. 대개 안정된 가정환경에 대한 기억뿐이다. 의존적인 사람들은 안정된 가정을 떠나서 현실 세계의 불운과 거부, 외로움에 맞닥뜨리게 될 때까지는 착한 아이였다.

때때로 이런 환자들의 아동기 기억은 특히 의존과 취약성의 덫이 동반된 경우, 원하는 일을 저지당하는 기억인 경우가 많다.

마가렛 해변에 갔던 기억이 나요. 저는 거기서 헤엄치고 싶었죠. 제 키를 넘는 깊이에서 헤엄치고 있을 때 갑자기 어머니가 해변에 나타나서는 '빨리 나오너라. 물이 너무 깊지 않니?'라고 하셨어요. 저는 어머니에게 이렇게 말했죠. '재미있는데 왜 그래요. 조금만 더 있다가 나갈게요'라고요. 그러나 엄마는 계속해서 '물에 빠져 죽고 싶어서 그러니? 거긴 너무 깊어'라고 하셨어요. 결국, 저는 겁을 먹고 밖으로 나왔어요. 하지만 우울했던 기억이 나요.

이 기억은 마가렛이 어린 시절에 느낀 바를 잘 전달해 준다. 그녀는 구속당하는 느낌을 받았을 것이다. 혼자 힘으로 뭔가를 해내려고 수없이 노력했지만, 그때마다 그녀의 어머니는 반대했다.

어린 시절에 과보호를 받은 환자들이 치료시간에 떠올리는 이미지는 커다란 어른들의 세상 속에 있는 작은 아이의 이미지이다. 마가렛은 키가 크고 장성한 사람들에 의해 둘러싸인 자그마한 자신의 이미지를 보았고, 윌리엄은 아버지가 거대한 발걸음을 내디디면서 앞뒤로 왔다 갔다 하는 와중에 조그만 의자에 앉아 있는 어린아이인 자신의 이미지를 떠올렸다.

종종 그런 이미지들은 수동적 느낌을 전해준다. 의자에 앉아 있는 자신에 대한 이미지 속에서 그는 아버지의 말을 받아 적고 있다. 다른 두드러진 주제는 새로운 일을 시도하는 것에 관한 불안이다. 이런 이미지는 더 많은 고통을 전해준다. 왜냐하면, 새로운 것을 시도할 때마다 자신이 의존적이고 무력함을 느끼기 때문이다.

종종 의존과 복종의 덫은 동반된다. 복종은 한 사람이 의존적인 상태로 남아 있게 하는 효과적인 도구이다. 윌리엄의 아버지는 윌리엄을 복종시켰다. 과보호적인 부모는 흔히 지나치게 지배적이다.

윌리엄 가끔 저는 회계사가 되는 게 아니었다는 생각이 들어요. 그걸 원한 건 아버지였지 제가 아니었어요.

윌리엄의 아버지는 자기 생각을 아이에게 강요했다. 윌리엄의 타고난 성향이 어떻든 간에 강제로 자기 생각에 맞춰 따르게 했다. 윌리엄이 무엇을 원하는가는 전혀 중요하지 않았고, 윌리엄은 점차 자신이 누구인가에 대한 느낌을 잃어갔다. 그는 속에 커다란 구멍이 뚫린 것 같다고 얘기했다. 만일 자신에 관한 느낌이 없다면, 당신은 전적으로 누군가에게 의존적으로 된다. 내부에 공허함이 있고 그것을 채우는 유일한 방법은 자신에 관한 느낌이 드는 누군가에게 기대는 것이다.

종종 과보호와 동반되는 현상 중에는 '얽힘'이란 현상이 있다. '얽힘'과 '융합'은 당신과 또 다른 누군가가 마치 한 사람처럼 되는 것이다. 어디에서 자신의 정체성이 시작되고 어디에서 타인의 정체성이 시작되는지 알기 어렵다. 윌리엄과 마가렛 모두 자신들의 가족과 얽혀 있는데, 그중 윌리엄은 좀 더 극적인 예라고 할 수 있다. 윌리엄은 자신이 이 세상에서 능력을 발휘할 수 없다고 느끼고 있기에, 비록 짧은 기간이라도 가족과 떨어지기가 매우 어렵다. 성장해서도 집을 떠날 수 없는 이유는 바로 융합된 자아를 가지고 있기 때문이다.

의존적인 사람들도 20대가 되면 독립에 대해 고려해 보아야 한다. 그러나 그들은 아버지와 어머니에게 너무 얽혀 있고 의존적이어서 떠날 수가 없다. 친구들은 모두 집을 떠나 가족과 분리된 생활을 하고 있으나, 그들은 여전히 부모가 의존을 조장하는 집에 머물러 있다. 이런 상황은 더욱

더 좋지 않다. 부모는 여전히 모든 일에 대해 조언해 주고 모든 결정에 관해 간섭하며 그들의 판단력 발달을 방해할 뿐이다. 남성보다 여성에게 이런 경우가 많을 것이라고 예상하기가 쉬울 것이다. 우리의 풍토에서는 여성이 좀 더 어린애처럼 보호받기 때문이다. 그러나 저자의 임상 경험으로는 그렇지 않다. 우리는 여자만큼이나 의존적인 남자를 많이 보게 된다.

보호받지 못함이 의존의 기원인 경우

이 덫의 또 하나의 근원은 제대로 보호받지 못한 경우이다. 이것은 항의존적인 사람의 근원이기도 하다. 부모님이 자신의 문제로 인해 너무 약하고 무력하거나 혹은 항상 부재 상태이거나 무관심하여서 어린아이들에게 적절한 지도와 보호를 제공하지 못한다. 이러한 환자들은 의존과 정서적 결핍의 덫을 복합적으로 가지고 있다. 아주 어릴 때부터 아이들은 보호받지 못하고 있으며 안전하지 못하다고 느낀다. 어린아이는 의존적인 역할에 대한 갈망을 결코 멈추지 못한다.

> **보호받지 못함이 의존의 기원인 경우**
> 1. 부모로부터 실제적인 안내와 지도를 충분하게 받지 못했다.
> 2. 당신 나이에 내리기 어려운 결정을 혼자서 내려야 한다.
> 3. 가족 내에서 어른처럼 지내야 한다. 비록 마음속으로는 어린아이처럼 느낄 때도 그래야 한다.
> 4. 자신의 능력 범위를 넘어서는 일들을 해낼 것이며 잘 알 것이라는 기대를 받는다.

크리스틴의 기원이 그러했다.

크리스틴 어머니는 술과 진정제에 중독되어 있었어요. 저를 돌볼 수 없음은 물론 그 자신조차도 돌볼 수 없었어요. 게다가 아버지도 거의 집에 계시지 않았죠. 친구들과 모임밖에 관심이 없었으니까요.

그 누구도 크리스틴이 필요로 하는 지도와 보호를 제공해 주지 않았다. 어머니는 그녀를 보호할 만큼 강하지 않았고, 아버지는 그녀를 전혀 신경 쓰지 않았다.

크리스틴의 어머니는 불안하고 확신이 없었고 매우 의존적이었다. 그녀는 자식이 부모 노릇을 하도록 만든 셈이었다. 크리스틴은 '부모화된 어린아이'였다. 그녀는 자신과 어머니를 돌볼 수 있도록 자족적으로 되어야 했기 때문에 독립적이고 능력 있는 아이가 되었다. 그러나 마음속 깊은 곳에서는 안전한 느낌이 들지 못했고 어린아이의 정상적인 의존 상태로 남아 있기를 원했다.

크리스틴은 어린아이가 처리해내기엔 벅찬 결정들을 내리면서 자라났다. 그러나 그런 일들을 처리하는데 필요한 결단력이나 경험은 없었다.

크리스틴 항상 제가 너무 깊은 곳에서 헤엄치고 있는 듯한 느낌이에요. 제가 좋은 결정을 내리지 못하는 것 같았고 자문할 누군가가 있었으면 좋겠다고 생각했어요.

이런 아이들은 의지할 수 있고 자신을 짓누르는 책임의 무게를 덜어줄 그런 사람을 원한다. 자신의 결정에 대해 의문을 가지고 불안감을 느끼지만, 그냥 그럭저럭 살아나가는 것 외에는 선택의 여지가 없다.

종종 이러한 소망은 전혀 인식되지 않는다. 어린아이는 단지 너무 많은 책임을 떠맡게 되거나 새로이 어려운 과제를 떠맡으면서 자신이 남들에게 사기를 치는 것 같은 생각이 들 때 만성적인 불안과 압박감, 그리고 피로를 느낄 뿐이다.

의존과 친밀한 관계

　당신이 의지하는 사람들 중에는 부모, 형제, 자매, 친구, 연인, 배우자, 스승, 상사, 치료자, 혹은 그 외의 사람들이 포함될 수 있다. 당신이 의지하는 사람은 심지어는 어린아이일 수도 있다. 혹은 자식에게 부모 역할을 하게 하는 의존적인 부모가 될 수도 있다. 마가렛은 다섯 살 난 그녀의 딸인 질에게 그런 식으로 대한다.

마가렛　이상하게 들리겠지만, 제 딸이 제가 가장 안심할 수 있는 사람이에요. 슈퍼마켓에 가는 일처럼 혼자서 할 수 없는 많은 일을 질과 함께라면 해낼 수 있어요. 무슨 일이 일어났을 때 질이 무엇을 할 수 있을지 모르지만 함께 있으면 안심이 돼요.

　마가렛이 치료를 시작한 이유는 질이 유치원에 다니느라 마가렛 혼자 집에 남게 되었기 때문이었다.

데이트 초기의 위험 신호

　당신의 의존 덫은 연인 관계에서 필연적으로 나타나게 된다. 당신은 의존을 조장하는 이성에게 끌리게 된다. 그래서 결국 어린 시절의 상황은 재연된다. 배우자가 당신의 의존 덫을 자극하고 있음을 알려주는 경고 신호가 아래에 나열되어 있다.

> **잠재적인 연인과의 위험 신호**
>
> 1. 당신의 연인은 부모와 같이 당신을 보호해 주는 성향이 짙다.
> 2. 당신을 돌보는 것을 즐기며 어린애처럼 다룬다.
> 3. 상대방이 대부분의 결정을 내린다.
> 4. 상대방과 함께 있을 때 자신에 관한 느낌을 잃게 된다. 즉 상대방이 없을 때 당신의 생활은 정지된다.
> 5. 상대방이 대부분의 재정적인 기록을 도맡는다.
> 6. 사사건건 당신의 의견, 취향, 능력을 비판한다.
> 7. 떠맡아야 할 새로운 과제가 있고 상대방이 그 분야의 전문가가 아닌데도 당신은 거의 언제나 그에게 충고해 달라고 요청한다.
> 8. 그가 모든 것을 해주기 때문에 당신은 책임지는 일이 거의 없다.
> 9. 당신의 연인이 놀라거나 불안정하거나 자신에 대해 취약하게 느끼는 경우가 거의 없다.

당신의 연인 관계가 이 목록과 유사하게 이루어지고 있다면 당신은 여전히 어린 시절의 의존 상태 속에 사는 것이다. 위에 나열한 연인의 특성이 당신 부모님의 특성이기도 한 것을 알게 될 것이다. 아무것도 변한 것이 없으며 의존적인 관계를 성인이 될 때까지 그럭저럭 연장하고 있다. 당신에게는 책임질 일도, 걱정거리도, 도전적인 과제도 없다. 만족스러운 상황으로 보일지라도 이제 의존적인 관계의 대가에 대해 생각해 볼 때가 되었다. 당신은 자신의 의지, 자유, 자존감을 대가로 치르게 된다. 자신을 포기해야 한다.

의존의 덫에 굴복하기

비록 당신의 자율성을 지원해 주는 연인을 찾게 되더라도 피해야 할 함정이 있다. 바로 당신이 건강한 배우자를 변질시켜 의존의 덫에 맞는 역할을 하게 할 수 있다는 것이다.

사실 당신은 모든 관계를 덫에 맞게 왜곡하려는 경향이 있다. 정도가 덜하지만, 친구에게도 의존적이지 않은가? 낯선 사람들 말고 도움받을 사람이 없으면 낯선 사람들에게도 의존하지 않는가?

마가렛은 이러한 경향의 대표적 실례를 보여준다.

치료자 식료품 가게에서 일어난 일을 말씀해 보세요.

마가렛 글쎄요. 맨 먼저 제가 도움이 필요할 때 의지할 만한 사람을 찾아봤죠. 저보다 약간 앞에 서서 쇼핑하는 여자가 있었는데 인상이 좋아 보였기에 저는 뭔가가 정말 잘못되면 그녀가 나를 돌봐줄 수 있을 것으로 생각했어요.

치료자 누군가 돌봐줄 사람을 찾는 것이 당신이 항상 맨 먼저 하는 일인가요?

마가렛 네. 저는 누군가 저를 도와줄 사람이 있는지 확인해요.

치료자 그런 사람들에게 도움을 받은 적이 있나요?

마가렛 아뇨, 전혀 그런 적이 없죠. 아직 실제 도움을 받은 적은 없었어요. 그렇지만 혹시 어떻게 될지 모를 일이기 때문에 항상 염두에 두는 거죠. 사람 일은 알 수 없는 거잖아요.

의존의 덫은 업무에 접근하는 방식에도 영향을 줄 수 있다. 그것은 당신이 앞서나가는데 필요한 책임을 떠맡고 주도권을 잡는 것을 회피하게 만든다.

여기 당신이 일과 사랑에 있어서 의존의 덫을 유지해가는 방법이 있다.

의존의 덫

1. 언제나 더 현명하고 더 강한 사람에게 충고와 지도를 요청한다.
2. 자신의 성공을 평가절하하고 결점을 과장한다.
3. 스스로 새로운 도전을 하려 하지 않는다.
4. 스스로 결정을 내리지 않는다.

> 5. 자신이 직접 재정적인 문제를 결정하거나 기록하지 않는다.
> 6. 부모님이나 연인, 혹은 배우자를 통해 인생을 살아간다.
> 7. 부모님에게 의존하는 정도가 당신 또래의 사람들보다 더 심하다.
> 8. 혼자 있거나 혼자 여행하지 않는다.
> 9. 두려움과 공포 때문에 문제를 직면하지 못한다.
> 10. 실제적인 기술이나 일상적인 생존 기술의 여러 영역에서 무지하다.
> 11. 어떤 시기에도 상당 기간 혼자 힘으로 살아본 적이 없다.

크리스틴의 경우처럼 항의존적인 경우에는 다른 방법으로 덫을 강화한다. 자신에게 가능한 것보다 더 깊은 곳에서 헤엄치도록 일을 만들어나가는 것이다.

항의존의 신호

> 1. 결코, 누구에게도 조언이나 지도를 요청하는 법이 없다. 무엇이든 스스로 해내야 한다.
> 2. 항상 새로운 것에 도전하고 자신의 두려움과 맞서지만, 그렇게 하는 동안 지속적인 압박감을 느낀다.
> 3. 연인이 당신에게 매우 의존적이어서, 결국 당신이 모든 것을 처리하고 모든 결정을 내린다.

당신은 약간의 건강한 의존을 원하는, 즉 대처하는 것을 잠시 멈추고 휴식을 원하는 당신의 일부를 무시한다. 크리스틴의 심상은 정상적인 의존에 대한 열망을 표현하고 있다.

치료자 무엇이 보입니까?
크리스틴 어린 시절의 제 모습이 보이네요. 어머니가 소파에 앉아 계시고 제 유일한 소망은 방을 가로질러 가 앉은 채로 내 머리를 어머니의 무릎에 파묻는 거예요.

의존의 덫 바꾸기

여기 당신의 덫을 극복하기 위해 겪어나가야 할 단계들이 제시되어 있다.

> **의존의 덫 바꾸기**
>
> 1. 어린 시절의 의존을 이해하라. 내면의 의존적인 아이를 느껴라.
> 2. 타인에게 의존하는 일상적인 상황, 과제, 책임, 결정들을 열거하라.
> 3. 두려운 나머지 피해버린 도전이나 변화, 공포를 열거하라.
> 4. 일상의 과제와 결정들을 도움을 청하는 일 없이 해나가도록 자신을 체계적으로 압박해 나가라. 도전해보고 회피해왔던 변화를 시도해 보라. 쉬운 일부터 먼저 시작하라.
> 5. 당신 스스로 한 과제에 성공하면 그것에 대한 상을 주라. 그것을 과소평가하지 말라. 실패했을 때도 포기하지 말라. 그 과제에 숙달할 때까지 계속해서 노력하라.
> 6. 과거의 관계들을 돌이켜보고 반복되는 의존의 패턴을 분명히 하라. 당신이 회피하는 삶의 덫을 열거하라.
> 7. 강한 매력을 유발하는 강력하고 과보호적인 연인을 피하라.
> 8. 당신을 동등하게 대우하는 연인을 발견하면 그 관계가 지속할 수 있도록 기회를 주라.
> 9. 연인, 동료, 혹은 상사가 당신을 충분히 도와주지 않는다고 불평하지 말아라. 계속해서 충고해 주고 안심시켜 달라고 그들에게 기대지 말라.
> 10. 업무에서 새로운 도전과 책임을 맡되 점진적으로 하라.
> 11. 당신이 항의존적이라면, 지도받기를 원하는 당신의 욕구를 인정하라. 타인에게 도움을 청하라. 당신이 다룰 수 없는 도전은 하지 마라. 당신이 다루기에 적당한지 아닌지는 당신의 불안 수준으로 평가하라.

1. 어린 시절의 의존을 이해하라. 내면의 의존적인 아이를 느껴라. 당신은 먼저 왜 이렇게 되었는지 이해해야 한다. 누가 어린 시절의 당신에게 의존을 심어주었는가? 스스로 해나가도록 내버려 두기를 두려워했던 어머니였던가? 도움을 구하지 않고 독자적으로 일을 해내는 것을 비난하던 아버지였던가? 혹은 가족 중에서 가장 어렸기 때문에 당신을 어린애 취급했을 수도 있다. 어린 시절 당신에게는 어떤 상황이 벌어졌는가?

어렸을 적 이미지를 떠올려보라. 의존에 관한 느낌이 일어날 때가 시작하기 좋은 시점임을 명심하라. 현재 생활에서 의존의 덫을 느낄 때가 바로 심상 훈련을 할 기회이다. 그런 느낌을 불러일으킬 수 있는 조용한 장소를 찾아라.

마가렛   공황 증상을 조절하는 연습을 하기 위해 안토니와 함께 쇼핑센터로 갔어요. 둘이 함께 벤치에 앉아 있다가 혼자 쇼핑센터를 돌아다니는 연습을 하고 싶어서 그에게 벤치에서 기다려 달라고 했죠. 약국까지 갔다가 되돌아왔을 때 그는 가고 없었어요. 저는 공황발작을 일으켰고, 그를 찾기 위해 뛰어다녔죠. 마침내 안토니를 찾아냈을 때 그는 기둥 뒤에 숨어서 저를 보며 웃고 있었어요. 줄곧 저를 지켜보면서 웃고 있었던 거예요. 그걸 우스운 일이라고, 장난 같은 거로 생각했나 봐요. 하지만 저는 그를 죽여버리고 싶은 심정이었어요.

치료자   눈을 감고 그 순간을 천천히 떠올려보세요.

마가렛   네. 그가 기둥 뒤에서 저를 쳐다보는 게 보여요.

치료자   어떤 느낌인가요?

마가렛   늘 그렇듯이 그가 미웠지만 동시에 그가 거기에 있어서 안심돼요.

치료자   이번에는 어린 시절에 이렇게 느꼈던 상황에 대한 기억을 떠올리고 얘기해 주세요.

마가렛   (침묵) 우리 집 문 앞에 서 있는 게 기억나요. 부모님은 그날 밤 외출할 계획이었고 저를 보모인 리사에게 맡길 예정이었죠. 부모님이 떠나는 걸 보고는 울면서 가지 말라고 매달리고, 리사는 저를 집안으로 끌고 들어가려 했어요. 부모님은 앞문을 지나 계단으로 내려가고 있고요. 엄마는 걱정스러운 표정으로 뒤돌아봐요.

이 이미지는 의존과 버림받음의 덫이 어떻게 함께 작용하는지 보여준다. 다른 사건들도 심상 훈련의 소재가 될 수 있다. 윌리엄은 어린 시절의 의존을 내포한 꿈을 꾼 것을 얘기해 주었다. 그는 캐롤과 헤어지는 것이 얼마나 두려운가에 관해 이야기하는 도중 이 꿈을 기억해냈다.

윌리엄 부모님과 함께 계단을 걷고 있었어요. 부모님은 내 손을 한쪽씩 잡은 채로 걸었어요. 저는 어린 소년이었죠. 그러다가 부모님이 제 손을 놓고 앞서 가버렸고, 계단은 점점 가팔라 혼자 기어 올라가느라 너무 힘들었어요.

기억을 떠올릴 때 어린아이로서 어떻게 느꼈을지를 기억하라. 그 어린아이는 아직도 당신의 내면에 살아 있다. 겁먹은 어린아이, 그 아이를 안심시키도록 노력하라. 내면의 의존적인 아이는 당신이 줄 수 있는 특정 유형의 도움이 필요하다. 독립하기 위한 당신의 노력을 어떻게 지원할 것인지를 배워라.

2. 타인에게 의존하는 일상적인 상황, 과제, 책임, 결정들을 열거하라.
의존하는 정도를 명백히 밝혀라. 이렇게 함으로써 보다 객관적인 시각을 갖게 될 것이다. 한 예로써 여기에 윌리엄이 부모님에 대한 자신의 의존 상태에 대해 적은 목록이 있다.

내가 부모님에게 의존하는 방식

1. 살 곳을 얻음
2. 직장을 얻음
3. 차를 수리할 수 있음
4. 음식
5. 돈의 투자
6. 휴가 계획하기
7. 휴일의 할 일 계획하기

이 목록은 당신이 숙달해야 할 것에 대한 청사진이기도 하다. 이것은 인생의 과제들이며 거의 대부분의 사람이 해낼 수 있는 것이다.

3. 두려운 나머지 피해버린 도전이나 변화, 공포들을 열거하라. 회피해 온 도전 과제들을 열거해 보라. 어떤 것들은 상대적으로 쉬운 것이고 어떤 것들은 어려울 것이다. 여기에 마가렛이 우리와 함께 작성한 목록이 있다.

내가 회피해온 과제

1. 안토니에게 내 주장을 좀 더 분명하게 하는 것
2. 지하철을 타는 것
3. 혼자서 쇼핑을 하는 것
4. 혼자 집에 남아 있는 것
5. 고속도로에서 운전하는 것
6. 안토니와 함께 영화 보러 가는 것
7. 안토니와 함께 춤추러 가는 것
8. 친구들과 점심을 먹기 위해 외출하는 것
9. 이혼하는 방법을 알아보러 변호사를 만나러 가는 것
10. 안토니에게 결혼 카운슬링에 관해 얘기하는 것

당신 인생의 모든 영역을 포함하도록 노력하라. 마가렛은 처음 치료를 받으러 왔을 때 직업이 없었다. 한참이 지난 후에 그녀는 이 문제에 도전했다. 그러나 당신의 목록에는 일과 관계된 문제들이 포함되어 있어야 한다. 예를 들어, 윌리엄은 일하다가 어떻게 해야 할지 약간의 의문만 들어도 그때마다 아버지에게 달려가곤 했다. 그는 불안을 이겨내고 스스로 문제를 해결하는 법을 배워야 했다. 처음에는 실수했으나 점점 나아져서 더 큰 임무를 맡게 되었다. 일 년 후에는 아버지의 회사를 떠나 다른 곳에서 직장을 얻었다. 그로서는 상당한 노력을 통해 점차 자신감을 기른 후의 일이었다.

4. 일상의 과제와 결정들을 도움을 청하는 일 없이 해나가도록 스스로를 체계적으로 압박해 나가라. 도전해보고 회피해왔던 변화를 시도해 보라. 쉬운 일부터 먼저 시작하라. 계획을 세우기 위해 방금 작성한 두 개의 리스트를 사용하라. 각 항목을 완수하기가 얼마나 어려울지 아래의 척도에 따라 점수를 매겨보라.

난이도			
매우 쉽다.	0	매우 어렵다.	6
약간 어렵다.	2	거의 불가능하게 느껴진다.	8
상당히 어렵다.	4		

예를 들어, 마가렛은 그녀의 목록의 각 항목을 다음과 같이 평가했다.

내가 회피해온 과제들	난이도
1. 안토니에게 내 주장을 좀 더 분명하게 하는 것	6
2. 지하철을 타는 것	5
3. 혼자서 쇼핑을 하러 가는 것	3
4. 혼자 집에 남아 있는 것	6
5. 고속도로에서 운전하는 것	4
6. 안토니와 함께 영화 보러 가는 것	5
7. 안토니와 함께 춤추러 가는 것	7
8. 친구들과 점심 식사하기 위해 외출하는 것	3
9. 이혼하는 방법을 알아보러 변호사를 만나러 가는 것	7
10. 안토니에게 결혼 카운슬링에 관해 얘기하는 것	8

쉬운 것부터 시작하라. 상대적으로 완수하기 쉬운 항목들을 포함했는지 확인하라. 그리고 심지어 그 항목이 쉬운 것이라 하더라도 한 항목을 실행하기 전에 충분한 계획을 세워야 한다.

마가렛이 선택한 첫 항목은 혼자 쇼핑 가는 것이었다. 그녀는 우선 식료품 가게에 가려고 결정했다. 여러 가지 각본을 어떻게 실행할지 우리는 오랫동안 이야기를 나눴다. 그녀가 공황 증상을 느끼기 시작할 때는 신체 증상을 조절하기 위해 복식호흡 훈련을 하였다. 파국적인 생각이 들 때 그런 생각에 도전하고 교정하는 법을 가르쳐 주었다. 도망치고 싶어질 때 도피하지 않고 상황을 처리할 수 있도록 자신감을 키워주었다. 이렇듯 모든 가능성을 점검하고 그런 일이 일어나면 어떻게 할 것인지를 세세하게 계획하라.

당신은 좀 더 어려운 항목으로 이행하기 전에 비슷한 정도로 어려운 다른 항목을 연습해 볼 수 있다. 그럴 필요가 있다면 목록에 몇 개의 항목들을 추가하라. 마가렛은 난이도 4의 수준으로 넘어가기 전에 난이도 3의 수준에 있는 붐비지 않는 백화점에 혼자 가기, 운동하기 등의 항목을 추가했다.

우리는 당신이 일정 수준으로 숙달된 후에 좀 더 어려운 과제들로 넘어가기를 바라며 체계적인 방식으로 숙달감과 유능함을 구축하기 바란다.

5. 당신 스스로 한 과제에 성공하면, 그것에 대해 포상하라. 과소평가하지 말라. 실패한 때도 포기하지 말라. 그 과제에 숙달할 때까지 계속해서 노력하라. 어떤 과제에 성공했을 시 자신에게 보상을 주는 것은 중요한 일이다. 이런 일들은 당연히 할 수 있어야 한다고 생각하기 때문에 보상받을 가치가 없다고 생각하기 쉽다. 마가렛이 첫 항목인 식료품 가게에 가는 일을 성공적으로 마쳤을 때 그녀는 다음과 같이 자신의 느낌을 표현했다.

마가렛   저는 그렇게 잘했다는 느낌을 받지 못했어요. 사실 누구나 식료품 가게에는 가는데 사실 대단할 게 없잖아요?

치료자 그러나 공황장애가 있는 사람들에게는 식료품 가게에 가는 것만이라도 대단한 일이죠.

얼마나 능숙하게 한 항목을 끝냈는지를 평가할 때는 현실적으로 하라. 잘한 일이 있을 것이고 못한 일이 있을 것이다. 성취한 것을 인식하고 실수로부터 배우도록 노력하라.

부모님이 비판적인 분들이었다면 당신에게는 자신을 비판하는 경향이 있을 수 있다. 자기도 모르게 자신을 비난하기 시작했다면, 당장 멈추고 자신을 지지하라. 이것이 반드시 배워야 할 스스로 양육하는 방법이다. 비록 불완전한 상태라 하더라도 계속 나아갈 수 있으며 자신을 더 강하게 만들고 능력을 길러나갈 수 있다.

6. 과거의 관계들을 돌이켜보고 반복되는 의존의 패턴을 분명히 하라.
당신이 회피하는 삶의 덫을 열거하라. 인생에서 가장 중요했던 사람들의 명단을 작성하라. 여기 마가렛이 작성한 목록이 있다.

의존의 덫

1. 어른스럽게 행동하지 못하고 어린애처럼 구는 것
2. 남들이 나를 어떻게 대우하든 남아 있는 것
3. 매달리는 것
4. 내 인생을 책임져 주고 나를 돌봐줄 사람을 찾는 것
5. 누군가와 함께하기 위해 내 인생을 포기하는 것
6. 스스로 결정 내리지 못하는 것
7. 스스로 돈을 벌지 못하는 것
8. 내 능력을 시험해볼 수 있도록 자신에게 자극 주는 일이 없는 것

이것이 대인관계에서 잘못된 것들을 나열한 것이다. 이러한 명단 속에 가족, 친구, 연인, 스승, 상사, 동료들을 포함해라. 각각의 관계들을 차례로 살피면서 당신의 의존을 관찰하라. 다른 사람들과 당신의 행동에 있어서 의존을 조장한 요인은 무엇인가? 피해야 할 삶의 덫에는 어떤 것이 있는가? 이러한 것을 작성함으로써 삶의 덫을 인식하고 바로잡을 수 있다.

마가렛은 우리와의 관계에서 이것을 실천했다. 우리의 지지 속에서 그녀는 좀 더 강해졌고 자기주장을 할 수 있게 되었다. 그 결과 하나의 관계에서의 변화가 그 사람의 치유에 얼마나 도움이 되는지 다시 한번 체험할 수 있었다. 우리와의 관계에서 자기주장을 하게 됨으로써 안토니와의 관계에서도 자기주장을 할 수 있게 된 것이다. 마가렛이 인간관계에서의 자율성을 한 번 경험해 본 후에는 과거로 돌아가고 싶지 않다고 했다. 당신도 물론 과거로 돌아가고 싶지 않을 것이다. 의존 상태를 벗어나 독립적인 기능이라는 힘을 느끼는 것은 편안하고 즐거운 일이다.

7. 강한 매력을 유발하는 강력하고 과보호적인 연인을 피하라. 사실 가장 매력을 느끼는 이성을 피하라는 것은 마치 속임수처럼 느껴지는 원칙이다. 기억하라! 당신의 덫을 자극하는 이성을 만났을 때 가장 강한 매력을 느낀다. 틀림없이 당신은 자신을 보호하고 압도하는 이성에게 끌리기 쉬울 것이다.

마가렛과 안토니는 서로에게 굉장히 매력적인 이성이었다. 서로의 덫을 자극한다는 면이 완벽하게 맞아떨어졌기 때문이다. 하지만 치료를 통해 마가렛은 용기를 내어 좀 더 자기주장을 잘하게 되었다. 나아가 그녀는 자립할 수 있게 되었고, 안토니를 잃는 것이 가장 두려운 일이라는 생각을 더는 하지 않게 되었다.

마가렛 제가 안토니와 함께 지낼 수 있는 유일한 길은 그 사람이 변하는 거예요. 그가 저를 함부로 대하도록 놔둘 수가 없어요. 그 사람에게 계속 학대받느니 차라리 혼자 살겠어요.

안토니가 마가렛을 정말 잃게 될 수도 있음을 직시하고 나서 그도 치료에 참여하기로 동의했다. 대부분의 자기애적인 사람들과 마찬가지로 버림받을지 모른다는 위험이 그에게 변화의 동기를 부여했다. 그들은 서로의 관계를 상호 간에 만족이 가능한 관계로 재창조시켜 나가기 위해 열성적으로 치료에 임하고 있다. 성공적인 한 쌍이 될 수도 있고 그렇지 못할 수도 있지만 마가렛은 의존의 덫을 포기하는 선택을 했다.

8. 당신을 동등하게 대우하는 파트너를 발견하면 그 관계가 지속할 수 있도록 기회를 주라. 책임과 결정에 있어서 당신의 몫을 기꺼이 맡도록 하여라. 독립과 자율을 촉구하는 배우자에게는 매력을 거의 못 느끼거나 점점 약해짐을 경험하게 될 것이다. 우리는 윌리엄이 캐롤과의 관계에서 강렬한 감정을 거의 느끼지 못한 이유가 캐롤이 그의 의존을 당연한 것으로 받아들이지 않았기 때문이라고 확신한다. 그러나 분명 그는 그러한 관계가 계속되도록 노력할 가치가 있음을 알게 될 것이다. 상대방에게 초기에 얼마 동안이라도 매력을 느꼈던 시기가 있었다면 확신을 하게 됨에 따라 그 매력은 점점 되살아날 것이다.

만일 연인이 당신에게 자립하기를 권한다면, 그 관계를 발전시켜 보라. 윌리엄이 캐롤과 처음 데이트하기 시작했을 때 윌리엄은 그녀에게 강한 매력을 느꼈다. 그러나 얼마 되지 않아서 캐롤에게는 부모 역할을 하게 하고, 자신은 어린아이 노릇을 하려는 윌리엄의 시도에 대해 캐롤이 강하게 저항한다는 것이 명백해졌다. 그녀는 그가 강해지기를 바랐다. 그녀는 또래의 사람, 즉 동료가 필요했고 그의 인생 전체를 책임지는 것은 원치 않았다. 시간이 흐르면서 윌리엄은 캐롤에 대해 매력을 잃어갔다.

그는 우리에게 캐롤이 자신과 맞지 않는다고 말하기 시작했다. 또한, 그가 그녀를 사랑하지 않으며 다른 여인에게 더 관심이 있다고 말했다.

우리의 권유로 윌리엄은 캐롤과의 결혼 생활을 지속할 수 있었다. 그는 점차 자신의 인생을 좀 더 책임질 수 있었다. 자기 소유의 아파트로 이사했고, 다른 회사에서 일자리를 얻었으며, 자신의 재산을 관리하고 스스로 목록을 짜서 계획대로 일을 처리했다. 이런 새로운 역할들을 좀 더 편안하게 할 수 있게 됨에 따라 캐롤에게 느꼈던 매력도 되살아났고 잃어버렸던 많은 것들도 회복할 수 있었다.

9. 연인 혹은 상사가 당신을 충분히 도와주지 않는다고 불평하지 말라.
지속해서 충고해 주고 안심시켜 달라고 그들에게 기대지 말라. 이 충고는 의존적이면서 특권 의식에 가득한 사람들에게 필요한 것이다. 사람들이 당신을 돌볼 의무가 있는 것이 아님을 깨달아야 한다.

지금 당신은 도망가고 싶은 충동을 느낄 것이다. 아마 문제를 스스로 해결하려는 시도조차도 하지 않을 것이다. 우리가 원하는 반응은 먼저 스스로 해보도록 노력하는 것이다. 열심히 노력하고 문제를 해결하기 위해 최선을 다한 다음에도 해결되지 않으면 그때 가서 도움을 청하라.

윌리엄 제가 회계 처리하는 컴퓨터 시스템에 대해 배울 때 매번 아버지에게 가서 질문했어요. 아버지는 심하게 역정을 냈지만, 답을 말씀해 주셨고 저는 설명서를 읽어보려고 하지도 않았죠. 그러나 일단 설명서를 이해하려고 노력하고 나서부터는 그게 가능하다는 걸 알게 되었어요. 지금은 좀처럼 아버지에게 질문하러 가지 않아요. 만일 제가 질문을 하면 아버지 혼자서는 대답을 못 하세요.

혼자 힘으로 일을 하려고 노력할 때 그 방식이 옳다고 안심시켜 줄 사람을 찾고 싶은 충동을 느낄 것이다. 당신에게 안심시켜주는 말은 마치 혼자서 헤쳐나가는 것에 대한 불안감을 진정시켜 주는 신경안정제와도 같다. 그러나 그 약은 끊어야 한다. 스스로의 힘으로 헤쳐나가는 것에 대한 불안감을 견뎌야 할 필요가 있다. 불안감은 사라질 것이다. 신념을 가져라. 그러면 불안감을 거의 느끼지 않고 혼자 살아갈 수 있는 날이 올 것이다.

10. 업무에서 새로운 도전과 책임을 맡되 점진적으로 하라. 업무상의 기술을 체계적으로 확대해 나가라. 한꺼번에 너무 많은 일을 맡지 말라. 성장 과정을 스스로 조절하라.

여기서 당신은 마가렛이 공포를 극복하는데 사용한 접근법을 활용할 수 있다. 직장에서 회피해온 과제들의 목록을 만들어라. 개인적인 업무와 대인관계가 요구되는 업무를 모두 포함하고 쉬운 것부터 어려운 것까지 총망라하라. 난이도를 0에서 8까지 매겨라. 0은 가장 쉬운 것이고, 8은 가장 어려운 것이다. 가장 쉬운 것부터 시작해서 쉽게 느껴질 때까지 반복 수행하라. 이 과제가 숙달된 것 같으면 다음 과제로 넘어가라.

가장 덜 어려운 항목조차 해내기가 어려우면 좀 더 쉬운 항목을 선정하라. 아무리 의존적인 사람이라 하더라도 쉽게 해낼 수 있는 일을 찾아낼 수 있다.

11. 항의존적이라면 지도받기를 원하는 당신의 욕구를 인정하라. 타인에게 도움을 청하라. 처리할 수 있는 수준 이상의 도전을 하지 말라. 불안의 수준을 얼마나 편안하게 일을 맡을 수 있는지 결정하는 척도로 삼아라.

심리치료에는 '사람과의 관계가 치료 요인이다'란 격언이 있다. 크리스틴은 여기에 해당한다고 볼 수 있다. 우리와의 관계는 그녀의 치유에 굉장한 도움이 되었다. 그녀는 우리와의 관계에서 처음으로 타인의 도움을 받아들였다. 함께 하는 동안 자신의 취약한 모습을 보여주었으며, 내부에 있는 약하고 확신이 없는 부분, 즉 손상당하고 혹사당한 어린아이의 존재를 공개했다. 처음에 그녀는 몹시 불안해했다. 그러나 우리의 신뢰성을 평가한 후에는 타인에 대한 의존이라는 모험을 해보기로 했다. 우리는 그녀의 건강한 의존적인 부분을 지지하고 양육했으며, 크리스틴은 심상훈련을 통해 자신의 그러한 부분을 양육하는 법을 배웠다.

치료자   어떤 이미지가 떠오릅니까?
크리스틴   어린 시절의 제 모습이 떠올라요. 아마 여덟 살 정도 돼 보이네요. 거실에서 옷을 다리고 있어요. 한 친구가 제 옷에 주름이 졌다고 놀렸기 때문이죠. 어머니는 소파에 앉아 졸고 계세요.
치료자   그 이미지 속으로 들어가서 어린아이를 도와주기 바랍니다.
크리스틴   어려운 일이에요. 무슨 말을 해야 할지 모르겠어요. 아마 이렇게 말할 것 같아요. '그래, 어떻게 다림질하는지 내가 가르쳐 줄게. 어려운 게 아니야. 이런 걸 다 혼자서 해야 하다니 참 안 됐구나. 네게 벅찬 일인 줄 잘 알고 있단다. 하지만 힘들 때 너를 도와주려고 내가 왔단다. 도움이 필요할 땐 언제든지 내게 오렴'이라고요.

크리스틴은 차츰 남에게 도움을 청하기 시작했다. 의존하고 싶은 마음이 생기는 사람이 있으면 그 사람이 신뢰할 만한 사람인지 먼저 확인해야 한다. 배우자를 고를 때 실수를 해서는 안 된다. 필요로 할 때 옆에 있어 줄 것이라는 확신이 들지 않으면 그 사람을 선택해서는 안 된다. 크리스틴은 매력을 느끼는 유형을 바꿔야 했다. 그녀는 약한 사람들에게 끌리곤 했으며, 대부분의 사람이 약물 중독자였다. 의존의 덫을 변화시키는 과정은 어떤 상대에게 매력을 느끼는가에도 큰 변화가 필요하다.

삶의 덫을 변화시키는 과정의 또 다른 측면은 책임을 떠맡는 정도에 변화를 주는 것이다. 가정과 직장, 지역사회에서 그리고 친구들과의 관계에서 책임을 맡는 수준을 조절하기 바란다. 불안의 수준을 척도로 삼아라. 불편을 느낄 정도로 불안이 심해지면 너무 많은 책임을 떠맡은 것이고 맡은 일 중 일부를 포기해야 한다. 예를 들어, 크리스틴이 친구나 직장 동료에 대해 지나치게 불안감을 느낄 경우, 그것은 그녀가 그들을 돕는 데 너무 깊숙이 관여하고 있음을 의미한다. 뒤로 물러서서 자신의 생활에 초점을 맞춰야 한다.

크리스틴은 자신이 치료에서 얻은 점을 다음과 같이 표현했다.

크리스틴 제 인생을 균형 잡는 일이었다고 생각해요. 그래서 제가 다른 사람을 돌보는 만큼 다른 사람도 저를 돌보게 되는 거죠. 이전에는 그런 적이 없었어요. 이제 훨씬 편안해졌고 마음 깊은 곳에서 몸부림치는듯한 느낌이 더는 없어요.

마지막 조언

의존의 덫에서 빠져나오는 과정은 아동기로부터 성인기로의 여정이다. 그것은 두려움과 회피를 이 세상에서 독립적으로 살아갈 수 있다는 느낌과 숙달감으로 바꿔나가는 것이다. 남들에게 돌봐달라고 부탁하며 귀찮게 하는 일은 그만두어라. 스스로 돌보는 법을 배우고 인생의 과제에 숙달함으로써 자신의 대처 능력에 대한 신뢰감을 가지도록 하라.

11
"언제 재앙이 닥칠지 몰라" 취약성의 덫

로버트 | 31세. 공황발작으로 고통받고 있다.

로버트가 사무실로 들어왔을 때 그는 눈에 띄게 흥분해 있었다. 간신히 자리에 앉은 그는 자신의 문제를 이야기하기 시작했다.

로버트 여기가 제가 와야 할 곳인지 의문스럽지만 어쨌든 한번 가보라는 권유를 받고 왔어요. 여러 의사에게 갔지만, 누구도 내 문제가 뭔지를 발견해내지 못했어요. 불안 증상을 갖고 있으니 안정을 찾아야 한다고만 하더군요.
치료자 당신 생각엔 뭐가 문제인 것 같나요?
로버트 의사들이 아직 발견 못 한 신체적 문제가 있다고 생각해요.

로버트는 공황장애를 가지고 있었다.

로버트　보통 이런 식이죠. 갑작스럽게 어디서 왔는지 모를 느낌이 불현듯 엄습해요. 종말의 느낌이라고나 할까요? 어지럽고 숨이 멎을 것 같은 느낌이에요. 심장이 뛰고 모든 것이 비현실적으로 보여요.
치료자　그럴 때 어떤 느낌이 드나요?
로버트　신경쇠약에 걸릴 것 같은 느낌이에요. 당장 그 자리에서 미쳐버릴 것 같아요.

로버트는 자신이 뇌종양이나 심장병에 걸렸다고 믿고 있었다.

로버트　한동안 그런 느낌이 올 때마다 응급실로 달려갔어요. 저는 심장발작이 왔거나 뇌동맥류 같은 병에 걸렸다고 생각했죠. 최악의 사태도 생각했어요. '정말 이렇게 죽는구나'라고 생각했다니까요.
치료자　이제는 더는 그런 생각을 안 하나요?
로버트　음, 안 하는 건 아니에요. 아직도 가끔 머릿속에 압박감이 느껴지는데 그게 동맥류(역주: 뇌동맥이 풍선처럼 부풀어져 있는 상태)가 아닌가 생각해요. 죽지 않을 것이고 괜찮다는 이야기를 많이 들었어요. 하지만, 그런 일이 너무 자주 일어났어요. 제가 죽을지도 모른다는 기분이 드는 건 정말 끔찍한 일이에요. 요즘 제가 가장 걱정하는 건 미치지나 않을까 하는 거죠.
치료자　미치게 된다는 건 무슨 뜻이죠?
로버트　갑자기 소리를 지르거나 환청을 듣게 되지 않을까, 그리고 그런 것들이 절대 멈추지 않을 것 같은 느낌이에요.

로버트에게 그런 일이 실제 일어난 적이 있느냐고 물었을 때, 그는 '아니요'라고 대답했다. 단지 그런 일이 일어날까 봐 두려워하는 것이다.

해더는 치료받으러 올 때 남편인 월트와 함께 온다. 우리가 그들에게 무엇이 문제인지 물었을 때 그들은 해더에게 공포증이 있다고 했다.

월트 이 사람은 아무것도 하지 않으려고 해요. 비행기를 타거나 물에 들어간다거나 심지어는 엘리베이터조차 타지 않으려고 하니, 우리는 휴가도 갈 수 없고 주말 밤에 시내로 외출도 못 나가요. 너무 위험하다는 거죠. 게다가 단돈 1센트라도 아껴야 한다는 강박관념에 돈을 못 쓴답니다. 이 사람과 사는 것은 마치 감옥 속에서 사는 것과 마찬가지예요. 제가 미칠 것 같다니까요!

해더도 공포증으로 자신뿐 아니라 주변인들의 활동에 많은 제약이 가해진다는 것을 알고 있었다. 그러나 그녀는 어떤 일을 하도록 강요당하면 격렬하게 화를 냈다.

해더 저는 집 근처에서 시간을 보내는 게 더 좋아요. 이 사람이 원하는 일이 제게는 재미가 없어요. 휴가 기간 내내 비행기 탈 걱정이나 엘리베이터에 올라탈 걱정만 하고 있다면 그게 무슨 휴가가 되겠어요? 저녁 내내 시내에서 꼼짝달싹 못 할 것을 걱정하고 있는 건 또 어떻고요? 그러니 차라리 안 나가는 게 낫죠.

지난 수년간 해더의 공포는 점점 더 심해져만 갔고 그것은 그 둘 사이 갈등의 원천이 되었다.

취약성의 덫 질문지

이 질문지는 당신의 취약성의 덫의 강도를 측정하는 것이다. 아래에 있는 척도를 이용해서 각 항목에 답하라. 당신의 성인기 동안 일반적으로 느끼고 행동했던 방법에 근거해서 각 항목을 평가하라. 성인기의 어느 시기에 변화가 있었다면 각 항목을 평가할 때 가장 최근의 일 년 혹은 2년에 초점을 맞춰라.

완전히 나와 다르다.	1	어느 정도는 나와 일치한다.	4
대부분 나와 다르다.	2	대부분 나와 일치한다.	5
다른 면보다 일치하는 면이 좀 더 많다.	3	완전히 일치한다.	6

비록 점수의 합계가 낮더라도 5점이나 6점에 해당하는 항목이 하나라도 있다면 이 덫은 당신에게 존재하는 것이다.

질문	점수
1. 나는 뭔가 나쁜 일이 일어날 것만 같은 느낌을 떨쳐버릴 수가 없다.	
2. 나는 언제라도 재앙이 닥칠 것 같은 느낌이 든다.	
3. 나는 노숙자나 부랑자가 될까 걱정한다.	
4. 나는 범죄자나 강도, 도둑에게 공격당할까 걱정이 심하다.	
5. 의사가 아무런 진단을 내린 적이 없는데도 중병에 걸릴까 걱정한다.	
6. 나는 너무나 불안해서 홀로 비행기나 기차를 타고 여행할 수 없다.	
7. 나는 불안발작을 경험한 적이 있다.	
8. 나는 신체의 감각을 많이 의식하고 왜 그런 반응이 나타났는지 걱정한다.	
9. 나는 공개된 장소에서 자제력을 잃거나 미치게 될까 걱정한다.	
10. 나는 돈을 모두 잃거나 파산하게 될까 걱정한다.	
당신의 최종 점수(질문 1번에서 10번까지의 점수를 더하라)	

점수 해석

10 – 19 매우 낮음. 이 덫은 당신에게 적용되지 않는다.
20 – 29 낮음. 이 덫은 아주 가끔 당신에게 적용될 것이다.
30 – 39 중간. 이 덫은 당신의 인생에서 문제가 될 수 있다.
40 – 49 높음. 이 덫은 당신에게 분명히 중요하다.
50 – 60 매우 높음. 이것은 분명히 당신의 핵심 삶의 덫 중 하나다.

취약성의 경험

취약성의 덫에 동반된 일차적 감정은 불안이다. 재앙이 임박했으며, 당신은 거기에 대처할 만한 능력이 없다. 이 덫은 두 가지 요소로 구성되어 있다. 재앙의 위험성을 과장하고, 대처 능력은 평가절하한다.

이것은 무엇을 두려워하는지, 어떤 유형의 삶의 덫을 가지고 있는가에 따라 달라진다. 취약성에는 네 가지의 유형이 있다. 당신은 한 가지 이상에 해당할 수 있다.

취약성의 유형	
1. 건강과 질병	2. 위험
3. 가난	4. 조절능력을 잃는 것

건강과 질병

취약성 중에서도 건강과 질병 유형에 해당하는 사람은 보통 건강염려증이 있다. 건강에 대해 강박적으로 걱정하고 의사들이 심각한 문제가 없다고 반복적으로 이야기해도 자신은 병에 걸렸다고, 즉 에이즈(AIDS), 암, 다발성 경화증 같은 악성 질환에 걸렸다고 확신한다.

공황발작을 겪는 환자들 대부분이 여기에 속한다. 뭔가 잘못되었다는 징조는 없는지 자신의 몸을 샅샅이 살핀다. 자신의 몸에 민감해져 있는 것이다. 아무리 정상적으로 유발된 것이라 하더라도, 어떤 낯선 감각도 공황 증상을 일으킬 수 있다. 더운 날씨, 차가운 날씨, 분노, 흥분, 카페인, 알코올, 약, 성관계, 높은 곳, 운동 같은 것들이 모두 공황발작을 유발하는 감각을 초래할 수 있다.

로버트 어제는 아무 일도 없었는데 갑자기 심한 공황발작이 나타났어요. 기차에 앉아서 그냥 잡지를 보고 있는데 말이죠.
치료자 보고 있던 내용이 무엇이었죠?
로버트 별것 아니었는데 기억이 안 나요.
치료자 발작이 시작됐을 때 무슨 생각을 하고 있었죠?
로버트 사실 파킨슨 병에 관해 생각하고 있었어요. 잡지를 쥐고 있는 손이 떨리는 걸 느꼈고, 순간 '내가 만일 파킨슨 병에 걸리면 어쩌지?'란 생각이 들더군요.

이게 바로 공황장애 환자들이 잘 쓰기로 유명한 '만일 그러면 어쩌지?'라는 말이다.

당신은 환경 속에서 질병의 가능성과 관련된 그 어떤 것에 대해서도 민감하게 반응한다. 끊임없이 의사에게 달려갈 수도 있고, 뭔가 잘못된 것을 찾아내기가 두려워서 의사를 전적으로 피할 수도 있다. 어느 쪽이든 간에 질병에 관한 생각에 지속해서 몰두하고 있다.

또는 공황 증상을 유발하는 활동을 피할 수도 있다. 로버트가 처음 치료받으러 왔을 때, 그는 성관계를 포함한 모든 형태의 운동을 피하고 있었다. 운동으로 유발되는 감각은 그를 너무 불안하게 만들었다. 그것은 공황 증상과 유사했다. 좋아하던 테니스를 치는 것도 중단하는 등 취약성의 덫에서 도망치기 위해서 로버트는 자신의 생활방식에 심각한 제한을 두고 있었다.

물론 실제로 몸이 약하기 때문에 이 덫에 걸려 있을 가능성도 있다. 아마 어린 시절에 심하게 아팠던 경험이 있거나 혹은 부모 중 한 분이 편찮으셨기에, 질병에 대한 과장된 공포를 가질 수도 있다. 그러나 현재까지도 이 덫이 정당화되기에는 이러한 공포가 지나치게 비현실적이다.

위험

이 유형에 해당하는 사람은 자신과 사랑하는 사람들의 안전에 대해 지나치게 걱정한다. 당신은 이 세상을 매 순간 위험과 싸워야 하는 곳으로 본다.

월트　이 사람은 신문에 난 모든 범죄 소식을 읽어요. 밤에는 우리 대문 앞도 나가지 않으려 하고요.
해더　대문 앞은 밤에 정말 어두워서 절대 나가고 싶지 않아요.
월트　이렇게 비싼 도난경보 시스템을 장치하고 나서도 여전히 누가 침입해 들어올까 불안해한다니까요.
해더　그런 쪽으로 잘 아는 사람들은 도난 경보기를 무력화할 수 있어요. 저는 아래층 창문의 빗장을 모두 걸어두라고 하지만 이 사람은 들은 척도 안 해요.
월트　그건 웃기는 이야기야! 우린 안전한 동네에 살고 있다고! 창문에 빗장까지 걸어둘 필요는 없다니까!

살아가면서 당신은 계속 실제적인 위험 수준 이상으로 안전하지 못하다고 느끼고 있다. 수상해 보이거나, 위험해 보이는 사람에게 지나칠 정도로 민감해져 있으며, 지금 이 순간에도 누군가에게 공격당할지 모른다고 느낀다.

또 자동차 사고나 항공기 추락과 같은 재앙을 두려워한다. 이런 일들은 갑작스럽게 일어날 수 있는 개인이 조절할 수 없는 일이다. 그래서 해더처럼 여행을 피할 수도 있다.

또는 홍수나 지진 같은 자연재해를 두려워할 수도 있다. 실제적인 확률이 낮다 해도 자신에게 뭔가 일이 벌어질 것이라 믿는다.

이러한 두려움은 다음의 해더와 월트의 대화에서도 엿볼 수 있다.

월트 걸프전 동안에 그녀는 테러리스트의 공격이 두려워서 낮에도 시내로 나가려 하지 않았어요.

해더 그들은 뉴욕이 1차 목표라고 했단 말이에요!

월트 좋아. 그렇다고 해서 그 많은 장소를 다 놔두고 우리를 공격할 거란 말이야?

이 덫은 사람을 매우 지치게 만든다. 끊임없이 긴장되고 신경이 곤두서있게 만들며 경계를 낮추는 순간 뭔가 나쁜 일이 생길 것이라는 믿음을 준다.

가난

이것은 1930년대의 소위 대공황 동안 어린 시절을 보낸 사람들을 염두에 두고 이름 지어진 대공황의 심리이다. 이 유형의 사람들은 항상 돈에 대해 걱정하고 파산해서 거리로 나앉을까 봐 지나치게 걱정한다.

해더 제가 돈에 대한 걱정이 많다는 건 알아요. 늙어서 모든 것을 잃어버릴 가능성을 생각하는 거예요.

재정적으로 아무리 좋은 상태라 해도 현재의 재정 상태와 파산 상태 사이에는 약간의 차이밖에 없다고 생각한다.

혹은 완충장치의 관점에서 생각하기도 한다. 안전해지기 위해서는 어느 정도의 돈이 있어야 하며, 그렇게 되면 일정 수준 이하로 떨어지지 않을 것이라고 안심한다. 그러나 이러한 생각은 일정한 금액까지 저축하게 만들며, 그 금액 아래로 저축이 줄어들면 극도로 불안하게 한다. 결국, 돈 쓰기 어려워하게 되고 단지 몇 달러를 아끼기 위해 온갖 수고를 아끼지 않게 되는 것이다.

해더 저 자신이 한심해요. 어느 날엔가 바지를 사러 롱아일랜드까지 멀리 간 적이 있어요. 10달러짜리 할인 쿠폰이 있었기 때문이죠. 그렇지만 거기에 도착했을 때 사이즈가 맞는 옷이 없었어요. 버스와 택시비로 왕복 8달러나 들였는데도 말이에요.

계산서를 지불할 만큼의 돈이 없을까 봐 쓸데없는 걱정을 하기도 한다(필요한 수준 이상의 돈이 있는데도 말이다). 경제 상황이 좋을 때도 불안한 마음으로 경기 침체 징후에 관한 뉴스를 살핀다. 이러한 징후는 당신의 느낌이 옳은 것이라는, 그렇게 느끼는 것이 올바르다는 증거로 작용한다. 또한, 장해 보험을 비롯한 여러 가지 보험을 들어놓는다.

돈을 통제하는 것은 가장 중요한 과제이다. 움켜쥐고 있는 손을 놓으면 통제력을 잃어버리고 모든 것을 다 써버릴 것이라고 믿는다. 재정 운용방식은 매우 보수적이며 신용구매를 좋아하지 않는다. 돈을 잃을까 두려워하기 때문에 돈과 관련한 어떤 모험도 하지 않으려 한다.

재앙이 일어났을 때를 위해 항시 돈이 필요하며 어떤 재앙은 당신이 가진 모든 것을 휩쓸어 가 버리고 아무것도 남겨주지 않는다고 생각한다. 당신은 준비되어 있어야 한다.

통제력의 상실

이 유형은 좀 더 심리적 요소가 강한 재난, 즉 신경쇠약 같은 것을 두려워한다. 미치거나 통제력을 잃을까 두려워하며, 그 안에는 여러 번의 공황발작도 포함된다.

로버트 그런 비현실감을 느끼기 시작하면, 저는 점점 더 멀리 표류해나가서 돌아오지 못하게 될까, 혼자서 중얼거리고 환청을 듣는 사람들처럼 될까 두려워요. 공포에 질리게 되고 결국 통제력을 완전히 잃어버린 것 같아요. 저는 무슨 짓이든 하게 될 거예요. 거리를 뛰어다니고 소리치거나 그 외에 다른 행동들을….

어떤 면에서는 몸에 대한 통제력을 잃을까 봐, 즉 어지러워 쓰러지거나 기절할까 두려워하는 것일 수 있다. 무엇을 두려워하든 그 기전은 모든 공황발작과 기본적으로 동일하다. 내부적인 감각에 몰두하게 되고 그것을 재앙으로 해석한다.

모든 유형의 취약성의 덫의 핵심에는 재앙적 사고가 있다. 즉각적으로 최악의 상황이라고 비약해서 생각하고, 약하고 무기력한 어린아이처럼 대처할 능력이 전혀 없다고 느낀다.

재앙적인 사고는 공황장애인 환자들을 공황발작으로 몰아간다. 공황발작 그 자체는 단지 10~20분밖에 지속하지 않는다. 단지 재앙적 사고, 즉 '내가 만일 죽게 되면, 미치게 되면, 통제력을 잃어버리면 어쩌지?'란 생각이 그것을 더 오래 지속시키는 것이다. 누구든 이런 일이 일어나리라 생각하면 공황발작을 일으키기 쉬워진다.

회피도 이 덫을 강화하는 데 결정적 역할을 한다. 취약성의 덫을 가진 사람들은 많은 상황을 회피한다. 그러한 회피 행동은 인생에서 즐길 수 있는 많은 활동을 박탈한다. 아래 내용은 이 덫의 기원이 되는 상황들이다.

취약성의 기원

1. 취약성의 덫에 걸린 부모와 함께 지냈고 그분들의 행동을 관찰하면서 배웠다. 부모님은 취약성의 특정 영역(통제를 잃어버리거나, 병에 걸리거나, 파산하는 것 등)에 대해 공포를 느끼거나 놀라곤 하셨다.
2. 부모님은 당신을 과보호했다. 위험이나 질병과 관련된 문제에 대해서는 특히 심하게 과보호했으며 특정 위험에 대해 끊임없이 경고했다. 자신이 이런 일상적인 문제들을 다루기에는 너무 약하거나 무능하다고 느끼도록 양육되었다(이것은 흔히 의존과 연관되어 있다).
3. 부모가 적절히 보호해 주지 못했다. 어린 시절의 환경은 신체적, 정서적, 재정적으로 안전해 보이지 않았다(이것은 보통 정서적 결핍 혹은 불신과 학대와 연관되어 있다).

> 4. 어린 시절에 병을 앓았거나 교통사고와 같은 심각한 사고를 당했고 그로 인해 자신이 취약하다고 느끼게 되었다.
> 5. 양친 중 한 분이 사고로 돌아가셨고 그로 인해 세상은 매우 위험한 곳이라는 생각을 하게 되었다.

가장 흔한 기원은 똑같은 덫에 걸린 부모이다. 자신도 부모와 동일시함으로써 덫에 빠지게 되는 것이다.

로버트 우리 어머니는 건강염려증이셨어요. 항상 이런저런 호소를 하시며, 의사에게 달려가곤 했지요. 내 생각엔 어머니도 공황발작을 겪으신 것 같아요. 갑자기 자리를 피하신 적이 여러 번 있었고 돌아오지 않으신 적도 많아요. 군중들 속에 있는 걸 좋아하지 않으셨고, 언제나 저에게 주의하라고 하셨어요. '날씨가 춥다, 스웨터를 입어라, 나가지 마라, 죽을지 모른다'라는 말로 항상 내 상태를 확인하셨죠. 집에서는 항상 체온을 쟀고, 조그만 증상에도 우리를 의사에게 데려가셨어요.

치료자 미치게 되는 건 어떻게 되는 건가요? 그것도 어머님에게 배운 건가요?

로버트 그렇다고 생각해요. 어머니가 미신을 상당히 믿으셨으니까요. 어머니는 사악한 눈에 관해 이야기하곤 하셨어요. 제가 10대였을 때, 천문관에 가려고 했던 일이 기억나요. 아시죠? 레이저 쇼 말이에요. 어머니는 레이저 쇼에서 최면에 빠져 깨어나지 못한 여자아이 이야기를 들었다고 하시면서 가지 말라고 하셨어요. 결국, 저는 천문관에 가는 걸 포기해야만 했어요.

이것은 일종의 직접적인 덫의 전달이다. 취약하게 느끼는 부모님으로부터 똑같은 걸 전수하게 되는 것이다.

또 하나의 기원으로는, 부모에 의한 과잉보호를 꼽을 수 있다. 취약성의 덫을 가진 부모는 과보호적이기도 하다. 그들은 어디에서나 위험을 찾아내어 아이에게 세상이 위험한 곳이라는 메시지를 준다.

로버트   우리 어머니는 세상이 병균들로 가득 차 있다고 생각하셨어요. 그래서 항상 청소하고 소독을 하셨지요. 친구들과 음식을 함께 먹는 것에 대해서도 경고하셨어요. 한번은 친구인 미키와 막 피를 섞은 형제가 되는 예식을 하려는 순간, 어머니가 우리를 발견하고는 엄청 펄펄 뛰셨지요. 만일 그 모습을 보셨다면 미키가 천연두에라도 걸린 줄 아셨을 거예요.

  이 메시지는 로버트가 위험을 처리할 준비가 되어 있지 않다는 생각으로 인해 더 복잡해진다. 그는 너무 약해서 어머니의 보호가 필요했다. 어머니가 그를 이끌어주지 않으면 뭔가 나쁜 일이 생기리라고 확신하고 있었다. 어머니가 안 계신다면 뭔가 심각한 질병에 걸리거나 최면 상태에 빠져서 영영 돌아오지 못할 수도 있는 것이다.

  헤더가 이 덫에 걸리게 된 경로는 좀 특이하다. 그녀의 양친은 홀로코스트(유태인 대학살)의 생존자들로 유태인 수용소에 함께 있었다.

헤더   저는 홀로코스트가 실제로 일어날 것 같은 세상에서 자라났어요. 무슨 말씀인지 아시겠어요? 그건 언제라도 다시 일어날 수 있는 일이었어요. 저는 침대에 누워서 나치가 집으로 침입해 들어오지나 않을까 항상 걱정했지요. 우리 부모님의 가족은 거의 모두 살해당했어요. 부모님이 가지고 계신 앨범 속 사진에 나와 있는 분들은 모두 죽은 사람들이었죠. 저는 그 사진들을 들여다보곤 했어요. 거기에는 제 또래 아이의 사진도 있었어요.

  추측할 수 있듯이, 헤더의 부모는 굉장히 과보호적이었다. 그들은 그녀에게 사람들, 특히 유태인이 아닌 사람들을 두려워하라고 가르쳤다.

해더 부모님은 제게 항상 유태인이 아닌 사람은, 심지어 이웃이나 친구라 해도 믿지 말라고 말씀하시곤 했어요. 제가 6학년이었을 때, 가장 친한 친구가 유태인이 아닌 아이였어요. 어머니는 그 아이를 믿지 말고 너무 가까워지지 말라고 충고하셨죠. 자기가 독일에서 어린 소녀였을 때 이웃 사람들이 어머니의 가족과 등을 돌리고 적이 되는 것을 보았다고 하셨어요.

해더는 안전감을 느낄 수 없었다. 세상은 너무 위험하고 사람들은 더욱 위험한 존재였다. 그녀는 위험에 대해 예민한 상태로 이 세상을 살아가는 것이다.

취약성은 다른 수많은 덫과 결합하여 있다. 부모가 당신을 학대하거나 버렸다면 틀림없이 취약성을 느꼈을 것이다. 이러한 일들은 기본적 안전감에 타격을 입힌다. 마음속으로 나쁜 일이 다시 일어날까 봐 항상 걱정하게 되는 것이다.

관계에서의 위험 신호

당신은 당신을 돌봐주는 사람에게 가장 큰 매력을 느낀다. 자신을 어린아이처럼 보호해 주는 배우자를 선택함으로써 취약성의 덫에 굴복하며 그것을 점점 더 강화해간다.

이러한 삶의 덫에 의해 배우자 선택이 좌우되었다는 신호가 아래에 제시되어 있다.

관계에서의 위험 신호

1. 위험이나 질병에서 보호하려는 배우자에게 끌린다.
2. 배우자가 겁이 없는지, 신체적으로 강건한지, 성공했는지, 혹은 위험에서 구해줄 특수한 능력을 갖췄는지가 일차적 관심사이다.
3. 당신의 두려움에 기꺼이 귀 기울이고 안심시켜 줄 사람을 찾는다.

당신은 자신의 문제에 대해 염려해 주는 강한 사람, 달래주고 과보호할 사람, 즉 안전하게 느끼게 하여줄 사람을 원한다.

취약성의 덫

1. 일상생활에서 많은 시간을 과장된 두려움으로 불안하다.
2. 건강의 문제와 질병에 대해 너무도 걱정한 나머지 불필요한 의학적 검사를 받거나, 끊임없이 안심시켜 달라고 요구함으로써 가족들에게 짐이 되거나 인생의 다른 측면을 즐길 수가 없다.
3. 신체 감각과 질병에 집착한 결과 공황발작을 겪는다.
4. 파산하는 것에 대해 비현실적으로 걱정한다. 이로 인해 돈에 대해 불필요하게 인색해지고 어떤 재정적, 직업적인 변화도 원하지 않는다.
5. 범죄의 위험을 피하려고 모든 노력을 다한다. 예를 들어, 밤에 나가거나 큰 도시를 방문하거나 대중교통을 이용하는 것을 피한다.
6. 단지 약간의 위험이라도 수반되는 일상의 상황들을 피한다.
7. 배우자에게 지나치게 의존적이긴 하나, 이율배반적으로 이러한 상황에 대해 분노하기도 한다.
8. 만성적인 불안은 일련의 정신신체 질환(접촉성 피부염, 천식, 대장염, 궤양, 감기 등)에 더 취약하게 만든다.
9. 두려움으로 다른 사람들이 하는 많은 일을 할 수 없어서 사회생활이 제한적이다.
10. 배우자와 가족들이 당신의 두려움에 적응해야 하므로 그들의 생활도 제한된다.
11. 자녀에게도 당신의 두려움을 물려주게 된다.
12. 위험을 방어하기 위해 다양한 대처 기전을 지나칠 정도로 많이 사용하게 된다. 강박 증상이나 미신적인 생각을 하고 있을 수도 있다.
13. 만성적인 불안을 줄이기 위해 지나칠 정도로 약, 알코올, 음식 등에 의존한다.

가장 큰 위험 중의 하나는 취약성으로부터의 도피이다. 너무나 많은 활동을 회피하므로 자기 삶의 질은 물론 배우자와 가족의 삶의 질마저 떨어뜨린다. 삶의 덫은 당신을 제한하고 위축한다.

해더   저는 어두운 구름 속에서 살고 있고, 바깥 세상은 밝고 태양이 빛나고 있는 듯해요. 저는 그런 것들을 모두 잃어버린 느낌이에요.

당신은 불안에 휩싸인 나머지 다른 것들을 느끼기가 불가능하다.

해더   음악회에 가서 월트와 함께 아들 로비가 연주하는 걸 보았을 때, 전 너무나 행복했어요. 하지만 가장 충격이었던 건 제가 그렇게 행복한 적이 없었다는 사실이었죠. 어쨌든 그 순간만큼은 행복으로 가득 찼고 불안은 조금도 느낄 수 없었어요.

보호 양식에 너무 빠진 나머지 자신의 능력에 대해 문을 완전히 닫은 상태일 수도 있다. 로버트는 모험 자체가 두려웠기에 그저 싫어하는 직장에 갇혀 컴퓨터 프로그래머로 일하고 있었다.

로버트   정말 지루하고 따분한 일이에요. 제 수준보다 한참 아래에 있는 일이죠. 난 정말 분석가가 될 수 있었는데…. 출근한다는 것 자체가 우울해요. 종일 앉아서 반복적으로 똑같은 일만 하고 있으니까요.
치료자   왜 다른 일을 찾아보지 않으시죠?
로버트   저도 생각해 봤어요. 결국, 돈 문제로 돌아가더군요. 그리고 저는 절대 이곳에서만큼은 잘리지 않을 테니까요.

모험의 득실을 따지게 될 때 고려하는 가장 중요한 요소는 안전과 안정성이다. 그것들이 어떤 이득보다 더 중요하다. 이들에게 인생은 성취와 기쁨을 추구하는 과정이 아니며, 오히려 인생이란 위험을 무릅쓰려고 노력하는 과정이다.

취약성의 덫은 사회적 손상도 초래한다. 안심시켜달라는 지속적인 요구는 당신을 사랑하는 사람들에게는 부담스러운 일이다. 안심시키려는 노력은 사람을 지치게 한다. 충분하게 안심시킨다는 것은 있을 수 없는 일이다. 그것은 밑 빠진 독에 물 붓기와 마찬가지다.

취약성의 덫은 다른 활동에 쏟을 수 있는 시간과 에너지를 빼앗아간다. 사람들과 사귀는 대신, 의사에게 달려가거나 도난경보기를 설치한다. 주의를 분산시키고 기진맥진시키는 공황 증상이나 정신신체 증상에 시달리게 된다. 물론 사회적으로 갈 수 없는 장소들도 많다. 공격당하거나 너무 많은 돈을 쓰게 될 것이라 예상하기 때문이다. 또한, 사랑하는 사람들에게도 그들의 삶을 제한시키기를 요구한다.

종종 의존은 취약성과 동반된다. 만일 취약성의 덫이 만드는 불안 때문에 강력한 배우자가 끊임없이 안심시켜주기를 바란다면, 결코 혼자 힘으로 대처하는 법을 배우지 못할 것이다. 혼자 있을 때 취약한 느낌에 전적으로 노출되고, 곁에는 배우자가 있어야만 한다면, 이런 상황은 두 사람 모두에게 분노를 일으키기만 할 뿐이다.

월트 그녀는 같이 가주지 못하는 제게 화를 내요. 물론 제 마음도 착잡하죠. 그녀가 가는 곳이면 어디든 졸졸 따라다녀야 하니까요.

마술적 사고에도 빠지기 쉽다. 위험을 방어하기 위해 마술적인 반복 행동을 하게 되는 것이다.

해더 잠자리에 들기 전에 저는 집 안을 돌아다니면서 모든 것들을 다섯 번씩 확인해야 해요. 다리미, 난로, 토스터, 헤어드라이어, 아이들 방, 차, 차고를 확인하지요.

치료자 꽤 힘들 것 같은데요. 왜 다섯 번이죠?

해더 제가 안심하고 잘 수 있는 횟수예요.

치료자 그렇게 확인하지 않으면 무슨 일이 일어나죠?

해더 잠자리에 누워서도 걱정이 돼요. 모든 걸 다섯 번씩 확인하기 전에는 잠이 안 와요.

수를 세고 확인하고 씻고 청소하는 것. 이 모든 것들이 마술적인 방법으로 삶을 안전하게 만들 수 있다고 믿고 행하는 강박적 의식이다. 그러한 의식들은 삶의 에너지를 더욱 고갈한다.

이런 모든 패턴에 의해 세상이 위험하다는 느낌은 더욱 강화된다. 합리적인 수준으로 주의를 기울여도 세상은 안전하다는 사실을 결코 배우지 못한다.

덫을 바꾸기 위해 밟아야 할 단계들이 다음에 제시되어 있다.

취약성의 덫 바꾸기

1. 삶의 덫의 기원을 이해하도록 노력하라.
2. 당신 특유의 공포 목록을 만들어라.
3. 두려워하는 상황의 순위표를 만들어라.
4. 배우자, 연인, 가족, 친구처럼 사랑하는 사람들을 만나서 당신이 공포와 맞섰을 때, 그들이 줄 수 있는 도움을 열거해 보라.
5. 두려워하는 사건들이 일어날 확률을 점검해 보라.
6. 각각의 두려움에 대해 플래쉬 카드를 작성하라.
7. 내면의 아이에게 강하고 용감한 부모가 되어주라.
8. 이완 훈련을 하라.
9. 당신의 공포를 이미지 속에서 하나하나 부딪치기 시작하라.
10. 실제 생활에서 공포를 하나하나 부딪쳐나가라.
11. 취하는 단계마다 자신에게 보상을 주도록 하라.

1. 삶의 덫의 기원을 이해하도록 노력하라. 당신의 부모님에게 공포증이 있었는가? 부모님이 과보호적이었나? 보호가 부족했던가? 당신이 취약하다고 느꼈던 영역은 무엇인가? 질병? 여행? 돈? 생활환경 속의 위험? 통제 능력을 잃는 것?

삶의 덫의 기원은 대개 명백하다. 이미 알고 있을 수도 있다. 그러나 이 덫의 경우에는 그 기원을 아는 것이 다른 경우만큼 큰 효과를 발휘하지 못한다. 기원을 인식하는 것에서부터 시작해야 하긴 하지만, 많은 변화를 일으키지는 못한다.

2. 당신 특유의 공포 목록을 만들어라. 자신의 공포를 객관적인 시각에서 볼 수 있게 되기를 바란다. 자신을 과보호함으로써 취약성의 덫에 굴복하는 방식을 바라보고, 상황을 회피함으로써 덫으로부터 도망치는 방식을 관찰하라.

아래의 표를 사용하라. 지하철, 밤길, 돈 쓰는 것, 병균이 있는 장소 등 당신이 두려워하는 상황을 열거하라. 각각의 공포를 일련의 차원에 따라 점수 매겨보라. 0에서 100까지의 척도를 사용하라. 여기서 0이란 전혀 그렇지 않다는 의미이고, 100이란 상상할 수 있는 극한의 공포란 의미이다.

두려움이 얼마나 강한가? 그 상황을 어느 정도로 도망치거나 회피하는가? 마지막으로 자신이나 부모가 어떤 방식으로 과보호하는가?

다음에 로버트가 '밤에 집에 혼자 있는 것'에 대해 작성한 표가 있다. 이 상황을 두려워하는 이유는 뭔가 나쁜 일이 생길 것 같아서다. 궁극적으로 로버트가 두려워한 것은 공황발작이 일어나서 통제력을 잃는 것이다.

두려워하는 상황	두려운 정도	피하는 정도	나를 과보호하는 방식	가족들이 나를 과보호하게 하는 방식
밤에 집에 혼자 있는 것	75%	80%	친구들을 초청하고, 밤에 계속 나가서 지내고, 늦게까지 일하고, 여자친구에게 같이 있자고 한다.	전화로 내게 계속 이야기한다.

당신이 두려워하는 모든 상황에 대해 목록을 작성하라. 취약성의 덫이 삶에서 어떻게 나타나는지 인식하라.

3. 두려워하는 상황의 순위표를 만들어라. 각각의 두려운 상황을 극복할 수 있는 작은 단계들로 나누어라. 마지막으로 각 단계를 어려운 순서에 따라 가장 쉬운 것부터 가장 어려운 단계까지 배열하라. 여기 해더의 순위 목록을 예로 들어보았다.

두려워하는 상황	
1. 수영	
a) 깊이가 얕은 곳에서 수영하기	20
b) 내 머리가 빠지는 깊이에서 수영하기	65
2. 엘리베이터	
a) 누군가와 함께 타고 5층 이하를 이동하기	25
b) 혼자서 5층 이하를 이동하기	40
c) 누군가와 함께 타고 5층 이상 이동하기	60
d) 혼자서 5층 이상 이동하기	80
3. 시내로 나가기	
a) 누군가와 함께 낮에 볼일 보러 가기	30
b) 혼자서 낮에 볼일 보러 가기	50
c) 누군가와 함께 밤에 볼일 보러 가기	75
d) 혼자서 밤에 볼일을 보러 가기	100
4. 혼자 집에 있기	
a) 전화를 받으면서 낮에 집에 있기	30
b) 전화도 없이 낮에 집에 있기	45

c) 밤에 혼자 대문 앞에 나서기	50
d) 초저녁에 혼자 집에 있기	55
e) 전화 받으면서 밤에 집에 있기	80
f) 전화도 없이 밤에 집에 있기	95
5. 돈을 쓰는 것	
a) 놀이를 위해 저축한 돈을 쓰는 것	35
b) 더 큰 집을 사는 것	55
c) 가족 휴가를 멋있게 보내기 위해 돈을 쓰는 것	85
6. 밖에 혼자 나가는 것	
a) 월트나 아이를 데려 가지 않고 슈퍼마켓 가는 것	40
b) 혼자 운전해서 친구에게 가는 것	60
c) 혼자 백화점에 가는 것	85
7. 여행	
a) 여행을 계획하는 것	30
b) 가족과 당일치기 여행을 하는 것	50
c) 혼자서 기차로 하루 여행하는 것	85
d) 가족과 함께 1박 하는 것	95
e) 비행기를 타는 것	100

각 상황에 대해 원하는 만큼 많은 단계를 만들도록 하라. 결정적인 요소는 순위표가 실행 가능한 것이어야 한다는 것이다. 목록의 맨 위에는 쉽게 할 수 있는 일이 적혀 있어야 한다.

분류표에는 도피 행위를 점차 멈추는 것(피하던 장소로 가는 일)과 과보호 받기를 점차 중단하는 것(혼자서 더 많은 위험을 감당하는 것)이 모두 포함되어야 한다. 반드시 두 가지를 다 포함하고, 처음 작성한 표를 참고하라.

4. 배우자, 연인, 가족, 친구와 같은 사랑하는 사람들을 만나서 공포와 맞섰을 때, 그들이 줄 수 있는 도움을 열거해 보라. 당신이 하는 일을 주변 사람들이 알게 하라. 그들에게 취약성의 덫을 극복하려고 노력 중임을

이야기하고 보호하고 안심시키는 행동을 줄여달라고 요청하라. 당신은 그들에게 이런 것들을 점차 사라지게 해달라고 요청할 수 있다.

사람들에게 그들 자신이 가지고 있는 취약성을 당신에게 표현하도록 장려하라. 아마도 그들은 한 짐 던 것 같은 느낌을 받을 것이다.

월트   언제나 강한 사람이 되지 않아도 되니 좋은 일이에요. 그건 제게 벅찬 일이었어요. 제 말은 저도 문제가 있다는 거죠. 해더가 앞으로 혼비백산하지 않는다면, 제 문제를 함께 의논하고 싶어요. 직장 문제로 진짜 같이 의논하고 싶은 게 있거든요.

대부분 배우자는 그런 과보호적 역할을 그만둘 기회가 오면 뛸 듯이 좋아할 것이다. 과도하게 걱정하는 것에 지쳐 있기 때문이다. 그러한 역할을 완전히 포기하는 것이 아니라, 단지 정상적인 수준으로 낮추면 된다.

주변 사람 중 다수는 당신의 덫을 강화해주기 때문에 선택되었다. 취약성의 덫을 극복하려면 그들이 그런 행동을 멈추도록 해야 한다.

5. 두려워하는 사건들이 일어날 확률을 점검해 보라. 취약성의 덫에 걸린 많은 사람은 두려운 사건이 일어날 가능성을 과장한다.

치료자   비행기가 추락할 가능성이 얼마나 된다고 생각하나요?
해더   잘 모르겠어요. 1,000분의 1 정도 되나요?
치료자   그러면 당신이 비행기를 타고 있을 때 그렇게 될 확률은 얼마나 될까요?
해더   제가 타고 있을 땐 확률이 높아 보여요. 10분의 6 정도….
치료자   실제로 그럴 확률은 100만분의 1밖에 안 된다는 것 아세요? 사실 일어날 확률은 생각하는 것보다 훨씬 작습니다.

지금 당신은 두려운 사건이 일어날 확률을 판단하는 데 직감을 사용하여 그런 위험이 발생할 가능성이 클 것이라고 느낀다. 문제는 당신의 직감이 덫에 의해 좌우되는 탓에 정확하지 못하다는 데 있다.

우리는 당연히 좀 더 객관적으로 확률을 따져보기를 원한다. 정보를 모으기 시작하라. 다른 사람들의 의견을 구하고 관련된 자료를 읽어보라. 자신을 교육해라. 정확하게 평가할수록 불안감은 줄어들 것이다.

각각의 두려운 상황에 대해 일어날 확률이 얼마로 느껴지는지 적어라. 다음으로 취약성의 덫에 걸려 있지 않은 사람들의 의견에 근거해서 두려운 상황이 일어날 실제의 확률을 적어라.

아래의 표는 로버트가 기록한 내용이다. 다음을 참고해서 당신도 한 번 적어보길 바란다.

두려워하는 상황	공황발작 동안 미칠 확률
내가 생각하는 발생 확률	99%
좀 더 현실적인 확률 (다른 사람의 의견을 참고하여)	25%

사실 로버트가 여기 기록한 25%도 높다고 볼 수 있다. 어떤 사람이 공황발작 중에 미칠 확률은 사실 0%이다. 우리가 아는 한 그런 일은 절대 일어나지 않기 때문이다.

공황장애는 아주 많이 연구되었지만, 공황발작 도중 미친 사람에 대해서는 단 한 건도 보고된 바가 없다. 죽거나 통제력을 잃어버리는 것에 대해서도 마찬가지다. 이런 일이 공황발작 도중에 일어나는 예는 없다. 단지 그런 일이 일어날까 두려워할 뿐이다.

달리 말하자면, 공황발작이 일어나는 동안 죽거나 미치거나 통제력을 잃을 확률은 공황 증상이 없을 때 일어날 확률보다 전혀 높지 않다. 공황발작으로 인해 확률이 절대 올라가지는 않는다.

확률을 과장하는 것은 파국적으로 생각하는 경향의 일부이다. 가장 나쁜 결론으로 비약하여, 그것이 가장 가능성이 큰일이라 생각한다. 파국적인 일이 당신에게 일어날 확률은 극히 낮다.

6. 각각의 두려움에 대해 플래쉬 카드를 작성하라. 삶의 덫이 어떻게 당신을 파국적 사고로 이끄는지 되새겨 보라. 피하고자 하는 것을 직면하고 자신을 격려하며 지나치게 방어적인 경향을 포기하라.

여기에 해더가 엘리베이터 타기를 두려워하는 경향에 관해 쓴 카드가 있다.

> **취약성 플래쉬 카드**
>
> 나는 지금 엘리베이터 타기를 두려워한다는 것을 안다. 빌딩에 화재가 발생해서 엘리베이터가 멈춰버리지 않을까 하는 두려움도 있다. 나는 항상 이런 일이 일어날 가능성이 매우 크게 느껴진다.
> 그러나 사실은 취약성의 덫에 의해 자극받는 느낌이다. 나 스스로 위험도를 과장하고 있다. 두렵지만 어떻게 해서든 이 상황에 뛰어들어 실제로는 위험하지 않다는 것을 확인하려고 한다. 엘리베이터를 타기 전에 층수를 다섯 번씩 세기를 원하지만, 실제로는 확인할 필요가 없다. 그러지 않고도 나는 충분히 안전하다.

삶의 덫이 자극받을 때마다 플래쉬 카드를 써라. 그것은 파국적 사고 경향에 대항할 수 있게 해준다.

계속해서 확률을 재평가하라. 상황에 직면하라. 결국에는 불안감이 없어지고 편안해질 것이다.

7. 내면의 아이에게 강하고 용감한 부모가 되어주라. 당신의 덫에 연결된 감정은 어린 시절의 감정이다. 그것은 내면의 취약한 어린아이의 감

정이다. 내면의 아이를 도와줄 내면의 부모를 길러야 한다.

다음은 해더가 어린 시절의 느꼈던 취약함의 이미지이다.

치료자 어린 시절에 취약함을 느꼈던 시간의 이미지를 떠올려보세요. 억지로 떠올리지는 마십시오. 그저 마음속에 맨 처음 떠오르는 것을 제게 말해주세요.

해더 저는 부엌에서 어머니와 새로 이사 온 이웃 사람과 함께 있어요. 그녀의 이름은 블랑세이고 아주 좋은 사람이에요. 블랑세가 우리 이웃으로 이사왔을 때 저는 여섯 살이었어요. 저는 테이블에 앉아 샌드위치를 먹고 있고, 블랑세가 어머니의 팔에 찍힌 숫자에 관해 묻는 소리가 들려요. 그녀는 이제 막 어머니의 팔에 찍힌 낙인을 알아봤어요. 어머니는 블랑세에게 자신이 수용소에 있었음을 말씀하셨죠. '오래전에 제가 어린아이였을 때의 일이죠'라고 말했어요. 저는 그날 처음으로 그 일에 대해 직접 들었어요. 뭔가 끔찍한 일이라는 걸 알고 있었지만, 그게 어떤 것인지 처음으로 알게 된 거죠.

치료자 당신은 지금 어떤 느낌을 받습니까?

해더 오싹한 느낌이 저를 엄습해요. 무서워요, 너무 무서워요.

취약성의 이미지와 느낌을 경험한 다음에는, 성인이 된 자신을 이미지 속으로 들어가게 해서 아이를 안심시켜줘야 한다. 취약함을 느끼는 아이가 안전한 느낌이 들도록 말이다.

해더 어른이 된 자신을 이미지 속에 들어가게 했어요. 저는 어린 해더 옆에 앉아서 '겁낼 필요 없어. 넌 안전해. 여기는 집이고, 나도 네 옆에 있으니 안전해. 아무도 널 해치지 않을 거야. 나치는 여기에 없어. 나가서 놀고 싶으면 내가 같이 가 줄게. 내가 널 보호해 줄게'라고 말해요.

우리는 당신에게 삶의 덫이 작동할 때마다, 이 어른을 불러오기 원한다. 아이에게 두려워할 것은 아무것도 없다고 확인해 주어라. 내면의 아이가 그 상황을 직면하기에 충분할 만큼 안전함을 느끼게 도와주어라.

8. 이완 훈련을 하라. 이완 훈련은 당신의 심신에 도움이 된다. 불안을 동반한 신체 증상을 조절해 주며 당신의 마음이 재앙적 사고에 빠져드는 것을 막아준다.

여기서 간단한 이완 요법을 소개하겠다. 깊게 그리고 천천히 호흡하라. 일 분에 여덟 번 정도만 쉬고, 숨 쉴 때 복부만을 움직여야 하며 가슴을 움직여선 안 된다. 이런 식으로 호흡을 하면 공황장애의 원인이 되는 과호흡을 막을 수 있다.

숨을 들이쉴 때마다 '호흡'이라는 단어를 마음속으로 생각하고, 숨을 내쉴 때마다 '이완'이라는 단어를 마음속으로 생각하라. 호흡에 맞춰 마음속으로 이 단어들을 반복하라.

취약성의 덫이 작동할 때마다 이러한 이완 요법을 적용하라. 큰 도움을 받을 수 있을 것이다.

로버트   처음 호흡법을 적용하기 시작했을 때는 도리어 더 불안했어요. 익숙해지는 데는 시간이 필요했어요.

치료자   훈련해서 익히려면 노력이 필요하죠.

로버트   충분한 훈련을 하고 난 뒤 지금은 정말 도움이 돼요. 공황 증상이 나타날 때마다 이 방법을 쓰면 안정이 되어서 하던 일을 계속할 수가 있어요.

9. 당신의 공포를 이미지 속에서 하나하나 부딪치기 시작하라. 이 덫을 작동시키는 데는 이미지가 큰 역할을 한다. 주의 깊게 살펴보면 마음속에 파국적 사고뿐 아니라 파국적 이미지도 있음을 알게 될 것이다. 최

악의 상황을 마음속에 생생하게 그리는 것. 바로 이것이 두려운 것이다.

우리는 상황을 악화시키기 위해서가 아니라 상황을 호전시키기 위해 이미지를 사용하기 바란다. 과보호 받는 것을 그만두고, 어려운 상황에 도전해서 잘 대처해가는 좋은 모습을 마음속으로 그려보라.

작성한 순위표를 사용하라. 쉬운 단계부터 시작하라. 편안한 의자에 앉아 복식 호흡을 통해 자신을 이완시켜라. 충분히 이완된 상태에서 두려운 상황을 떠올려보라. 원하는 대로 상황을 헤쳐나가는 상상을 해 보라.

치료자 무슨 장면이 떠오르나요?
해더 엘리베이터 앞에 있어요. 월트가 함께 있고, 성인이 된 해더도 옆에 있어요. 그들이 함께 있어서 안심돼요. 엘리베이터가 내려오고 문이 열려요. 우리 모두 엘리베이터에 타요. 조용히 서서 이완 훈련을 해요. 엘리베이터가 정지하자 우린 내렸죠. 5층을 올라왔는데도 아무렇지도 않아요.

점차 당신의 위계에 기록되어있는 상황들에 부딪혀 보라. 이미지를 사용해서 두려워하는 것들을 모두 극복해 나가라. 나쁜 결과에 대해 상상해 왔겠지만, 이제는 성공과 안전의 이미지를 상상할 때다.

10. 실제 생활에서 공포를 하나하나 부딪쳐나가라. 행동의 변화는 지금까지 해온 모든 것들의 최고 단계이다. 덫에서 벗어날 수 있는 가장 강력한 방법이다. 회피를 극복하는 실험을 통해 생각이 왜곡되었다는 사실을 깨닫게 되면 하나의 선순환이 형성되기 시작한다. 두려운 상황 속에 실제로 뛰어들어 아무 일이 일어나지 않음을 경험할수록 더욱 안전하다는 사실을 알게 되고, 안전하다고 느낄수록 더 많은 상황 속에 뛰어든다. 이번에도 위계의 목록에서 가장 쉬운 것부터 시작하라. 편안해질 때까지 한 단계를 반복 수행하라. 한 단계가 숙달된 후에 다음 단계로 넘어가라.

모든 것들이 다 가능해질 때까지 계속해 나가라. 각 상황과 부딪혀나갈 수 있도록 플래쉬 카드와 호흡 명상, 재양육 기법들을 총동원하라.

11. 취하는 단계마다 자신에게 보상을 주도록 하라. 자신에게 보상을 줌으로써 지금까지의 성과들이 더욱 공고해질 것이다. 각 단계를 끝낼 때마다 잠시 자축할 시간을 가져라. 내면의 어린아이가 이 두려움을 직면한 것을 칭찬해 주라. 당신은 칭찬받을 만하다. 공포에 직면하는 것이 쉬운 일이 아닌데도 용기 있게 해냈으니 말이다.

당신이 두려워하는 상황들이 실제로 일어나지 않았음을 재확인하라. 이렇게 함으로써 취약성의 덫이 과장되었음이 분명해질 것이다.

마지막 조언

취약성의 덫을 극복함으로써 받게 되는 진정한 보상은 생활 영역의 확대이다. 그동안에는 두려움 때문에 포기한 것들이 너무 많았다. 해더와 로버트는 여기 기술된 단계에 따라 삶의 질적 향상을 경험했다.

로버트 제가 얼마나 많은 것들을 포기해왔는가를 깨달은 것이 제가 변할 수 있었던 원동력이 된 것 같아요. 불안 때문에 누리지 못한 것이 너무 많았어요. 두려움에 바쳐진 인생이었다고나 할까요?

혼자 힘으로 덫에서 벗어날 수 없다고 생각되면 치료를 받아보아라. 왜 스스로 활동을 제한하고 자신을 부정하는가? 취약성의 덫에서 벗어나는 길은 새로운 생명으로 되돌아가는 길이다.

12

"나는 쓸모없는 사람이야"
결함의 덫

앨리슨 | 30세. 그녀는 사랑받을 가치가 없다고 느낀다.

앨리슨이 사무실로 들어올 때, 얼굴에는 두려운 기색이 역력했으며 자신에 대해 말하기를 매우 불편해했다. 우리는 그녀를 진정시키기 위해 노력했고, 잠시 후 왜 우리를 찾아왔는지 물어보았다. 그녀는 우울증에 시달리고 있었다.

앨리슨 제 생각에는 자신에 대해 실망을 많이 한 것 같아요. 저는 항상 '누가 나와 같이 있고 싶겠어?'라고 생각하거든요. 몇 달간 한 남자를 만났는데요… 음, 사실, 만난 지 한 1년 정도 됐네요. 그의 이름은 매튜예요. 언젠가 제게 메시지를 남겼지만, 전 다시 전화가 오기를 기다렸죠. 그러던 중에 '전화하지 않을 거라는 거 알고 있어. 그는 나를 다시 보기 싫을 거야'라고 생각하게 됐어요. 마치 그 사람이 저에 대해 알아버린 것처럼요. 그리고 마침내 그에게서 전화가 왔을 때도, '그는 사실 나와 말하고 싶지 않을 거야. 전화를 끊고 싶을 거야'라는 생각이 들었어요.

치료자 그가 당신에게 정말 관심이 있다고 믿기가 어려웠군요.
앨리슨 네. 그가 다가오면 다가올수록 점점 더 불안해져요.

계속 얘기를 하면 할수록 앨리슨이 매튜와 결혼을 생각하고 있다는 것을 알 수 있었다. "몇 주 전에 그 사람이 청혼했어요. 그는 정말 제게 잘해줘요. 제가 그와 결혼하지 않는다면 그건 미친 거나 마찬가지예요." 그러나 알 수 없는 이유로 그녀는 결혼에 대한 두려움을 갖고 있었다.

앨리슨 아마 제가 좋은 관계를 해본 적이 별로 없나 봐요. 마지막으로 결혼을 생각했던 남자도 좋은 남자는 아니었어요. 사실 그는 저를 정서적으로 학대했어요. 항상 날 감시했죠.
치료자 하지만, 매튜는 그런 사람은 아닌 것 같은데… 그 반대인 것 같은데요.
앨리슨 네, 알아요. 뭔가 좀 다른 것 같아요. 전 누구든 제게 가까이 다가오는 걸 두려워해요. 매튜도 제게 가까이 오려는 사람 중 하나이기 때문에 그를 맘껏 받아들일 수가 없어요.

이것이 바로 앨리슨이 치료 받으러 온 이유였다. 그녀는 친밀감에 대한 위기를 맞고 있었다.

엘리엇 | 43세. 부부 문제로 아내와 함께 치료 받으러 왔다.

엘리엇은 자기 통제에 빈틈이 전혀 없는 사람 같았다. 그의 저변에는 시종일관 차가운 분노 같은 것이 깔려 있었다. 엘리엇은 부인인 마리아와 함께 결혼 문제로 치료를 받고 있었다.

7년 차 부부인 그들은 한 명의 자녀를 두고 있었다. 어느 날 마리아는 엘리엇이 바람을 피우고 있다는 것을 눈치챘고 엘리엇이 치료에 동참하지 않으면 이혼하겠다고 위협했다.

첫 진료 시간에 그는 우리에게 자신이 여기에 있을 필요가 없다면서, 그녀에게 문제가 있다고 하소연했다. 마치 그녀의 문제를 해결하기 위해서 우리가 자신의 편이 되어주기를 원하는 것 같았다.

엘리엇은 치료 과정에서 시종일관 우리와 마리아에게 비판적이었으며, 치료적 관계 또한 쉽게 맺으려 하지 않았다. 그들에게 삶의 덫 치료법에 관해 설명하자, 그는 '아주 쉽게 생각하면 되네요'라고 하더니, '그게 정말 치료의 전부인가요?'라고 물었다. 시험하고 있다는 사실을 눈치채고 이에 대해 '당신을 다룰 수 있는지 정확하게 알고 싶은 거죠?'라고 되물어주자 결국 입을 다물고 말았다. 우리 중 한 명을 꼼짝 못 하게 하고 싶었지만, 뜻대로 되지 않았고 결국 그에게서 약간의 존중은 받을 수 있게 되었다.

사실 우리도 기분이 나쁠 때가 간혹 있었지만, 공감적 태도를 유지하려 애썼다. 엘리엇이 마음속으로는 우리를 두려워한다는 사실을 알았기 때문이다. 그는 우리가 자신의 속을 빤히 들여다볼까 봐 두려웠다.

결함의 덫 질문지

이 질문지는 당신의 결함의 덫의 강도를 측정하는 것이다. 아래에 있는 척도를 이용해서 각 항목에 답하라. 당신의 성인기 동안 일반적으로 느끼고 행동했던 방법에 근거해서 각 항목을 평가하라. 성인기의 어느 시기에 변화가 있었다면 각 항목을 평가할 때 가장 최근의 일 년 혹은 2년에 초점을 맞춰라.

완전히 나와 다르다.	1	어느 정도는 나와 일치한다.	4
대부분 나와 다르다.	2	대부분 나와 일치한다.	5
다른 면보다 일치하는 면이 좀 더 많다.	3	완전히 일치한다.	6

비록 점수의 합계가 낮더라도 5점이나 6점에 해당하는 항목이 하나라도 있다면 이 덫은 당신에게 존재하는 것이다.

질문	점수
1. 나의 진정한 모습을 알게 된다면 어떤 이성이든 나를 사랑할 수 없을 것이다.	
2. 나는 결점과 결함을 타고났기 때문에 사랑받을 가치가 없다.	
3. 나는 심지어 가장 가까운 사람과도 나누고 싶지 않은 비밀이 있다.	
4. 부모님이 날 사랑할 수 없는 것은 나의 잘못이다.	
5. 나는 진정한 자신을 감춘다. 진정한 나는 수용되기 어렵기 때문이다. 내가 보여주는 모습은 거짓된 나다.	
6. 나는 내게 비판적이고 거부적인 사람들(부모, 친구, 연인 등)에게 종종 끌린다.	
7. 나는 나를 사랑하는 것같은 사람들에 대해 비판적으로 되고 그들을 거부하게 된다.	
8. 나는 자신의 장점을 평가절하한다.	
9. 나는 자신에 대해 심한 수치심을 안고 산다.	
10. 나의 가장 큰 두려움 중의 하나는 내 결점이 노출되는 것이다.	
당신의 최종 점수(질문 1번에서 10번까지의 점수를 더하라)	

점수 해석

10 – 19 매우 낮음. 이 덫은 당신에게 적용되지 않는다.
20 – 29 낮음. 이 덫은 아주 가끔 당신에게 적용될 것이다.
30 – 39 중간. 이 덫은 당신의 인생에서 문제가 될 수 있다.
40 – 49 높음. 이 덫은 당신에게 분명히 중요하다.
50 – 60 매우 높음. 이것은 분명히 당신의 핵심 삶의 덫 중 하나다.

결함의 경험

삶의 덫인 결함과 가장 관계 깊은 정서는 수치심이다. 수치심은 결점이 드러났을 때 느끼는 감정이다. 당신은 수치심을 피하려고 무슨 짓이든 하지만 결과적으로 자신의 결점을 숨긴 채 오랫동안 지내게 된다.

당신은 자신의 내면에 결함이 있다고 느낀다. 겉에서 쉽게 관찰할 수 있는 것이 아니다. 오히려 존재의 본질적인 부분 안에 있는 것이다. 그러기에 당신은 전혀 사랑받을 가치가 없다고 느낀다. 표면적이고 쉽게 눈에 띄는 특성과 관련된 사회적 소외의 덫과는 달리 결함은 내적인 상태이다. 누가 사회적 소외라는 삶의 덫에 빠져 있는지는 상당히 쉽고 빠르게 알 수 있지만, 결함은 알기가 그리 쉽지 않다. 결함은 가장 일반적인 삶의 덫이지만 발견하기는 어렵다. 당신이 상상하는 결함은 내적이고 보이지 않지만, 심지어 당신은 노출될 공포에 시달린다.

우리 환자들 중 거의 반 정도가 결함의 덫에 빠져 있다. 그러나 겉으로는 환자들이 매우 다르게 보인다. 수치라는 감정에 대해 각각 다르게 대처하고 있기 때문이다. 어떤 사람은 확신이 없고 불안정하게 보인다(굴복). 어떤 사람은 평범하게 보인다(도피). 그리고 어떤 사람은 삶의 덫에 걸려 있다는 것이 믿어지지 않을 정도로 잘 지내기도 한다(반격).

앨리슨은 자신의 결함이라는 덫에 굴복한 예이다. 그녀는 자신이 결점을 갖고 태어났다고 느끼고 있다.

앨리슨 저는 항상 아무도 볼 수 없는 내 마음 깊은 곳에서부터 무엇인가 잘못되었다고 느껴왔어요. 그리고 저를 평생 사랑해줄 사람 없이 살게 될 것으로 생각했어요.
치료자 누가 당신을 사랑한다는 생각이 들 땐 어떤 기분인가요?
앨리슨 주춤거리게 돼요.

앨리슨은 자신에게 뭔가 비밀이 있고, 그게 알려지면 누구도 자신을 받아들이지 못하리라 느끼고 있다. 그 비밀이 무엇인지에 대해서는 그녀도 알지 못했고, 무엇이든 간에 그것을 바꿀 수 없을 거라고 강하게 느끼고 있었다. 그것을 숨기는 것이 최선이며, 언젠가는 자신과 친해진 누군가가 그것을 알아낼 상황을 미루도록 노력하는 것이다.

앨리슨은 그 누구도 자신에게 관심이 있을 리가 없다고 확신하고 있었다. 사람들이 자신을 좋아하고 같이 있고 싶어 한다는 증거들을 계속 외면해왔다.

앨리슨 매튜에게 그의 남동생 결혼식에 가고 싶지 않다고 말했어요.
치료자 왜 그랬어요? 전 당신이 굉장히 가고 싶어 하는 줄로 알고 있었는데요.
앨리슨 전 가고 싶었죠. 하지만 매튜는 제가 가길 진심으로 원하지 않았을 거예요.
치료자 같이 갈 거냐고 매튜가 물어본 거잖아요.
앨리슨 네. 하지만 그는 제가 거기 없기를 원한다는 걸 그냥 알아요.

그녀는 사람들이 자신을 싫어하고 회피한다고 확대하여 해석했다.

치료자 다음 주 치료시간을 한 시간 정도 앞당길 수 있나요?
앨리슨 그 말씀은 치료시간을 갖고 싶지 않다는 뜻인가요? 싫으시면 괜찮아요. 제 뜻은 선생님이 해야 할 일이 있으시다면요.
치료자 아니요. 전혀 그런 뜻이 아니에요. 그저 한 시간 정도 앞당길 수 있는지 그걸 알고 싶을 뿐이에요.

앨리슨은 굉장히 자기처벌적이었다. 우리에게 여러 번 '저는 쓸모없어요', '바보예요', '저는 보잘 것 없어요', '저는 필요 없는 사람이에요', '저는 줄 게 없어요'라고 말했다. 치료 초기에는 자신을 비하하는 생각으로 가득 차 있었다. 특히 고통스러운 순간은 그녀의 자기비판이 자기혐오가 되었을 때였다. 그때는 자신을 몹시 나쁘고 혐오스러운 사람으로 인식하였다.

앨리슨에게 있어서 결함의 덫은 대인관계에서 그녀를 취약하게 만들었다. 사람들은 그녀에게 상처를 줄 수 있는 큰 힘을 가지고 있었다. 그녀는 자신을 보호하거나 방어하지 않았다. 엘리엇은 그 반대였다. 그는 상처를 받지 않는 특성이 있었다. 아무도 그를 건드릴 수 없었다. 반격이라는 대처 방법을 아주 효과적으로 발전시켰기 때문에, 사람들은 그가 결함이라는 덫에 빠져 있으리라고는 생각도 못 했고, 엘리엇 자신 또한 내면 깊숙이 있는 수치심을 알지 못했다.

엘리엇은 나약하고 자아도취적인 사람의 한 예이다. 자아도취적인 사람은 공감할 줄 모르고 자기 문제에 대해 다른 사람을 원망하며 특권 의식도 강하다. 엘리엇은 아무도 자신을 사랑하거나 존중하지 않는 것을 극복하기 위해 자기애를 발전시켰다. 이것은 마치 세상에다 '난 아주 필요하고 뛰어나며, 너무 특별해서 다시는 나를 무시하거나 비판하지 못할 것이다'라고 말하는 것과 같다(이것은 4장에서 설명했던 반격이라는 대처기전의 예이다. 자기애와 그것을 치료할 방법에 대해 알아보려면 특권 의식에 대한 부분을 읽도록 하라).

자아도취적인 사람은 어떠한 대가를 치르더라도 자기중심성을 포기하지 못한다. 엘리엇은 사랑하는 여인과의 결혼이 파괴되어 가는 것을 보고도, 자신에게 문제가 있음을 인정할 수 없었다. 모든 것을 다 잃더라도 상처받는 일은 할 수 없었다. 흔히 이것은 문제가 된다.

자아도취적인 사람은 벼랑 끝에 몰리기 전까지는 바뀌지 않을 것이다. 엘리엇에게 한 것처럼 이혼해 버리겠다는 위협은 자아도취적인 사람을 바꾸는 동기가 될 수도 있다.

마리아 그가 제게 얼마나 상처를 주었든, 제가 얼마나 큰 상처를 입었든, 별 차이가 없어요. 제가 아무리 울어도 그는 그녀를 만날 테니까요. 제가 그를 떠날지도 모른다는 것을 알고서야 다시는 그녀를 만나지 않겠다고 했어요.

엘리엇과 마리아 모두 결함의 덫에 빠져 있었다. 그는 자신의 수치심에 반격을 가하기 위해 자기애를 사용했고, 그녀는 자신의 무가치함에 대해 굴복이라는 방법을 사용했다. 그는 그녀를 거부했고, 그녀는 거부의 피해자였다. 그들은 부모에게서 거부당했던 경험을 반복하고 있었다.

당신이 만일 결함의 덫에 빠져 있다면, 아마 앨리슨과 엘리엇의 양극단 사이에 위치할 것이다. 우리는 이런 환자들을 많이 보아왔다. 치료하러 올 때는 자신의 삶에 대해 의논할 의지가 강하게 있는 것처럼 보이지만, 어떠한 주제가 나오면 그 문제를 회피한다. 이런 문제들은 그들을 부끄럽고 결함이 있는 것처럼 느끼게 하기 때문이다.

환자 자신이 뭔가 결함이 있다는 걸 알고 치료하러 오는 경우는 드물다. 거의 모든 환자는 여러 방법을 통해 이런 감정을 감추거나 회피하려고 노력한다. 이것은 삶의 덫과 관련된 극도의 자기혐오와 수치심을 경험하는 것이 너무 고통스럽기 때문이다. 알지도 못하는 사이 사람들은 수치심에 대해 은폐하고 있다. 그들은 치료를 받으러 와서도 관계 문제나 우울과 같이 다른 문제에 대해서만 불평을 한다.

당신은 왠지 모를 만성적이고 모호한 불행을 느낄 수 있다. 우울함이 자신을 부정적으로 바라보는 데서 기인했다는 사실을 모른다. 쓸모없다는 느낌이나 자신에게 화가 나는 것이 우울증에 있어서 커다란 부분을 차지하나, 자신은 그냥 단순히 우울하다고만 생각할 뿐이다.

만일 주된 극복 방법이 도피라면, 중독 증상이나 강박 증상이 있을 수 있다. 음주, 마약, 과로, 과식 등이 모두 자신이 무가치하다는 고통을 느끼지 않으려고 자신을 둔화시키는 방법이다.

> **결함의 덫의 근원**
>
> 1. 가족 중 누군가가 극단적으로 비판적이고 징벌적이었다. 어떻게 행동하는지, 말하는지에 따라 지속해서 당신을 비난하고 혼냈다.
> 2. 당신의 부모는 당신에게 실망했음을 느끼게 하였다.
> 3. 부모 중 한 분이나 두 분 모두에게 사랑받지 못했고 거부당했다.
> 4. 가족 중 한 명으로부터 성적, 신체적, 정서적 학대를 받았다.
> 5. 가족의 일이 잘못됐을 경우, 그 문제로 항상 비난받아야 했다.
> 6. 부모에게 반복적으로 나쁘고 쓸모없고 필요 없다는 말을 들었다.
> 7. 부모들은 불공정한 방식으로 형(오빠), 누나(언니), 동생들과 비교 했거나, 부모님이 나보다 그들을 더 좋아했다.
> 8. 부모 중 한 분이 집을 나갔는데, 그것을 자신의 탓으로 돌렸다.

결함의 덫은 어렸을 때 사랑받지 못하고 존중받지 못했다는 느낌에서 시작된다. 한쪽 부모나 부모 모두에게서 반복적으로 비난받거나 거부당한 것이다.

앨리슨   제가 언젠가 읽은 책에서 여성의 삶의 목적은 사랑받음을 느끼는 것이라고 하더라고요. 제가 그걸 아직도 못 느껴봤다는 게 충격이었어요.

결함은 보편적인 감정이다. 사랑받을 자격이 없다는 느낌이다. 자신은 결점이 많고 받아들일 수 없어, 부모조차 사랑해주지 않거나 자신의 가치를 알아주지 않는다고 느낀다.

부모는 당신을 비난하거나, 하찮게 생각하거나, 사랑해주지 않아도 될 권리가 있다고 거의 확신하고 있다. 그럴만하다고 느끼며, 아이로서 자신을 원망해왔다. 자신이 중요하지 않고 문제가 많고 받아들여질 수 없으며 허점투성이이기 때문에 이런 일이 일어났다고 생각한다. 아마 이런 이유로 그런 취급을 받은 것에 대해서도 화가 나지 않았을 것이다. 오히려 부끄럽고 슬프게 느끼는 것이다.

앨리슨의 삶의 덫은 크게는 아버지의 비판으로 인한 것이다. 그는 아주 어렸을 때부터 그녀에게 실망했다고 분명하게 표현했다.

앨리슨 어쨌거나 저는 정말 아버지가 원하는 사람이 아니었어요. 제 모든 것이 잘못되었다고 느꼈거든요. 우리가 저녁 식탁에 둘러앉았을 때, 제가 조용하면 말을 하지 않는다고 비난받아야 했어요. 제가 말을 할 때는 얼마나 지루한지에 대해 말씀하셨고요.

그녀는 아버지의 비난을 받아들였다. 그녀에 대한 아버지의 관점은 그녀가 자신을 바라보는 관점이 되었다.

앨리슨 저는 계속 생각해요. 왜 매튜가 저와 결혼하길 원했는지. 제가 줄 수 있는 건 아무것도 없는데 말이죠. 전 정말 어른스럽지 못해요. 전 남자가 계속 제게 흥미를 느끼도록 할 만한 것이 아무것도 없어요. 어떤 면으로든 특출난 데가 없거든요. 제 외모는 그저 평범해요. 그리고 좋은 성격도 아니고요.

치료자 지금 그게 누구의 목소리인가요? 누구의 목소리가 당신 머리에서 그런 말을 해주고 있나요?

앨리슨 음, 에릭이요. 제 예전 남자친구예요.

치료자 다른 사람은요?

앨리슨 (침묵) 제 아버지의 목소리예요.

앨리슨처럼 당신은 아버지의 비난을 내재화하고, 이것은 결국 당신의 일부분이 된다. 어떻게 보면 마음속에서 계속 비난하고 벌을 주며 거절하는 부모의 비난하는 목소리 자체가 삶의 덫이다.

아동기에는 수치심이 당신을 지배했을 것이다. 결함이 드러날 때마다 수치심을 느끼고 큰 상처를 받는다. 이것은 외면적인 부분이 아니다. 그보다는 당신이 어떤 사람인가에 대한 것이다.

앨리슨 십 대였을 때 워터게이트 사건이 터졌죠. 저녁 먹을 때 얘기하려고 오후 반나절 동안 그 문제에 대해 읽었어요. 그리고 제가 말을 꺼냈을 때 아버지는 '그 사건에 대해 말할 수 있는 게 그것뿐이냐?'고 하셨어요.
치료자 어떻게 느껴지던가요?
앨리슨 노력했는데, 처참하게 실패해서 굉장히 부끄러웠어요.
치료자 당신이 결코 얻을 수 없는 것을 얻으려 했기 때문에 그런 감정을 느끼게 된 거예요.
앨리슨 그게 뭐죠?
치료자 아버지의 사랑이요.

왜 앨리슨의 아버지는 그렇게 차갑고 거부적이었을까. 가장 큰 가능성은 그 자신이 결함의 덫에 빠져 있었다는 거다. 그러나 그는 덫에 대해 반격이라는 대처 방법을 사용했다. 자신의 기분을 좋게 하려고 앨리슨을 비난했고 그녀가 결함투성이라는 느낌을 받게 했다. 그는 그녀를 제물로 삼은 것이다. 아마도 앨리슨을 통해 자신의 결함을 보았을 것이다. 이것은 흔히 일어나는 일이다. 대부분 부모 자신이 결함이라는 문제를 안고 있는 경우 그 문제를 자녀에게 전가한다. 이것이 삶의 덫이 대대로 전해 내려오는 방법이다.

결함의 덫에 빠진 부모는 보통 비판적이고 가혹하다. 신체적, 정서적, 성적인 학대가 있을 수 있다. 결함과 학대는 맞물려 있다. 간혹 학대당한 아이가 자신에게 결함이 있다는 느낌에 빠지지 않고 학대에 대해 불공평하다고 느끼거나 화를 낼 수 있지만 그런 경우는 거의 없다. 아이는 죄의식과 수치심을 느낀다.

　많은 아이가 결함의 덫에 대해 보상받는 방법을 알아낸다. 이때 삶의 덫이 특권 의식이라는 기준과 뒤섞이게 된다. 비난받으면서 자란 사람 중에 많은 수가 결함이 있다는 느낌에 대해 보상받기 위해 몇몇 영역에서 뛰어나려고 노력한다. 그들은 높은 기준을 세워놓고 성공과 지위를 위해 노력하며 권위적이고 거만한 행동을 한다. 돈과 명예로 결함이라는 감정을 완화하려고 하는 것이다.

　이것이 엘리엇에게 일어난 일이다. 표면적으로는 아주 성공적인 삶을 사는 것처럼 보인다. 그는 연예인들이 자주 다니는 나이트클럽의 사장이다. 매일 밤 직장의 유명인이나 주요 인사들에게 호의를 베푼다. 누가 어떤 테이블에 앉을지, 공짜 음료수를 마실 사람, VIP 방에 초대될 사람을 결정하는 그는 아주 즐거운 듯이 연예인의 특별한 부탁을 거절했던 얘기를 한다. 그렇지만 결함이 있다는 느낌은 아직 내재하여있다.

엘리엇　지금까지 단 한 사람이 제 클럽에서 저를 당황하게 했어요. 유명한 남자 영화배우였죠. 의기양양하게 들어와서는 자기가 주인인 양 행동하기에, 전 그에게 합당한 대우를 해줬어요. 정말 평범한 테이블로 안내한 거죠. 제가 그 자리를 걸어 나오면서 쳐다봤는데 그가 절 이런 식으로 쳐다보는 거예요. 참나, 그 눈이 절 움츠러들게 하더라고요.
치료자　어떤 느낌이 들었나요?
엘리엇　그가 저에 대해 모든 것을 알고 있는 듯한 느낌이었어요. 하나도 숨길 수 없을 것 같은 그런 느낌이요. 제가 사기꾼이라도 된 것처럼 말이에요.

　엘리엇은 항상 모든 것이 무너져버릴 것 같은 기분이 들었다. 이것은 그의 자기애에서 비롯된 허무감이다. 자신이 필요 없는 사람이라는 걸 느끼면 바로 무너질 수 있다.

양친은 둘 다 요구가 많았고, 끊임없이 그를 비난했다. 더 어려웠던 일은 부모가 그의 형을 더 아꼈다는 사실이었다.

엘리엇 제 문제는 형을 따라가기가 어려웠다는 거예요. 그는 저보다 잘생겼고 똑똑했고 재미있었어요. 형은 절 더러운 먼지처럼 취급했죠. 부모님이 그랬던 것처럼요. 항상 절 놀렸고 사람들은 그런 모습을 보며 웃었어요. 형은 항상 가장 좋은 거만 받았고, 저는 형한테 물려 받았어요. 음, 형은 지금 가장 좋은 것을 가지고 있지 않아요. 형은 지금 아무것도 아니에요.

결함은 종종 편애의 대상인 형제 혹은 자매와 비교되면서 형성된다. 손위 형제 혹은 자매의 경우, 종종 당신이 이 덫에 빠지도록 촉진한다. 그들이 나이가 많아서 무엇이든 더 잘할 수 있기 때문이다. 그들은 더 똑똑하고 빠르고 강하고 유능하며, 덜 유능한 동생들에게 흔히 비판적 태도를 보인다. 굴욕감은 엘리엇의 어린 시절에서 중요한 주제였다. 그는 지속적인 놀림감이 되었다.

엘리엇 기억나는 일이 하나 있는데요. 한번은 아버지가 저와 형을 야구 경기에 데려가기로 했어요. 그런데 형이 아파서 갈 수 없게 됐죠. 그날 전 기대에 부풀어서 문 앞에서 기다리고 있었어요. 그런데 아버지가 저에게 와서 어디 가려고 그러고 있냐고 물어보시더라고요. 야구장에 가기 위해 기다리고 있다고 말씀드렸더니, 아버지는 저만을 위해서 야구장에 가는 것은 미친 짓이라고 하셨어요. 전 너무나 속상해서 종일 엉엉 울었어요. 그리고 다시는 아버지에게 제가 뭘 원하는지 절대 말하지 않게 되었죠.

엘리엇은 자신의 생각과 느낌을 숨기는 법을 배우게 되었다. 진정한 자아는 은폐되어 자신만 알게 되었다. 그렇게 함으로써 상처를 덜 입을 수 있었고, 자존감을 유지할 수 있었다. 자신을 드러내는 것은 너무 위험한 일이었다.

그가 제안한 것은 뭐든지 비판적인 시각에 부딪혔다. 자신을 드러낸다는 것은 수치심에 노출되는 위험을 무릅쓴다는 것을 의미했고, 최악의 수치는 사랑을 원하는 게 드러나는 것이었다.

엘리엇이 그랬던 것처럼, 자신의 진짜 모습을 숨기는 것은 많은 대가를 치러야 한다. 이것은 죽음과 같은 큰 손해이다. 자연스러움, 기쁨, 믿음, 친밀성을 모두 잃고 침묵하는 폐쇄적인 껍질로 대체된다. 그 사람은 거짓된 자아를 만든다. 이 거짓된 자아는 더 강해서 쉽게 상처 입지 않는다. 그러나 겉모습이 얼마나 강한가보다는 자신의 진정한 모습을 잃는 고통이 더욱 마음속 깊이 남는다.

이렇게 만들어진 폐쇄적인 껍질의 장점은 종종 기분을 좋게 만들어준다는 것이다. 최소한 표면적으로는 잘하고 있는 것처럼 보인다. 그러나 그것은 환상에 불과하다. 마음속은 여전히 결함이 있고 사랑받지 못한다고 느낀다.

껍질은 정말 중요한 문제에 대해서는 절대 이야기하지 않는다. 그래서 숨어 있는 자신의 진정한 모습은 치료할 수 없다. 환상에 머무는 것을 그만두고, 사실과의 직면을 시작해야 한다.

결함의 덫은 실제적인 결함에 기초한 것이 아님을 깨닫는 것이 매우 중요하다. 심각한 신체적인 결함이 있거나 정신 장애가 있는 사람의 경우라도 이런 삶의 덫에 빠지지는 않는다. 실재하는 결함이 문제가 아니라, 부모나 다른 가족들에 의해 어떻게 취급받았는지가 중요한 요소이다. 만일 강점이나 약점이 있음에도 불구하고, 가족들에 의해 사랑을 받았거나 소중히 여겨졌거나 존중을 받았다면, 자신이 무가치하게 느껴지거나 부끄럽거나 결함이 있다고 느끼지 않을 것이다.

> **데이트 중 위험 신호들**
>
> 1. 데이트 자체를 피한다.
> 2. 연속적으로 짧고 열정적인 연애를 하거나, 몇 명의 상대를 동시에 만나는 경향이 있다.
> 3. 자신에게 비판적이고 항상 무시하는 상대에게 매력을 느낀다.
> 4. 신체적으로나 정서적으로 자신을 학대하는 상대에게 매력을 느낀다.
> 5. 자신에게 관심 없는 상대에게 가장 큰 매력을 느끼고, 그 사랑을 쟁취하길 희망한다.
> 6. 당신은 상대의 마음을 잡을 수 없음이 명백한 상황에서도 가장 매력적이고 이상적인 상대에게 끌린다.
> 7. 자신에 대해 아주 깊이 알고 싶어 하지 않는 상대가 가장 편하다.
> 8. 정말 사랑하지 않는 수준 낮은 사람하고만 데이트를 한다.
> 9. 자신에게 전념할 수 없는 상대나 규칙적으로 함께 시간을 보낼 수 없는 사람에게 끌린다. 그들은 기혼이거나, 다른 사람과 동시에 데이트한다고 공공연하게 주장하거나, 정기적으로 여행을 하거나 다른 도시에 살고 있다.
> 10. 당신은 상대를 무시하고 학대를 하거나 불성실한 교제를 한다.

　당신은 결함의 덫에 대처하기 위해서 장기적이고 깊은 교제를 회피할 수 있다. 교제를 전혀 하지 않거나, 짧게 교제하거나, 동시다발적으로 교제하기도 한다. 장기적인 교제를 회피하여 아무도 자신에게 내재한 결점을 볼 수 없도록 다가오지 못하게 한다.

　친밀함을 회피하기 위한 또 다른 방법은 깊게 교제하길 원하지 않는 상대와 만나는 것이다. 데이트는 하지만 서로 평행적인 삶을 살기 때문에 절대로 친밀해질 수 없다.

　엘리엇은 결혼 생활 중 연속적으로 외도를 했다. 항상 최소한 한 명, 때로는 두 명의 다른 여성과 교제했다. 사랑할 수 있었던 여성은 오로지 한 명뿐이었으나, 흥미롭게도 그는 그녀에게 사귀자고 요청하지 않았다. 엘리엇 같은 경우, 정말 자신에게 관심 있는 사람과는 데이트를 회피하고 자신이 절대 사랑할 수 없는 사람하고만 데이트를 한다.

멀리 떨어져 있는 사람과 사귀거나, 여행을 자주 하는 사람과 사귈 수 있다. 그 사람은 주말에만 만날 수 있다. 친밀한 관계를 회피하면서 교제하는 데에는 여러 가지 방법들이 존재한다.

앨리슨은 엘리엇보다는 친밀함을 경험하려는 의지가 강하다. 그녀는 남자를 만나고 사랑에 빠진다. 문제는 자신을 비판하고 거절하는 남자에게 가장 큰 매력을 느낀다는 사실이다. 항상 불쾌하고 굴욕감을 느끼게 하는데도 불구하고, 그녀는 계속 전 남자친구를 만났다.

많은 사람이 결함의 덫에 빠져 있는 경우, 피학적인(아주 학대적인 것을 허용한다) 교제를 한다. 기본적으로 자신은 이런 학대를 받아 마땅하다고 느끼기 때문이다.

만일 결함의 덫에 빠져 있다면, 상대에게 아주 강하게 이끌릴 때를 제일 조심해야 한다. 자신을 비난하고 거절하는 상대에게 가장 강하게 이끌릴 수 있기 때문이다. 그들은 결함이 있다는 느낌을 강화한다. 피학적인 상대는 익숙하게 느껴지며, 자신의 아동기적 상황을 생각나게 한다. 당신을 잘 대해주지 않는 사람의 사랑을 얻으려고 하거나 관심을 끌려고 하지 말고 그들과 교제를 중단하라.

결함의 덫

1. 자신이 상대에게 받아들여졌다고 느끼면, 낭만적인 느낌은 사라지고, 상대에게 버릇없거나 비판적인 행동을 한다.
2. 자신의 진정한 자아를 숨겨서, 상대가 자신을 안다는 느낌을 절대 못 느낀다.
3. 상대방에게 질투나 소유욕이 생긴다.
4. 끊임없이 자신을 남들과 불공정하게 비교하여, 질투나 부적합한 느낌이 든다.
5. 상대가 자신을 중요하게 생각한다는 확신을 끊임없이 요구한다.
6. 상대에게 자신을 낮춘다.
7. 상대가 자신을 비판하거나 비난하거나 학대하도록 허용한다.
8. 타당한 비난이라도 받아들이기 어려워진다. 방어적이고 적대적으로 된다.
9. 자녀를 극단적으로 비난한다.

> 10. 성공적이라고 하더라도 사기꾼이라는 느낌이 든다. 당신의 성공을 유지하지 못할까 봐 극도로 불안을 느낀다.
> 11. 일이 잘 안 되거나 대인관계에서 거절을 경험하면 심하게 우울해지고 의기소침하다.
> 12. 공공장소에서 연설할 때 극도로 긴장한다.

만일 상대와 당신이 서로 사랑하면서 교제한다면, 삶의 덫인 자신의 결함을 관계 속에서 강화하는 여러 가지 방법이 있다.

당신의 비난은 중요한 문제가 될 수 있다. 만일 당신이 자기애적이라면, 자신보다 수준 낮은 상대가 더 편하게 느껴질 것이다. 그러면 노출되거나 판단되거나 거부되는 것에 대해 그렇게 걱정하지 않아도 된다. 엘리엇은 마리아와의 결혼에서 이런 패턴을 보여주고 있다.

마리아 엘리엇은 제가 하는 모든 일에 대해서 시비를 걸어요. 전 그와 있을 때 항상 무엇인가 잘못하고 있다는 느낌이 들어요.

개인 치료 중일 때 엘리엇은 자신의 성적 착취에 관해 이야기하곤 했다. 그리고 각각의 여성을 설명할 때 항상 그들은 무엇인가가 잘못되어있다고 했다. 한 여자는 머릿결이 안 좋았고, 다른 여자는 다리가 너무 짧았으며, 또 다른 여자는 직업이 너무 보잘것없었다. 사실 엘리엇은 완벽한 여성에 대한 세부적인 기준이 있었다.

치료자 교제를 통해 얻고자 하는 게 무엇인가요?
엘리엇 제가 가장 원하는 여성은 금발이고 키가 커야 하지만 너무 커도 안 돼요. 한 170㎝ 정도, 피부가 까무잡잡하고 마르고 발랄해야 해요. 가슴이 너무 커도 안 돼요. 옷은 사립 고등학교 학생들처럼 입어야 해요. 아시죠? 깨끗하면서도 예술적인 복장 말입니다. 그리고 성공한 여성이었으면 좋겠지만 너무 성공하지 않았으면 좋겠어요. 저보다 더 성공하면 안 돼요(웃음).

치료자 그런 여자를 찾은 적이 있나요?

엘리엇 비슷한 여자도 없더군요.

엘리엇은 자신의 기준에 못 미친다며 상대방을 비난한다. 이 방법을 통해서라면 그는 다른 사람이 자신에 대해 어떻게 느끼는지는 그렇게 신경 쓰지 않아도 된다. 만일 당신이 결함의 덫에 빠져 있다면 상대를 평가절하하려 할 것이다. 진정으로 원하는 상대는 자신의 결점을 알아보기 때문에 결국 자신을 거부할 것으로 생각한다.

엘리엇은 사랑하는 아내에게 가장 비판적이었다. 사실 그녀를 격렬하게 비난하는 것은 그가 그녀를 사랑한다는 증거이다. 엘리엇이 그녀를 사랑한다는 느낌이 들 때, 그녀의 가치는 올라가고 따라서 거의 반사적으로 그녀를 공격하게 된다.

누구든 자기를 사랑하는 사람은 자신보다 가치가 낮아야 한다고 느낄 수 있다. '내가 회원으로 가입할 수 있는 클럽에는 절대 가입하고 싶지 않다'는 그로우초 막스의 오래된 대사처럼 애인이 당신을 사랑한다면 그건 뭔가 잘못된 일이라는 식이다.

엘리엇 제게 있어 각각의 관계는 정복의 대상이죠. 그녀를 얻으려는 노력은 흥분되는 일이지만 일단 얻게 되면 흥미를 잃게 되거든요.

치료자 그게 어느 시점인가요?

엘리엇 (침묵) 그녀가 저에 관해 관심을 보이기 시작할 때요.

이성 교제는 가장 친밀하지만 가장된 모습으로 행동할 때이다. 앨리슨은 '전 항상 매튜와 연극을 하고 있다는 느낌이 들어요'라고 말한다. 참된 자신의 모습을 보여주는 데 실패하는 것이 이 덫에 빠진 사람들의 보편적인 문제이다. 가장된 자신의 모습만이 사랑받을 가치가 있다고 믿고 있다. 진정한 자아를 묶어 놓음으로써 참된 자신의 모습은 상대가 절대로 사랑하지 못할 것이라고 믿는다. 완전히 개방하지 못하기에 참된 자신이 부끄럽고 사랑스럽지 못하다는 느낌을 강화한다. 가장 큰 공포는 노출되는 것이다. 결국에는 상대방이 자신의 행동을 간파하고 그 밑에 있는 결함투성이의 인간을 볼 것이라고 여긴다.

앨리슨 결혼한 후에 언젠가 그 사람이 모든 게 다 실수였다고, 저를 정말 사랑하지 않는다고 말할 걸 알고 있어요. 그런데 왜 아직 아무 말을 안 하는지 정말 이해하지 못하겠어요. 그러나 조만간 그런 말을 할 거예요.

치료자 당신은 그냥 기다리고 있는 거네요.

앨리슨 네. 시간문제죠.

당신은 앨리슨처럼 관계를 끝내버리려고 생각할지 모른다. 이러한 상황은 가득한 불안으로 인해 견딜 수 없을 것 같은 기분마저 들게 만든다. 부러움과 질투심은 결함의 덫과 거의 공존한다. 지속해서 자신을 다른 사람보다 불리하게 비교한다.

앨리슨 바에 가거나 파티에 가기 위해 밖에 나가면, 항상 그가 저보다 다른 여자와 같이 있기를 원하는 것 같아요. 저보고 미쳤다고 하는데, 어떻게 보면 맞는 것 같기도 해요. 제 뜻은 그가 여자들에게 집적거리거나 그러지 않거든요. 그냥 제 생각에 다른 여자들이 더 예쁘거나 관능적이거나 더 재미있을 것 같아요. 만일 제가 그 사람이라면 그런 여자들과 있고 싶을 거예요. 하지만 사실 그가 다른 여자에게 좀 더 말을 많이 하면 화가 나요.

앨리슨은 다른 여성을 이상화하고 자신의 단점을 과장한다. 그녀가 비교할 때 자신이 경쟁에서 이기기는 매우 어렵다. 그녀는 자신보다 다른 여성이 더 호감 간다는 느낌 속에서 많은 시간을 보낸다.

매튜가 자신에게 아직도 관심이 있다는 것을 확인하기 위해, 앨리슨은 '저 여자와 같이 있고 싶지요?', '저 여자가 저보다 더 예쁘다고 생각하지 않아요?' 등등 다량의 질문을 퍼붓기도 한다. 그녀는 매튜를 혼자 두는 것이 두려워 그의 곁에 붙어 있다. 하지만 이렇게 경쟁자들로부터 그를 지키려는 노력은 보통 그녀에게 불리하게 작용한다. 이러한 태도는 매튜가 그녀를 지겨워하게 만드는 원인이 되며, 결과적으로 그녀의 가치를 떨어뜨리도록 만든다.

매튜는 이 과정을 커플 치료 중 한 번 설명한 적이 있다.

매튜 어느 날 밤 케빈이라는 친구와 그의 여자친구인 엘리사와 같이 춤을 추러 가게 되었어요. 앨리슨은 뾰로통해지면서 저에게 엘리사와 함께 있는 걸 더 좋아할 거라고 말하는 거예요. 아무런 이유도 없이요. 그런 일이 계속 반복되었죠. 전 앨리슨을 정말 사랑해요. 그렇지만 화장실에만 다녀와도 여자들과 놀아난다고 의심하는 사람과는 같이 있고 싶지 않아요. 사랑하는 사람에게 받는 의심만큼 괴로운 일도 없잖아요?

당신의 문제는 앨리슨만큼 명백하게 드러나지 않을 수도 있다. 엘리엇처럼 질투심을 감추는 법을 익혔을 수 있지만, 마음속으로는 똑같이 느낄 것이다. 세상은 내 연인에게 더욱 매력적으로 느껴지는 경쟁자들로 가득 차 있다고 믿는 것이다.

또한, 비난을 참기 어렵다는 것을 발견할 수도 있다. 아마 그런 것에 아주 민감해지고 작은 비난에도 굉장히 부끄러워한다. 아무 잘못이 없었다고 강하게 부인하거나, 자신을 비난한 사람을 비난할 것이다. 이것은 그러한 결함이 홍수와도 같은 고통을 불러일으키기 때문이다. 그러므로 어떤 결점, 실수, 잘못이라도 부인함으로써 자신을 보호하려 한다. 방어적으로 되어서 비난을 소화하지 못하는 것은 심각한 문제가 될 수 있다.

앞서 언급했던 것처럼, 당신은 결함의 덫을 유발하는 상대에게 가장 매력을 느낀다. 또 다른 측면에는 자신을 잘 대해주는 상대에게 흥미를 잃는 경향이 있다. 이것이 당신이 가지고 있는 모순이자 엘리엇과 마리아에게 일어난 일이다.

엘리엇   우리가 처음 만났을 때 전 정말 그녀가 전부라고 생각했어요. 다른 사람은 전혀 눈에 들어오지 않았죠. 그런데 결혼을 하고 나니, 그녀에 대한 감정이 식어가더군요. 잠자리를 같이하고픈 욕구도 사라지고… 같이 잠자리를 하지 않은 지 벌써 일 년이 지났네요.

당신은 결함을 강화하는 상황에서 가장 매력을 느낀다. 이것은 당신의 자아상과 일치한다. 존경하는 사람이 자신을 존중해 주는 것은 뭔가 격에 맞지 않는 느낌이 든다.

여기에는 두 가지 측면이 있다. 한쪽 극단에서는 갈구하는 대상을 추구한다. 자신이 한 수 아래라는 느낌이 들며, 매력과 두려움을 동시에 느낀다. 반대쪽 극단에서는 자신을 사랑하고 받아주는 상대를 추구한다. 두려움은 줄어들지만, 매력 또한 줄어든다.

결함은 다른 가까운 관계에도 존재한다. 앞서 언급했던 한 가지 위험은 자신의 수치스러운 감정에 아이들을 비난하고 거부하는 행동이 연합되는 것이다. 당했던 것을 아이들에게 똑같이 돌려준다.

마리아   엘리엇은 항상 아이들을 혼내요. 찾아낼 수 있는 모든 작은 결점을 반복해서 지적해요. 아주 사소한 것까지요. 그런 게 얼마나 아이들에게 상처가 되는지 그는 알지 못해요.

최소한 일시적으로는 아이들을 혼내는 것이 자기 자신이 더 나은 사람이라는 기분이 들게 만들 수도 있다.

빠르게 성공을 맛본 후, 마약이나 술을 통해 자기파괴적이 되는 사람들은 내재적으로 결함의 덫을 가지고 있다. 이것은 유명인이나 배우, 기업가들에게도 종종 일어나는 일이다. 그들이 느끼는 결함은 성공과는 너무 차이가 나기 때문에 성공의 느낌을 오래 유지할 수 없다. 자신을 평가절하하면서 또한 성공을 유지해야 한다는 압박감에 압도되어 많은 이들이 무너져버리기 때문이다.

만일 성공을 통해 결함을 감추거나 보상하고 있다면, 그에 따른 만족감은 언제 어떻게 될지 모른다. 모든 가치가 성공에 기초를 두고 있기 때문이다. 어떤 작은 실수나 실패도 당신을 긴장시키며, 해고나 파산과 같은 일로 수치심을 다시 갖게 되어 극단적으로 움직일 수도 있다. 성공해서 자신에 대해 자부심을 느끼게 되거나, 실패해서 쓸모없다는 느낌 속에 무너지게 될 것이다.

대중 연설 불안은 결함의 덫에 빠진 사람들에게 흔히 나타난다. 사람들이 자신을 속속들이 들여다보고 있다는 불안에 식은땀을 흘리거나 온몸을 떨거나 목소리가 갈라지기도 한다. 이런 식의 징후들은 자신에게 결함이 있다는 사실을 더욱더 강하게 느끼게 한다.

결함의 덫에서 빠져나오기

1. 어린 시절의 결함과 수치의 감정을 이해하라.
2. 도피나 반격으로 결함에 대처하는 신호들을 열거해 보라.
3. 도피나 반격을 위한 행동들을 그만두도록 노력하라.
4. 자신의 결함과 수치의 감정 상태를 점검하여라.
5. 가장 많이 매력을 느꼈던 이성과 덜 느꼈던 이성을 나열해 보라.

6. 어렸을 때와 청소년이었을 때의 장단점을 나열하라. 현재의 장단점을 나열해 보라.
7. 현재의 결함이 어느 정도 심각한지 평가해 보라.
8. 바로잡을 수 있는 결함에 대해서는 변화시킬 계획을 세워라.
9. 자신에게 비판적이었던 부모에게 편지를 써라.
10. 자신을 위한 플래쉬 카드를 써라.
11. 친밀한 관계에서는 좀 더 진실해지도록 노력하라.
12. 가까운 사람들의 사랑을 받아들여라.
13. 사람들이 당신을 함부로 대하지 못하게 하라.
14. 만일 어떤 관계에서 당신이 상대를 비난하는 태도라면, 상대방을 무시하는 것을 중지하라. 다른 친밀한 관계에서도 마찬가지다.

1. 어린 시절의 결함과 수치의 감정을 이해하라. 내면의 상처받은 아이를 느껴 보라. 첫 번째 단계는 초기에 느꼈던 결함과 수치를 다시 경험해보는 것이다. 삶의 덫은 어디에서 시작되었는가? 누가 당신을 비판하고 수치심을 느끼게 하였는가? 누가 당신에게 사랑스럽지 못하고 무가치하다고 느끼게 하였는가? 어머니였던가? 아버지였던가? 아니면 형제자매인가? 거의 틀림없이 초기의 가족생활에서 시작되었을 것이다. 가능한 한 구체적인 사건에 대해 많이 기억해 보도록 하라. 사진을 보는 것이 도움이 될 것이다. 어렸을 때 친밀하게 느꼈던 장소에 가보거나 이미지화해 보는 것도 도움이 된다.

가능한 특별한 사건을 기억하려 노력하라. 사진이 있으면, 어두운 방에 있는 편한 의자에 앉아라. 눈을 감고 어렸을 적 이미지를 떠올려보라. 억지로 하지 마라. 그저 떠오르도록 하라. 만일 어디서 시작해야 할지 잘 모르겠으면 현재 결함의 느낌을 불러일으키는 상황에서부터 시작하라.

앨리슨   제가 어릴 적에, 아마 일곱 살 정도였을 때, 삼촌이 제 이름으로 5만 달러의 채권을 사들이셨어요. 물론 저의 엄마를 위해 사들이신 것이지만, 그때는 저를 위해 사신 것으로 알고 있었죠. 왜냐하면, 저를 좋아하는 거로 알았거든요. 그래서 사실을 알고 나서는 삼촌을 보기가 조금 부끄러웠어요.

치료자 이미지를 떠올려볼까요?

앨리슨 (눈을 감고) 방에 있는 제가 보여요. 옷을 입고 있어요. 제 엄마가 삼촌 댁에 간다고 말을 했었어요. 전 아주 조심스럽게 옷을 입었어요. 삼촌에게 잘 보이고 싶었거든요. 방에서 나왔을 때, 아빠에게 제 모습이 어떠냐고 물었어요. 아빠는 제게 널 데리고 가지 않을 테니 옷을 다시 갈아입으라고 하셨어요. 그리고 삼촌은 칭얼거리고 말 안 듣는 아이와 같이 있는 걸 원치 않는다고 하셨어요. 화가 나서 삼촌은 날 정말 보고 싶어 할 거라고, 그게 아니라면 왜 저한테 그렇게 많은 돈을 주셨겠냐고 말했죠. 아빠는 웃으면서 그 선물이 저하고 정말 관련이 있다고 생각하냐고 물으시더군요.

치료자 기분이 어때요?

앨리슨 이런 느낌이에요. 다 드러나는 느낌? 갑자기 그 선물이 제 것이 아니란 걸 깨달은 거죠. 옷을 차려입었다는 게 그리고 그 선물이 정말 제 것이 아니었다는 게 부끄러워요. 넓은 방에 서 있어서 그런지 모든 것이 다 드러난 상태인 거 같아요. 저는 정말 울지 않으려고 애쓰고 있어요.

사랑을 갈구했지만 오히려 비난받고 거부당한 아이의 감정을 느끼길 바란다. 우선 사랑을 원하는 어린아이로 자신을 그려보라. 그리고 자신은 사랑하지만, 당신에게 원하는 것들을 주지 않았던 사람들을 그려보라. 원래의 고통을 다시 한번 느껴 보라.

어른이 된 자신이 그 장면에 들어가서 낙담해 있는 어린아이를 위로하라. 위로, 사랑, 칭찬, 지지가 수치심을 치료할 수 있다.

앨리슨 제가 이미지 속으로 들어갔어요. 작은 여자아이의 손을 잡고, 그 아이의 아버지에게서 떼어놓아요. 우리는 집 밖으로 나가서 멀리 가요. 아이를 무릎에 앉히고 볼에다 입을 맞춰 줘요. 사랑한다고 말하고, 아이에게 울고 싶으면 울어도 좋다고 말해요.

바로 이러한 어린 시절의 감정을 오늘날의 결함의 덫과 연결해 보라. 승인과 타당함을 인정받기 원하는 그 상처받은 아이가 느껴지는가?

2. 도피나 반격(과잉보상)으로 결함에 대처하는 신호들을 열거해 보라. 다른 사람을 혹평하는가? 자신에 대한 비판에 대해서는 방어적인가? 사랑하는 사람들을 평가절하하는가? 지위나 성공을 지나치게 중시하는가? 사람들에게 강한 인상을 심으려고 노력하는가? 끊임없이 안심시켜 달라고 요구하는가? 이것들이 당신의 반격 또는 과잉보상의 방법들이다.

술이나 마약을 남용하는가? 과식하거나 일을 많이 하는가? 사람들과 가까워지는 것을 회피하는가? 자신의 개인적인 감정을 논하는 것을 차단하는가? 거절당하지 않을까 노심초사하는가? 이런 것들이 도피 혹은 회피의 방법들이다.

결함이라는 느낌에 대한 도피나 반격을 사용하는 방식을 뚜렷하게 파악하라. 자신을 잘 관찰하고 기록하라.

3. 도피나 반격하도록 짜여진 행동들을 멈추도록 노력하라. 결함이라는 느낌이 더욱 쉽게 표면으로 떠오르게 될 것이다. 그 실체와 닿을 수 없다면, 당신은 삶의 덫에서 빠져나올 수가 없다.

예를 들어, 자신이 무가치하다는 느낌에 대한 보상의 한 방법으로 성공에 큰 비중을 둘 수 있다. 자신의 가치를 증명하여서 결함의 덫에 이의를 제기하는 것이다. 하지만 문제는 당신의 노력이 너무 지나치다는 데에 있다. 이것이 당신 삶의 유일한 관심사이고, 전 인생이 성공을 중심으로 돌아가는 것이다. 엘리엇도 이런 양상을 보였다.

엘리엇　제가 가족과 함께 지내지 못하는 가장 큰 이유는 시간이 없어서예요. 저는 클럽에 오전 11시부터 다음날 새벽 3시나 4시까지 있어요. 적어도 일주일에 5일을 그렇게 지내요.
마리아　그리고 집에서는 기운을 차리기 위해 하루를 보내죠. 그는 정말 손 하나 까딱하기 싫어해요. 하는 일이라곤 그저 텔레비전을 보거나 침대에 누워있는 게 전부예요.
치료자　일을 하거나 아니면 쉬는 것, 그게 당신이 하는 전부네요.

　　엘리엇의 삶은 성공과 지위를 얻는 데 바쳤다. 그는 사람들에게 강한 인상을 남기기 위해 그렇게 한 것이다. 여자와 함께 있을 때도 그는 그런 말들만 한다. 자신이 사랑받을 가치가 있다는 것을 증명하는 방법이라고 생각하기 때문이다. 그 결과 지위를 얻고 성공했지만, 여전히 그를 사랑하는 사람은 없다. 그는 사랑하는 사람을 찾고 있지만, 주변 사람들은 그를 존경하는 선에서 멈춘다. 그의 성공은 결함이라는 자신의 핵심 감정을 절대로 건드릴 수 없게 한다. 단지 일시적인 안도감을 제공할 뿐이다.
　　성공과 지위는 곧잘 중독적으로 된다. 좀 더 얻으려고 노력하지만, 충분히 기분 좋을 만큼 얻을 수가 없다. 성공은 자신을 진정으로 알고 사랑해주는 사람을 찾는 미약한 대용품에 지나지 않는다.
　　만일 항상 술을 마시고 친밀한 관계를 회피하거나, 자신의 실제 생각과 감정을 숨기는 행동으로 결함이라는 느낌에서 도망치려 한다면, 당신은 덫에서 빠져나올 수가 없다. 결함이라는 느낌은 그대로 남아있게 된다.
　　엘리엇은 가족들과의 친밀감을 여러 방법으로 회피하였다. 언젠가는 집에 있을 때 대마초를 피우고 맥주를 마셨다. 그는 많은 시간을 자신의 방에 혼자 고립되어 텔레비전을 보았다. 저녁 식사 시간은 자신의 성공에 대해 자랑하거나 아이들을 비난하는 것으로 시간을 보냈다. 혹은 다른 연인을 만나기 위해 다른 이유를 대고 집을 나오기도 했다.

우리는 그와 한 달 동안 이런 도피 행동을 중지하기로 약속하였다. 당신도 이렇게 하길 바란다. 자신이 결함의 느낌에 직면하지 못하게 만드는 행동 양식을 그만두길 원한다. 우리는 자신의 결함이라는 감정에 맞닿아 치료를 시작할 수 있기를 바란다.

4. 자신의 결함과 수치의 감정 상태를 점검하여라. 삶의 덫을 불러일으키는 상황들을 잘 관찰하라. 그것을 잘 파악하라. 결함과 수치를 느끼는 상황들을 나열해 보라. 이런 느낌들은 삶의 덫을 불러일으키는 신호이다. 다음은 앨리슨의 목록이다.

> **결함의 느낌을 불러일으키는 나의 상황들**
>
> 1. 토요일 밤 혼자 할 게 아무것도 없을 때, 매튜는 멀리 떠나있다. 나와는 아무도 같이 있고 싶어 하지 않는다는 느낌이다.
> 2. 가장 친한 친구인 사라와 점심을 먹으러 나갔을 때, 그녀가 나보다 더 똑똑하고 예쁘고, 더 재미있다고 느껴진다.
> 3. 엄마와 전화로 이야기할 때, 내가 결혼 결심을 하지 못하는 것에 대해 잔소리할 때, 만일 내가 '네'라고 대답을 하지 않으면 누구도 다시는 나에게 청혼하지 않을 것 같다는 절망적인 말씀을 하신다.

삶의 덫이 자연스럽게 드러나는 모든 경우를 나열해 보라. 당신이 불안정하다거나 무능하다고 느낄 때, 혹은 거절당하면 어떻게 하나 걱정할 때, 다른 사람과 자신을 비교하거나 질투를 느낄 때, 얕잡아 보이는 것에 민감하거나 비난에 방어적일 때, 자신은 더 좋은 대우를 받을 자격이 없다고 느끼기 때문에 자신이 학대당하는 것을 허락할 때 등 당신의 결함을 자극하는 모든 경우에 대해 적어보라.

　우리는 이것이 힘든 작업임을 안다. 우리는 모두 살아가면서 고통을 느끼지 않으려고 노력하는 데 상당한 에너지를 소비한다. 이런 감정들을 인식하는 것이 자신의 문제들을 극복하는 첫 번째 방법이라는 것을 기억할 필요가 있다. 그러므로 이 과정 동안 희망을 유지하도록 노력하라.

　또한, 여러 사람이 당신에 대해 불평했던 것들에 대해 적어보라. 어떤 특정 양상이 있는지 찾아보라. 너무 질투가 많고 불안정하고 극도로 예민한 것에 대해 반복적으로 비난을 받았던가? 재확인이 필요하거나 너무 쉽게 상처를 받는다는 얘기를 들었는가? 이런 불평들은 당신이 삶의 덫을 어떻게 강화했는지 알려주는 중요한 단서들을 제시한다.

　5. 가장 많이 매력을 느꼈던 이성과 덜 느꼈던 이성을 나열해 보라. 우리는 당신이 상대를 선택하는 방식을 살펴보길 바란다. 사귀었던 상대를 모두 나열해 보라. 가장 흥미를 느꼈던 상대와 흥미를 느끼지 못했던 상대로 나누어 보라. 두 집단을 비교해 보라. 어떤 상대에게 가장 매력을 느꼈는가? 당신에게 더 비판적이었던 상대였던가? 거부적인 사람이었던가? 냉담하고 양가적인 사람이었던가? 상대방이 당신에게 반하기 전에 가장 큰 매력을 느꼈는가? 그 후에 당신은 상대방에 대한 흥미를 잃었는가? 당신을 사랑했던 사람들에 대해서는 지루하게 느꼈는가?

　6. 어렸을 때와 청소년이었을 때의 장단점을 나열하라. 현재의 장단점을 나열해 보라. 자신에 대해 좀 더 객관적인 시각을 가져라. 현재 가지고 있는 시각은 객관적이지 못하며 단지 편견일 뿐이다. 긍정적인 면을 무시하고 단점을 과장하는 시각을 갖고 있다. 좀 더 과학적으로 접근하라. 아이였을 때나 십 대였을 때 그리고 현재 자신의 장단점을 나열해 보라. 다음은 앨리슨의 목록이다.

> 아이 또는 십 대 때의 장점들
>
> 1. 똑똑했었다.
> 2. 민감했었다.
> 3. 다른 사람들에게 친절했었다.
> 4. 노래 부를 수 있었다.
> 5. 지도력이 있었다(나는 치어리더 팀장이었고, 중고교 시절에 학급 대표였다).
> 6. 나는 내 남동생과 여동생에게 잘 대해주었다.
> 7. 여자친구들에게 인기가 많았다.

앨리슨이 이 목록을 작성할 때의 기분이 우리는 궁금했다.

> 아이 또는 십 대 때의 결점들
>
> 내 결점이 무엇이었는지 말하기가 어렵다. 정말 그게 무엇인지 알 수 없었지만, 항상 다른 사람들은 볼 수 있는 나의 어떤 면을 사람들이 싫어한다고 느꼈다. 특히 남자아이들은 나를 좋아하지 않았기에 십 대였을 때 데이트를 한 번도 해본 적이 없다.

앨리슨 좀 웃기지만, 좋은 점에 관해 쓸 때는 화가 나더라고요. 저의 장점들에 대해 말하는 게 제게는 힘들었어요.

치료자 장점이란 것이 당신에게는 너무 생소하게 느껴졌군요.

앨리슨 제 단점을 쓸 때도 어려웠어요. 처음에는 제 결점에 대해 생각해내지 못하는 것에 놀랐어요. 그렇지만 그건 저의 부분적인 면에 관한 이야기가 아니었어요. 제가 누구냐에 대한 거였죠.

앨리슨은 현재 자신에 대한 목록을 만드는 데서도 비슷한 경험을 했다. 그것이 쉽지는 않았지만, 그녀는 긍정적인 면을 많이 찾아낼 수 있었다. 그러나 특히 단점이라고 할 수 있는 목록을 작성하는 걸 어려워했다. 찾을 수 있었던 건, 그녀가 결함투성이라는 느낌뿐이었다.

목록은 자신이 결함이 있다는 증거와 또 한편으로는 가치 있다는 증거를 보여준다. 그 증거들을 검토해 보라. 목록을 작성해 봄으로써 앨리슨은 긍정적이지만 도외시했던 자신을 볼 수 있게 되었다.

목록을 작성하는데 가족이나 친한 친구들에게 도움을 청하라(물론 당신을 삶의 덫에 빠지도록 했던 가족에게는 요청하지 마라). 처음에 앨리슨은 어떤 긍정적인 특성도 찾아내지 못했다. 그런 식으로 생각하는 것이 익숙하지 않았다.

앨리슨 사람들이 저에 대해 긍정적인 특성을 하나씩 말해줬을 때, 제게 그런 면이 있는 줄 알고 있었지만, 그게 뭐 특별한 장점은 못 된다고 생각했어요. 제가 좋은 사람이고, 제게 좋은 면이 있는 줄은 알고 있었지만, 그런 면 때문에 제가 가치 있는 인간이 되는 것은 아니라고 생각했던 거죠.

치료자 자신이 잘하는 모든 것을 반사적으로 평가절하했군요.

자신의 장점에 대해 생각할 때는 그런 점들을 과소평가하거나 목록에서 탈락시키지 말라. 사람들이 믿기 어려울 정도로 긍정적인 피드백을 하더라도 목록에 포함해라. 그것에 대해 나름대로 판단을 내리지 말고 무조건 포함해라.

가짜 자아의 한 부분일 수 있는 성공지향적인 특성은 중요하게 생각하지 마라. 그리고 사람들에게 자신의 어떠한 면을 가치 있게 보냐고 물을 때 구체적으로 물어보라. '넌 훌륭해', '널 좋아해'와 같은 일반적인 설명에 만족하지 마라. 좋은 면에 대해 구체적으로 설명하지 않는 한, 당신은 그것들을 거짓된 설명이라고 생각하지 실제 자신에 대한 설명은 아니라고 추측한다.

　사람들이 당신의 좋은 특성을 기꺼이 설명하는 것에 대해 아마 놀랄 것이다. 사랑하는 사람이나 친구들에게 자신의 긍정적인 면을 물어볼 수 있다는 것만으로도 긍정적 사고방식을 가질 수 있다.

　7. 현재의 결함이 어느 정도 심각한지 평가해 보라. 그런 다음에 그러한 장점과 경향들을 보이는 사람에 대해 어떠한 느낌이 들 것인지 자신에게 질문해 보라.

　모든 사람이 결함이 있다는 것을 명심하라. 인간은 누구나 긍정적, 부정적 특성 모두를 가지고 있다.

앨리슨　이 사람은 괜찮은 사람이라는 것을 인정해야겠네요. 남자와의 관계에서 문제가 있지만 괜찮은 사람이에요. 그러나 저는 아직도 괜찮지 않아요. 괜찮다는 사실은 알고 있지만 제 느낌은 그렇지 않거든요.

　앨리슨처럼 지금은 기분이 나아지지 않을 수 있다. 그러나 최소한 자신이 가치 있는 사람이라는 것을 이성적으로라도 알고 왜 그런지 말해볼 수 있기를 원한다.

　자신의 장점에 대해 매일 읽어보라. 이제는 그것들을 평가절하하지 않도록 노력하라. 삶의 덫에서 조금씩 벗어나라. 이것이 이성적인 이해로부터 정서적으로 받아들이는 데 도움이 될 것이다.

　8. 바로잡을 수 있는 결함에 대해서는 변화시킬 계획을 세워라. 당신의 어떤 결점을 바꿀 수 있겠는가? 많은 사람이 결점을 바꿀 수 없거나 타고난 것이 아니라, 상황에 따라 바꿀 수 있다는 것을 알게 된다. 바로잡

을 수 있는 결함에 대해서는 바꾸기 위한 계획을 세워라.

우리는 환자들이 작성하는 결함 목록이 어떠한 근거에서 비롯된 것이 아니라 삶의 덫으로 인한 것임을 종종 알 수 있다. 그것은 삶의 덫 자체에서 비롯된 것이다. 앨리슨과 엘리엇 모두 많은 결점이 실제로는 결함투성이라는 느낌을 극복하려는 것에서 비롯됐다는 것을 알았다.

예를 들면, 앨리슨은 '남자아이들이 날 좋아하지 않았다'라는 결점을 모으려고 노력하였다. 그녀는 몇 명의 남자친구들에게 질문한 결과, 자신이 남자들에게 매력적이지 않은 일부 특성이 있다는 것을 확인할 수 있었다. 기본적으로 그녀가 너무 부담스럽게 그리고 불안정하게 접근했기 때문이다. 우리와의 관계를 통해서도 그 점은 확인할 수 있었다. 그러나 이런 모든 행동은 삶의 덫에서 기인한 것이다. 사실 앨리슨은 삶의 덫에서 독립적인 단 하나의 결함도 얘기할 수 없었다. 그녀의 결함은 그녀가 아이였을 때 어떻게 대우받았는지를 반영하는 것이지, 어떤 사람이었나를 반영하는 것은 아니라는 점이 분명해졌다.

앨리슨은 삶의 덫에서 비롯된 행동들에 대해 알게 되자 그것을 어느 정도 쉽게 개선할 수 있었다.

앨리슨 매튜와 함께 있을 때 제가 모자라는 사람처럼 느껴지고 질투를 느끼게 돼요. 이런 감정이 전혀 도움이 되지 않고 단지 그를 귀찮게 만들 것이라고 되뇌었어요. 매튜를 건드려봤자 내 기분만 더 나빠질 뿐이라고요.

치료자 기분이 어떤데요?

앨리슨 무력감을 느끼고 자신이 무가치하게 느껴져요. 또 그가 절 미치도록 화가 나게 만들어요. 정말 도움이 안 돼요. 일할 때, 똑같은 짓을 하게 돼요. 그가 아직 나에게 관심이 있다는 것을 확인하고 싶어 계속 전화를 걸고픈 충동이 일어나죠. 하지만 저 스스로 중단해요. '분명 도움이 안 될 거야'라고 되뇌면서 말이죠. 그렇게 생각하고 나면 기분이 한결 좋아졌어요.
치료자   요구를 하지 않는 대신 뭘 하나요?
앨리슨   자신에게 말해요. 그는 나를 사랑하고 있으니까 괜찮다고요. 그의 사랑을 받을 만하다고 나 자신에게 말해요.
치료자   좋아요. 자기 자신을 안심시킬 수 있게 되었군요.

비슷하게 엘리엇의 결점도 거의 반격의 형태이거나 과잉보상하는 방법이다. 그의 비판적인 태도, 사람들에게 좋은 인상을 주려는 노력, 일 중독, 불신 등 전에도 언급한 것처럼 엘리엇은 이런 행동을 한 달간 중단하기로 합의했다.

엘리엇   이상하게도 제가 더 느긋해지고 저 자신을 잘 통제하고 있다는 느낌이 들어요. 특히 일에 대해서요. 아무도 절 거부하지 않아요.
치료자   좀 더 문제의 핵심에 다가가는 느낌이 드네요.

엘리엇은 아내와 아이들과 시간을 보낼 때 자신의 진정한 모습을 보여주는 것을 더욱 어려워했다. 그러던 어느 날 갑자기 그는 가면을 벗고 가족들과 대면하게 되었다.

엘리엇   가족과 함께 있으면 긴장이 돼요. 마치 무슨 말을 해야 할지 모르는 것처럼요. 그리고 그들에게 어떻게 대했는지 굉장히 부끄럽게 느껴져요. 특히 아이들에 대해서요.
치료자   중요한 것은 현재 당신이 아이들에게 잘 대해주고 있다는 것이지요.
엘리엇   맞아요. 마리아와 아이들이 더 행복해하는 것 같아요.
치료자   당신은 어떻죠?
엘리엇   네. 어느 면에서는 저도 더 행복해요. 전에 제 작은딸이 제 볼을 감싸

안고 뽀뽀를 해주었을 때처럼요. 깜짝 놀랐죠. 그렇게 하지 않은 지 오래되었거든요.

9. 자신의 비판적인 부모에게 편지를 써라. 우리는 어렸을 때 당신을 비난했던 가족에게 편지쓰기를 권한다. 편지를 꼭 보내야만 하는 것은 아니다. 가장 중요한 것은 편지에 자신의 느낌을 아주 자유롭게 표현하는 것이다. 단지 당신을 함부로 대했던 사람들에게 느꼈던 분노와 슬픔을 충분히 표출하길 원한다.

어렸을 때 그들이 당신에게 어떻게 했는지 얘기하라. 비난받는 것이 어떤 기분인지, 필요 없는 아이처럼 느껴질 때의 기분과 그런 식으로 취급받을 이유가 없음에 관해 설명하라.

그들이 잘 보지 못하고 간과했던 당신의 좋은 특성을 강조하라.

어떻게 되기를 원했는지도 말하라. 필요로 했던 지지와 인정에 대해, 그리고 그것이 어떤 의미가 있는지, 그런 지지와 인정이 어떻게 삶을 바꿀 수 있었는지 말하라. 그리고 그들에게 지금 무엇을 원하는지에 대해 말하라.

가족들이 변명하지 못하게 하라. 그리고 그들이 한 비난을 합리화시키지 못하게 하라. 그런 변명과 합리화는 나중에 할 수도 있다. 치유의 길은 멀다. 더는 자신의 결함을 느끼지 않게 될 때 결국 그들을 용서할 수 있다. 하지만 우선은 자신을 위해 싸우고 마음속에 묻어둔 감정을 배출시켜라.

우리는 부모가 자신에게 상처를 입혔음에도 불구하고 부모를 지켜야 한다는 강한 충동이 있다는 것을 이해한다. 부모의 좋은 면만을 보고 싶어하기에 '부모님들은 뭐 그때 잘 몰랐으니까요'라든가 '그들은 그 나름대로 문제가 있었어요' 또는 '부모님들은 나를 위해서 그렇게 하신 거예요'라는 말을 한다. 편지에서는 그들을 방어하는 것을 그만두고 어떤 일이 일어났는지, 그로 인해 어떠한 느낌을 받았는지를 솔직하게 이야기하는 데 중점을 두어라.

다음은 엘리엇이 자신의 아버지에게 쓴 편지이다.

아버지께,

제가 어렸을 때 아버지는 절 매정하게 대하셨어요. 제가 아무런 가치도 없는 것처럼 특별하거나 멋진 구석이라고는 전혀 없는 아이처럼 대하셨어요. 저는 아버지에게 중요한 존재가 아니었어요. 제가 느끼는 감정에 무심하셨고, 저도 고통을 느낄 수 있고, 상처를 입을 수 있다는 것에 대해서 아랑곳하지 않으셨어요. 사랑해줘야 한다는 사실조차 모르신 듯했어요.

가장 상처받은 일은 형인 릭과 항상 비교하신 거였어요. 저는 형에 비해 아무것도 아닌 것 같은 기분이 들게 하셨죠. 아버지는 릭과 있을 때는 항상 행복하고 재미있다는 듯이 행동하셨어요. 그렇지만 저하고 있을 때는 심술궂게 대하고 싫어하셨어요. 제가 아주 실망하게 해드린 것처럼 말이에요.

저의 모든 것을 비난하셨어요. 저는 아버지에게 안심하고 보여드릴 수 있는 부분이 전혀 없다고 느꼈어요. 사랑받지 못했기 때문에 아버지로부터 숨을 수밖에 없었어요. 어릴 때를 회상할 때 가장 기억에 남는 것이 바로 수치스럽다는 느낌이에요.

아버지가 절 어떻게 대하셨든 저는 아이로서 훌륭한 특성이 있었어요. 똑똑하고 수완도 좋아서 열여섯 살이 되었을 때는 야구 카드를 파는 작은 일도 시작했지요. 아버지는 신경 쓰지 않으셨겠지만 릭과는 다른 저만의 특기를 가지고 있었어요. 제가 완벽하진 않았지만, 아버지가 절 그렇게 대하셨던 것은 부적절하다고 생각해요.

그런 아버지를 미워해요. 지금 제 아내는 저를 떠나버리겠다고 위협하고 있답니다. 그래서 저는 자신이 가치 있는 존재라고 느끼기 위해 힘든 노력을 하고 있어요. 그전에는 자신을 지탱하기 위해 코카인을 이용하고, 별로 상관없는 여자들을 집적거리며 다녔어요. 하지만 제 자존감이 이렇게 낮아진 것은 아버지와 다른 가족들이 저를 너무 혐오했기 때문이라는 걸 이제 알게 되었어요.

당신의 모든 것이 저를 무너지게 했어요. 저에 대해 만족하거나 자랑스럽고 기뻐하는 모습이 제게 어떤 의미였을지 한 번이라도 생각해 본 적 있으세요?

당신이 저를 고립시켜 버렸어요. 제가 어떤 사람이라는 것을 아무에게도 보여주고 싶지 않도록 만들었어요.

저는 지금 더욱 의미 있는 삶을 살아보려고 모색 중이에요. 그중 하나가 비록 아버지라고 해도 어떤 방법으로든 저를 모욕하는 것을 받아들이지 않겠다는 거예요. 만약 관계를 유지하고 싶다면 저를 대하는 방법을 바꾸셔야만 해요. 그리고 만약 그렇게 못 하시겠다면 우리의 관계는 끝나는 것입니다.

엘리엇

이 편지를 쓸 수 있기까지 엘리엇은 절대로 쉽지 않았다. 그가 가진 모든 용기와 힘을 내고 나서야 비로소 할 수 있었다. 하지만 이후 그의 기분은 놀랍도록 좋아졌다.

당신도 그럴 것이다. 편지를 쓰는 것만으로도 치유 과정이 될 수 있다. 무엇을 겪었는지에 대한 설명이다. 진실이 당신을 자유롭게 할 것이다.

10. 자신을 위한 플래쉬 카드를 써라. 가지고 다닐 수 있는 플래쉬 카드를 만들어 결함의 덫에 빠지려고 할 때면 언제나 읽어보라. 우리는 당신의 내면에서 비판적인 부모를 조금씩 없애버리길 원한다.

앨리슨 치유되기를 원하지만, 자신을 무너지게 하는 습관은 고치기 어려워요. 그러지 않으려고 계속 결심하지만, 어느새 자신을 무너뜨리고 있어요.
치료자 그럴 겁니다. 다른 모든 습관처럼 자기 자신을 다잡고 스스로 중단해야 합니다.

플래쉬 카드는 삶의 덫의 목소리로부터 자신을 보호할 수 있는 무기이다. 그것은 항상 두 가지 면이 있다는 점을 각성시켜 준다. 한쪽엔 내재화된 당신을 사랑하지 않는 비판적인 부모가 있다. 그들은 항상 당신을 비판하고 무시하고 결함을 느끼게 하고 수치심을 느끼게 만든다. 그러나 또 한쪽에는 연약한 아이가 있다. 사랑에 굶주리고 수용과 인정을 간절히 원하고, 자신의 가치를 알아주길 바라는 아이가 있다. 플래쉬 카드는 비난하는 부모를 몰아내고, 그가 원하는 건강한 면을 제공한다. 궁극적으로 이 치유 과정은 자기 사랑에 대한 것이다. 즉 이 카드는 자신에게 사랑을 주는 것을 기억하도록 도와준다.

플래쉬 카드에는 부모의 비판이 틀렸다는 것을 증명하기 위해서라도 자신의 좋은 특성들이 모두 적혀 있어야 한다. 객관적인 증거들을 이용하

라. 자신에게 징벌적인 어조보다는 건설적인 어조를 사용해 얘기하라.

다음은 앨리슨이 쓴 카드이다.

> **결함에 대한 플래쉬 카드**
>
> 현재 나는 굴욕감과 부적합하다는 느낌에 빠져 있다. 특히 나보다 외모, 머리, 성격 등 모든 면에서 뛰어난 여자들에게 둘러싸여 있다. 그들의 존재가 나를 전적으로 작아지게 한다. 하지만 이것은 사실이 아니다. 사실은 내 삶의 덫이 자극받은 결과이다. 진실은 나 또한 가치가 있다는 것이다. 나는 민감하고 지적이고 사랑스러운 존재다. 많은 사람이 내가 사랑받을 가치가 있음을 알고 있다(그들의 이름 나열). 일반적으로 나는 사람들에게 나를 충분히 알아보고 평가할 만큼 가까이 다가설 기회를 주지 않았다. 하지만 이 카드에 내가 적은 것을 믿는다면 그런 방향으로 나아가게 될 것이다.

플래쉬 카드를 가지고 다녀라. 당신의 좋은 점을 다시 살펴보는 데 사용하라. 자신을 끊임없이 비난하는 것에 대해 반박하라. 이것은 수치심, 싫다는 느낌과 싸우는 또 다른 방법이다.

11. 친밀한 관계에서는 좀 더 진실해지도록 노력하라. 앨리슨과 엘리엇은 삶의 덫에서 양극단에 자리하고 있다. 앨리슨은 너무 약하고 엘리엇은 전혀 그렇지 않다. 앨리슨은 자신을 보호하는 방법을 더 배워야 하고, 엘리엇은 자신이 어떤 사람인지 보여주는 방법을 더 배워야 한다. 당신이 엘리엇과 비슷하다면, 가까운 관계에서는 좀 더 진실해지도록 노력하라. 완벽하다는 인상을 주는 것을 중지하도록 노력하라. 약점을 보여라. 자신의 비밀을 다른 사람과 나누어라. 자신의 결점을 이해하라. 다른 사람이 내 안으로 들어올 수 있도록 하라. 비밀은 생각만큼 수치스럽지 않다는 것을 알게 될 것이다. 결점은 누구나 다 가지고 있다.

엘리엇   저 자신조차 굉장히 놀라운 일이에요. 어느 날 밤, 마리아와 제가 파티에 갔었는데 그녀의 대학 친구였던 리차드라는 사람이 거기 왔더라고요. 둘이 서로 얘기하는 걸 보고 질투가 났어요. 왜냐하면, 둘만의 세계에 빠진 것 같았거든요. 그들이 너무 행복해 보이지만 저와 마리아는 절대 그러지 못했어요. 보통 때라면 저는 다른 여자들에게 다가가기 시작했을 거예요. 그러나 그렇게 하지 않았어요. 그 대신 마리아에게 말했죠. 그녀에게 질투가 난다고.

치료자   그녀가 뭐라고 하던가요?

엘리엇   그녀는 '그런 데다가 신경을 썼어요? 전 당신이 관심 없는 줄 알았어요!'라고 하더군요.

    자신이 불안정해 보이는 것이 너무 두려웠기 때문에, 엘리엇은 마리아에 대해 걱정한다는 표현을 자제하였다. 자신이 그녀를 사랑한다는 것을 보여주는 것이 두려웠다. 이런 경우 정상적이고 적절한 정도의 질투는 사실 도움이 된다.

    당신은 자기 자신을 얼마나 노출할 것인지 조절할 수 있다. 조금씩 천천히 자신을 보여줘라. 통제하고 있다는 느낌을 유지하라. 초기 관계에서 지나치게 불안한 모습을 보여주면 사실 상대방이 흥미를 잃게 된다. 처음 몇 달간은 부득이 전략적으로 대할 수밖에 없다. 하지만 당신이 좀 더 친밀해지고 상대방도 진짜 자신을 아껴주는 것 같은 느낌이 들면, 자신을 더욱 드러낼 수 있다. 모든 것을 한 번에 드러내는 것은 위험한 일임을 명심하자.

    환자들이 가끔 '하지만 적당히 약점을 보여주는 것이 어떤 것인지 모르겠어요'라고 묻는다. 상대에 따라 속도를 맞추면 된다. 상대가 약점을 보이면 당신도 보여줘라. 관계 안에서 평형을 유지하도록 노력하라.

    만일 비밀을 가지고 있고, 그것이 수치스러운 일이라면, 가까운 사람들에게 차차 이야기하라. '당신은 당신이 지닌 최악의 비밀만큼만 역겹다'

라는 말도 있지 않은가. 우리가 다른 사람들에게 숨기는 여러 가지 비밀들이 생각만큼 그리 나쁘지만은 않다. 한 번 다른 사람과 나누게 되면, 그렇게 부끄럽지만은 않다는 것을 알게 될 것이다. 그 사람이 아직도 우리를 사랑하고 있고, 자신에 대해 좀 더 괜찮게 느낄 기회가 되기도 한다.

수치심이 너무 큰 나머지 항상 자신을 숨겨왔을 수도 있다. 당신 자체를 보여주는 것만으로 사랑받을 수 있다는 것을 깨달아야 한다.

가까운 사람들의 사랑을 받아들여라. 가장 힘든 것 중 하나는 사람들이 자신을 사랑하도록 하는 일이다. 당신은 대우받기보다는 학대받거나 무시당하는 것을 더 편안해한다. 사람들이 당신에게 관심을 가지고 칭찬해 주는 상황을 참기 어려워하며 이런 상황을 거부한다.

앨리슨 웃기는 얘기지만 가장 힘든 것 중의 하나는 매튜가 저에 대해 칭찬하는 것이에요. 그런 칭찬을 거부하지 않고 받아들이는 것 자체가 전 너무 힘들어요. 어느 날 밤 저녁을 먹고 있었는데, 그가 갑자기 저보고 아름답다고 하는 거예요. 저는 '아니에요. 그렇지 않아요'라고 말하려다가 관뒀어요.

치료자 대신 뭐라고 그랬나요?

앨리슨 '고마워요'라고요.

앨리슨과 엘리엇 둘 다 사랑을 받아들이는 방법을 배워야만 했다. 놀랍게도 그 경험은 둘 모두에게 큰 비통함을 가져다줬다.

마리아 지난 밤에 좀 이상한 일이 있었어요. 엘리엇이 클럽에서 돌아왔는데 너무 화가 나 있는 거예요. 나쁜 일이 있었나 봐요. 그와 함께 침대에 누워서 내 팔로 껴안아 주고 위로해줬어요. 저는 그의 얼굴을 쓰다듬어 주었죠. 그런데 갑자기 울기 시작하는 거예요. 크게 흐느끼면서요.

치료자 음, 아마도 당신이 그가 오래전부터 그리워해 왔던 것을 느끼도록 해주었나 보군요.

마리아 네, 저는 그날처럼 그를 그렇게 가깝게 느껴졌던 때가 없었고, 그렇게 사랑한 적이 없었어요.

우리는 당신도 사랑을 받아들이길 원한다. 당신을 사랑해주는 사람들을 거부하지 마라.

13. 사람들이 당신을 함부로 대하지 못하게 하라. 앞서 말했듯이, 당신은 비판적이고 거부적인 사람을 친한 친구로 선택하는 경향이 있다. 지금 당장 친밀한 관계들을 관찰해 보라. 자신을 비판하거나 무시하도록 허락하고 있는가?

앨리슨 아, 매튜는 그런 쪽으로는 문제가 없다는 것 아시죠? 그렇지만 문제가 되는 사람이 한 명 있죠. 제 가장 친한 친구인 린이에요. 바로 옆집에 살았는데, 어렸을 때 그녀는 항상 절 못살게 굴었어요. 저와 같이 놀기 싫다고 하거나 절 놀리곤 했어요. 지금까지도 그녀는 절 무시해요. 그녀는 전에 '매튜가 변심하기 전에 너한테 반지를 주게 하는 게 좋을 거야'라고 정말 심술궂게 말하더군요.

치료자 그녀가 그렇게 말했을 때 당신은 뭘 했나요?

앨리슨 아무 말도 안 했어요. 단지 화가 날 뿐이었죠.

자신의 권리를 주장하라. 그 사람에게 더는 학대하는 비난을 참지 않겠다고 말하라. 당신의 모습 그대로를 받아들여 주기를 요구하라. 자기주장의 원칙을 기억하라. 그 사람에게 화를 내거나 공격적으로 말하지 마라. 침착함을 잃지 않는다면, 더 큰 힘을 발휘할 수 있을 것이다. 당당하게 서서 그 사람의 눈을 직시하라. 직설적으로 그리고 구체적으로 말하라. 가장 중요한 것은 방어적으로 되어선 안 된다. 요점을 차분하고 절제된 방식으로 다시 말하라.

앨리슨 전 린을 저녁 식사에 초대했는데 두 시간이나 늦게 왔어요. 기다리느라 모든 음식은 너무 식었거나 익어버렸죠. 정말 불쾌하더라고요. 우리만 테이블에 혼자 남겨진 때가 있었어요. '네가 늦었기 때문에 저녁 식사가 엉망이 되어서 화가 난다'라고 얘기했어요. '오늘을 위해 나는 준비를 굉장히 많이 했어'라고 얘기했지요. 그런데 그녀는 자신이 남자친구 때문에 화가 나 있는데 자기한테 그렇게 따져 물을 수 있냐고 말하기 시작하는 거예요. 둘이 싸웠고, 그래서 늦은 거라고 변명을 하더군요. 전 거기에 넘어가지 않았어요. 다시 그녀에게, '그래도, 저녁 식사에 늦은 건 절대 잘한 일이 아니야'라고 얘기해줬죠.

너무 극단으로 가는 것을 조심하라. 즉 너무 공격적으로 자기주장만 하는 것은 주의해야 한다. 책망이 아닌 비난은 때때로 받아들이려고 노력하라. 정당한 비난과 심하고 불합리한 비난의 차이를 구분하라.

어느 정도 시간이 흐른 뒤에도 친구나 상대와의 관계가 바뀌지 않았다면, 그 관계를 끝내는 것을 고려해야만 한다. 모든 노력을 다해봐라. 그 사람에게 변할 모든 기회를 줘라.

만일 연인이라면 커플 치료를 고려할 수도 있다. 아마 치료를 통해서 문제를 해결할 수 있을 것이다. 하지만 궁극적으로는 자기 자신을 위해 당당해져야 한다. 그래서 그 사람이 변화하든지 아니면 관계를 끝내야 한다. 건강하지 않은 관계를 끝내지 않고는, 결함의 덫을 극복하는 것은 거의 불가능하다. 가장 가까운 사람들이 계속 삶의 덫을 강화하고 있을 때, 맞서 싸우는 것은 너무 어려운 일이다.

우리는 이 삶의 덫에 빠진 대부분 환자가 관계를 지킬 수 있다는 것을 알았다. 상대에게 당당하게 맞서고 그들이 변화하도록 할 수 있다. 상대방은 흔히 비난을 중지하게 된다. 사실 몇몇 상대방은 변화를 환영한다. 그들은 어느 정도 단호한 사람을 선호한다.

때때로 평등을 바탕으로 한 관계를 견디지 못하는 상대방과 부딪치기도 한다. 이런 경우 상대방 또한 결함이 있는 경우가 대부분이다. 그들은 자신이 무가치하고 부끄럽다는 느낌을 회피하기 위해, 반격의 형태로 다른 사람들을 무시한다. 이런 상대방은 자신의 불안을 처리하고 변화를 수행할 만큼 건강하지 못하다.

어떤 환자는 성인이 되어서도, 자신을 이런 삶의 덫에 빠뜨리게 한 장본인과 같이 살아간다. 즉 당신을 사랑해주지 않았던 부모나 비판적인 사람과 계속 살아가거나 함께 일을 한다. 우리는 이것이 변화 과정에 악영향을 끼친다는 결론을 내리고, 비판적인 부모와 접촉하지 않도록 강하게 권고한다.

14. 만일 당신이 배우자(또는 연인)를 비판하는 관계에 있다면, 배우자(또는 연인)를 무시하는 것을 중지하라. 다른 친밀한 관계에서도 마찬가지다. 배우자(또는 연인)를 비판하는 것을 중지하라. 그(또는 그녀)는 그런 취급을 받을 만한 사람이 아니다. 다른 사람을 무시한다고 해서, 자신에 관해 기본적으로 기분이 나아지지 않는다는 것을 기억하라.

당신의 아이들에게도 마찬가지다. 그들은 순진하고 취약하다. 그런 아이들을 당신이 저버린 것이다. 사슬을 끊어라. 아이들에게 자신이 가진 결함의 덫을 전달하지 마라.

당신이 배우자와 자녀에게 했던 행동에 대해 어느 수준에서는 죄책감을 느낄 것이다. 그러한 죄책감에 빠지지 않도록 하라. 중요한 것은 지금 바로 변화하는 것이다.

엘리엇　아이들에게 했던 말들을 생각하면 정말 화가 나요. 그러나 제 삶의 덫은 제가 선택한 게 아니라는 걸 알아요. 지금 제 아이들을 위해 그 덫에서 빠져나와야 해요.

치료자　자신의 결함이라는 감정과 싸울 수 있다면, 이제 아이들을 함부로 대하지 않게 될 겁니다.

　　당신이 무엇을 했는지 직시하고, 자신을 용서하고, 변화시키는 것을 지금 당장 시작하라. 사랑하는 사람들을 칭찬하도록 노력하라. 이유가 있어 그들을 사랑하는 것이다. 그들은 중요한 특성이 있고, 그럴만한 가치가 있다. 시소처럼 한쪽이 올라가거나 내려가지 말고 평등한 관계를 추구하라.

마지막 조언

　　결함의 덫에서 얼마나 빨리 빠져나올 수 있는가는, 부분적으로 당신의 부모가 얼마나 처벌적이었나에 따라 달라진다. 처벌적이고 극적으로 거부한 부모 밑에서 자라날수록 변화하기가 더 어렵다. 만일 치료자의 도움이 필요하면 도움을 받아라. 문제를 치료하려고 받는 도움을 부끄러워할 필요는 없다.

　　삶의 덫을 변화시킨다는 것은, 자신을 어떻게 여기는지, 다른 사람을 어떻게 대하는지, 다른 사람이 당신을 어떻게 취급하도록 허용하고 있는지를 알고 서서히 개선하는 것과 같다. 학대적인 관계에 있는 사람들을 제외하고는 변화는 갑자기 오지 않는다. 이것은 오히려 점진적인 과정이다. 점차 자신에 대해 좋은 감정을 가지게 되고, 타인들을 더 사랑할 수 있게 되고, 자신이 더 가치 있고 사랑받는다고 느낀다.

이것이 단기간의 문제가 아니라는 것을 기억하길 바란다. 앞으로도 계속 노력해야 하며 그렇게 노력하는 과정에서 발전할 것이다. 결함은 습득된 것이며, 태어날 때부터 타고난 사실은 아니라는 것을 점차 받아들이게 될 것이다. 자신의 결함이 실제 사실이 아니라는 생각으로 마음을 열면 치유의 과정은 시작될 것이다.

13

"난 실패자인 것 같아"
실패의 덫

케이틀린 | 38세. 그녀는 자신을 전문적 영역에서 실패자로 보고 있다.

긴장한 얼굴로 우리 진료실을 방문한 케이틀린은 기운 없는 목소리로 자신의 고민을 털어놨다.

케이틀린 저는 종종 제 인생이 우울함으로 가득 찬 거 같아요. 몇 주 전에는 아주 화나는 일까지 있었어요. 남편과 함께 저녁을 먹으러 갔다가, 대학 동창인 로니를 우연히 만나게 됐죠. 이것저것 얘기를 나누다가 최근에 그녀가 법률회사에서 공동 경영자로 일하게 되었다는 사실을 알게 되었어요.

치료자 그게 싫던가요?

케이틀린   네. 싫더라고요. 전 서른여덟 살이나 먹었는데, 아직도 조연출가예요. 그러니까 15년 동안 잡일만 하고 있었단 말이에요.

케이틀린은 텔레비전 조연출가이다. 그녀는 대학 졸업 후 지금까지 줄곧 입문 수준의 기본적인 이 일을 하고 있었다. 진급은 거의 없었다. 그녀는 '저는 정말 실패한 사람 같아요.'라고 중얼거렸다.

브라이언 | 50세. 그는 성공했으나, 자신을 실패자처럼 느끼고 있다.

브라이언은 사기꾼 증후군을 가지고 있다. 이런 문제에 빠진 사람들은 자신의 진정한 모습보다 더 능력 있는 사람으로 보이도록 사람들을 속이고 있다고 믿는다. 브라이언은 유능한 정치가의 대변인이라는 좋은 직업을 가지고 있지만, 항상 자신을 실패자라고 느끼고 있었다.

브라이언   제가 멋진 직업을 가지고 있다는 걸 알고 있고, 사람들도 제가 훌륭하다고 생각하는 걸 알아요. 그렇지만 전 계속 걱정이 돼요, 마치 끊임없이 인정을 받아야 하는 승인 중독자 같거든요. 상사가 제게 아주 훌륭하게 일을 했다고 하면, 하늘을 날 것 같은 기분이 들어요. 하지만 아주 작은 한 부분이라도 지적하면, 그가 날 좋아하지 않고 당장이라도 해고할 것 같아 걱정돼요.

치료자   마치 그가 당신의 모든 것을 알아버린 것처럼 느껴지나요?

브라이언   네. 지금까지 잘 속여왔다가 들켜버린 것처럼 말이에요.

그는 자신이 사기꾼이라는 것이 알려지면, 그동안 쌓아왔던 경력은 일순간에 다 무너져버릴 것이라는 두려움 속에 휩싸여있다.

실패의 덫 질문지

이 질문지는 당신의 실패의 덫의 강도를 측정하는 것이다. 아래에 있는 척도를 이용해서 각 항목에 답하라. 당신의 성인기 동안 일반적으로 느끼고 행동했던 방법에 근거해서 각 항목을 평가하라. 성인기의 어느 시기에 변화가 있었다면 각 항목을 평가할 때 가장 최근의 일 년 혹은 2년에 초점을 맞춰라.

완전히 나와 다르다.	1	어느 정도는 나와 일치한다.	4
대부분 나와 다르다.	2	대부분 나와 일치한다.	5
다른 면보다 일치하는 면이 좀 더 많다.	3	완전히 일치한다.	6

비록 점수의 합계가 낮더라도 5점이나 6점에 해당하는 항목이 하나라도 있다면 이 덫은 당신에게 존재하는 것이다.

질문	점수
1. 나는 뭔가를 성취해야 하는 영역에서 다른 사람보다 능력이 떨어진다고 느낀다.	
2. 나는 성취라는 면에서 실패한 것처럼 느껴진다.	
3. 내 나이 또래의 거의 모든 사람은 업무에 있어서 나보다 더 성공적이다.	
4. 나는 학생으로서 실패했다.	
5. 나와 연관된 대부분의 사람들만큼 나는 똑똑하지 못한 것 같다.	
6. 나는 업무 영역에서의 실패로 인해 굴욕감을 느낀다.	
7. 나는 남들만큼 이루어 놓은 것이 없으므로, 남들과 함께 있을 때 부끄럽다.	
8. 나는 사람들이 나를 실제보다 더 유능하다고 믿는 것처럼 자주 느껴진다.	
9. 나에게는 삶에 쓸모있는 특별한 능력은 아무 것도 없다고 느낀다.	
10. 나는 잠재된 능력 이하의 일을 하고 있다.	
당신의 최종 점수(질문 1번에서 10번까지의 점수를 더하라)	

점수 해석

10 – 19 매우 낮음. 이 덫은 당신에게 적용되지 않는다.
20 – 29 낮음. 이 덫은 아주 가끔 당신에게 적용될 것이다.
30 – 39 중간. 이 덫은 당신의 인생에서 문제가 될 수 있다.
40 – 49 높음. 이 덫은 당신에게 분명히 중요하다.
50 – 60 매우 높음. 이것은 분명히 당신의 핵심 삶의 덫 중 하나다.

실패의 경험

당신은 매번 동료들과 비교하며 자신을 실패자라고 느낀다. 대부분 시간을 삶의 덫에 빠져 허우적거리며 실패했다는 느낌에서 전혀 헤어 나오지 못한다.

케이틀린 저는 정말 멍청해요. 남들을 앞질러 갈 수 있는 능력이 없어요. 어린 사람들과 같은 수준의 일을 하고, 그들이 먼저 승진하는 일이 반복되거든요. 저는 서른여덟 살인데 스물두 살이나 스물세 살짜리와 승진을 위해 경쟁하고 있어요. 너무나 창피한 일이죠. 이보다 더 나쁠 수는 없을 거예요.

케이틀린의 경우처럼 실패의 감정은 고통스럽다.
이 삶의 덫에 빠진 사람들은 케이틀린과 브라이언 같은 사람들이다. 그들은 잠재력보다 성취도가 훨씬 낮으며, 현재 지위는 마음속으로 실패했다고 느끼게 한다. 때로는 브라이언과 같이 많은 것을 이루었지만 실패했다고 느끼는 사람들도 있다.

브라이언 저는 직장에서 뒤떨어진 것 같아요. 제 주위에서 일하는 사람들은 모두 최고 수준인데 저는 거기에 속하지 않아요. 다른 사람들이 저에 대해 실제보다 더 똑똑하고 유능하다고 느끼도록 속이고 있는 거죠. 진짜 모습이 발각되는 것은 시간문제예요.

실제 어떤 지위에 있든 혹은 얼마나 성취를 했든 느끼는 것은 항상 똑같다. 겉으로 성공한 것처럼 보이든 아니든, 자신은 실패자라고 느끼고 있다. 케이틀린과 브라이언도 자신들의 결점 때문에 불행하게도 실패할 수밖에 없다고 느끼고 있다.

　도피함으로써 실패의 덫은 더욱 강화된다. 피하는 것이 자신을 더 후퇴시킨다. 왜냐하면, 지식을 넓히고 경력을 쌓는 데 필요한 절차를 밟아 나가지 못하게 하기 때문이다. 성공의 기회를 그냥 지나쳐버리는 것이다. 실패할지도 모르는 일을 시도하는 것 자체를 두려워한다.

케이틀린　몇 주 전에 한 프로젝트의 일정 짜는 일을 제게 맡겨달라고 상관에게 얘기했었어요. 그런 행동을 거의 하지 않지만, 꼭 그렇게 해야겠다는 느낌이 들었죠. 아무튼, 상관이 제게 기획안을 제출하라고 했어요. 계획 같은 거, 뭐 그런 거요. 근데 3주가 지나도록 전 아직 끝내지 못했어요. 프로젝트는 내일 시작인데 이젠 정말 너무 늦었어요.

　실패의 덫을 극복하는 방법으로 당신은 도피의 기전에 매우 강하게 매달린다. 능력을 계발하는 것, 새로운 일을 열심히 하는 것, 책임을 지는 것 등 성공을 가능하게 하는 모든 도전을 회피한다. 종종 그들이 보이는 사고방식은 '그게 왜 필요해?'라는 것이다. 어차피 실패할 것인데 왜 노력을 하느냐, 노력할 이유가 없다는 식이다.
　회피는 아주 미묘하게 나타날 수도 있다. 겉보기에는 열심히 일하는 것처럼 보이지만, 여전히 회피하는 예도 있다. 일을 연기하고 마음을 잡지 못하고 부적절하게 일을 처리하고 책임을 다하지 못한다. 이런 것들은 모두 자기파괴적인 모습이다.

브라이언　상관이 마지막으로 시켰던 프로젝트가 너무 걱정스러웠어요. 그래서 미루고 미루다가 이번 주가 돼서야 시작했죠. 지금 저는 굉장한 압박감에 시달리고 있어요. 전 이런 상황을 제대로 처리할 수가 없어요. 모든 것들이 제 신경을 곤두서게 만들어요.

실패의 가능성에서 도망치려는 경향은 일 처리 능력을 훼손한다. 그 결과 강등당하거나 해고되는 등 실제적인 제재가 가해지기도 한다.

삶의 덫에 굴복하는 다른 방법은 일이나 상황을 꼬이게 만들어 자신이 실패자라는 관점을 더욱 강화하는 것이다. 즉 부정적인 것을 확대하고 긍정적인 것은 최소화한다.

브라이언 전 아주 작은 일에도 엄청나게 신경을 써요. 어제처럼요. 상사가 제가 쓴 보도자료를 읽고 긍정적인 평가를 해줬어요. 그렇지만 아주 작은 부분에 대해 한마디 하더군요. 전 그 한 마디 때문에 집에서 안절부절못했어요.

혹은 우울한 느낌이 들 수도 있다.

케이틀린 저는 제 삶의 어떤 지점에 와 있지만, 아직 제가 되고 싶은 것에는 도달하지 못했다는 기분이 들어요. 아울러 그곳에는 절대 도달하지 못할 것 같은 느낌도요.

자신의 실패에 대해 우울하게 느끼고, 변화에 대한 희망을 품지 못한다. 실패의 덫은 쉽게 알 수 있다. 실패에 대한 고통스러운 느낌에 대해 알고 있을 것이다. 이런 삶의 덫은 아동기 때 느꼈던 실패에서 시작된다. 이것은 여러 방식으로 일어날 수 있다.

> **실패의 덫의 근원**
>
> 1. 성적이나 운동 부진 등에 대해 비난하는 부모(종종 아버지)가 있었다. 부모는 바보, 무식쟁이, 실패자, 어리석은 놈이라고 말했다. 부모는 당신을 학대했을 수도 있다(이러한 삶의 덫은 결함 또는 학대와 관련된다).
> 2. 한쪽 부모나 두 분 다 아주 성공했고, 당신은 그들의 높은 기준에 절대 다다르지 못할 것이라고 믿었다. 그래서 시도하는 것을 그만두었다(이러한 삶의 덫은 엄격한 기준과 관련된다).
> 3. 한쪽 부모나 두 분 다 당신의 성공에 대해 별로 신경 쓰지 않았으며, 더 나쁜 경우엔 당신의 성공을 위협으로 느꼈을 것이다. 부모가 당신과 경쟁했을 수도 있다. 혹은 당신이 너무 성공한 나머지 좋은 관계가 훼손될까 봐 두려워했을 것이다(이러한 삶의 덫은 정서적 결핍이나 의존과 관련된다).
> 4. 당신은 다른 아이들에 비해 학교에서나 운동에서 뒤떨어져 열등감을 느꼈다. 학습 장애가 있었을 수 있고 집중력이 떨어지거나 아이들과 잘 어울리지 못했을 것이다. 그 후에 굴욕감을 느끼지 않기 위해 아이들과 친해지려는 노력을 더는 시도하지 않게 되었다(이러한 삶의 덫은 사회적 소외와 관련된다).
> 5. 형제자매와 견주어 종종 뒤떨어진 존재로 비교되었다. 그리고 결코 그 수준을 따라잡을 수 없을 것이라고 믿게 되어 더는 시도를 포기하게 되었다.
> 6. 외국에서 왔거나 부모님이 이민을 오셨거나, 학교 친구들과 비교해 가족이 가난했거나, 교육을 덜 받았다. 또래보다 열등감을 느꼈고 절대 따라갈 수 없다고 느꼈다.
> 7. 부모님들이 적당한 기준을 정해주지 않았다. 자제하거나 책임지는 것에 대해 배우지 못해 숙제를 규칙적으로 하지 못하거나 공부 방법을 배우지 못했다. 이것이 당신을 점차 실패로 이끌었다(이러한 삶의 덫은 특권 의식과 관련된다).

보다시피 실패의 덫은 다른 삶의 덫(결함, 학대, 엄격한 기준, 정서적 결핍, 의존, 사회적 소외나 특권 의식)과 관련되어 있다. 케이틀린은 어린 시절에 여러 가지 영향을 받아 실패로 내몰렸다.

케이틀린 제가 상처받은 것 중 하나는 부모님이 제 학교생활에 전혀 신경을 쓰지 않았다는 거예요. 이건 정말 절 내버려 둔 것 중 일부분에 불과해요. 보통 다른 아이들은 성적표를 집에 가져가는 것을 매우 무서워했었죠. 하지만 전 부모님이 신경 쓰지 않으셨기에 전혀 걱정할 필요가 없었어요. 오히려 제겐 성적표에 부모님의 서명을 받는 것이 문제였죠. 좀 이상하겠지만 저는 성적표를 집에 가져가는 걸 두려워하는 아이들을 질투했었어요. 언젠가 한 번은 학교 화장실에서 친구 메기와 이야기를 하는데 그 애가 변기에 앉아서 '집에 갈 수 없어. 아빠가 날 혼낼 거야'라고 하며 계속 우는 거예요. 그 애는 무서워서 그랬겠지만 전 질투가 나더라고요. 이상하지 않아요?

치료자   그 친구는 누군가 신경 써주는 사람이 있었네요.

케이틀린   네. 그리고 또 한 가지 일은 제가 많이 아팠을 때예요. 어렸을 때 천식을 앓아서 학교를 정말 많이 빠졌어요. 전 뒤처졌고 절대 다른 아이들을 따라잡을 수 없을 거라고 느꼈죠. 제가 대학까지 진학했다는 건 정말이지 기적이나 다름없어요.

케이틀린이 뒤처졌다고 느꼈을 때 그녀를 도와주는 사람은 아무도 없었다. 따라잡으라고 강요하는 사람도 없었다. 결국, 그녀는 도피라는 평생의 패턴에 빠지게 된 것이다.

케이틀린   저는 학교에 가지 않기 위해 꾀병을 부렸어요. 만일 시험이 있거나 숙제를 제출해야 하는 날에는 아픈 척을 한 거죠. 다시는 실패한다는 굴욕감을 겪을 수가 없었어요.

치료자   배우려고 노력을 했었나요?

케이틀린   아뇨. 단지 집에서 텔레비전을 보면서 시간을 보냈죠. 제 어린 시절 대부분은 텔레비전과 함께였어요.

케이틀린은 앞서 나가는 데 필요한 기술과 훈련 방법을 배우지 못했다. 그녀가 취한 방법은 가능한 한 적은 노력을 하고 최대한 자신이 한 것들을 숨기는 것이었다.

케이틀린의 삶의 덫은 정서적 결핍으로 발전하였다. 브라이언의 경우는 결함이 더 강했다.

브라이언   저의 아버지는 학교일 뿐만 아니라 항상 제가 하는 모든 일에 대해 절
비난하셨어요. 사실 저는 꽤 괜찮게 해냈는데도요. 그런 이유로 전 자
신을 절대 믿지 않았어요. 뭘 하든지 자신을 절대 믿지 않았어요.

    브라이언은 오랫동안 성공에 대해 사기를 치고 있다고 느꼈다. 어렸을 적에 학교에서 공부를 잘했지만, 일상에서 문제가 많다고 느껴 자신을 믿지 못했다.
    되돌아보면 그의 아버지는 아들에게 경쟁심을 느낀 것 같다. 그는 브라이언을 낮춤으로써 자신을 높이고 있었다.

브라이언   제가 여덟 살 때 아버지가 일자리를 잃으셔서 가정형편이 좀 어려워
지게 되었죠. 결국, 더 작은 집으로 이사를 하게 되었고, 그 시기에
아버지는 절 특히 심하게 꾸짖으셨어요. 제게 창피를 주는 대신 자신
의 기분은 좋아진 거죠.

    그의 아버지는 브라이언의 성공적인 학교생활에 대해 위기감을 느꼈다. 브라이언이 자신을 능가하는 것이 두려워 브라이언의 성공에 대해 벌을 주었다. 결국, 그의 아버지는 브라이언의 자존감을 훼손하였고, 능력에 손상을 끼쳤다.
    실패의 덫은 브라이언이 자라면서 모든 영역에 재앙처럼 작용하였다. 실패할 것이라는 예측은 이제는 들어맞은 예언이 되었다.
    다음 페이지에 나와 있는 표는 자신을 파괴하고 실패에 머물도록 만드는 여러 종류의 방법들이다.

> **실패의 덫**
>
> 1. 자신의 경력에 중요한 능력을 계발하는 데 필요한 절차를 밟지 않는다(학업을 끝내지 않거나 최신 지식을 공부하지 않고 전문가가 되기 위한 수습 과정을 밟지 않는다). 타성에 젖거나 사람들을 속이려고 한다.
> 2. 자신의 잠재력보다 낮은 수준의 일을 택한다(대학을 졸업하고 뛰어난 수학적 능력이 있지만, 일용직 운전을 하고 있다).
> 3. 자신이 택한 일에서 승진에 필요한 절차를 밟지 않고 승진이 필요 이상으로 중지되어 있다(승진을 받아들이지도 요구하지도 않는다. 책임자들에게 자신의 능력을 보여주거나 자기 계발을 하지 않는다. 안전하고 미래가 보이지 않는 일에 머물러 있다).
> 4. 다른 사람들을 위해 전력으로 일하지 못하고 초보적인 수준의 일을 하며 자기 분야 주변에서만 머물러 있고 승진에 실패한다(특권 의식, 복종과 겹치는 것을 주목하라).
> 5. 취직해도 지각, 지연, 보잘것없는 일의 성과, 나쁜 태도 등으로 인해 반복적으로 해고당한다.
> 6. 한 가지 일에 전념할 수 없어 여러 일을 전전하고 한 분야의 전문가로 절대 발전할 수 없다. 전문가를 우대하는 직업의 세계에서 당신은 비전문가로 남는다. 그러므로 어느 한 분야에서 절대 발전할 수 없다.
> 7. 유난히 성공하기 어려운 일(연극, 전문적인 운동, 음악 등)을 직업으로 선택한다. 그리고 언제 그만두어야 할지 모른다.
> 8. 주도적으로 일을 하거나 독자적으로 결정을 내리길 두려워한다. 그래서 보다 큰 책임을 지는 자리로 승진하지 못한다.
> 9. 기본적으로 자신이 바보 같고 유능하지 못하다는 기분을 갖고 객관적으로 어느 정도 성공하더라도 남을 속이고 있다고 느낀다.
> 10. 자신의 능력과 성취를 과소평가하고 실수나 약점을 과장한다. 결국, 동료들과 비슷하게 성공을 하더라도 실패한 느낌이 든다.
> 11. 성공한 사람을 배우자로 택한다. 그리고 자기 일에서는 성취하지 못하지만, 배우자의 성공을 통해 대리만족을 느낀다.
> 12. 부족한 성취도나 능력을 다른 장점에서 보상받으려고 한다(자신의 외적 매력, 젊음, 남을 위한 희생). 하지만 마음속으로는 언제나 실패자라고 느끼고 있다.

위의 여러 가지 방법들은 회피라는 한 가지로 요약될 수 있다. 자신을 개발하는 데 필요한 조처를 하지 않는다. 회피를 통해 계속 일을 꼬이게 하여 자신이 능력 없고, 바보이며, 유능하지 못하다는 관점을 강화한다.

이 덫을 보상할 수 있는 길은 다른 역할을 뛰어나게 수행하는 것이다. 남자의 경우에는 운동이나 여자를 유혹하는 데 뛰어날 수 있다. 여자는 외모나 다른 사람에게 순응하는 능력에서 뛰어날 수 있다. 그러나 남녀를 구분해서 생각해 볼 때, 남자는 특히 효과적인 보상을 받기 어렵다. 우리 사회에서 남자에게 성공 말고 어떤 면을 더 중요하게 생각하는가? 자기 일에서 실패했다고 느끼는 남자는 자신이 실패자라는 관념에 사로잡힌다. 물론 여성의 삶에서도 일이 점점 더 중심적인 위치를 차지하게 되면서 남녀 간의 이러한 차이도 줄어들고 있다.

브라이언은 사춘기 때 자기 삶의 덫을 보상하기 위해 반항이라는 이미지를 채택하였다. 남들과는 다르게 옷을 입고 오토바이를 타고 다녔으며, 여자를 유혹하는 능력을 갖추게 되었다. 중요한 문제에 직면하기보다 자신에 대해 기분 좋게 느끼는 방법을 찾았다. 실패자라는 느낌을 없애기 위해 아예 성공이라는 영역을 도려내 버린 것이다.

케이틀린의 보상 방법은 성공적인 사람을 배우자로 고르는 거였다. 그녀의 남편 웨인은 인기 있는 텔레비전 쇼의 수석 작가다. 덕분에 칵테일 파티나 회의 같은 곳에서는 가장 상류층에 낄 수 있었다.

이렇듯 다른 역할을 하거나 성공적인 배우자를 얻음으로써 실패의 느낌을 보상받을 수는 있다. 이것이야말로 당신의 편에서 보면 또 다른 회피 전략이다. 성취를 위한 도전을 회피하는 하나의 방법인 것이다.

하지만 이러한 보상들은 사실 굉장히 약하다. 잘 무너지기도 쉽고 결국에는 실패감만 안겨주기 때문이다. 당신은 성취라는 문제에 대해 더 정면으로 맞서야 한다.

다음은 삶의 덫을 바꾸는 방법들이다.

> **실패의 덫 바꾸기**
>
> 1. 실패라는 느낌이 정확한지 아니면 왜곡된 것인지 평가하라.
> 2. 실패라고 느꼈고 지금도 그렇게 느끼고 있는 내면의 아이를 만나보라.
> 3. 내면의 아이에게 자신이 부당하게 취급당했다는 것을 보여줘라.
> 4. 성취의 영역에서 당신의 재능, 소질, 능력과 업적들을 인식하라.
> 5. 만일 또래에 비해 실제로 실패했다면, 당신의 실패 속에서 반복되는 패턴을 찾아보라.
> 6. 자신의 패턴을 알고 난 후 그것을 바꾸기 위한 계획을 세워라.
> 7. 실패의 틀을 극복하기 위해 플래쉬 카드를 만들어 보라. 한 단계 한 단계 당신의 계획을 따라 하여라.
> 8. 사랑하는 사람을 이 과정에 포함해라.

1. 실패라는 느낌이 정확한지 아니면 왜곡된 것인지 평가하라. 처음으로 할 일은 실패라는 느낌이 정확한 것인지 왜곡된 것인지를 평가하는 것이다. 앞서 말했듯이, 대부분은 케이틀린처럼 실제적인 증거들이 많을 것이다. 또래와 비교했을 때 정말 실패했을 수 있다. 하지만 때로는 브라이언처럼 실패에 대한 인식이 왜곡되고 뒷받침할 수 있는 증거를 거의 찾을 수 없을 것이다.

자신과 함께 고등학교, 대학교, 대학원에 다녔던 사람들을 등급에 따라 나열해 보라. 최하, 중간, 최상의 동기들을 선택해 나열하도록 하라. 그들이 각자가 선택한 영역에서 얼마나 성취했는지 적어보아라. 얼마나 앞서 나갔는가? 그들은 임금을 얼마나 받는가? 일에서 얼마만큼 책임을 지고 있는가? 그들과 비교했을 때 나의 위치는 어디인가?

2. 실패라고 느꼈고, 지금도 그렇게 느끼고 있는 내면의 아이를 만나보라. 자기 또래나 가족들에게 비난받거나 부끄럽게 느껴졌거나 비교되거나 낙담한 일들을 기억해 보라. 자기 삶의 덫의 근원을 이해하라.

현재 삶에서 실패의 덫이 작용하고 있을 때, 시간을 내어 그 일을 이미지화하라. 어둡고 조용한 방에서 눈을 감아라. 지금 하는 일에 대한 이미지를 떠올려라. 가장 사실적이고 정서적인 이미지를 만들도록 노력하라. 이미지를 억지로 떠올리지 마라. 그냥 가슴에 그 일이 떠오르도록 하라. 다음은 케이틀린의 치료 예이다.

케이틀린 아. 오늘도 실수했어요. 이삿짐센터 남자들이 물건을 옮기기 위해 왔는데, 오는 시간을 상사에게 잘못 말했어요. 물건 옮기는 것을 돕기 위해 상사가 그 남자들에게 초과 근무를 하게 했는데 모두 엉뚱한 시간에 온 거예요. 제 상사는 그래도 돈을 줘야 했어요. 그는 제게 엄청 화를 냈죠. 어쩌면 좋아요. 생각만 해도 너무 우울해요. 도저히 그 일에서 벗어날 수가 없어요(울기 시작).

치료자 이 일에 대해 이미지를 떠올려볼까요?

케이틀린 네(울음).

치료자 눈을 감고 방금 상사와 일어났던 일에 대한 이미지를 떠올려보세요.

케이틀린 알겠어요. 제가 상사의 사무실 안에 서 있는 모습이 보여요. 그는 이제 들어와서 무슨 일이 있었는지를 이야기하려고 해요.

치료자 어떤 느낌이 드나요?

케이틀린 아, 미칠 것 같고. 정말 모든 것이 끝장날 것 같은 상태예요. 전 왔다 갔다 하고 자신을 어떻게 해야 할지 모르겠어요. 심장이 막 뛰고 있어요. 아, 정말 두려워요.

치료자 혹시 어렸을 때 그런 기분이 든 적이 있나요?

케이틀린 네, 제가 6학년이었을 때였죠. 선생님이 교실을 돌아다니고 있고, 아이들은 각자 읽은 책에 대한 보고서를 보여주고 있어요. 과제는 아프리카에 관한 책의 한 부분을 읽고, 작은 발표 자료를 만들어오는 거였어요. 당연히 저는 안 했어요. 선생님이 교실을 돌아서 저에게 올 텐데 전 할 말이 아무것도 없어요.

이미지를 떠올리는 행위는 삶의 덫의 근원이 어딘지 이해하는 데 도움을 준다. 실패라고 느낀 그 아이는 아직 마음속에 살아 있다.

3. 내면의 아이에게 자신이 부당하게 취급당했다는 것을 보여줘라. 어릴 때 반복적으로 실패했다면, 그 이유는 본래 타고난 성향과 다른 방향으로 내몰렸기 때문이다. 어떤 부모는 아이가 가진 특별한 재능이나 성향과 관계없이 자신들이 원하는 특정 영역에서 뛰어나길 원한다. 브라이언의 아버지는 이민 1세대이다. 자녀가 좋은 교육을 받게 하려고 열심히 일하였고, 가장 큰 꿈은 브라이언이 의사가 되는 것이었다. 그는 아이가 어렸을 때부터 사람들에게 브라이언은 의사가 될 것이라고 말하고 다녔다.

브라이언 문제는 제가 과학과 수학을 잘하지 못했다는 거였어요. 전 미술이나 작문같이 더 창의적인 과목을 좋아했어요. 하지만 아버지는 제가 미술을 좋아하는 것을 무척이나 싫어하셨어요. '미술과 50센트는 지하철 탈 때나 쓰도록 해라'라고 말하곤 했죠.

저는 의예과에 진학하려고 애썼으나 아무리 노력을 하여도 C학점 이상을 받을 수가 없었어요. 거의 신경쇠약에 걸리기 직전이었죠. 견디다 못해 결국 문예 창작으로 전공을 바꾸었을 때, 아버지는 노발대발하시더니 제 등록금마저 끊어버리셨어요. 전 대출을 받아야 했죠. (아버지의 목소리를 흉내 내며) '그건 너무 비실용적인 일이야. 그걸로 절대 먹고 살 수가 없어'라고 하셨어요.

지금까지도 아버지는 제 직업을 비난하세요. 아무리 좋은 직업을 가져도, 이제는 존경받는 사람으로 신문에 이름이 나와도, 돈을 아무리 많이 벌어도 제가 하는 일을 아직 얕잡아 보세요. 아버지는 외과 의사가 되어 진짜 돈을 잘 버는 옆집 아들에 관해 얘기하실 거예요.

아이였을 때 무엇이 장점이었고 무엇에 유능했었나? 당신에 대한 사람들의 기대가 사실적이었나? 당신이 잠재력으로 성취한 영역에서 칭찬받고 후원받고 지도를 잘 받았다면 얼마나 잘 해낼 수 있었겠는가?

당신을 실패했다고 느끼게 만든 사람들에게 화를 내라. 삶의 덫에 도전하라. 자신을 위해 싸워라. 편지를 쓰거나 직접 말하거나 이미지화하는 동안 분노를 표현할 수 있다.

치료자   이미지 안에서 어떻게 느끼고 있는지 당신 아버지에게 얘기하세요. 그의 사고방식이 어떤 영향을 미쳤는지 얘기하세요.

브라이언   네! 아버지, 제 일을 얕잡아보고 항상 의사들이 얼마나 성공하는지 얘기하실 때마다 전 정말 괴로워요. 첫째로 다른 사람의 눈에는 성공으로 보이지만, 당신의 눈에는 제가 실패로 보인다는 데 좌절감을 느껴요. 매번 아버지를 볼 때마다 저는 결국에 실패자란 생각이 들어요. 이건 잘못된 일이라고요! 전 잘하고 있어요! 아직도 이해하지 못하시겠나요?

부모나 친구의 이미지를 떠올리고, 그 사람에게 어떻게 느끼는지 하나하나 짚어가며 얘기하라.

실제로 그 사람과 직면할지는 당신에게 달려있다. 하지만 누구와 직면하겠다고 마음먹었다면, 당신의 비난을 부인할 것에 대해 감정적으로 준비가 되어 있어야 한다. 당신이 말함으로써 그 사람이 갑자기 변할 것이라는 잘못된 기대는 하지 말아야 한다. 만일 그렇게 된다면 좋은 일이겠지만 너무 기대는 하지 마라.

상대와 맞설 때는 자신을 자랑스럽게 만드는 방법을 사용하는 것이 중요하다. 행동을 잘하라. 진정하고 차분해야 한다. 말하고자 하는 바를 간단명료하게 말해야 한다. 만일 그 사람과 논쟁을 하게 된다면, 자신이 말하고자 하는 바를 계속 반복해라. 그 사람이 내 기분을 어떻게 만드는지 그리고 대신 어떻게 했으면 좋겠는지 말하라.

치료자   아버지에게 뭐라고 말했나요?
브라이언   아버지의 비난이 부당하고, 제가 어렸을 때 들었던 평판보다 지금은 훨씬 더 유능하고 능력 있다고 말했어요. 절 무능하다고 느끼게 하여 저에게 큰 상처를 주었다고 말했어요. 제 말을 자꾸 끊으려고 하셨지만, 끝까지 말할 수 있게 해달라고 공손하게 부탁했어요. 그리고 지금부터 제 일에 대해 좀 더 격려해 줬으면 좋겠다고 얘기했어요. 제가 지금까지 성취한 것에 대해 약간의 칭찬을 해줬으면 좋겠다고 말했어요.
치료자   기분이 어땠나요?
브라이언   음, 말하기 어려웠지만, 기분이 좋아졌어요. 그 생각을 하면 아직도 기분이 좋아요.

이렇게 절제되고 단정적인 방법으로 사람들과 직면하는 것이 기분 좋게 한다는 것을 알게 될 것이다.

사람들을 직접 대면하든 안 하든, 그들을 진심으로 대면하는 것이 핵심이라고 할 수 있다. 보내지는 않더라도 편지를 쓰고, 이미지 훈련을 해라. 실패라는 낙인을 거부할 수 있도록 자신의 강한 부분이 목소리를 내게 하라.

4. 성취의 영역에서 당신의 재능, 소질, 능력과 업적들을 인식하라. 한 가지 중요한 원리를 기억하라. 재능에는 여러 가지 면이 있다. 학교생활을 잘하는 데는 필요한 재능만이 아니라 언어적 재능, 수학적 재능, 시공간적 재능, 음악적 재능, 신체적 재능, 기계를 다룰 수 있는 재능, 대인관

계 재능 등이 존재한다. 모든 종류의 재능들이 다 쓸모가 있다.

당신의 특별한 능력은 무엇인가? 그림 그리는데 재능이 있는가? 기계적인가, 논리적인가? 스포츠에 재능이 있는가, 아니면 춤에 재능이 있는가? 어떤 방면에 창의적인가? 사람들과 잘 어울릴 수 있는가? 정말 아무런 재능이 없는 사람을 찾기는 쉽지 않다.

자신이 재능 있는 영역에서 무엇을 성취했는지 되새겨 보라. 자신을 객관적으로 보도록 노력하라. 당신은 성취를 최소화하고, 실패를 극대화하는 강한 경향을 보이므로 이것이 어렵다는 걸 안다. 그렇게 하지 않도록 노력하라. 부정적인 면을 강조하는 것을 그만둬라. 되도록 자신의 가치를 정확히 이해하라.

자신의 소질을 제대로 발휘해 왔는지에 대해 정확히 파악하는 것이 필요하다. 우리는 자신의 타고난 소질을 찾아 발휘하는 사람들이 가장 성공적이라는 것을 믿고 있다.

성공한 분야에서 자신의 재능, 능력, 성취, 특히 선천적인 소질에 대한 목록을 만들어라.

잠재된 능력을 상기시키기 위해 이 목록을 매일 읽어라. 친구나 중요한 타인에게 도움을 받아 이 목록을 만들어라.

다음은 브라이언이 만든 목록이다.

나의 재능과 성취

1. 글을 잘 쓴다.
2. 좋은 아이디어를 가지고 있다. 창의적이다.
3. 설득력 있게 논쟁할 수 있다.
4. 정치에 대해 독학을 해서 많이 알고 있다.
5. 특히 정치에 관해서는 유머 감각이 있다.
6. 불안감이 크지 않을 때 일의 성취도가 높다.
7. 뉴욕의 정치 무대에서 중요한 사람이다.

당신이 왜곡된 실패의 느낌이 드는 브라이언과 같다면, 첫 번째에서 네 번째 단계로 충분하다. 이 단계들은 자기 자신에 대해 생각하고 느끼는 방식에 변화를 가져다줄 것이다.

하지만 대부분 사람은 여기에 해당하지 않을 것이다. 거의 모든 사람이 실패에 대해 정확히 인식하고 있다. 첫 단계에서 네 번째 단계까지 거친 후에도, 여전히 나는 실패한 사람이라는 결론을 내릴 것이다. 능력과 재능을 인지하고 자신에게 상처를 주었던 사람들을 직면하며, 내면의 아이에게 연민을 느끼고 지금까지 얼마나 성취했는가를 정확하게 평가해도, 아직도 실패자인 것처럼 느껴질 수 있다.

그러므로 대부분 이 이상의 노력이 필요하다. '행동의 변화'가 필요한 것이다. 탈출하고 회피하는 대신에, 직면하고 극복하려는 기본적인 자세를 가져야 한다. 그래도 브라이언은 자신이 발달시키지 못한 영역이 있었다. 그것은 아버지의 반대 때문에 그가 좋아하는 소설 쓰기를 시도해보지 못한 것이었다. 그리고 불안을 유발하는 일들에 대해서는 더욱 꾸물거리고 미루었다.

만일 당신이 동료들과 비교해 실제로 비교적 실패한 일이 있다면, 다음 단계를 계속 진행하라.

5. 당신의 실패 속에서 반복되는 패턴을 찾아보라. 인생의 과정에 대해 초점을 맞추어 보라. 아주 어렸을 때부터 시작하라. 학교생활과 경력을 훑어보라. 시작부터 실패자였던가? 아니면 지원을 받지 못해 초기에 있었던 잠재능력이 사라져 버렸는가?

부모는 성공과 실패에 대해 어떻게 대처하였는가? 그들은 비판적이었는가, 지지하거나 힘이 되어주었는가? 어렸을 때 과제를 회피하였는가, 아니면 그것들을 잘 끝내왔나? 도전을 회피하였나?

경력에도 어떤 패턴이 있는지 찾아보라. 불가능한 직업을 선택해 왔는가? 한 가지 직업에 전념하는 것에 실패하였는가? 자신의 잠재능력을 아주 조금 활용하는 일에 종사하였나? 책임을 지거나 솔선수범해야 하거나 승진을 요청하는 일을 두려워해 왔는가? 일을 미루고 불성실한 태도를 보이고 업무가 서툴렀는가? 능력을 계발하는 데 필요한 교육을 받거나 신임을 얻거나 알맞은 교육 받기를 회피하여 왔는가?

당신의 패턴은 거의 회피의 문제로 좁혀질 것이다. 실패는 타고난 결핍, 재능의 부재나 부적절함에서 오는 결과이기보다는 회피의 직접적인 결과임을 알게 될 것이다.

케이틀린은 자기 삶에서 회피의 증거를 많이 찾아내었다. 왜냐하면, 병치레로 인한 잦은 결석으로 다른 아이들을 절대 따라잡지 못했기 때문이다. 학교생활이 그녀에게는 수치스러운 경험이 되었다.

케이틀린 선생님이 여러 가지 질문을 해왔는데 답을 몰랐던 기억이 나네요. 그래서 너무 부끄러웠어요. 아이들이 저를 놀렸어요. 놀이터에서 아이들이 절 바보라고 놀리기도 했어요.

학교가 혐오스러워질수록 케이틀린은 학교를 더 회피하였다. 그녀의 잦은 병치레와 학교에서의 실패는 닭과 달걀의 관계와 같았다. 하나가 다른 하나의 원인이 되면서, 악순환이 반복된 것이었다.

케이틀린은 미술에 타고난 재능이 있었다. 그녀는 시각적 감각과 디자인 감각이 좋았다. 예를 들면, 어렸을 때 자신의 방을 꾸미기도 했고, 그림도 그리고 색도 칠했다. 하지만 이러한 능력을 학교에서는 활용할 수 없었다. 학교는 불안으로 가득 찬 곳이기 때문이다.

케이틀린 고등학교 때 한 선생님이 학교 연극 무대를 디자인해 달라고 요청했었어요. 우리가 과제로 뭔가 디자인을 했는데, 그 선생님이 제가 한 것을 마음에 들어 하셨죠. 그렇지만 저는 '싫어요'라고 말했어요. 하고 싶었지만 한다는 것 자체가 너무 두려웠었죠.

케이틀린이 학교에서 소질이 없는 과목도 있기는 했다. 하지만 자신의 단점에 대해서 좀 더 노력하고 장점은 더욱 잘 발휘할 수 있음에도 불구하고, 그녀는 시도조차 하지 않았다. 학교에서의 실패라는 외상은 그녀가 모든 것을 회피하도록 만들었다.

6. 자신의 패턴을 알고 난 후 그것을 바꾸기 위한 계획을 세워라. 이것은 가장 기초적인 수준에서 회피를 극복하는 단계와 관련된다. 도망치는 대신에 도전에 맞서라. 실제 재능을 파악하고 자신의 한계를 받아들이고 자신의 장점을 발휘할 수 있는 영역을 추구하라.

가장 유능하다고 생각되는 영역을 추구하는 데 필요한 노력을 어떻게 시작할지 생각하라. 이를 위해서 새로운 직업을 가져야 할지도 모른다. 아니면 현재 직업에서 약간만 방향을 바꿔도 될 것이다.

목적을 이루기 위해서는 무엇을 해야 할지 바꿔야 할 행동을 나열해 보라. 변화를 위한 일정을 짜보라. 첫 번째 방법은 무엇인가? 변명과 회피하는 행동을 중단하도록 약속하라. 실패를 고려하라. 이것이야말로 유일한 성공 방법이다.

자신을 위해 작은 과제들을 설정하라. '천릿길도 한 걸음부터'라는 속담처럼 실천 가능한 단계들을 만들어라. 각 단계를 이뤄낼 수 있도록 적당히 설정하라. 자신이 할 수 있는 일부터 시작을 해라. 너무 감당하기 어려운 일부터 시작하면 성공할 가망은 없다.

당신은 잠재능력을 갖추고 있지만, 그것을 제대로 발전시키지 못해왔다. 왜냐하면, 너무 많은 것을 회피해왔기 때문에 배워야 할 것을 제대로 배우지 못한 것이다. 초보적인 부분부터 시작해서 기초적인 기술을 연마

해야 하는 때도 있다. 학교를 다시 다녀야 할 수도 있다.

자신을 발전시켜온 공로를 인정하라. 자신에게 상을 주어라. 자신을 강화해라. 자신의 발전에 대해 인정하라.

케이틀린의 장점이 시각적, 디자인적인 능력이기 때문에, 그녀는 텔레비전 세트 디자이너를 목표로 삼았다. 이 분야에 가장 많은 흥미를 느꼈음에도 불구하고, 한 번도 이 영역에 종사한 적은 없었다. 대신 그녀는 일정표나 개인을 관리하는 일들처럼 행정적인 역할을 맡아왔었다. 이런 영역은 그녀의 허점을 드러내게 할 뿐이었다. 오히려 질투심에 가득 찬 채 세트 디자이너가 일하는 것을 구경하느라 바쁜 나머지 자신의 관리업무는 잘 처리하지 못하고 있었다.

케이틀린은 세트 디자이너들을 관찰하는 것부터 시작하였다. 그녀는 이를 위해 과외의 시간을 더 들여야 했다. 서서히 디자인 직원과의 관계를 발전시켰으며, 자원봉사를 하게 되었다. 또한, 기본적인 기술을 익히기 위해 몇 개의 디자인 수업을 들었고, 마침내 디자이너 수습생으로 일하게 되었다. 이 과정이 단기적으로는 어느 정도 수당의 손실을 초래하지만, 케이틀린은 미래를 위해 투자하고 있다는 사실을 알고 있었다.

그녀는 자신의 시각적 능력을 사용할 수 있는 일들에 집중하고, 행정적인 일은 다른 사람에게 맡겼다. 자신을 실패에 빠뜨리는 행동을 그만둔 것이다.

우리는 변화의 과정에서 이것이 어려운 부분임을 알고 있다. 당신은 나아가도록 해야 한다. 직업에서 발전하기 시작하면 긍정적인 영향을 받아 계속해 나갈 수 있는 용기를 얻게 되고, 이 과정은 자기 영속적으로 발전하게 된다. 회피를 직면하는 것은, 항상 개인의 삶에 눈에 띄는 유익한 영향을 준다. 시작이 가장 힘들다. 그 후에는 좀 더 쉬워질 것이다.

7. 실패의 틀을 극복하기 위해 플래쉬 카드를 만들어 보라. 한 단계씩

당신의 계획을 따라 하여라. 실패의 덫과 도피 내력을 인식하라. 하지만 성공을 위한 잠재능력을 갖추고 있다는 증거들을 나열해 보라. 성공을 위한 작은 단계를 밟도록 자신에게 명령하라. 지속적인 회피가 어떠한 결과를 초래하는지 상기하라.

다음은 케이틀린과 함께 작성한 메모이다.

> 지금 나는 실패라는 느낌으로 가득 차 있다. 이것은 익숙한 느낌이다. 지금까지 살아오면서 계속 느껴왔다. 평생 성공의 기회를 잡는 것을 회피해왔다. 선생님들께 계속 칭찬을 받고 수업을 즐기고 이 분야에서 두각을 나타냈음에도 불구하고 나의 잠재된 디자인 능력을 무시해왔다. 그 대신 내가 잘못하는 일을 해서 나 자신을 실패 속에 빠뜨려왔다.
>
> 나의 회피는 어렸을 때 아프고 혼자였을 때부터 발전하기 시작했다. 내가 뒤처졌을 때 따라잡을 수 있도록 아무도 도와주지 않았다. 아무도 알지 못했다. 내가 아이로서 도망치는 것은 도와주었지만 지금은 나에게 도움이 되지 않는다.
>
> 그러나 지금 나는 궤도에 올라와 있다. 세트 디자이너가 되려고 노력하고 있으며, 성공을 위한 좋은 기회를 잡았다. 나는 이 길로 발전할 수 있다는 사실에 계속 집중할 것이다.
>
> 다시는 회피하지 마라. 그것은 나를 다시 실패로 이끌 뿐이다. 나의 다음 단계는 무엇인가? 이것이 내가 해야 할 일이다. 다음 단계를 밟으려고 노력해야 한다.

당신이 변화하기 시작하면 각각의 작은 성공에 대해 공로를 인정하라. 아무리 작은 성공일지라도, 그것은 변화를 위한 첫걸음이다. 플래쉬 카드에 이를 적고, 하나둘씩 점진적으로 늘려나갈 수 있도록 노력하라.

8. 사랑하는 사람을 이 과정에 포함해라. 실패의 덫에 동조하기보다 맞설 수 있는 인간관계를 만들도록 노력하라. 만일 당신의 부모나 상대가 당신을 방해하거나 비난한다면, 맞서 싸워라. 그리고 변화를 위한 단계를 밟을 때, 지지와 용기를 주도록 요구하라.

만일 배우자가 아주 성공했다면, 재정적인 면에서는 부담이 없겠지만,

자신의 힘으로 성공하는 것이 중요함을 이야기하라. 스스로가 변화하려고 노력하지 않으면 아무 소용이 없다. 지지와 동조 속에 자신의 힘으로 노력하라.

마지막 조언

앞에서 말했듯이 실패의 덫은 종종 다른 삶의 덫과 연결되어있다. 실패의 덫을 제대로 극복하기 위해서, 당신은 아마 다른 문제들도 다루어야 할 것이다. 브라이언은 결함의 덫을 다루어야 했고, 케이틀린은 정서적 결핍에 대해 다루어야만 했다. 관련된 삶의 덫에 관한 부분을 읽도록 하여라.

실패의 덫은 극복했을 때 가장 큰 보상을 받는 것 중 하나이다. 수치와 긴장으로 가득 찼던 삶의 모든 영역이 자신감의 원천이 될 수 있기 때문이다. 하지만 싸우려는 의지가 필요하다. 도망가려는 경향을 차단하려는 의지가 있어야 하고, 자신의 강점을 이용해야 한다.

14

"당신이 원하는 대로 할게요"
복종의 덫

칼튼 | 30세. 다른 사람의 욕구를 자신의 욕구보다 우선한다.

칼튼을 만나서 우리가 처음으로 놀란 점은 불안하면서도 사람들을 기꺼이 기쁘게 하려는 그의 모습이었다. 칼튼은 우리가 말하는 어떤 의견에도 서둘러 동의를 하였다. 대부분 환자는 첫 대면의 적어도 일부를 치료자를 평가하는 데 소모하기 마련이다. 자신들이 원하는 바를 치료자가 갖추고 있는지 알아보려 애쓰면서 말이다. 그러나 칼튼은 그렇지 않았다. 그는 우리가 그를 어떻게 생각하는지, 그가 우리 구미에 맞는 환자인지를 걱정하고 있었다.

칼튼은 결혼해서 어린 두 자녀를 두었다. 그는 소위 공처가로 불릴만 하다. 부인인 에리카는 요구가 아주 많았고, 그는 아내를 만족시키려 항상 애를 쓰지만 성공하는 경우가 별로 없었다. 가족과 관련된 모든 결정은 부인이 내렸고, 그는 심지어 자식들에게 제재를 가하는 것도 어려워했으며, 훈육할 때마다 죄책감을 느꼈다. 자신의 의사와는 상관없이 부친이 창업한 섬유회사에서 일해야만 했고, 결국 자신이 해야 할 일이라 생각하고 순응하였다. 그러나 여전히 자신의 직업을 즐기지 못했다.

칼튼은 자신이 삶의 덫에 걸려 있다고 생각한다. 그는 우울해져서 치료를 시작했다. 때때로 그는 어디론가 떠나가서 자신이 원하는 존재가 되는 꿈을 꾼다.

메리 엘렌 | 34세. 지배적인 남편과의 결혼 생활에 속박되어 있다.

메리 엘렌이 우리에게 보인 처음 인상은 표면적으로는 명랑해 보이지만, 그 아래에는 울화가 끓어오르고 있었다. 그녀는 금방 방어적인 태도를 보였으며 우리가 그녀를 지배하려 한다고 생각하고 있었다.

치료자 결혼 생활이 무척 불행하다는 것처럼 들리네요.
메리 엘렌 그럼 제가 이제 결혼 생활을 끝내야 한다는 말씀이세요?

우리는 그녀에게 말할 때, 그녀가 자신을 조종하는 것처럼 해석할 수 있는 어떤 언급도 조심해야 한다는 것을 알았다.

메리 엘렌은 겨우 10대에 결혼해서 첫 아이를 가졌다. 결혼한 지 7년이 지났고, 두 명의 아이를 두고 있다.

메리 엘렌 저의 가장 큰 문제는 남편 데니스예요. 그는 매우 까다로운 사람이에요. 그래서 저는 항상 그의 주변을 맴돌며 명령을 기다리고 있죠.

제가 마치 노예가 된 느낌이에요. 그 사람은 무언가 원하는 것이 있으면 제가 그것을 즉시 해내길 원해요. 그뿐만이 아니에요. 매사를 정해진 방식대로 하기를 원해요. 만일 조금이라도 틀리면 금방 주먹이 날아오죠. 그는 쉽게 험악해져요. 그런 게 다반사예요. 어제는 제가 10분 늦게 깨웠다고 한 시간 동안 소릴 질러댔어요.

메리 엘렌은 데니스와 사는 삶이 더는 견디기 어렵다고 느낀다. 설상가상으로 그는 그녀가 가족과 떨어져서 친구들과 시간을 보내는 것도 금지했다. 한 번은 그녀가 친구를 만나려고 몰래 빠져나가다 그에게 잡혀서 맞은 적도 있었다. 그런 직후에 그녀는 치료를 받기로 결심했다.

메리 엘렌은 자신이 처절하게 불행하다고 생각하지만, 데니스를 떠날 경우, 그가 어떤 행동을 할지 몰라 두려워하고 있다. 또한, 아이들을 위해서도 남아 있을 수밖에 없다는 생각을 한다. 데니스와의 관계를 소름 끼치게 느끼는 가장 큰 이유는 이런 관계가 어린 시절 아버지와의 관계와 흡사하다는 점이다. 사실 아버지와 함께 사는 집에서 도망쳐 나오려고 한 결혼이었기에 그런 남편과 사는 현재가 더 끔찍하게 느껴지고 있다.

칼튼과 메리 엘렌은 모두 복종의 덫을 가지고 있다. 그들은 타인이 자신을 조종하도록 내버려 둔다.

복종의 덫 질문지

이 질문지는 당신의 복종의 덫의 강도를 측정하는 것이다. 아래에 있는 척도를 이용해서 각 항목에 답하라. 당신의 성인기 동안 일반적으로 느끼고 행동했던 방법에 근거해서 각 항목을 평가하라. 성인기의 어느 시기에 변화가 있었다면 각 항목을 평가할 때 가장 최근의 일 년 혹은 2년에 초점을 맞춰라.

완전히 나와 다르다.	1	어느 정도는 나와 일치한다.	4
대부분 나와 다르다.	2	대부분 나와 일치한다.	5
다른 면보다 일치하는 면이 좀 더 많다.	3	완전히 일치한다.	6

비록 점수의 합계가 낮더라도 5점이나 6점에 해당하는 항목이 하나라도 있다면 이 덫은 당신에게 존재하는 것이다.

질문	점수
1. 나는 남들이 나를 통제하게 내버려 둔다.	
2. 다른 사람들이 원하는 것을 들어주지 않으면, 그들이 나에게 보복하거나 화내거나 거부할까 두렵다.	
3. 내 삶의 중요한 결정이 스스로 내린 것처럼 느껴지지 않는다.	
4. 나는 남들에게 내 권리를 존중해달라고 요구하기가 매우 어렵다.	
5. 나는 남들을 기쁘게 해주고 그들에게 인정받으려고 걱정을 많이 한다.	
6. 나는 남들과 대립을 피하려고 굉장한 노력을 다한다.	
7. 나는 돌려받을 수 있는 것보다 더 많이 남들에게 준다.	
8. 나는 타인의 고통을 너무나 깊게 느끼기에, 가까운 사람을 돌보는 일은 결국 내 몫이 된다.	
9. 나는 자신을 앞세우고 나면 죄책감을 느낀다.	
10. 나는 자신보다 다른 사람을 우선 배려하기 때문에 좋은 사람이다.	
당신의 최종 점수(질문 1번에서 10번까지의 점수를 더하라)	

점수 해석

10 – 19 매우 낮음. 이 덫은 당신에게 적용되지 않는다.
20 – 29 낮음. 이 덫은 아주 가끔 당신에게 적용될 것이다.
30 – 39 중간. 이 덫은 당신의 인생에서 문제가 될 수 있다.
40 – 49 높음. 이 덫은 당신에게 분명히 중요하다.
50 – 60 매우 높음. 이것은 분명히 당신의 핵심 삶의 덫 중 하나다.

복종의 경험

　대체로 당신은 세계를 통제라는 관점에서 본다. 당신의 인생은 언제나 타인이 조종하며 주위 사람들에게 조종당한다는 느낌을 받는다. 복종의 핵심에는 다른 사람들(부모와 형제자매, 친구, 교사, 애인, 배우자, 직장 상사, 동료, 아이들 심지어는 낯선 사람들까지)을 기쁘게 해줘야 한다는 신념이 자리 잡고 있다. 사람들을 기쁘게 해야 한다는 이 원칙에서 유일한 예외는 당신 자신이다. 다른 사람들이 원하는 바가 우선하여 고려되는 것이다.

　칼튼과 메리 엘렌의 인생에서 공통된 주제 중 하나는 자신들의 삶이 덫에 걸려 있다는 느낌이다. 복종의 느낌은 사람을 숨 막히게 한다. 그런 느낌 속에 살아가는 것은 큰 부담이다. 끊임없이 다른 사람의 욕구를 만족시키는 것은, 너무 큰 짐이며 사람을 지치게 만든다. 삶의 기쁨과 자유를 앗아간다. 복종의 덫에 빠지면, 당신의 결정이 다른 사람에 의해 좌우되므로 자유가 박탈된다. 당신은 자기 자신에게 초점을 두지 않는다. '내가 원하는 것과 내가 느끼는 것'에 초점을 맞추지 않고, '상대가 원하는 것과 내가 상대를 행복하게 할 수 있는 것'에 초점을 맞춘다.

　복종의 덫은 자신이 누구인지에 관한 분명한 느낌마저 앗아간다. 칼튼은 어린 시절부터 가업을 이어가도록 길들어 왔고 거기에 복종해 왔다. 그 결과 내면에서 자신이 이 일을 하고 싶어 하지 않는다는 것을 느끼고 있었지만, 뭘 하고 싶은지는 아무런 생각이 없다. 그런 것을 찾아보기 위한 노력조차 하지 않았다. 당신은 수동적으로 살아가고 있다. 인생은 그저 우연히 일어나고 있을 뿐이다.

칼튼　저는 제 인생에서 원하는 것을 얻을 수 없을 것 같아요. 어떻게 얻어내야 할지 모르겠어요.

치료자 당신이 얻을 수 있는 것은 남들이 당신에게 하사하는 것이라 느끼기 때문에 자신이 원하는 것을 추구하지 못하고 있어요.

 당신은 자신의 인생 여정을 결정할 수 없다고 생각한다. 주변 여건 때문에 운신의 폭이 제한되어 있다고 느낀다. 운명에 휩쓸려 갈 뿐이라고 느끼는지도 모른다. 능동적인 행위자가 아니라, 수동적으로 반응하는 사람인 것이다. 어떤 문제가 닥쳐도 스스로 할 수 있는 것이 거의 없다고 느낀다. 단지 갑자기 기적적으로 모든 것이 좋아질 때를 기다릴 뿐이다.
 당신은 아마도 대인관계가 좋은 사람이라 생각할 것이다. 너무도 상냥하고 남들을 기쁘게 해주며 갈등을 피하려 하기에, 선천적으로 남들과 잘 어울린다고 생각할 수도 있다. 또한, 주변 환경에 기꺼이 적응하는 사람이라 생각할 것이다. 이것이 자신의 자산이라 생각할지도 모른다. 유연하면서 다양한 사람들에게 적응할 수 있는 능력이 있다는 것이다. 그러나 남들의 요구에는 일정한 선을 긋지 못한다. 사람들이 부당한 요구를 할 경우에도 '예, 그렇게 하죠'라고 대답한다. 또한, 남들이 아무리 자신을 괴롭히더라도 그런 행동을 바꾸라고 요구하는 것을 어렵게 생각한다.
 당신은 남들을 도울 수 있는 것에 대해 자랑스럽게 생각한다. 물론 일리가 있는 말이긴 하다. 남들을 위해주는 것은 희생적인 사람들의 능력이다. 아마도 당신은 남을 돕는 훌륭한 능력을 스스로 개발했을 것이고, 현재에도 그런 직업을 가지고 있을 것이다. 그러나 문제는 자신이 원하는 바를 충족시키지 못한다는 데 있다. 너무도 자주 자기주장을 접어 버리고 원하는 것을 요구하지 못한다.
 복종적인 태도는 자존감을 떨어뜨린다. 누구나 누려야 할 당연한 권리조차도 누릴 자격이 없다고 생각한다. 자신 이외의 모든 사람에게 권리가 있는 것이다. 에리카는 부부 치료시간 도중에 칼튼의 이러한 면에 대해 다음과 같이 말했다.

에리카   저는 어제 칼튼 때문에 미치는 줄 알았어요.
치료자   왜죠?
에리카   외식을 하러 갔는데 칼튼의 음식이 식어 있었어요. 그런데도 종업원에게 음식을 다시 가져오란 말을 못 하고 그냥 먹는 거예요. 그러고는 그 일에 대해서 그날 밤 내내 제게 불평을 해대는 거예요.
칼튼   저는 하찮은 일로 보였고, 그만한 일로 소란을 피울 필요가 있겠나 싶었던 거죠.

우리는 복종적인 사람들로부터 종종 이런 이야기를 듣는다. 자신의 욕구는 하찮은 것이기 때문에 기를 쓰고 싸우지 않는다. 그러나 결국, 그런 상황이 반복되다 보면, 자기 욕구를 거의 만족시키지 못하는 인생을 살아가게 되는 것이다.

우리가 칼튼에게 너무도 복종적임을 지적했을 때, 그는 자신이 복종적인 게 아니라 태평할 뿐이라고 대답했다. 그러나 칼튼은 태평한 게 아니라 수동적이었다. 태평한 사람들은 자신의 감정을 강렬하게 느끼고, 느낀 바를 강하게 주장하는 영역이 있다. 사소한 문제로 목소리를 높이진 않지만, 중요한 문제에서는 자신의 의견을 확실히 표명한다. 특정한 문제에서는 당당하게 입장을 내세운다. 복종적인 사람은 결코 전면적인 자기주장을 하는 법이 없다. 복종적인 사람에게는 강한 자아가 없다. 억눌린 분노가 당신이 복종적이라는 또 다른 증거이다.

강한 자아가 없어서 권위자와의 관계 속에 자기 자신을 잃어버릴 우려가 있다. 남들의 요구를 들어주려고 너무 애쓰다 보면, 그 사람들 속에 매몰되어 버릴 수 있다. 자신이 누구이며 그들은 누구인지 경계가 희미해지고, 남의 의견과 목표를 자신의 것인 양 받아들이게 된다. 타인의 가치를 자기 것으로 수용하게 되는 것이다. 혹은 집단 속에 특히 카리스마를 지닌 지도자가 있는 집단에 자신을 매몰시킬 가능성도 있다. 심지어 컬트 그룹에 끌릴 수도 있다.

우리는 연구를 통해 복종적인 환자들이 다른 사람들로부터 조종받는 데에는 두 가지 이유가 있음을 알게 되었다. 한 가지 이유는 죄책감 때문인데, 남들의 고통을 덜어주고 싶어 하기 때문이다. 두 번째 이유는 거부당하거나 보복당하거나 벌 받을 것을 두려워하기 때문이다. 이유가 무엇이냐에 따라 복종은 두 가지 유형으로 분류한다.

복종의 두 가지 유형

1. 자기희생(죄책감으로 인한 복종)
2. 굴종(두려움으로 인한 복종)

칼튼은 죄책감으로 인해 복종적인 태도를 보인다. 그는 인정받기를 원하고 모든 사람이 자신을 좋아해 주기를 원한다. 남들의 인정을 받는 것이 일차적인 동기이다. 게다가 칼튼은 남들의 고통을 깊게 느낀다. 누군가가 고통받고 있다고 느끼면, 그 사람을 돕고 싶은 마음이 든다. 그는 타인의 욕구를 만족시키려 노력한다. 그러지 못할 때마다 죄책감을 느꼈고, 이런 죄책감은 그를 매우 불편하게 하며 결국에는 자기희생을 통해 해소하였다.

메리 엘렌은 이와는 달리 두려움으로 인해 종속적인 삶을 살아간다. 벌을 받을까 두렵기에 복종하는 것이다. 이 공포는 현실적이다. 데니스는 잔인하고 지배적이다. 그런데 메리 엘렌이 무엇 때문에 아버지와의 관계에서 벗어나서 남편과 똑같은 양상을 반복하는지는 참으로 의문스러운 일이다. 결혼 생활을 통해 그녀는 자신의 어린 시절을 재현하고 있었다.

자기희생

자기희생적인 사람들은 남들의 안녕에 책임을 느낀다. 어린 시절에 부모, 형제자매나 그 외 가까운 사람들의 신체적, 정서적 안녕에 대해 많은 책임감을 느꼈을 것이다. 예를 들어, 부모 중 한 분이 몸져누워 있었거나 우울증에 걸렸을 수 있다. 어른이 되어서도 남들을 돌보는 것이 자신의 의무라고 생각한다. 그렇게 하는 동안 자기 자신은 소홀히 대한다. 자기희생은 하나의 덕목이긴 하지만, 이 덫에 걸린 사람들은 지나친 면이 있다. 남을 돌보는 것은 분명 칭찬받을 만한 특성이다.

칼튼 제가 희생적이기 때문에 좋은 일을 많이 하게 돼요. 친구들이 모두 어려운 문제를 저와 의논하려고 하죠. 어머니가 편찮으시면 제게 전화를 하고, 저는 어머니를 의사에게 모셔가죠. 게다가 저는 부랑인들의 쉼터에도 자원봉사를 하러 가요. 그린피스와 국제 엠네스티 활동도 하고 있어요. 사람들은 제가 세상을 더 좋은 곳으로 만들려고 한다고 생각해요.

당신은 쉽게 공감한다. 아마도 이것이 타고난 기질일 것이다. 남들의 고통을 느끼고 그 고통을 덜어주고자 하며 잘못된 것을 개선하려 한다.

이러한 복종적인 태도는 대체로 자발적으로 우러난 것임을 알아야 한다. 어린 시절 아무도 당신에게 자신들이 원하는 것을 해달라고 강요하지 않았다. 오히려 그들이 고통 속에 있거나 약하기 때문에 그들의 욕구가 우선되어야 한다고 느낀 것이다.

자기희생적인 사람들은 다른 복종적인 유형의 사람들에 비해 그리 심한 분노를 느끼지 않지만, 그래도 약간의 분노는 느끼기 마련이다. 당신이 남에게 주는 것이 받는 것보다 훨씬 많다. 당신에게 더 많이 받아가는 사람들을 비난할 이유는 없고, 자신의 분노를 인정하지 않겠지만, 마음 한구석에서는 그러한 느낌을 떨쳐버릴 수 없을 것이다.

당신의 덫은 죄책감으로부터 그 힘을 얻는다. 복종적인 태도에 대해 분노를 느낄 때마다 죄책감은 자극되며, 자기주장을 할 때마다, 남들의 고통을 덜어주지 못할 때마다 죄책감을 느낀다. 죄책감은 복종의 덫을 작동한다.

복종적인 역할에서 빠져나오려 할 때마다 죄책감을 느끼며 그때마다 자기희생적인 태도로 되돌아간다. 죄책감을 덜기 위해 다시 한번 힘을 내어 복종적인 역할을 하며, 분노는 마음속에 묻어버린다. 변화를 위해서는 죄책감이 들더라도 참아내는 법을 배워야 한다.

칼튼은 아내와의 관계에서도 이러한 분노와 죄책감의 패턴을 반복하고 있다. 그는 그녀를 기쁘게 해주려고 끊임없이 노력하지만, 그럴수록 그녀의 요구는 더 많아진다. 물론 이런 요구는 그를 화나게 한다. 그러나 칼튼은 분노를 느끼자마자 죄책감을 느끼고는 그녀를 기쁘게 하려고 두 배로 노력한다. 이처럼 그는 부인에 대한 분노와 죄책감 사이를 오고 가는 것이다.

굴종

굴종은 복종의 덫의 두 번째 유형이다. 당신은 억지로 복종적인 태도를 취한다. 실제 선택 가능성과는 무관하게, 애초부터 선택의 여지는 없다고 생각한다. 어린 시절 부모에게 벌 받거나 버림받지 않기 위해 복종했을 것이다. 부모는 매번 벌을 주거나 위협했을지도 모른다. 복종의 과정에는 강제성이 개입된다. 비록 자기 자신은 인식하지 못할지도 모르지만, 당신은 언제나 화가 나 있다.

메리 엘렌은 굴종의 전형적인 유형이다. 아동기와 청소년기 내내 메리 엘렌의 아버지는 그녀에게 엄하게 대했다.

메리 엘렌   제가 외출을 할 때는 가는 곳을 알려야 했어요. 돌아왔을 때는 어디에 있다 왔는지도 얘기해야 했지요. 남자와 데이트하는 것도 남들보다 더 나이를 먹어서야 허락해 주셨고 화장하거나 몸에 딱 붙는 옷을 입는 것도 허락되지 않았어요. 주말에는 집에 일찍 귀가해야 했어요. 제 행동 하나하나를 간섭하셨죠.

치료자 거역하면 어떻게 되었나요?

메리 엘렌 소리치면서 혼을 내셨죠. 가끔은 때리기도 하셨어요. 난 아버지가 너무 미워요.

    그녀에게는 집이 감옥처럼 느껴졌다. 두려움 때문에 겉으로는 아버지에게 복종했지만, 속에서는 분노가 끓어오르고 있었다.

    당신이 이 유형에 속한다면, 아마 하나의 잘못된 믿음 즉 상대방이 실제보다도 더 큰 힘을 가지고 있다고 생각한다. 복종하는 대상이 누구이든 (남편이든, 부인이든, 부모든) 그들은 사실 거의 영향력이 없다. 당신에게는 복종적인 상태를 끝낼 힘이 있다. 현재 직속 상관의 경우처럼 예외적인 경우도 있지만, 이런 상황에도, 상대에게 그렇게 큰 힘이 있는 것은 아니다. 당신을 좌지우지하거나 학대하는 사람과 더는 함께할 필요가 없다.

    한때에는 복종 상태를 결코 벗어날 수 없었다. 어린 시절에는 당신을 굴복시킨 사람에게 의존적이고 무력했다. 어린아이는 처벌과 유기의 두려움을 견뎌낼 수가 없다. 복종적인 태도는 현실에 적응한 결과다. 그러나 어른이 된 지금, 더는 의존적이고 무력한 존재가 아니며 선택권이 있다. 변화하기 전에 이러한 사실을 먼저 깨달아야 한다.

분노의 역할

당신이 비록 원만한 성격이긴 하나 강한 감정들의 압박을 받게 된다. 남들의 욕구로 인해 자신의 욕구를 포기해야 할 때마다 분노가 축적된다. 자신의 욕구가 끊임없이 좌절되면, 분노는 당연히 불가피하게 발생한다. 남들에게 휘둘리고 이용당한다는 느낌이 들고, 당신의 욕구는 전혀 고려의 대상이 되지 않는다고 느끼게 된다.

그러나 이러한 만성적 분노는 단지 희미하게 느껴질 뿐이다. 자신의 감정을 표현하는 데 있어서 분노라는 단어를 떠올리지 못할 수도 있다.

칼튼 에리카가 저녁 식사 장소까지 태워달라고 해서 약간 당황했어요. 그녀는 역에서 가까웠지만 저는 한참을 돌아가야 했거든요.

분노를 남들에게 표현하는 것은 위험하고 잘못된 일이라 생각하기 때문에 억누르고 부인한다. 이런 이야기를 들으면 놀랄지도 모르겠지만, 분노는 건강한 관계에서 오는 필수적인 요소이다. 분노는 뭔가 잘못되었다는 신호로, 남들이 당신에게 뭔가 부당한 일을 하고 있다는 신호이다. 이상적으로 볼 때, 분노는 자기주장과 잘못된 상황을 교정하는 역할을 한다. 이런 효과를 거둘 때의 분노는 도움이 된다. 그러나 당신은 분노를 억제하고 자기주장을 자제하기 때문에, 몸에서 보내는 자연스러운 신호를 무시하고 상황을 개선하지 못하게 된다.

종종 당신은 남들에게 분노를 표현하면서도, 그것을 인식하지 못하거나 사소한 일에 부적절하게 분노를 폭발시킬 수 있다. 메리 엘렌은 평상시엔 조용하고 수동적인 성격이었는데, 어느 날 자신의 딸에게 크게 화를 냈다. 캐시가 저녁 준비를 위해 오기로 한 시간보다 10분 늦게 도착한 것에 대해 분노를 폭발시켰고, 이로 인해 그녀의 딸은 물론 그녀 자신도 매우 놀랐다.

메리 엘렌   저는 문 옆에 서 있다가 그 애가 들어오자마자 갑자기 소리치기 시작했어요. 전에는 한 번도 그런 식으로 소리친 적이 없었기에 저 자신도 믿을 수가 없었죠. 딸 아이는 충격을 받은 듯하더니 울기 시작했어요. 아이를 붙잡고 미안하다고 사과했어요. 그때 제가 정말 치료를 받아야겠다고 결심하게 되었죠.

그런 갑작스럽고 강한 분노의 폭발이 그 대상자뿐 아니라 당사자까지 놀라게 하는 것은 이상한 일이 아니다. 이런 식의 폭발은 대부분 분노를 자극한 상황에 비해 지나치다.

당신은 분노를 직접 표현할 수가 있긴 하지만, 대체로 간접적이고 수동 공격적인 방식으로 표현한다. 즉 일을 지연시키거나 지각하거나 뒤에서 험담하는 등의 미묘한 방식으로 사람들에게 보복하는 것이다. 하지만 그런 일로 추궁을 당하면, 당신은 자신의 분노를 부인한다. 메리 엘렌도 딸에게 화를 낸 그 날, 사실은 상사에게 화가 나 있었음이 분석 결과 밝혀졌다.

치료자   왜 캐시에게 그렇게 화를 낸 거죠?
메리 엘렌   퇴근 시간이 늦어져서 데니스가 도착하기 전에 저녁을 지어놓으려고 서둘러 귀가했어요. 그런데 캐시가 그날 나를 도와주기로 해놓고 늦은 거예요. 사실 상사가 나를 늦게까지 붙들어놓은 것 때문에 기분이 좋지 않았어요.

문제의 발단은 메리 엘렌의 상사였다. 그녀는 자신의 분노를 직접 표현한 적이 없었고 적절하게 자기주장을 하지도 못했다. 그 대신 반복적으로 지각을 하고 일의 마감 시한을 어기곤 했다. 이런 식으로 상관에게 간접적으로 보복한 것이다. 상사는 사태를 파악하지 못하고 있었고, 지각에 담긴 의미 즉 분노를 눈치채지 못하고 있었다.

수동공격적 행동(지연시키기, 뒤에서 험담하기, 일하기로 해놓고 마무리하지 않기, 변명하기 등)은 어느 면에서 남들을 자극할 수는 있겠지만, 사실 이러한 행동이 어떠한 의도를 갖고 타인을 자극하려고 했었는지는 알기 어렵다.

치료를 받거나 혹은 다른 이유로 인해 수동공격적인 사람이 좀 더 자기주장을 잘하게 되면 그들은 강한 죄책감을 느낀다. 자신의 욕구를 표현하는 것을 잘못된 일처럼 느끼는 것이 복종의 덫의 특성 중 하나이다. 그런데도 죄책감을 견디면서 자기주장을 계속해 나가야 한다. 자기주장을 좀 더 잘할 수 있게 되기까지는, 당신이 분노의 해악을 충분히 인식하지 못한다 해도 분노는 분명 중대한 문제가 될 것이다.

'나는 절대 굴복하지 않아' : 반항아

복종적인 사람들은 대개 수동적인 역할을 편하게 느낀다. 그러나 복종의 덫에 걸린 사람 중 일부는 반격을 통해 대처하는 법을 배운다. 복종하는 대신 반대의 역할, 즉 공격적이고 지배적인 역할을 하는 것이다. 반항아적인 태도를 통해 그들은 복종의 느낌을 과잉보상한다.

칼튼이나 메리 엘렌과 달리 반항아들은 자신만이 중요한 존재이고 욕구가 있는 것처럼 행동한다. 만일 당신이 이런 유형이라면, 공격적이고 반항적이며 자기중심적인 태도로 복종이란 문제에 대처할 것이다. 그렇다 하더라도 마음속으로 느낌은 다른 복종적인 사람들과 똑같다. 자신은 미미한 존재이며, 남들이 조종하고 있다는 느낌이 든다. 공격적인 태도는 가면일 뿐인 것이다. 당신은 극히 독단적이고 무례해 보일 수 있으며, 사람들은 당신이 너무 간섭이 심하고 대장 노릇을 하려 한다고 불평할 수도 있다. 허세에 가득 찬 겉모습과 달리 마음속은 잔뜩 위축되어 있다.

반항아들은 분노가 의식 표면까지 올라와 있다. 실제로 당신은 자주 신경질적인 모습을 보이며 분노를 쉽게 폭발시킨다. 어린 시절이나 십 대에 부모가 복종시키려 해도 반항했을 것이다. 학교에서도 마구 울며 떼를 쓰거나 그 밖의 문제 행동을 보였을 것이다. 지금도 권위적인 대상과의 관계에 문제가 있을 것이다. 쉽게 평정심을 잃어버리고, 부적절한 분노를 터뜨릴 것이다. 끊임없이 권위와 충돌하게 되는데, 어떤 제안이든 지시나 압력, 명령이든 간에 외적인 통제라고 느끼는 것은 참지 못한다.

반항아들은 부모와 평생 투쟁하는 것이 보통이다. 이런 갈등을 잠시도 접어두는 일 없이 어른이 되어서도 똑같은 모습으로 살아간다. 부모의 기대와는 정반대되는 직업과 인간관계를 가지면서, 어떤 면에서는 영원히 반항적인 청소년의 모습으로 살아간다.

반항아들은 다른 굴종적인 사람들보다 자유로워 보이지만, 실제로는 전혀 자유롭지 않다. 자신의 취향이나 대인관계를 자유롭게 선택하지 못한다. 그들의 선택은 반항하는 대상에 의해 결정되는 것이나 마찬가지이다. 규칙을 무시해야 한다고 주장하면서, 규칙에 순종하는 사람만큼이나 규칙에 얽매여있는 것이다. 10대들은 '왜 아무 데서나 길을 건너죠?'란 물음에 '사람들이 그러지 말라고 하니까'라고 답하는 유머가 이들과 잘 들어맞는다.

로즈 | 19세. 거식증 환자로 음식을 지나치게 통제한다.

어떤 사람은 지나친 자기 통제를 통해 복종의 느낌을 보상한다. 인생의 많은 부분을 스스로 통제하지 못하고 있기에, 일부분을 완벽하게 통제하려 한다. 로즈가 이런 경우로 그녀는 거식증이란 식이장애에 걸려 있었다. 너무 굶어서 바짝 말랐는데도, 자신은 굉장히 뚱뚱하다고 주장하고 있었다.

어머니는 지배적인 분으로 그녀를 항상 어린아이처럼 대했다. 로즈는 자신의 욕구를 무시하고 어머니에게 순종하도록 길들었다.

로즈 저는 언제나 착한 소녀였어요. 항상 순종적이었기 때문에 가족들은 제가 문제를 일으키고 있다는 사실을 믿기가 어려울 거예요.

아버지 사실입니다. 문제가 있다면 항상 너무 완벽했던 게 문제죠.

로즈는 자신의 욕구를 너무 자주 억눌러왔기에, 이제는 그게 무엇인지도 알지도 못한다. 로즈가 자신의 통제 속에 있다고 생각하는 유일한 부분은 몸무게이다. 그녀는 아주 철저히 몸무게를 조절한다. 어머니와 그녀는 얼마만큼 음식을 먹느냐로 끊임없는 전투에 빠졌다. 로즈는 음식의 양을 통제함으로써, 어머니의 통제에 대해 반격을 가하고 있었다. 거식증을 통해 그녀는 어머니에게 반항하고 복종의 덫을 재연하고 있다.

복종의 덫의 기원

1. 부모가 당신의 거의 모든 면을 지배하거나 조종하려 했다.
2. 부모는 당신이 원하는 방식대로 하지 않으면 벌을 주거나 화를 내거나 위협했다.
3. 어떻게 일을 할지 부모의 동의를 받지 않으면 정서적으로 냉담해지거나 접촉이 단절됐다.
4. 어린 시절에 당신 스스로 선택하는 것을 부모가 허락하지 않았다.
5. 부모가 부재중인 경우가 많았거나 무능했기 때문에 당신이 나머지 가족들을 돌봐야 했다.
6. 부모가 개인적인 문제에 대해 항상 이야기했고 당신은 항상 그 이야기를 들어주곤 했다.
7. 부모가 원하는 것을 들어주지 않으면 죄책감을 느끼거나 자신이 이기적인 존재라고 느끼게 했다.
8. 부모가 순교자나 성인 같은 분들이어서 다른 사람들을 돌보느라 자신의 욕구를 무시했다.
9. 어린 시절에 당신의 권리, 욕구, 의견이 존중받지 못했다고 느낀다.
10. 어린 시절에 부모가 걱정하거나 우울해질까 봐 말과 행동을 매우 조심스럽게 했다.
11. 다른 아이들이 누리는 자유를 당신에게 허용하지 않는 것에 대해 부모에게 분노를 느꼈다.

어린 시절에 가까운 사람들이 당신을 지배했다. 부모일 수도 있고 형제나 또래들 혹은 다른 사람들일 수도 있다. 그러나 복종이 일차적인 덫이라면, 아마도 부모가 원인이었을 것이다. 어린아이의 인생에서 가장 중요한 사람은 부모이기 때문이다.

어린아이였을 때에는, 자신이 복종하고 있다는 사실을 거의 인식하지 못했을 수 있다. 단지 부모 중 한 분 혹은 두 분 모두에게 적대감을 느끼거나 압박감을 느꼈을 것이다. 어른이 되어서도, 어린 시절 순종적이었음을 충분히 깨닫지 못할 수도 있다. 때로는 치료를 통해 복종의 과정을 이해하기 시작하고, 어린 시절에 자신이 얼마나 순종적이었던가를 깨닫는다. 그런 과정에서 그들은 종종 분노를 느낀다. 만일 당신에게 이런 일이 일어난다면, 부모가 자녀를 조종하는 동기에는 여러 가지가 있다는 것을 인식하는 것이 중요하다.

부정적인 극단에는 메리 엘렌의 아버지처럼 이기적인 동기에서 자녀를 학대할 수가 있다. 그런 부모는 벌을 주거나 사랑을 회수함으로써 자녀를 전적으로 지배하려 한다. 어린아이는 생존을 위해 복종할 수밖에 없다.

메리 엘렌 어느 날 밤, 아버지가 내 딸아이에게 하는 행동을 봤어요. 과거에 내게 똑같은 행동을 했다는 걸 알았죠. 아이가 용서해달라고 빌고 있었어요. 애가 울음을 터뜨리고 말았는데 울면 울수록 아버지가 더 크게 소리치는 거예요.

가학적이거나 알코올 중독이었거나 다른 심각한 문제를 가진 부모 슬하에서 자랐다면, 이처럼 극단적으로 굴복해야 했을 것이다. 그런 부모는 자녀의 욕구보다 자신의 욕구가 우선이며 공감이 빠져 있다. 그들은 자녀에게 심각한 손상을 가한다. 그런 부모 밑에서 자라났다면 당신은 틀림없이 강한 복종의 덫에 걸려 있을 것이다. 그것을 극복하기 위해서는 치료

받을 것을 고려해 봐야 한다.

　복종의 정도가 중간쯤에 속하는 경우는, 아이가 개별성을 표현할 때마다 부모 중 한 분이 아이를 비난하거나 벌을 주는 경우이다. 칼튼이 여기에 해당한다. 칼튼이 어떤 요구를 하기만 하면 아버지는 약하다거나 이기적이라고 몰아붙였다.

칼튼　아버지의 회사를 떠나서 내 일을 하려고 해도 뭘 해야 할지 정말 모르겠어요.

치료자　어릴 때 좋아했거나 특별하게 느껴졌던 게 없나요?

칼튼　있었어요. 피아노 치기를 좋아했는데 아버지가 그걸 싫어하셨어요. 사내아이가 할 일이 아니라고 생각하신 거죠. 놀려대시면서 교습을 허락하지 않으셨어요. 아버지는 제가 운동하기를 바라셨죠. 팀의 일원이 되라고 하셨지만 저는 그렇게 하지 않았어요. 그런 지저분한 운동이 뭐가 좋으셨는지.

　칼튼의 아버지는 자신이 원하는 이미지대로 아들이 자라주기를 원했다. 칼튼이 거기에 따르지 않으면 비난했다. 오래지 않아 칼튼은 자신의 욕구를 가지는 것은 나쁜 일이라는 것을 학습했다. 그는 어른이 되어서도 이러한 느낌을 유지하게 되었고 자기주장을 할 때마다 심한 자책감에 시달리게 되었다.

　칼튼은 아버지와 비슷한 성향을 지닌 여인과 결혼하게 되었다. 아버지와 마찬가지로 에리카 또한 그가 어떤 사람이 되어야 한다는 이미지를 가지고 있었다. 거기에서 벗어날 때마다 그녀는 그를 비난한다. 비슷한 맥락에서 그가 피아노나 치고 있다고 비난하면서 업무에 대해 좀 더 공격적으로 되라고 몰아붙인다. 칼튼은 그녀의 그런 점에 화가 나지만 표를 내진 못한다. 다른 사람들과의 관계도 이와 마찬가지이다. 칼튼은 다른 사람들이 자신을 좌지우지하도록 함으로써 아버지와 오래전에 시작한 관계를 지속시키고 있다.

칼튼의 희생적인 태도는 어머니와의 관계에도 그 뿌리를 두고 있다. 병약한 어머니는 항상 우울해하셨고 요구사항도 많았다.

칼튼   저는 어머니의 말동무가 되어서 기쁘게 해드리고 싶었어요. 항상 너무 우울해하셨거든요. 나가서 노는 대신 어머니 옆에 앉아 있곤 했어요. 어머니 옆에 앉아 있는 동안 밖에서 아이들이 뛰어노는 소리가 들렸던 기억이 나요.

치료자   어머니에게 뭘 해드렸나요?

칼튼   책을 읽어드리거나 이야기를 나눴죠. 식음을 전폐하실 때에는 음식을 가지고 가서 뭐라도 드시게 하려고 했어요.

치료자   다른 아이들과 노는 걸 포기하기가 힘들었을 것 같은데….

칼튼   글쎄요, 그거에 대해선 별로 기억이 없네요.

칼튼은 어머니에게 화가 나 있지는 않았다. 어머니가 그런 행동을 그에게 강요한 것이 아니었기 때문이다. 자신의 도움이 필요했기 때문에 그렇게 한 것이다. 그러나 마음속에는 강한 박탈감이 자리하고 있었다.

칼튼과 메리 엘렌의 과거력은 어린 시절의 복종이 보여줄 수 있는 형태의 단지 일부에 지나지 않는다. 이것은 너무 흔히 있는 덫의 형태이기 때문에 몇 가지를 더 보여주려 한다.

샤논 | 24세. '착한 여자'인 그녀는 어머니와 남편이 시키는 대로 다 한다.

샤논의 부모는 좋은 의도가 있었지만, 과잉보호하였다. 어머니는 잘못된 결정으로 인한 피해로부터 그녀를 보호하려 했다.

샤논 어머니는 저 대신 모든 결정을 내리셨어요. 저는 착한 소녀처럼 그 결정에 따랐죠. 제가 누구와 사귈지, 누구와 데이트를 할지, 어느 학교에 가야 할지, 무엇을 입을지, 어떤 게임을 할지 등 제 일상에 관한 모든 걸 결정하셨어요.

어머니는 그녀를 통제하긴 했으나, 그 방식은 미묘했다. 샤논이 반발하면서 자기주장을 하면 어머니는 아직 스스로 선택할 능력이 없음을 암시함으로써 그녀의 자신감을 흔들어놓았다.

복종의 덫과 더불어 그녀는 의존의 덫에도 걸려들었다. 스스로 결정하지 못한다는 것은 의존과 복종, 두 가지 모두를 반영한다. 어른이 되어서도 샤논은 자신에 관한 모든 일을 남들이 대신 결정하게 내버려 둔다. 남편인 안토니의 불만은 다음과 같다.

안토니 이 사람은 자발성이 없어요. 저녁을 먹으러 어디로 갈지, 어떤 구경을 할지, 휴가를 어디로 갈지, 집에선 무슨 일을 할지 항상 제가 결정해요. 친구들과 함께 앉아 저녁에 뭘 할지 의논할 때도 '영화를 보러 가자'든가 하는 얘기를 샤논이 먼저 하는 경우는 절대 없어요. 뭘 하고 싶은지 제가 물어봐도 '난 괜찮아. 당신이 원하는 것이면 뭐든지 좋아'라고 대답해요.

샤논 진짜 저는 괜찮아요. 저는 정말로 특별히 더 좋은 게 없어요.

어머니와의 관계와 마찬가지로 샤논이 뭔가 제안을 하면, 남편이 그녀를 조롱한다. 그러면 그녀는 복종 속으로 움츠러든다.

윌리엄 | 37세. 어린 시절에 알코올 중독인 어머니의 부모 노릇을 했다.

알코올 중독자 자녀들이 흔히 그렇듯, 윌리엄은 많은 시간을 알코올 중독자인 어머니를 돌보는 데 바쳤다. 아주 어릴 때부터 어머니에 대한 애착을 유지하는 수단으로 자기희생을 발달시켜왔다. 그는 어머니가 온전하다면 자신이 원할 때 도와주실 거라 믿는 부모화된 아이였다.

윌리엄 제가 쇼핑도 하고 음식도 만들었죠. 어머니가 너무 취해서 직장에 출근할 수 없을 정도가 되면, 상관에게 전화해서 거짓말로 변명을 했고요. 실제로는 집에서 어머니를 돌보고 있었으면서 제가 학교에서 다치는 바람에 그녀가 출근하지 못했다고 할 때도 많았어요.
그리고 전 어머니가 술을 드시지 못하게 하려고 무진 애를 썼어요. 위스키 병을 숨기기도 했고요. 하루에 몇 병을 마시는지 세기도 했어요. 제가 잠들기 전에 술병에 표시해둔 거죠. 어머니에게 제발 치료적 도움을 받으라고 애원도 해봤어요.

치료자 당신을 도와주려고 한 사람은 없나요?

윌리엄 없었어요. 언젠가 고모랑 삼촌이 어떻게 지내는지 물어본 적이 있었는데, 제가 거짓말로 다 괜찮다고 했어요. 삼촌들은 진짜로 알고 싶어 하지도 않으셨고요.

어른이 되어서도 윌리엄은 다른 사람을 도우려 노력한다. 그는 의사이다. 자기희생의 재능을 생산적으로 쏟는 법을 배운 것이다.

그러나 개인 생활에서는 문제가 많았다. 그는 소위 상호의존자이다. 요구가 많은 사람 특히 여자 알코올 중독자들을 위해 희생하며 살아갔다. 이를 탈피하기 위해 알코올 중독자의 자녀 모임에 나갔고, 이런 자기파괴적인 패턴을 극복하는 데 도움을 받았다. 지금 여자친구와의 관계는 훨씬 더 건강하다. 그는 자신의 욕구를 주장할 수 있고, 여자친구는 거기에 합당한 반응을 보인다. 윌리엄은 이제 자신의 욕구를 만족시키는 관계를 맺는 것이 건강한 행동임을 알게 되었다.

아마도 당신은 이 이야기 중 하나가 자신의 이야기라고 느꼈을 것이다. 혹은 좀 더 다른 이야기를 하고 있을 수도 있다. 복종의 덫에 이르게 되는 경로는 여러 가지일 수 있다.

핵심적인 요소는 어찌할 수 없는 이유로 복종의 덫에 걸려들었다는 것이다. 그런데 어른이 된 지금 상황이 바뀌었음에도 복종이나 자기희생을 통해 주위 사람들에게 당신을 복종시키고 있다.

당신의 배우자로 고려하고 있는 사람에게 이런 조짐이 보이면 위험하다. 이런 배우자는 조심하라.

잠재적인 배우자의 위험 신호

1. 지배적이며 자기 방식대로만 하려고 한다.
2. 강한 자아의 소유자이며 대부분 자신이 무엇을 원하는지 분명히 알고 있다.
3. 자신의 의견에 동조해 주지 않거나 당신의 욕구를 중시하면 몹시 화를 낸다.
4. 당신의 의견, 욕구, 권리를 존중해 주지 않는다.
5. 당신의 방식대로 일을 할 때, 뾰로통해지거나 당신에게서 멀어진다.
6. 쉽게 상처받거나 흥분하기 때문에, 당신이 돌봐줘야 한다는 책임감을 느끼게 된다.
7. 술을 지나치게 마시거나 성질이 고약해서 말도 조심해야 한다.
8. 책임감이나 동료 의식이 부족해서 대부분의 일을 당신이 하게 만든다.
9. 무책임하고 신뢰성이 없어서 당신에게 많은 책임을 떠맡긴다.
10. 대부분은 독단적으로 결정을 내린다.
11. 어떤 일을 당신 방식대로 하려 할 때 당신을 이기적이라고 비난하거나 죄책감을 느끼게 한다.
12. 쉽게 슬퍼하거나 우울해지거나 불안해해서 말을 들어줘야 한다.
13. 요구가 많고 당신에게 의존적이다.

당신은 덫을 작동시키는 배우자에게 가장 강한 매력과 애착을 느낄 것이다. 이러한 관계는 어린 시절의 복종과 관련된 정서를 자극하기 때문에 강렬하다. 반복적으로 모든 관계에서 어린 시절의 복종을 재연한다.

반항아 유형이라서, 조종할 수동적인 배우자를 골랐다 하더라도 그 관계가 복종의 덫의 재연인 것은 마찬가지이다.

복종의 덫에 걸린, 굴종적인 유형의 사람들이 흔히 보이는 패턴 중 하나는 공격적이고 주도적인 사람, 즉 리더와의 친밀한 관계를 추구한다. 수동성에 빠진 당신은 상대가 필요하다. 무엇을 할지, 매사에 어떻게 느낄지 얘기해 줄 사람이 필요하다. 즉 대신 결정을 내려줄 사람이 꼭 곁에 있어야 하며 그에게 끊임없이 의존한다.

샤논이 바로 이런 경우였다. 어머니가 모든 결정을 그녀 대신 내려줬다. 그녀는 언제나 예의 바르고 순종적이며 성적도 좋았고, 완벽한 딸, 부모님이 원하는 대로 '착한 소녀'였다. 샤논은 부모님이 원하는 유형의 남자와 결혼했고 지금은 완벽한 주부이다.

샤논 저는 그리 행복한 것 같지가 않아요. 하지만 제가 조금이라도 불평하면 안토니는 심하게 화를 내요.
치료자 그렇다면, 안토니가 화를 내서 생길 수 있는 가장 나쁜 결과는 무엇인가요?
샤논 그가 화를 내면 정말 겁이 나요. 더는 저와 살고 싶지 않다고 생각하면 어떻게 하죠?

샤논은 남편에게 전적으로 의존적인 상태였기에 단 몇 시간이라도 떨어져 있으면 몹시 불안해했다. 남편의 분노를 자극하지 않으려고 매사에 완벽함을 도모했으며, 남편이 화를 낼 때 가장 두려워한 것은 자신을 버릴지 모른다는 생각이었다. 혼자서는 살아갈 수 없다고 확신하고 있었기에, 그에게 전적으로 복종한다. 그녀의 의존이 복종을 지속시키고, 복종이 의존을 지속시키고 있다.

당신이 희생적인 사람이라면, 요구가 많고 의존적인 배우자에게 끌릴 것이다. 그들을 구원하려고 노력할 것이다. 때로는 복종적인 사람들이 자기애적인 배우자를 선택하기도 하는데 이런 배우자들은 주는 것 없이 받기만 하고 상대방의 감정은 전혀 개의치 않는다. 당신은 항상 주기만 하는 역할을 편안하게 받아들인다. 하지만 반항적인 유형의 경우라면, 자신보다도 훨씬 더 복종적인 사람을 만나 그 사람을 통제하려는 입장에 서려고 한다.

복종의 덫

1. 대개 남들이 마음대로 하게 내버려 둔다.
2. 남들을 기쁘게 해주기 위해 기꺼이 노력한다. 남들이 당신을 좋아하고 인정해 주는 일이라면 무슨 일이든 한다.
3. 남의 의견에 공개적으로 반대하는 것을 좋아하지 않는다.
4. 다른 사람들이 통제하는 위치에 있을 때가 더 편안하게 느껴진다.
5. 남들이 화내는 상황을 피하려고 무슨 일이든 하며 항상 순응한다.
6. 많은 상황에서 무엇을 원하는지 알지 못한다.
7. 자신의 진로에 대해 분명한 의견을 가지고 있지 않다.
8. 결국은 당신이 남들을 돌보게 되며 그 누구도 당신에게 귀 기울이기거나 돌봐주지 않는다.
9. 남들이 당신에게 원가를 하라고 하면 반사적으로 '싫어'라고 말한다.
10. 남의 기분을 상하게 하는 말이나 행동을 할 수가 없다.
11. 욕구가 만족하지 못하는 상황에 빠지는 경우가 종종 있다.
12. 남들이 당신을 이기적인 사람으로 보는 것을 원치 않기 때문에 반대 극단으로 흐른다.
13. 종종 남을 위해 자기 자신을 희생한다.
14. 집이나 직장에서 당신의 몫 이상을 떠맡는다.
15. 남이 곤란한 지경에 있거나 고통당하고 있으면 희생이 따르더라도 그들의 기분이 좋아지게 하려고 애쓴다.
16. 남들이 당신에게 이래라저래라하면 화가 난다.
17. 당신이 돌려받는 것보다 더 많은 것을 주고 있다고 생각한다.
18. 원하는 것을 요구하면 죄책감이 든다.
19. 자신의 권리를 주장하지 못한다.
20. 남들이 당신에게 시킨 일에 대해 간접적인 방법으로 저항한다.
21. 권위적인 사람과 잘 지내지 못한다.

> 22. 직장에서 승진이나 승급을 요구하지 못한다.
> 23. 자신에게 단호한 면이 부족하다고 느낀다. 너무 순응적이다.
> 24. 사람들은 당신이 공격적이지 못하고 야심이 부족하다고 한다.
> 25. 자신의 성취를 평가절하한다.
> 26. 협상할 때 자신의 견해를 강하게 고수하지 못한다.

사랑과 일에서 이런 함정에 빠지지 않도록 조심해야 한다. 배우자가 동등한 관계를 원하면서도 당신 때문에 복종적인 관계가 반복될 수 있다. 주도적인 역할을 할 수 있는 업무를 맡은 경우에도 그 업무를 왜곡시켜 복종적인 임무를 수행하게 될 수도 있다.

어떤 관계를 맺든 간에 마음속에는 필연적으로 분노가 쌓인다. 그리고 분노의 축적은 관계의 안정성을 위협하게 된다. 초기에는 갈등을 피하려고 분노를 억압하고 이로 인해 관계가 유지되지만, 이런 상황이 오래갈 수는 없는 것이다. 몇 년 후에는 분노가 극에 달해 반발하게 되며, 관계의 균형이 깨지거나 관계를 끊거나 보복하게 된다. 때때로 성적인 문제가 발생할 수 있다. 게다가 세월이 흐름에 따라 성장하게 되고 더 강한 정체성을 수립하게 된다. 자신을 좀 더 강하게 주장하게 되고, 더는 복종적인 관계에 머물러 있기를 원치 않게 되므로 인간관계도 거기에 따라 변화되어야 하고, 그렇지 못하면 그런 관계는 끝나야 한다.

업무

복종의 덫은 직장 생활에도 큰 영향을 미칠 수 있으므로, 여기에 대해서도 지면을 할애하고자 한다.

복종적인 사람들은 특히 희생적인 성격을 가진 경우, 남들을 돕는 직업에 종사하는 경우가 많다. 의사나 간호사일 수도 있고 교사나 목사일 수도 있다. 남들에게 봉사하는 직종에 끌리게 되는 것은 자연스러운 일이다. 복종의 덫은 당신 자신으로부터 많은 것을 박탈하지만 타인의 욕구와 고통을 민감하게 알아차리는 재능을 부여하기 때문이다. 수많은 일 중에서도 자신의 능력을 남을 위해 쓰는 직업에 종사하게 되는 것이다.

자신은 남의 주목을 받기 싫을지라도 강한 권한을 가진 사람에게 헌신할 경우, 그 사람이 당신의 능력을 인정해 오른팔이 될 수 있다. 여러 면에서 보스가 고용하고 싶어 하는 유형의 직원이다. 순종적이고 충성스러우면서도 요구는 거의 없다. 승진을 요구하는 일은 없을 것이며, 모든 사람 특히 상급자를 기쁘게 하려고 무진 애를 쓰고 한없이 희생할 것이다.

칼튼과 에리카가 부부 치료시간에 나눈 이야기를 들어보자.

에리카 제가 참을 수 없는 일 중 하나는 이이가 나와 함께 휴가를 보내지 않는다는 거예요. 아버님께 휴가를 달라고 요구하려는 노력도 안 해요. 6년 동안 한 번도 같이 휴가를 보낸 적이 없어요.

칼튼 당신은 이해 못 해. 사무실에서 나를 너무나 필요로 한단 말이야. 아버님도 실망하실 거고. 난 그런 식으로 아버님을 실망하게 해드릴 수가 없어.

칼튼 자신도 휴가를 가고 싶고, 가족과 더 많은 시간을 보내고 싶지만, 자신의 욕구보다 일이 항상 우선순위를 차지한다.

당신은 지나칠 정도로 예스맨일 것이다. 보스나 동료들이 옳기 때문이 아니라, 그 사람들을 기쁘게 해주기 위해 그들의 의견에 동조할 것이다. 헬렌이 그런 식이다.

헬렌 | 34세. 복종적인 태도로 직장에서 자신의 잠재력을 발휘 못 한다.

헬렌은 큰 회사의 중간 관리직으로 일하고 있다. 그녀는 경영대학원에서 좋은 성적을 받았지만, 회사에서는 동료만큼 빨리 승진하지 못했다.

헬렌은 직장에서 자신이 옳다고 생각하는 것을 말하기보다는 사람들이 듣고 싶어 하는 말을 하는 경향이 있으며, 이런 경향은 권위적인 대상을 대할 때 더 심해진다. 뭔가 제안을 하거나 반대하기를 꺼리고 자신이 중대한 제안을 할 경우에도 이런 행동은 반복된다. 말을 해야 할 때 침묵으로 일관하기 때문에 그녀의 소중한 의견과 생각이 묻혀 버리고 만다.

상급자들이 프로젝트에 대해 질문하면, 그들을 기쁘게 해주려고 지나치게 낙관적인 견해를 피력한다. 게다가 너무 많은 일을 떠맡는다. 그러므로 약속한 결과를 내놓지 못하게 되는 것은 전혀 놀라운 일이 아니다.

분명한 의견이 있지만 표현하지 않는 헬렌과 달리, 대부분의 복종적인 사람들은 일과 관련된 문제에 대해 분명한 의견이 없다. 어떤 문제에 대해 의견을 제시하라고 하면 몹시 당황한다. 의존과 복종의 덫을 모두 가지고 있는 샤논이 이런 유형에 속한다. 스스로 생각하기보다는 전체의 의견에 따른다. 열심히 일하긴 하지만, 그녀가 한 일에 그녀의 개성이 묻어나오지 못한다.

샤논 얼마 전에 직장에서 곤란한 일을 겪었어요. 안전위원회에 낼 보고서에 그림 몇 가지를 넣어야 할지 결정하는데 상사가 그날 자리에 없는 거예요. 거의 공황발작이 일어날 뻔했어요.

치료자 그래서 어떻게 결정을 내렸나요?

샤논 눈에 보이는 사람들 모두에게 조언을 구했죠. 그렇게 하는 것도 힘들었어요. 한 사람에게 그럴듯한 말을 들었다가 다음 사람이 전혀 다른 말을 하는데 그 말도 그럴듯하게 들리는 거예요.
치료자 남들에게 도움을 얻는 과정이 더 힘들었군요.

샤논은 회사에서 전문가로서의 분명한 정체성을 갖지 못하고 있다. 그러므로 업무의 질이 떨어지고 그녀보다 일을 적게 한 사람들이 더 빨리 승진하게 된다. 그녀는 거기에 대해 불만이 많다.

직장에서 지나치게 수동적인 태도를 보이는 것 또한 승진의 장애물이다. 앞서 나가기 위해서는 주도권을 잡아야 하고 야망이 있어야 하는데 그렇지가 못한 것이다. 독립적인 행동을 요구하는 지도자의 역할을 피하려 하며, 자신을 이끌어주고 지시하는 권위적인 사람과 함께하는 것을 가장 편안하게 느낀다.

캐서린 | 30세. 학교에서는 잘하지만, 직장에서 독립적으로 업무를 수행해내지 못한다.

캐서린은 작은 법률회사에서 일하는 변호사이다. 법대에서의 성적은 아주 우수했지만, 그 성적은 재학 중 지도교수에게 전적으로 의존한 결과였다. 그녀의 직무를 성공적으로 수행하기 위해서는 자율성과 스스로 결정하는 능력이 필요했지만, 그녀에게는 이런 능력이 없었다.

캐서린 제 사건을 수임해야 한다는 걸 알면서도 자꾸 피하게 돼요. 같이 하는 게 좋아요.

복종적이고 수동적인 관계에 너무 익숙한 나머지 자신에게 당면한 독립성이 불편하게만 느껴지는 것이다.

엘리자베스 | 28세. 직장에서 자기 광고를 못 한다.

엘리자베스는 복종의 덫이 승진의 길을 가로막는 또 다른 방식을 보여준다. 그녀는 광고회사에서 광고를 기획하는 여섯 명으로 구성된 팀의 일원으로 일한다. 매우 명석하고 창의력이 있으나 스스로 과소평가하는 경향이 있다.

엘리자베스 전 열심히 일해요. 팀에게 이바지하는 것도 많고요. 그렇지만 제게는 충분한 확신이 없고 관심의 초점이 되는 게 싫어요. 지난번에 그레그가 제 아이디어를 마치 자기 아이디어인 양 이야기했을 때 사실대로 말하지 못했어요.

치료자 당신이 발표할 줄 알았는데요.

엘리자베스 마지막 순간에 그레그가 하게 내버려 뒀어요. 결국, 그가 공로를 가로챘죠.

게다가 엘리자베스는 협상 능력도 모자란다. 너무 쉽게 물러서고 마는 것이다. 심지어 부하 직원에게도 자기주장을 펴지 못하고 적절한 권위를 행사하지 못한다. 부하 직원이 수준 이하로 일했을 때도 칭찬하고 대부분 그들 자율에 맡기며 그들에게 시켜야 할 사소한 일들을 엘리자베스가 대신한다. 부하 직원이 부당한 요구를 해도 '안 된다.'라는 말을 못 하는 그를 사람들은 이용한다.

직장에서의 복종적인 상태에 대해 분노하는 것은 불가피한 일이다. 그러나 좀처럼 직접 분노를 표현하지 못한다. 마음속에 분노가 끓어오르고 있지만, 당신은 계속 분노를 억누른다. 그러나 계속 이렇게 억누르다 보면 분노는 약화하기보다는 더욱 강화되며 자멸적인 방식으로 분노를 표현할 가능성이 커진다.

오랫동안 분노를 억누르다 보면, 부적절한 상황에서 갑작스럽게 폭발할 수도 있다. 상사로부터 임무를 부여받는데 일정한 선을 긋지 못해 과도한 업무를 떠맡게 되면, 마음속으로는 화가 쌓이게 되고 나중에는 폭발하게 되거나 고객이나 부하에게 지나치게 적대적인 태도를 보이게 된다. 그런 행동은 프로답지 못하며 당신의 이미지를 훼손한다.

그러나 가장 현실적인 시나리오는 분노를 수동공격적으로 표현하는 것이다. 칼튼은 이런 식으로 대응했다.

칼튼   아버지는 너무 요구가 많아요. 제가 힘들어도 참고 일을 하니까 그런 점을 너무 이용하시는 것 같아요.

치료자   일이 너무 많다고 아버님께 한 번이라도 직접 말씀드려본 적이 있나요?

칼튼   아니오. 그렇지만 아버지는 아셔야 해요. 아버지 앞에서 제가 괜찮다고는 하지만 제 말투나 표정을 보면 제 속마음은 그렇지 않다는 것을 아실 거예요.

칼튼은 은근히 문제를 일으킨다. 분노를 직접적인 말로 표현하기보다는 행동으로 표현한다. 찌푸린 표정으로 사무실을 돌아다니거나 다른 직원들에게 아버지에 대해 불평을 하며 그들이 불평하도록 부추긴다. 일을 지연시키고는 일을 못 해낸 데 대해 사과하거나 변명을 한다.

직장에서의 반란

반란자들은 이와는 정반대의 양상을 보인다. 그들은 지배적이고 남들을 조종한다.

티모시 | 43세. 그는 상관에게는 굽신거리면서 부하들은 괴롭힌다.

당신은 직장에서 어떤 사람들에게는 굽신거리면서도 다른 이들에게는 분풀이를 할 수도 있다. 티모시가 그렇다. 백화점의 남성복 매장을 관리하는 그는 총지배인에게 굽신거리면서 끊임없이 인정받으려 노력하지만 아무런 효과가 없다.

티모시 총지배인은 어떤 이유인지 나를 싫어하는 것 같아요. 그는 때로는 나를 당황스럽게 해요. 언젠가는 고객과 직원들 앞에서 저를 야단치고는 말단 점원이 하는 일인 옷 접는 일을 시켰어요.
치료자 그래서 어떻게 했나요?
티모시 시키는 대로 했죠. 거기에 서서 옷을 접었어요.

자연히 이런 일은 분노를 유발한다. 티모시는 자기 아래 판매직원들과 다른 직원들에게 분풀이를 한다.

티모시 저는 백화점에서 독재자처럼 해요. 제가 명령을 내리면 그대로 해놔야 해요. 그렇지 못하면 매장이 떠나가게 큰소리로 야단을 치죠.
치료자 일종의 복수로군요. 심지어 당신의 보스보다 더 못되게 대하는군요.

티모시에게는 두 가지 극단이 공존하고 있다. 한편의 극단은 굴종적이고 남의 비위를 맞추려 하며, 다른 극단은 요구가 많고 쉽게 격노한다. 다른 극단은 화를 낼 줄 모르는 사람처럼 보이지만, 다른 극단은 화를 전혀 참을 줄 모른다.

당신이 걸려 있는 복종의 덫을 변화시킬 수 있는 단계들을 여기 설명해 두었다.

복종의 덫 바꾸기

1. 어린 시절의 복종을 이해하라. 내면의 복종하는 어린아이를 느껴보라.
2. 가정이나 직장의 일상에서 당신이 복종하거나 타인의 욕구에 자신의 욕구를 희생하는 상황들을 나열해 보라.
3. 영화나 음식, 여가, 정치, 현재 논쟁거리, 시간의 활용 등 삶의 여러 측면에서 당신이 선호하는 바와 의견을 형성하기 시작하라.
4. 자신은 무슨 행동을 하며 다른 이들에게는 무엇을 주는지에 대한 목록을 작성하라. 그리고 다른 이들은 무슨 행동을 하며 그들은 당신에게 무엇을 주는지에 대한 목록도 작성하라. 당신은 얼마나 오랫동안 남의 이야기를 듣는가? 남들은 당신의 이야기를 얼마나 오랫동안 들어주는가?
5. 수동공격적으로 행동하는 것을 중단하라. 자기주장을 할 수 있도록 체계적으로 자신을 밀어붙여라. 필요하거나 원하는 것을 표현하라. 쉬운 요구부터 시작하라.
6. 다른 사람에게 보살펴달라고 요구하는 연습을 해라. 도움을 구하라. 당신의 문제를 함께 의논하라. 주는 것과 얻는 것 사이에 균형을 유지하도록 노력하라.
7. 너무 자기중심적이거나 이기적이어서, 당신의 욕구를 고려하지 못하는 사람과의 관계를 청산하라. 일방적인 관계는 피하라. 덫에 걸린 것처럼 느껴지는 관계는 변화시키거나 빠져나오도록 하라.
8. 너무 순응하는 대신에 사람들에게 맞서는 연습을 해라. 분노를 느끼는 즉시 적절하게 표현하라. 누군가가 불편해하거나 화가 났거나 상처받더라도, 개의치 않는 연습을 해라.
9. 지나치게 남의 비위를 맞추는 경향을 합리화하지 말라. 별문제가 아니라고 자신에게 말하는 것을 멈추어라.
10. 과거의 인간관계를 되돌아보고, 당신을 쥐고 흔들거나 요구가 많은 연인을 선택하는 패턴이 있음을 분명히 파악하라. 피해야 할 위험 신호의 목록을 작성하라. 가능하다면 강한 매력을 유발하는 이기적이거나 무책임하거나 의존적인 연인을 피하라.
11. 당신의 욕구를 돌보고 당신의 의견을 묻고 존중하며, 책임의 반을 기꺼이 맡을 정도로 강한 연인을 만났을 경우 그 관계를 유지하라.

> 12. 직장에서 좀 더 공격적인 태도를 보여라. 자신이 한 일에 대해 공로를 인정받을 줄 알라. 남들이 당신을 이용하도록 내버려 두지 말라. 당연히 받아야 할 승진이나 봉급 인상을 요구하라. 다른 사람에게 책임을 넘길 것이 있으면 넘기도록 하라.
> 13. (반란자에게) 남들이 당신에게 요구하는 것과 반대로 행동하는 것을 멈춰라. 자신이 무엇을 원하는지 곰곰 생각해 본 다음, 그것이 권위자가 요구하는 바와 일치한다 하더라도 그것을 하도록 하라.
> 14. 플래쉬 카드를 만들라. 자신이 원하는 길로 가도록 카드들을 사용하라.

1. 어린 시절의 복종을 이해하라. 내면의 복종하는 어린아이를 느껴보라.
당신이 빠진 복종의 덫은 매우 강력한 감정적 힘을 가지고 있다. 부분적으로는 어린아이의 감정이 강렬하기 때문이다. 아이들은 어른만큼 이성으로 감정을 조절해내지 못하기 때문에, 어린아이의 감정은 원시적 힘을 가지고 있다. 복종의 덫이 활성화되기 시작하면, 이런 감정들이 풀려나와 분노, 죄책감, 공포 등의 부정적인 감정들로 가득 차게 된다.

흔히 당신은 덫의 강력한 활성화를 피하고 싶어 한다. 이런 고통스러운 감정들을 회피하려는 노력으로 그런 감정을 부인하고 억제하게 된다. 그렇게 되면, 자신이 알지 못한 채 맹목적으로 복종적 행동을 하게 되며, 대인관계에서 복종적 역할을 반복한다. 변하기 위해서는 고통스러운 감정을 알아채고 참아내야 한다.

내면의 복종하는 어린아이를 느끼는 좋은 방법은 이미지를 통하는 것이다. 현재 삶의 복종하는 사례로부터 출발하라. 시간을 내어 눈을 감고, 지금과 똑같이 느꼈던 과거 시점의 이미지를 떠올려보라. 멀리 어린 시절로 돌아가 기억을 떠올려보라. 억지로 심상이 떠오르도록 하지는 마라. 그저 당신 마음의 가장 높은 곳까지 떠오르도록 허락하라. 누구와 함께 있는가? 어머니인가, 아버지인가? 형제, 자매 혹은 친구인가?

메리 엘렌 저는 어제 데니스에게 침묵으로 대했는데, 그는 제가 그러는 줄 눈치도 못 챘어요.

치료자 그에게 몹시 화가 났었나요?

메리 엘렌 화요? 데니스에게 뭔가를 이야기하려는데, 그는 들으려 하지 않았어요. 내 말을 계속 가로막으면서 자기 이야기만 하는 거예요. 그래서 그 후로 저는 한마디도 안 하기로 했죠. 그는 제가 어떤지 전혀 알아채지 못했을 거예요.

치료자 이 문제에 대해 심상 훈련을 해봅시다. 눈을 감고 어제 데니스가 자신의 말을 안 들었을 때 일어난 일을 떠올려보세요. 할 수 있겠습니까?

메리 엘렌 네. 그 상황으로 돌아갔어요. 데니스가 제 말에 귀 기울이도록 애쓰면서요.

치료자 좋아요. 이번에는 어린아이로 그런 경험을 한 적이 있는지 떠올려보세요.

메리 엘렌 글쎄요(침묵). 아버지의 모습이 떠오르네요. 제 또래의 여자아이들은 누구나 댄스파티가 있는 날 밤늦게까지 놀다 들어온다고 이야기하는데, 아버지는 들을 생각이 없어요. 그저 소리만 지르면서 자기 딸이 밤늦게 나돌아다니는 건 용납할 수 없다는 말만 반복하시는 거예요. 저는 좌절감 때문에 소리칠 엄두도 나지 않아요.

이와 같은 이미지 훈련은 감정을 심하게 뒤흔들어놓을 수 있다. 당신은 놀랄 수도 있다. 감정을 수용하고, 거기에서 교훈을 얻도록 노력하라. 당신을 굴복시킨 사람에 대해 강한 분노를 느끼는 자신을 발견할지도 모른다(이러한 분노의 경험을 참아내야 한다). 분노는 건강한 측면에 속한 것이다. 이러한 분노는 당신이 사람들을 대하는 방식을 바꿔야 한다는 유용한 목적이 있다. 분노는 뭔가 다른 것(변화하고, 성장하기)을 원하는 당신의 일부분과 접촉하게 해준다. '자기 자신이 되는 느낌'에 도달하는 강력한 방법은 분노를 통해서다. 분노는 당신이 원하는 다른 무엇이 있음을 알려주는 유일한 단서이다.

이미지를 통해 복종의 덫의 근원을 추적해갈 수 있다(어린 시절 덫이 발달해온 경로를 따라가 보라). 경험이 어떻게 덫을 강화하고 불가피한 것으로 만들었으며, 그 결과 당신이 복종적인 대인관계 방식을 택할 수밖에 없었는지, 주의 깊게 살펴보라(가족의 초기 생활사에 대한 좀 더 현실적인 관점으로 옮겨갈 때까지 계속하라). 마지막에는 어린 시절에 일어난 일들에 대해 슬픔과 분노를 느끼되, 이러한 어린 시절의 경험이 복종해야 할 필요를 증명하는 것으로 보는 것을 멈추라.

2. 가정이나 직장에서 다른 사람들의 욕구에 자신의 욕구를 복종시키거나 희생하는 일상적인 상황들을 나열해 보라. 자신을 관찰하는 것부터 시작하라. 외부에서 객관적인 시각으로 자신에 대해 관찰자가 돼라. 복종의 사례를 하나하나 관찰하라. 어렵겠지만 극복하고 싶어 하는 상황들의 목록을 작성하라. 메리 엘렌은 다음과 같은 목록을 작성했다.

탈복종의 단계

1. 신문배달원에게 비가 오는 날에는 신문을 현관까지 가지고 오라고 이야기한다.
2. 외판원에게 물건을 살 마음이 없다고 말한다.
3. 아이들에게 허용된 한도 이상의 돈을 주지 않는다.
4. 내가 수업이 있는 날에는 데니스에게 아이들을 학교까지 태워달라고 부탁한다.
5. 아버지에게 내 앞에서 떠는 아이들을 야단치지 말라고 한다.
6. 하루쯤 나 자신만을 위한 날을 보낸다.
7. 친구 도로시에게 우리 아이들을 차에 태워줘야 할 의무를 다하지 않은 사실에 대해 화가 난다고 말한다.
8. 데니스가 나를 비난할 때, 어떤 기분인지 이야기한다.
9. 데니스에게 내가 잘못한 게 없는데도 나를 비난하거나 다른 사람들 앞에서 나를 비난하는 것을 수용할 수 없다고 말한다.
10. 소파를 사러 갈 때 데니스의 기호에 맞추는 대신 내가 선호하는 바를 분명히 이야기한다.

3. 영화나 음식, 여가, 정치, 현재 논쟁거리, 시간의 활용 등 삶의 여러 측면에 있어서 당신이 선호하는 바와 의견을 형성하기 시작하라. 자신과 자신의 욕구에 관해 배우기 시작하라. 이를 위해서는 관심의 초점을 이동할 필요가 있다. 다른 사람의 눈치를 살피는데 에너지를 쏟아붓는 대신 자신이 무엇을 원하고 느끼는지에 관해 관심을 기울이기 시작하라. 자신이 선호하는 바에 대해 생각하라.

치료자 어젯밤 무슨 영화를 보셨나요?
칼튼 무죄 추정이란 영화요.
치료자 재미있었나요?
칼튼 글쎄요, 잘 모르겠어요. 에리카가 그 영화를 보고 싶어 했어요. 제가 좋아하는지 어떤지는 생각해 보지 않았어요.
치료자 지금 한 번 생각해 보세요.
칼튼 음, 억지로 본 것 같아요.
치료자 싫은데 억지로 봤단 말인가요.
칼튼 아뇨, 아주 싫지는 않았어요. 흥미는 있었어요. 살인자가 누구인지 계속 추측해 보게 하는 영화였어요.

당신의 의견은 주변 사람들이 아닌, 자신에게서 나와야 한다.

4. 자신은 무슨 행동을 하며 다른 이들에게는 무엇을 주는지에 대한 목록을 작성하라. 그리고 다른 이들은 무슨 행동을 하며 그들은 당신에게 무엇을 제공하는지에 대한 목록도 작성하라. 얼마나 많은 시간 동안 남의 이야기를 듣는가? 남들은 얼마나 오랫동안 들어주는가? 대인관계에서 주고받는 비율에 대해 생각해 보라. 가장 중요한 사람들(애인, 배우자, 자녀, 가장 좋은 친구, 부모님, 직장 상사 등)을 선정하라. 그들 각자에 대해

'내가 그 사람에게 주는 것'과 '그 사람이 내게 주는 것'의 두 칸짜리 표로 이루어진 목록을 작성하라. 이런 목록을 작성함으로써 각 관계가 어떻게 균형에서 벗어나 있는지 즉시 알게 될 것이다.

메리 엘렌 데니스와 저의 관계 목록을 만들었어요.
치료자 재미있군요. 당신이 남편에게 주는 건 직장에 대한 불평을 들어주는 것, 옷을 사주는 것, 음식을 해주는 것, 세탁물을 받아 오는 것, 남편이 남들에게 줄 선물을 사 두는 것, 옷을 세탁하는 것 등등으로 서른두 가지나 되고, 남편이 당신에게 주는 건 경제적 안정 오직 한 가지이군요.
메리 엘렌 네, 그래요. 넌더리 나는 게 당연해요.

궁극적인 목표는 인간관계에서의 균형을 회복하는 것이다. 당신이 주는 것을 중단하라는 의미가 아니라, 조절 가능할 때 원하는 것 이상으로 지나치게 주는 것을 그만두라는 것이다. 또한, 당신이 남에게 주는 것들을, 당신도 남들에게서 받을 수 있기를 바란다.

5. 수동공격적으로 행동하는 것을 중단하라. 자기주장을 할 수 있도록 스스로 체계적으로 자극하라. 필요하거나 원하는 것을 표현하라. 쉬운 요구에서부터 시작하라. 변화하기 위해서 자신의 욕구를 좀 더 잘 표현하고 주장하는 새로운 행동 양식을 기꺼이 시험할 수 있어야 하며, 다른 사람들과 관계 맺는 방식도 변화시킬 수 있어야 한다.

다른 사람에 대해 행동하는 방식을 변화시키면, 그 사람에 대해 느끼는 방식도(그 사람에 대한 감정도) 변하게 된다. 예를 들어, 당신이 누군가에게 자기주장을 하고 난 후에는 상대에게 주눅이 들지 않게 된다. 무엇보다도 중요한 것은 행동을 변화시킴으로써 자기 자신에 관한 생각과 느낌이 변한다는 것이다. 긍정적인 행동의 변화는 자기 확신과 자존감을 구축하며 인생을 스스로 통제하고 있다는 느낌을 조성한다.

다음으로 밟아야 할 단계는 좀 더 자기주장적인 방식으로 행동하는 것이다. 물론 쉬운 일이 아니다. 그렇기에 점진적으로 해나가야 한다. 상대적으로 쉬운 상황에서 자기주장적 행동을 시작해서 좀 더 어려운 상황으로 옮겨가라.

당신이 굽히고 들어가는 상황에 대해 작성한 목록을 들고 각 항목이 얼마나 어려운가를 아래의 척도에 따라 평가하라.

난이도			
매우 쉽다.	0	매우 어렵다.	6
약간 어렵다.	2	거의 불가능하게 느껴진다.	8
상당히 어렵다.	4		

메리 엘렌이 자신이 작성한 목록의 각 항목을 어떻게 평가하였는지가 아래에 제시되어 있다.

탈복종을 위해 취할 수 있는 행동의 단계들	난이도
1. 신문배달원에게 비가 오는 날에는 신문을 현관까지 가지고 오라고 이야기한다.	2
2. 외판원에게 물건을 살 돈이 없다고 말한다.	3
3. 아이들에게 허용된 한도 이상의 돈을 주지 않는다.	5
4. 내가 수업이 있는 날에는 데니스에게 아이들을 학교까지 태워주라고 이야기한다.	4
5. 아버지에게 내 앞에서 떠는 아이들을 야단치지 말라고 한다.	4
6. 하루쯤 나 자신만을 위한 날을 보낸다.	4
7. 친구 도로시에게 아이들을 카풀해 줘야 할 의무를 다하지 않은 사실에 대해 화가 난다고 말한다.	5
8. 데니스가 나를 비난할 때 어떤 기분인지 이야기 한다.	7

탈복종을 위해 취할 수 있는 행동의 단계들	난이도
9. 데니스에게 내가 잘못한 게 없는데도 나를 비난하거나 다른 사람들 앞에서 나를 비난하는 것을 수용할 수 없다고 말한다.	8
10. 소파를 사러 갈 때 데니스의 기호에 맞추는 대신 내가 선호하는 바를 분명히 이야기한다.	4

작성한 목록의 각 항목을 쉬운 것부터 시작해서 점점 더 어려운 것으로 옮겨가면서 실천해가라. 따라야 할 지침이 아래에 소개되어 있다.

각 항목을 완수하는 것이 목표임을 명심하라. 복종의 덫에 발목을 잡혀 길을 잃는 일이 없도록 하라. 예를 들면, 메리 엘렌은 도로시에게 자신이 왜 화가 났는지를 이야기해서 목록의 7번 항목을 완수하는 것은, 자신의 분노를 표현하는 것이 목표이지 도로시를 자신처럼 만드는 것이 아님을 몇 차례 되뇌곤 했다(복종적인 사람의 숨겨진 의제인 다른 사람을 만족시키려 하는 행위에 주의를 뺏기지 마라).

상대가 어떤 행동을 하든 자신의 견해를 고수하라. 상대가 당신을 공격한다고 해서 방어적으로 되지 말라. 자신을 방어하느라 길을 잃지 말라. 당신의 태도를 고수하라. 한 예로 메리 엘렌이 도로시에게 승용차 함께 타기 문제를 따질 수 있도록 우리가 그녀와 함께 시행한 역할극이 있다.

메리 엘렌 도로시, 네게 하고 싶은 이야기가 있어. 나는 카풀 건으로 지금 몹시 화가 나 있어. 지난 5번의 화요일마다 넌 내게 대신 운전을 해달라고 했지. 나는 일주일에 두 번씩 운전하기는 정말 힘들어.

치료자(도로시의 역할을 하는) 정말 놀랐다! 그런 걸 문제 삼을 정도로 네 마음이 좁은 줄 몰랐어.

메리 엘렌 네가 보기에 내 마음이 좁다면 그렇게 말해도 좋아, 도로시. 하지만 나는 일주일에 두 번씩 운전하기는 정말 힘들어.

직설적으로 돼라. 연설하지 말라. 당신의 말이 간결하고 요점이 분명할 때, 상대가 귀 기울일 가능성이 더 커진다. '나'라는 말을 사용하고 당신이 느끼는 대로 이야기하라. 흥미롭게도 복종적인 사람들은 자신의 감정에 관해 얘기하면서도 '나'라는 표현을 피한다. '네가 내 말을 가로막았을 때 나는 화가 났어'라고 얘기하는 대신 '사람들은 그런 식으로 말이 가로막히면 화가 날 거야'라는 식으로 얘기한다. 느끼는 대로 이야기하는 것은 자기주장의 중요한 요소이다. 이것은 부분적으로는 실용적인 문제이다. 그 누구도 당신의 감정에 대해 뭐라고 할 수 없다. '내가 옳았고, 당신은 틀렸어'라고 한다면 상대는 반박할 수 있다. 그러나 '당신이 그런 행동을 했을 때 나는 화가 났어'라고 한다면, 그 누구도 반박할 수 없다. 그 누구도 '아냐, 너는 화나지 않았어'라고 할 수 없기 때문이다. 느낀 바를 표현함으로써 당신의 감정이 중요함을 선언하는 것이다.

위계별로 나열된 항목 중에서 한 가지를 완수함에 적어도 일주일을 투자하라. 그 수준의 어려움에 숙달할 때까지 각 항목을 반복해서 실행하라. 그 항목이 한 번 이상 실행할 수 없는 것이라면, 비슷한 정도로 어려운 다른 항목을 생활 속에서 찾아라.

훈련한 것이 당신의 모든 생활 영역으로 일반화되도록 유사한 상황과 맞닥뜨렸을 때 좀 더 자연스럽게 자기주장을 하라. 그러한 행동을 해야 하는 각 상황을 당신의 자기주장 기술을 연마하는 신호로 생각해라.

6. 다른 사람에게 보살펴달라고 요구하는 연습을 해라. 도움을 구하라. 당신의 문제에 대해 함께 의논하라. 주는 것과 얻는 것 사이에 균형을 유지하도록 노력하라. 사람들에게 더 달라고 요구하라. 자신에 관해 얘기하라. 복종적인 사람 중 다수가 자기 자신에 관한 이야기가 너무 길어지면 불안해진 나머지 다른 사람의 이야기로 화제를 돌린다고 한다. 당신도 이런 식으로 불안해진다면 자기 자신에 관해 얘기하는 것이 바람직함을

이해하라. 당신의 문제에 관해 얘기하고 도움을 요청하는 것은 바람직하다. 그렇게 함으로써 사람들과 더 가까워지게 된다. 그리고 만일 당신의 말에 귀 기울이지 않는 사람이 있다면 그 사람이 인생에 꼭 필요한 사람인지 재평가해봐야 한다.

7. 너무 자기중심적이거나 이기적이어서 당신의 욕구를 고려하지 못하는 사람과의 관계를 청산하라. 일방적인 관계는 피하라. 덫에 걸린 것과 같은 관계는 변화시키거나 거기에서 빠져나오도록 하라. 처음 치료자로서 첫 출발을 했을 때 우리는 환자의 인생에서의 모든 관계를 보존하려는 경향이 있었다. 환자가 기혼자일 경우 결혼 생활을 지속시키려 했다. 환자가 연애 중일 때는 연인 관계가 지속하도록 노력했다. 그러나 우리는 이제 더는 모든 것을 희생하면서 관계를 유지해야 한다고 생각하지 않는다.

서로의 관계에서 균형을 맞추려 하는 당신의 시도를 거부하는 사람들이 있을 수 있다. 결혼했거나 상대가 가족의 일원이라면 여러 번 기회를 줄 수 있다. 그러나 최종적으로 분석해 본 결과, 그들이 변하지 않을 것으로 판단되면 멀리해야 한다. 그 관계를 끝내야 할지도 모른다.

칼튼은 결혼 생활을 계속 유지했다. 처음 그가 자기주장을 내세웠을 때 에리카는 굉장히 격렬한 반응을 보였으나, 시간이 조금 지나자 오히려 그녀는 그런 행동을 환영했다. 마음속으로는 그녀도 그가 강해지는 것이 기뻤다. 그리고 어느 수준에서는 그녀의 요구적 경향에 제한을 가하는 것에 안도하게 되었다. 그녀는 좀 더 안정되었고 자제심을 갖게 되었다.

그러나 메리 엘렌의 결혼은 지속하지 못했다. 데니스는 그녀의 성장을 허용할 수 없었다. 그는 자신이 뭔가를 통제하는 역할에 너무 많은 가치를 두었다. 마침내 메리 엘렌은 그와 헤어져 직장에 다니면서 학업을 병행하고 다른 남자와 사귀기 시작했다.

8. 순응하는 대신 사람들에게 맞서는 훈련을 해라. 분노를 느끼는 즉시 적절하게 표현하라. 누군가가 불편해하거나 화가 났거나 상처받더라도, 불편해하지 않는 연습을 해라. 자신의 분노를 적절하고 건설적으로 표현하는 것을 배워야 한다. 분노가 당신을 조종하게 놔둘 것이 아니라, 대인관계를 개선하는 데 분노를 활용할 수 있어야 한다.

다음과 같은 지침을 따를 필요가 있다. 남들이 어떤 행동을 하든 간에 자신의 견해를 조용히 견지해 나가라. 상대방의 반응에 속아서 방어적인 태도를 보이지 말라. 자신의 견해를 굳건히 고수하라.

차분한 태도를 유지하라. 비명을 지르지도 고함을 치지도 말라. 소리칠 때보다 조용히 있을 때 더 큰 힘을 갖게 되는 법이다. 소리치는 것은 심리적 패배의 증거이다. 상대 자체를 공격하지 않도록 노력하라. 단지 그들의 행동 중 어떤 것이 불쾌하게 느껴졌는지 이야기하라.

기본적으로 좋은 관계를 유지하는 상태에서 뭔가 부정적이거나 비판적인 이야기를 상대에게 하고 싶으면, 긍정적인 이야기를 먼저 하고 나서 원하는 이야기를 하도록 하라. 당신이 할 이야기에 대한 개방적인 태도가 상대방에게 스며들도록 하라. 사람들은 수용할 자세가 되었을 때, 상대의 말을 듣는다. 상대방을 화나게 하면 방어적으로 되고 당신의 말을 막을 것이다. 긍정적인 이야기로 말문을 여는 것은 듣는 사람의 수용성을 증진한다.

예를 들어, 칼튼은 '에리카, 당신이 나를 사랑한다는 걸 알아'라는 말을 한 다음에 하기 어려운 말, 즉 '남들 앞에서 나를 비난하지 말라'라는 얘기를 했다. 그렇다고 말을 꾸며서 할 필요는 없다. 있는 사실 중에서 긍정적인 것을 이야기하라.

다음으로 그 사람 자체를 비난하지 말고 그 사람의 행동을 비판하라. 칼튼은 에리카에게 '당신은 무심한 사람이야'라고 하기보다는, 그녀의 행동 중 그만뒀으면 하는 부분 즉 '당신은 가끔 사람들 앞에서 나를 비난해'

라고 이야기했다. 구체적인 행동의 변화를 요구하는 것이 중요하다. 원하는 구체적인 행동 변화를 이야기해 줄 때, 상대가 반응을 보일 가능성이 커진다.

마지막으로 긍정적인 이야기로 마무리하라. 칼튼은 마지막에 당신이 끝까지 참고 내 이야기를 들어줘서 고마워'라고 말했다.

9. 지나치게 남의 비위를 맞추는 경향에 대해 합리화하지 말라. 별문제가 아니라고 생각하지 말라. 이제 사람들과의 관계에서 당신이 선호하는 바를 표현할 때가 되었다. 기회가 있을 때마다 이렇게 하도록 하라. 사소한 문제에서 시작해서 좀 더 중요한 문제로 옮겨가라.

칼튼   이상하게 들릴지 모르지만, 치료를 시작한 후 제게 처음으로 변화가 온 것은 어느 날 밤 저녁 식사를 할 때였어요. 에리카가 스테이크나 햄버거 중 무엇을 먹을 건지 물어봤죠. 어느 것이나 괜찮다고 하려다가, 스테이크를 선택했어요.

당신이 선호하는 것에 관해 결정할 때에는 명확하게 한쪽을 고르기 바란다. 먼저 선택을 하고 그 선택에 따른 대화를 해라.

10. 과거의 인간관계를 되돌아보고 당신을 쥐고 흔드는 배우자나 요구가 많은 배우자를 선택하는 경향이 있음을 분명히 파악하라. 피해야 할 위험 신호의 목록을 작성하라. 가능하다면 강한 매력을 유발하는 이기적이거나 무책임한 배우자를 피하라. 당신의 인생에서 가장 중요했던 인간관계의 목록을 작성하라. 공통된 패턴은 무엇인가? 피해야 할 위험 신호는 무엇인가? 당신을 쥐고 흔드는 배우자에게 끌리는가? 배우자의 인생 속으로 녹아 들어가는 바람에, 분리된 자신에 관한 느낌이 들 수 없는가?

협박하거나 죄책감에 빠뜨리는 사람들에게 끌리는가? 아니면 돌봐야 할 무력하고 의존적인 사람들에게 끌리는가?

　이러한 관계는 피해야 한다. 물론 어렵겠지만, 이런 유형의 배우자에게 가장 큰 매력을 느끼기 쉬울 것이다. 매력이 강하다고 해서 이런 관계가 오래가선 안 된다. 치러야 할 대가가 너무 크다. 장기적으로 당신은 화가 나고 불행해질 것이다. 비록 매력이 약할지라도 동등한 관계를 맺을 수 있는 배우자를 만나는 것이 좋다.

11. 당신의 욕구를 중요시하고 의견을 존중하며, 책임의 반을 기꺼이 맡을 정도로 믿음이 강한 연인을 만났을 경우, 그 관계를 유지하라. 평등한 관계를 신봉하는 연인과 좋은 관계를 맺었다면 그 관계를 유지하라. 다소 어색하게 느껴지더라도 그렇게 하라. 조금이라도 매력이 느껴진다면 그 관계에 기회를 주도록 하라. 새로운 역할에 좀 더 익숙해짐에 따라 매력 또한 강해질 것이다.

12. 직장에서 좀 더 공격적인 태도를 보여라. 한 일에 대해 공로를 인정받을 줄 알라. 남들이 당신을 이용하도록 내버려 두지 말라. 승진이나 봉급 인상을 요구하라. 다른 사람에게 책임을 넘길 것이 있으면, 모든 것을 혼자 짊어지려 하지 말고 넘기도록 하라. 자기주장의 모든 기술을 직장에서 적용하라. 복종적인 태도를 보이는 상황을 바꾸어라. 보스 앞에서는 할 말을 못 하고, 나중에 가서 수동공격적인 태도가 되는가? 부하 직원들을 위해 자신의 이익을 희생하는가? 동료나 적들이 당신을 짓밟고 지나가게 내버려 두는가? 이런 상황을 바로잡아라. 처음에는 두렵게 느껴질 수도 있으나, 자기주장을 하는 것이 기분 좋은 일이라는 것을 느끼게 될 것이며, 이로 인해 앞으로 나아갈 수 있게 된다. 지나치게 공격적일 필요는 없으나 자신의 정당한 몫을 챙길 줄 알아야 한다.

13. (반항아에게) 남들이 요구하는 것과 반대로 행동하는 것을 멈춰라. 자신이 무엇을 원하는지 곰곰이 생각해 본 다음, 그것이 권위자가 요구하는 바와 일치한다고 하더라도 그것을 하도록 하라. 반항아인 당신은 외부의 영향력으로부터(당신이 대항하는 사람들로부터) 자신을 해방할 필요가 있다. 자신의 의견과 방향이 무엇인지 스스로 자문해 보라. 당신은 다른 복종적인 사람들과 마찬가지로 자신에 대해 잘 알지 못하며 자유롭지 못하다. 당신의 결정이 다른 사람들에게 영향받는 한 압박감을 느끼며 분노를 느낀다. 권위자에게 동의할 수 있는 자유를 자신에게 허락하라.

변화를 위한 다른 단계들을 따라가라. 당당히 자기주장을 할 필요가 있다. 받는 만큼 주도록 노력하라.

14. 플래쉬 카드를 만들어 당신이 할 일을 잊지 않도록 하라. 문제에 부딪혔을 때, 플래쉬 카드를 꺼내 보도록 하라. 플래쉬 카드를 보면, 자기주장을 할 권리가 있음을 상기하게 될 것이다. 여기 칼튼이 만든 플래쉬 카드가 있다. 주제는 부당한 요구를 거절하는 것이다.

희생에 관한 플래쉬 카드

내게는 사람들의 부당한 요구를 거절할 권리가 있다. 그런 요구를 승낙한다면 또 다른 사람과 나 자신에게 화를 내게 될 것이다. 거절로 인한 죄책감은 견딜 수 있다. 내가 남에게 약간의 고통을 초래한다 해도 단지 일시적일 것이다. 내가 '안 된다.'라고 할 수 있을 때 남들이 나를 존중할 것이다. 그리고 나 또한 나 자신을 존중하게 될 것이다.

메리 엘렌이 데니스와의 관계에 대해 작성한 것도 있다.

> **복종에 관한 플래쉬 카드**
>
> 중요한 것은 내가 무엇을 원하는가 하는 것이다. 나는 존중받을 가치가 있는 사람이다. 데니스가 나를 함부로 대하게 놔둬서는 안 된다. 나는 더 낳은 대우를 받을 가치가 있으며, 자신의 힘으로 살아갈 수 있다. 나를 존중하라고, 그렇지 않으면 다시는 이야기할 것 없다고 조용히 요구할 수 있다. 그가 성숙한 태도로 반응해서 내게 동등한 권리를 주지 않는다면, 이 관계를 청산하고 나에게 걸맞은 더 나은 관계를 찾을 수 있다.

이 플래쉬 카드를 지니고 다녀라. 삶의 덫이 작동하려 할 때 카드를 꺼내서 읽어라. 플래쉬 카드는 지적인 이해로부터 감정적 수용으로의 느린 전환을 이루어 주는 가치 있는 도구이다.

마지막 조언

변화함에 따라 약간의 진전이라도 인식하는 것이 중요하다. 적절한 시점에서 자신을 칭찬하라. 변화의 단계별로 자신에게 보상을 주지 않는다면, 변화는 훨씬 더 힘들게 느껴진다. 앞으로 가야 할 길이 얼마나 남았는지 보지 말고, 얼마나 먼 길을 왔는지 돌아보라. 아무리 사소한 것이라도 약간의 변화를 이루어냈다면, 잠시 기뻐할 시간을 가져라. 복종의 상태로부터 한 발자국씩 걸어 나올 때마다 거기에 합당한 칭찬을 해라.

복종의 덫은 매우 강력한 힘을 가지고 있으며, 자신의 정당성을 강력히 주장할 것임을 명심하라. 복종이 정당한 것이라는 느낌이 들 것이다. 그 덫이 자신의 이미지와 세계관에서 핵심적인 위치를 차지하고 있다. 자연히 그 덫은 살아남기 위해 매우 심하게 싸울 것이다. 삶의 덫의 부정적인 결과에도 불구하고, 덫에 걸린 상태에서 당신은 안정감을 느낀다. 변화가 느리다고 해서 의기소침해서는 안 된다.

또한, 자신을 심하게 자책하기 쉽다. 메리 엘렌은 '저는 겁쟁이예요. 저 자신이 너무 싫어요'라고 한다. 그러나 이런 태도는 변화를 위한 당신의 노력을 방해할 뿐이다. 당신의 덫이 처음 발생할 수밖에 없었던 이유를 존중하라. 어린 시절에 정서적 생존을 위해 필요불가결한 것이었다. 그러나 과거에는 도움이 되었던 것이 지금 당신에게 해를 주고 있으니, 이제 포기할 때가 된 것이다. 자기 부정과 패배의식에서 빠져나와 자신을 위한 인생을 향해 긴 여행을 시작할 때가 된 것이다.

15

"절대로 충분할 수 없어" 엄격한 기준의 덫

파멜라 | 40세. 완벽해지고 싶은 욕구 때문에 스트레스를 받고 있다.

파멜라는 소위 슈퍼우먼이다. 의사인 그녀는 아이비리그 대학병원 마취과 과장으로, 의학에서 가장 어렵다고 하는 마취 분야에서 타의 추종을 불허할 뿐 아니라 대규모의 연구를 수행하고 있다. 국가 기관과 사립 기관에서 연구 기금을 받고, 최고 수준의 의학 잡지에 논문을 실으며, 학회 발표를 위해 전 세계를 누비고 다닌다. 수입은 일 년에 50만 달러 이상이다.

동시에 그녀는 완벽한 아내이자 어머니다. 남편 크렉은 큰 회사의 사장이며, 그녀는 그를 위해 사업과 관련된 사회적 임무를 수행한다. 그런 바쁜 일정 속에서도 아이들을 위한 시간을 꼭 마련한다. 매일 꾸준히 운동하고 있어 테니스 실력도 수준급이다. 그녀의 집은 아주 깔끔하게 깨끗하며, 정원도 정원사에 의해 완벽하게 관리하고 있다. 파멜라는 자신이 정원 관리를 다 하지 못해서 아쉽다고 말한다.

치료자 당신은 무엇이든 스스로 해야 직성이 풀리는 사람이군요.
파멜라 맞아요, 모든 것을 다 직접 해요. 문제는 너무 여러 가지 일을 하다 보니 혼란스러워요. 자, 빨리, 빨리 항상 이런 식이에요.
치료자 너무 벅찬 일이란 생각이 들지는 않나요?
파멜라 네, 벅차기는 해요. 인생을 즐길 시간이 전혀 없죠. 제가 누리는 것들을 보면 약간은 즐기지 않나 생각하실지 모르겠어요. 하지만 그렇지가 못해요. 사실 저는 정말 우울해요. 그게 치료를 받으러 온 이유죠. 그런 느낌이 심해질수록 아침에 일어나기 싫어요.
치료자 실제로 일을 못 하고 계시나요?
파멜라 물론 아니죠. 아무리 하기 싫어도 일어나서 다 해내고 말아요. 그러나 이제 제 나이가 마흔인데 인생에서 뭔가 결핍되어 있다는 느낌이에요. 나 자신을 위한 시간이 필요해요.

키츠 | 42세. 성공에 대한 끝없는 갈망이 그의 몸을 망치고 있다.

키츠 또한 자신의 분야에서 성공한 사람이다. 뉴욕 주요 방송국의 TV 뉴스 캐스터인 그는 미남이며 왠지 모르게 우월감을 발산한다. 이룬 것들에 대해 조심스럽게 이야기하기를, 자신은 유명 인사이며 다른 유명 인사들과 교류하고 있고, 방송국에서도 인정받는 실력자인 데다가 부유하고 아름다운 배우나 모델들과 데이트를 즐기곤 한다고 했다. 그렇지만, 이런 모든 것들에도 불구하고, 키츠는 여전히 불만에 차 있었다. 그는 더 많은 것을 원했고 스스로 혹사하고 있었다.

치료자 왜 치료를 받으러 오셨나요?

키츠 솔직히 말씀드리면, 저는 여기 오고 싶지 않았어요. 내과의사가 스트레스 때문에 과민성 대장 증상과 두통이 생긴다고 해서 온 겁니다. 긴장 푸는 법을 배워야 한다고 했어요.

치료자 그러면 두통과 과민성 대장 증상만 없애기를 원하시는군요. 다른 것들은 모두 그대로 두고요?

키츠 네, 저는 앞서가려고 밀어붙이는 걸 멈추길 원하지 않습니다.

엄격한 기준의 덫 질문지

이 질문지는 당신의 엄격한 기준의 덫의 강도를 측정하는 것이다. 아래에 있는 척도를 이용해서 각 항목에 답하라. 당신의 성인기 동안 일반적으로 느끼고 행동했던 방법에 근거해서 각 항목을 평가하라. 성인기의 어느 시기에 변화가 있었다면 각 항목을 평가할 때 가장 최근의 일 년 혹은 2년에 초점을 맞춰라.

완전히 나와 다르다.	1	어느 정도는 나와 일치한다.	4
대부분 나와 다르다.	2	대부분 나와 일치한다.	5
다른 면보다 일치하는 면이 좀 더 많다.	3	완전히 일치한다.	6

비록 점수의 합계가 낮더라도 5점이나 6점에 해당하는 항목이 하나라도 있다면 이 덫은 당신에게 존재하는 것이다.

질문	점수
1. 나는 2등을 받아들일 수 없다. 내가 하는 일 대부분에서 최고가 되어야 한다.	
2. 내가 하는 일 중에 충분히 잘 하는 것이 없다.	
3. 모든 것이 완벽하게 정리된 상태를 유지하도록 노력한다.	
4. 나는 항상 최상의 모습을 보여야만 한다.	
5. 나는 이루어야 할 것이 너무 많아서 이완할 시간이 거의 없다.	
6. 나는 자신을 너무 심하게 몰아붙여서 대인관계의 문제를 겪는다.	
7. 나는 자신에게 너무 많은 압력을 가하기 때문에 건강이 안 좋다.	
8. 나는 실수를 하면 심하게 비난을 받아 마땅하다.	
9. 나는 매우 경쟁적이다.	
10. 나에게는 돈이나 지위가 매우 중요하다.	
당신의 최종 점수(질문 1번에서 10번까지의 점수를 더하라)	

점수 해석

10 – 19 매우 낮음. 이 덫은 당신에게 적용되지 않는다.
20 – 29 낮음. 이 덫은 아주 가끔 당신에게 적용될 것이다.
30 – 39 중간. 이 덫은 당신의 인생에서 문제가 될 수 있다.
40 – 49 높음. 이 덫은 당신에게 분명히 중요하다.
50 – 60 매우 높음. 이것은 분명히 당신의 핵심 삶의 덫 중 하나다.

엄격한 기준의 경험

　일차적인 느낌은 압박감이다. 당신은 절대 긴장을 풀고 인생을 즐길 수가 없다. 언제나 앞으로 나아가도록 재촉하고, 재촉하고 또 재촉한다. 자신이 하는 일이면 그것이 학업이든 일이든 스포츠나 취미이든 심지어 연애나 성관계든, 무엇이든지 최고가 되기 위해 최선을 다한다. 가장 좋은 집에서 살아야 하고, 최고의 직장에서 근무해야 하고, 최고급 승용차를 몰아야 하며, 가장 많은 돈을 벌어야 하고, 최고의 미남 혹은 미녀여야 한다. 당신은 완벽하게 창조적이고 조직적이어야 한다.

　이 덫의 이름은 외부 관찰자의 시각에서 지어진 것이다. 기준이 가혹하다고 느낀 것은 파멜라와 키츠가 아니라, 치료자인 우리였다. 파멜라와 키츠에겐 성취를 위한 그저 정상적인 수준의 노력이었다. 엄격한 기준이라는 덫에 빠진 사람들은 모든 것을 성공적으로 해내지만, 이것은 단지 남들에게 그렇게 보일 뿐이다. 다른 사람들은 대단한 성취를 했다고 생각하지만, 당신은 그저 당연한 일로 생각한다.

　키츠가 경험한 것처럼 과민성 대장 증상과 두통 같은 신체적인 스트레스 증상들이 흔히 나타난다. 고혈압, 궤양, 대장염, 불면증, 피로, 공황장애, 부정맥, 비만, 요통, 피부 문제, 관절염, 천식을 비롯한 여러 가지 신체 증상들이 생길 수 있다.

키츠　마치 제 몸이 제게 '이젠 못 하겠어. 더는 세게 밀어붙일 수 없어'라고 말하는 것 같아요.

치료자　뭔가 도움이 필요한 상태로군요.

　당신에게 있어서 인생이란 오로지 행위를 하는 것일 뿐이다. 인생이란 늘 일하고 성취해야 하기에 항상 한계점에서 무진장 애를 쓰고 있다.

휴식할 시간, 잠시 멈춰서 즐길 시간이 없다. 모든 일이, 심지어 게임이나 수영처럼 즐길 수 있는 일들마저도 가혹한 시련이 된다. 파멜라와 크렉은 부부 상담시간 중에 한 번 이 문제에 대해 의논했다.

파멜라 저는 테니스를 칠 때도 긴장을 늦추지 않아요. 마치 내 게임을 스스로 지켜보면서 매번 완벽하게 공을 쳐 내는지 걱정하는 것이나 마찬가지예요. 제대로 못 해낼 땐 정말 화가 나요.

치료자 그러니까 당신에겐 놀이마저도 일이 되는군요.

크렉 맞아요. 그래서 아내와 테니스를 치기가 싫어요. 그녀는 게임을 너무 심각하게 받아들이고 항상 긴장해요. 생사가 걸린 게임이 되어버리는 거죠. 지기라도 하면 그녀는 제정신이 아니에요. 그런 건 스포츠 정신에 어긋나는 거라고요.

엄격한 기준은 여러 가지 부정적인 감정들을 초래한다. 자신의 기준을 만족시키지 못하는 자신에 대해 끊임없이 좌절하고 화가 나며, 만성적인 분노와 심한 불안을 느낄 것이다. 그리고 제대로 해내야 할, 다음번 과제에 사로잡혀 있다. 당신 불안의 초점은 시간이다. 할 일은 너무 많고, 시간은 너무 부족하다. 항상 시간을 의식하며, 지속해서 시간의 압박을 느끼고, 인생의 잔혹함과 자신이 성취한 것의 공허함으로 인해 우울해질지도 모른다.

당신은 왜 이런 식으로 자신을 몰아붙이는지 의아해할 수도 있다. 지치면 지칠수록 속도를 늦추는 대신 가속을 하면서 더 많은 책임을 떠맡는다. 그것은 마치 하는 일이 언젠가는 만족을 가져다줄 것으로 믿는 것과 같다. 당신은 그런 식으로 일에 접근해서는 진정한 즐거움을 느낄 수 없다는 것을 깨닫지 못한다. 어떤 일을 성취하고자 노력할 때마다 똑같은 방식이 되풀이될 것이고 똑같은 압박감을 느끼게 될 것이다.

키츠   저는 항상 제가 원하는 지위에 오르기만 하면, 만족할 수 있을 것이라는 생각을 하곤 해요.

치료자   그러나, 당신은 새 직장, 새 여자친구, 새 차, 새로운 여행 등 당신이 얻는 모든 것들에 대해 똑같이 엄격한 기준을 적용할 것입니다. 바꿔야 할 것은 바로 그런 기준입니다.

당신은 성공의 가능성을 믿는다. 계속해서 열심히 노력하면, 완벽하고 멋진 상태를 실제로 성취할 수 있다고 믿는 것이다. 비록 지금이 진정으로 성공적인 상태는 아니지만, 나아지고 있으며 목표에 가까워지고 있다고 느낀다. 이처럼 진보하고 있다는 느낌이 앞으로 나아가게 한다. 당신은 마침내 여유 있게 인생을 즐길 수 있는 이 여정의 종착역을 상상한다. 모든 것에서 해방될 미래의 어떤 시점에 대해 공상을 하는 것이다.

치료자   이처럼 무시무시한 속도를 계속 유지하는 이유가 무엇입니까? 왜 멈추지 않나요?

파멜라   자신도 거기에 대해 많이 생각해 보는데요. 제 생각엔 항상 터널의 끝에 있는 불빛을 보는 것 같아요. 거기서는 쉴 수 있고 제가 원하는 것을 얻을 수 있을 것 같아요. 그곳에 다가가고 있는 것 같은 느낌이 들어요.

그러나 분투 끝에 얻고자 하는 평화로운 상태는 절대 오지 않는다. 심지어 그런 상태가 찾아온다고 하더라도, 당신은 뭔가 다른 것을 찾아낼 것이고, 충족시켜야 할 또 다른 엄격한 기준을 찾아낼 것이다. 이런 방식으로 덫은 스스로 강화된다. 깊은 마음속에서 애써 노력하고 있지 않은 한 절대 편치 않을 것이다. 그로 인해 행복에서 멀어져도, 지금의 상태가 익숙하기에 계속 그렇게 살아가게 된다. 이것이 바로 당신도 알고 있는 악마이다.

엄격한 기준이라는 덫에는 세 가지 흔한 유형이 있다. 당신은 한 가지 유형 이상에 속할 수 있고 세 가지 모두에 해당할 수도 있다.

엄격한 기준의 세 가지 유형

1. 강박성
2. 성취 지향성
3. 지위 지향성

강박성

강박적인 사람이란 모든 것들을 완벽하게 정리해두는 사람을 말한다. 아무리 하찮은 것이라 하더라도 세부 사항 하나하나에 주의를 기울이며, 아무리 사소한 일이라도 실수할까 두려워하는 유형이다. 일이 올바르게 돌아가지 않을 때, 좌절감을 느끼고 마음의 평정을 잃는다.

키츠 사론과의 데이트는 하나의 재앙이었어요. 극장에서 배정받은 자리는 중앙에서 여섯 자리나 떨어져 있었어요. 너무 화가 나서 연극은 보는 둥 마는 중이었죠.

치료자 정말 안 됐군요. 이 연극을 보기 위해 시간을 낸다는 것이 당신에겐 큰 의미가 있는 일이란 것을 알아요. 그 시간을 즐기지 못하다니 유감이에요.

키츠가 가는 곳에서는 어떤 사소한 부분도 그의 눈을 벗어날 수가 없다. 좌석은 완벽해야 하고, 음식도 흠잡을 데가 없어야 하며, 방 온도도 정확하게 맞아야 한다. 물론 언제나 뭔가 잘못된 데가 있었고, 그는 편안한 마음으로 즐길 수가 없었다.

키츠는 자신을 실망하게 하는 주변 환경에 대해 화를 낸다. 그러나 강박적인 사람들 모두가 주변에 대해 화를 내는 것은 아니다. 어떤 사람은 자신에게 화를 낸다. 주위를 탓하기보다 자기 자신을 더 책망하는 사람들이 있다. 파멜라가 그렇다. 키츠와 마찬가지로 그녀도 강박적인 유형이지만, 그녀의 분노는 대부분 자기 자신을 향한다.

치료자 저녁 파티는 어땠나요?
파멜라 다 좋았는데, 밥을 좀 많이 익힌 게 문제였어요. 밥을 그런 식으로 하다니 저 자신이 너무 한심했어요.

파멜라가 자신의 저녁 파티를 떠올릴 때, 그녀의 생각은 완벽하게 해내지 못한 일부분에 얽매여 끊임없이 자책한다.

강박적 자기 통제는 흔한 일이다. 사실 통제라는 문제가 이 유형의 핵심이다. 인생의 다른 부분을 제대로 통제하지 못한다고 느낄 때, 강박성은 통제하고 있다고 느끼게 함으로써 하나의 대처 방법이 된다.

성취 지향성

이것은 소위 일중독을 말한다. 일주일에 7일, 하루 16시간을 일하는 당신은, 다른 욕구를 희생한 채 높은 수준의 성취에 지나치게 가치를 둔다. 언제나 최고의 것을 소유하길 원한다.

파멜라 제가 대학에 다닐 때, 한번은 통계 과목에서 B를 받을까 봐 걱정돼서 잠이 안 오던 기억이 나요. B가 있으면, 졸업생 대표가 못 될 거 같았어요. 그 과목을 날려버린 저 자신을 용서할 수가 없었죠.

엄격한 기준의 덫을 실패의 덫과 구분하는 것은 중요하다. 실패는 동료들보다 성공적이지 못하다는 느낌이며, 평균 이하라는 느낌이다. 엄격한 기준이란 적어도 평균은 되지만 더 높고 완벽한 기준을 만족시키기 위해 끊임없이 노력 중이라는 의미이다. 실패라는 덫에 걸린 사람은 하나의 과제를 시도하고는 '난 아무것도 제대로 해낼 수가 없어. 완전히 망쳐버렸어'라고 생각한다. 엄격한 기준을 가진 사람은 과제를 시도한 후에 '내가 잘하긴 했지만, 더 잘할 수 있었어'라고 생각할 것이다.

파멜라 제가 실패하리라 생각하는 건 아니에요. 잘 해낼 것이란 걸 알아요. 저는 실패할까 두려운 게 아니라, 단지 평범한 수준이 될까 봐, 여러 사람 중에서 돋보이지 못할까 봐 두려운 거예요.

엄격한 기준의 덫은 때때로 실패했다는 느낌을 유발할 수도 있다. 엄격한 기준이 너무 높아서 거기에 가까이 가지 못한다면, 무력감과 실패했다는 느낌을 받을 것이다. 목표한 바에 못 미치기 때문에 아무것도 성취하지 못했다는 느낌을 받을 것이다.

많은 일중독자들이 만성적인 짜증과 적개심 속에 살아간다. 이런 사람들이 소위 A형 성격이다. A형 성격의 사람들은 자신을 능가하는 사람이나 자신을 방해하는 사람에게는 그 누구라도 분노를 느낀다. 만일 그 방해가 내부적이라면, 자기 자신에게 분노를 느낄 것이다. 그들은 충분히 강하게 밀어붙이지 못하고 뭔가를 제대로 해내지 못하기에 내부에서 화가 끓어오르는 것을 지속해서 느낀다.

당신은 다소 약화된 성취 지향의 형태를 가지고 있을 수도 있다. 아마도 인생에서 일과 놀이가 균형을 이루지 못하고 있을 수 있다. 진정으로 긴장을 풀진 못하지만, 인생을 전적으로 일만 하면서 소모하지는 않는다. 혹은 직업 이외의 분야에서도 일중독일 수 있다. 집을 장식하는 일이나, 옷이나 상품을 사는 일, 취미나 운동 등을 일로 만들어서 자신을 옭아맬 수가 있는 것이다.

지위 지향성

지위 지향성이란 인정을 받거나 지위, 부, 미모와 같은 허위의 자기를 얻는 데 지나치게 중점을 두는 경향을 의미한다. 이것은 종종 결함이나 사회적 소외 같은 핵심 감정을 보상하기 위한 반작용의 형태를 보인다.

지나친 지위 지향성을 가지고 있다면, 무엇을 하든 간에 만족하지 못한다. 자신의 높은 기준을 만족시키지 못했을 때, 자책하거나 수치심을 느끼는 경향이 있다. 가능한 한 더 많은 힘과 돈, 특권을 축적하기 위한 끝없는 투쟁에 사로잡혀 있지만, 스스로가 훌륭하다는 느낌이 들 정도가 되기에는 아직 부족하다.

치료자 엄선된 사람들만이 참석하는 파티에 가장 아름다운 여인을 동반하고 갔는데도 화가 났다니 이해가 가지 않는군요.

키츠 저녁 식사 때 내게 배정된 자리를 보고는 속이 뒤집혔어요. 우리가 그 모임의 일원이 아니라는 것이 그걸로 인해 분명해졌거든요.

키츠는 결코 만족하지 못한다. 자신의 가슴 깊숙한 곳까지 스스로가 가치 있는 사람이라는 느낌이 들지 못하며, 더 높은 단계의 성공을 향해 자신을 내몬다. 그러나 무엇을 얻게 되든 간에 마음 깊은 곳에서 그는 여전히 자신을 수치스럽게 생각한다.

지위 지향성은 정서적 결핍을 보상하는 방법의 하나일 수도 있다. 정서적 공허감을 진정한 정서적 연결 대신에, 힘과 명성, 성공, 돈으로 채우려 한다. 그러나 지위만으로는 결코 충분치 못하다. 이런 문제를 가진 낸시라는 환자는 부유하지만, 사랑이 없는 남자와 결혼해서 물건을 구매하면서 대부분 시간을 보냈다. 그녀는 뭐든지 최고급을 소유하게 되었다. 그러나 큰 집에서 자신이 산 물건들에 둘러싸인 채, 결핍된 것이 무엇인지 생각하면서 혼자 앉아 있곤 했다.

> **엄격한 기준의 근원**
>
> 1. 부모의 사랑이 조건부여서, 그 기준을 만족시켰을 때에만 사랑해줬다.
> 2. 부모 중 한 분 혹은 두 분 모두가 높고 불균형한 기준의 모델이었다.
> 3. 결함, 사회적 소외, 정서적 결핍, 실패와 같은 다른 덫을 보상하는 하나의 방법으로서 엄격한 기준이 개발되었다.
> 4. 당신이 높은 기대를 충족시키지 못했을 때, 부모 중 한 분 혹은 두 분 모두가 당신에게 수치심을 심어주었다.

조건적 사랑이라는 분위기에서 자라는 것이 가장 흔한 원인이다. 부모는 당신이 성공적이거나 완벽했을 때만, 애정, 승인, 관심을 보여주었을 것이다. 파멜라가 이런 경우였다.

파멜라 부모님에게 저라는 존재는, 무슨 상을 받거나 최고의 성적을 받을 때가 아니면 없는 것이나 마찬가지였어요. 제가 졸업생 대표가 되었다는 통보를 받았을 때, 처음 든 생각은 부모님이 기뻐하시도록 빨리 집에 달려가 알려드려야겠다는 것이었어요. 그런 일이 아니라면 저에게 신경을 전혀 쓰지 않으셨죠.

조건적 사랑 속에서 영위되는 어린 시절은, 부모님의 사랑을 얻기 위한 달리기 시합처럼 되어버린다. 달리기는 코스 중에 가끔 보상을 받는 몇 지점이 있을 뿐 끝없이 계속된다. 치료 도중에 우리는 파멜라에게 어린 시절의 이미지를 떠올려보도록 했다.

파멜라 집을 향해서 계속 뛰어가고 있는데, 집이 자꾸 뒤로 물러나요. 제가 빨리 뛰면 뛸수록 저의 집은 점점 더 멀어져요.

혹은 부모의 높은 기대를 충족했을 때, 아낌없는 사랑을 받았을 수도 있다. 중요한 것은 학교 성적이나 아름다움, 지위, 인기, 운동 등의 특정 기준을 만족시키는 것이, 부모의 사랑을 받는 가장 효과적인 방법이었다는 것이다. 부모는 당신의 성공 때문에, 당신을 사랑하고 존중한 것이다.

부모가 엄격한 기준을 가진 분일 수도 있다. 완벽주의자이며 항상 질서정연하고 지위 지향적이며 실제 성공했을지도 모른다. 당신은 부모의 행동과 태도를 학습한 것이다. 이러한 원천은 가족 중 누구도 그 기준이 지나치게 높다는 것을 알지 못한다는 점에서 심각하다. 가족 구성원 모두 그것을 정상으로 여긴다.

파멜라   치료를 시작하기 전까지는, 제 기준이 비현실적이라는 걸 꿈에도 생각지 못했어요. 저는 부모님이 완벽하다고 생각해 본 적이 없어요. 보통의 기준을 가진 보통의 분들이라고 생각했죠. 기억을 되돌아보니 어머니가 항상 집을 완벽하게 꾸미셨다는 생각이 드네요. 티끌 하나 찾아볼 수가 없었죠. 테이블 위에 종잇조각 하나라도 올려놓으면, 5분 이내에 그걸 제자리에 돌려놓으라고 하셨어요. 아버지는 업무에 있어서 완벽한 분이셨어요. 사업을 하셨는데 아무리 사소한 일이라도 직접 챙기셔야 했고 항상 완벽하게 해내셨죠. 그는 언제나 일을 하고 있었어요.

아무도 파멜라에게 '잘해야 한다'라고 말한 사람이 없었다. 그녀는 순전히 자신의 부모님을 관찰함으로써 즉 모델링을 통해 완벽주의적인 행동을 배운 것이다.

전문직 종사자가 많이 사는 부유층의 거주 지역에서 부모의 높은 기대를 흔히 볼 수 있다. 전문직을 가진 부모가 자녀에게 높은 기대를 하는 경우가 많은 것이다. 그러나 노동자 가정 출신이면서 엄격한 기준의 덫에 걸린 환자들도 많다. 모든 사회 계층에서 찾아볼 수 있는 현상이다.

어떤 환자들은 어린 시절의 환경에서 벗어나기 위해, 엄격한 기준을 가지게 된다. 또래 친구들에게 열등감을 느꼈거나, 부모님이 열등한 분들이라 생각했기 때문에, 성취나 지위 상승을 통해 보상받으려는 것이다. 키츠가 이런 경우였다. 키츠는 노동자들이 사는 동네에서 자라났고, 이러한 사실을 수치스럽게 생각했다. 그는 노동자의 아이들이 대부분인 학교에 다니면서 부자 동네 출신의 부유한 아이들을 부러워했다.

키츠 제가 어느 동네 출신인가는 중요한 게 아니었어요. 부유한 아이들의 위치에 서고 싶었고, 그 아이들이 소유한 것을 가지고 싶었어요. 일찌감치 부자 동네 아이들이 가진 것을 갖고야 말겠다고 결심했죠.

키츠의 인생 계획은 자신의 사회적 신분을 상승시키는 데 초점이 맞춰졌다. 그의 엄격한 기준은 가족의 사회적 소외에 대한 수치심에서 비롯된 것이다.

엄격한 기준은 다른 덫과 연결될 수도 있다. 예를 들어, 정서적 결핍의 덫을 함께 가지고 있을 수 있다. 어린 시절에 뭔가를 성취해서 칭찬받는 것이, 너무도 부족한 사랑을 어느 정도나마 보상해 준다는 것을 발견하게 된다. 성공은 다른 사람과의 연결고리가 될 수 있다. 그러나 불행하게도 그것은 진정한 사랑과 이해의 일부만을 보상해 줄 뿐이다.

혹은 부모님 중 한 분이 당신을 계속해서 몰아붙였을 수 있다. 키츠의 어머니는 자신이 상류층에 속했는데 아래 계층의 집안에 시집왔다고 생각했기에, 키츠를 통해 대리만족을 얻고자 했다. 결과적으로 키츠는 마음 놓고 쉴 수가 없었다. 그의 뒤에는 어머니가 항상 버티고 있었다. 그는 자신 어머니의 이미지를 다음과 같이 묘사했다.

키츠 침대에 누워서 잠을 청하고 있는데, '일어나야지, 할 일들이 얼마나 많니! 숙제는 다 했니? 테니스도 쳐야 하고, 친구들에게 전화도 해야 하지 않니?'라고 말하는 어머니의 목소리가 계속 들려와요.

엄격한 기준에 빠진 사람들은 대개 성공한 성인이지만, 그들의 어린 시절의 기억은 성공과는 거리가 멀다. 사실 결함이 있거나, 소외되었거나, 외로웠던 느낌을 회상하는 경우가 더 많다. 아무리 열심히 노력했더라도 원하는 존경, 찬사, 관심 혹은 사랑을 받는 경우가 드물다.

파멜라   최고 수준의 성적을 받고도, 누구에게도 관심을 받지 못했던 기억이 너무 많아요. 정말 특별한 일이 아니면 아무도 저에게 관심을 두지 않았죠.

파멜라의 집에서는 매우 잘한다는 것은 그저 보통 수준밖에 되지 않았다. 칭찬받는 경우는 드물었다. 이 환자들에게 자신이 완벽하다고 생각하지 않느냐고 물으면, '그렇지 않다'라고 대답한다. 그들의 부모님은 완벽하지 않았냐고 물어도, 역시 '그렇지 않다'라고 답한다.

그들의 기준에 따르면, 자신들은 완벽과는 거리가 멀다는 것이다. 부모는 어린아이가 잘해도 어떤 칭찬도 해주지 않을뿐더러, 아이가 자신의 기대에 미치지 못했을 때는 사랑조차 거둬버렸다.

키츠   제가 대학 1학년 때, 상류층 아이들의 사교 클럽에 들어가는 데 실패했었어요. 어머니는 제게 일주일 동안 말을 걸지 않았죠.

또 다른 환자는 자신이 학교에서 A 학점 이하를 받을 때는, 부모가 절대 안아주거나 키스해주지 않았다고 한다.

당신은 생생한 실패의 기억이 있을 것이다. 어떤 환자는 형제들과의 운동 시합에서 지고 나면 아버지에게 무시당했던 기억이 있다. 그의 가족은 오로지 경쟁에서 최고가 되는 것에만 초점을 두고 있었다. 형제들끼리도 누가 가장 강인한 사람인지 결정하기 위해 경쟁하곤 했다. 지금 그는 훌륭한 육상 선수가 되어 있지만, 그가 기억하는 것은 오로지 실망과 압력뿐이다.

부모님들의 기대에 못 미쳤을 때 부모님이 수치심을 유발해 비난받았다면, 당신은 결함의 덫에 빠지게 된다.

엄격한 기준의 덫

1. 불가피한 인생의 사건뿐만이 아니라 과로와 같은 일상적인 스트레스로 인해 건강이 위협받고 있다.
2. 일과 즐거움의 균형이 무너져 있다. 인생은 지속적인 압력이며 즐거움이란 전혀 없는 일의 연속일 뿐이다.
3. 전 인생이 성공, 지위, 물질적인 것들 주위를 맴도는 것처럼 보인다. 참된 자기 자신과의 접촉을 잃어버린 채 무엇에서 행복을 느끼는지도 모르는 것 같다.
4. 정리하는데 너무 많은 에너지를 쏟는다. 목록을 만들고 정리하고 계획하고 청소하고 수리하는데 너무 많은 시간을 써버린 나머지 창조적인 일을 하거나 즐길 시간이 없다.
5. 일하거나 성공하는 것 등 기준을 만족시키는데 많은 시간이 들기 때문에 다른 사람들과의 관계에 문제가 생긴다.
6. 당신의 높은 기준을 만족시키지 못할까 봐 주변 사람들이 불안해한다.
7. 잠시 멈춰서서 성공을 즐기는 경우가 드물다. 성취감을 만끽하는 일도 거의 없다. 도리어 다음 과제를 향해 돌진할 뿐이다.
8. 너무 많은 것을 성취하려 하므로 압도되는 느낌을 받는다. 시작한 것을 완수할 시간이 부족하다.
9. 기준이 너무 높으므로, 여러 활동이 완수해야 할 의무로만 느껴져 과정을 즐기지 못한다.
10. 일을 너무 지연시킨다. 높은 기준 때문에 과제에 압도되는 느낌을 받게 되어 결국 피하게 된다.
11. 주변 사람들과 상황이 당신의 높은 기준을 만족시키지 못하기 때문에 짜증이 나고 좌절감을 느낀다.

엄격한 기준의 문제점은 자신의 자연스러운 모습과의 접촉을 잃게 된다는 것이다. 질서와 성취, 지위에 너무도 몰두해 있으므로 기본적인 신체적, 정서적, 사회적 욕구에 무심하게 된다. 즉 오로지 성공만을 바라보며 질주할 뿐 그 외의 것들에 대해서는 무관심해진다.

파멜라 때로는 제가 기계 같은 느낌이 들어요. 살아 있다는 느낌이 들지 않아요.

완벽을 향한 집착 때문에 사랑, 가족, 우정, 창조성, 즐거움과 같은 삶에 활력을 주는 것들은 뒤로 밀린다.

크렉 여름에 별장에 갔을 때, 아이들과 수영을 하러 호수로 놀러 갔어요. 웃고 물장구치면서 즐겁게 지내는 동안, 파멜라는 집 안에서 짐을 풀고 청소하고 그 밖에 제가 모르는 일들을 처리하고 있었어요. 함께 수영하자고 소리쳤지만, '잠깐만'이란 말만 반복하면서 결국 밖으로 나오지 않았었죠.

엄격한 기준은 당신에게 큰 대가를 치르게 한다. 인생의 많은 행복과 충족을 위한 기회들을 앗아가는 것이다.

엄격한 기준으로 인해 받는 보상은 성공의 정도이다. 완벽해지기 위해 노력한 어떤 분야에서든 당신은 최고 수준일 것이다. 어떤 기관의 최고위층으로 가면, 엄격한 기준을 가진 사람을 만날 확률이 높을 것이다. 그들이 아니고서 누가 최고가 되는 데 필요한 시간과 정력을 쏟겠는가? 그들이 아니면 누가 인생의 다른 많은 부분을 기꺼이 희생하겠는가? 유명 인사들의 인터뷰 기사를 보면, 그들의 완벽주의, 헌신, 세부 사항에 관한 관심 그리고 어떻게 자기 자신과 타인들을 몰아붙였는지에 관한 내용들을 볼 수 있을 것이다.

그러나 이런 사람들은 잠시도 성공을 즐길 줄 모른다. 한 가지를 성취하고 나면 그 일에 관한 관심을 잃고 다른 일에 관심의 초점을 옮긴다. 때로는 성공이 의미 없는 것처럼 느껴질 수도 있다. 사소한 세부 사항에 대해서도 완벽을 요구할 때 그러하다. 큰 시각에서 보았을 때, 장롱이 완벽하게 정리되고, 아이들 방이 완벽하게 치워지는 것이 뭐 그리 중요하단 말인가? 방 안에서 자기 애인이 가장 예쁜 사람이고, 당신이 옷을 가장 잘 입은 사람이어야만 하는가? 100%가 아닌 99%를 성취한 것이 무슨 문제가 되는가?

가까운 사람들과의 관계에도 문제가 생긴다. 보통 완벽한 배우자를 원할 것이고, 그렇지 못하면 만족하지 못한다. 키츠가 자신의 완벽한 짝이라고 생각하는 여인은 너무 아름답고 재능 있고 성공적이기 때문에 수십 명의 남자가 그녀를 따라다니고 있었고, 정작 키츠에게 관심이 전혀 없었다.

관계가 시작되면, 당신은 극단적으로 비판적이고 지나친 요구를 하게 된다. 상대방(특히 배우자나 자녀와 같이 가까운 사람일수록)이 당신의 기준에 맞춰서 살기를 기대한다. 그리고 은연중에 그러한 기대에 못 미친다고 해서 그들을 깎아내리게 된다. 물론 당신은 자신의 기준이 정상적인 수준이라고 생각한다.

아마 가까운 사람들과 함께할 시간조차 없을 것이다. 미혼이라면 친구들과 애인에게 소홀히 대한다. 결혼한 후에는 가족을 소홀히 대한다. 시간이 없기 때문이다. 일하거나 집안을 정리하거나 지위를 향상하느라 너무 바쁜 것이다. 언젠가는 마음 놓고 가족과 함께할 시간을 갖게 될 것으로 생각하지만, 그동안 인생은 흘러가 버리고 정서적인 삶은 텅 비어 있다.

사랑하는 사람들과 시간을 보낼 때조차, 질서정연하고 완벽주의적인 방식에 따른다. 파멜라는 매일 아이들과 어울릴 시간 계획을 짜지만, 그 시간을 즐기지 못하고 아이들 또한 그랬다.

크렉 이 사람은 항상 아이들에게 뭔가 잔소리를 해요. 제 생각엔 아이들에게 너무 많은 짐을 지우는 것 같아요. 우리 딸 아이 케이트를 봐도 그렇죠. 두통과 복통에 시달리고 있고, 이제 겨우 3학년인데 학교 성적에 대해 걱정하고 있어요.

엄격한 기준은 이런 식으로 세대를 넘어 전달된다. 부모가 당신에게 전달해 주고, 당신은 자녀에게 전해준다. 아이들과 함께 있는 시간은 아이들을 압박하는 데 쓰인다. 아이들을 칭찬해 주는 법이 없다. 이런 과정을 통해 즐거움은 사라지고, 아이들 또한 불행해진다.

이 덫에 빠진 사람들은 엄청난 프로젝트를 기획하고 나서는. 거기에 짓눌려서 시작할 엄두를 못 내는 일이 종종 있다. 일을 질질 끄는 사람 중에 상당수가 엄격한 기준의 덫에 걸린 사람들이다. 스스로 기대 수준이 지나치게 높아서 너무도 부담스러운 것이다. 프로젝트에 몰입되면 될수록 계속 미루게 된다. 어느 시점에 이르면 주저앉아 아무 일도 못 하게 된다. 그런 기준을 만족하게 해야 한다는 생각을 견디지 못하는 것이다.

엄격한 기준을 가진 사람은 결코 만족감을 느낄 수 없다. 그런 기준을 고집스럽게 추구하느라 사랑, 평화, 행복, 자부심, 이완 같은 긍정적인 감정은 전혀 느끼지 못하고 좌절감, 실망, 압박감, 신경과민 등을 경험하게 된다. 이제 깨어나서, 당신의 기준이 요구하는 대가가 무엇인지 곰곰이 생각할 때가 되었다. 과연 그만한 가치가 있는가?

여기 당신의 덫에서 빠져나오는 데 필요한 단계들이 있다.

엄격한 기준 바꾸기

1. 당신이 지나치거나 엄격한 기준을 적용하는 영역들을 열거해 보라.
2. 일상생활에서 이런 기준을 따르려 노력하는 것이 어떤 장점이 있는지 열거해 보라.
3. 지나치게 강하게 밀어붙이는 것의 단점을 열거해 보라.
4. 이런 압력들이 없어질 때 인생이 어떻게 될 것인가에 관해 이미지를 떠올려보라.
5. 삶의 덫의 기원을 이해하라.
6. 기준을 25% 정도 낮춘다면, 어떤 효과가 날 것인지 고려해 보라.
7. 자신의 기준을 맞추는 데 소모하는 시간을 가늠해 보라.
8. 좀 더 균형 잡힌 시각을 가진 사람들에게, 여론 또는 객관적인 의견을 구함으로써 합리적인 기준이 무엇인지 결정하도록 노력하라.
9. 깊은 욕구를 더 충족시킬 수 있도록, 일정과 행동을 서서히 변화시켜라.

1. 당신이 지나치거나 엄격한 기준을 적용하는 영역들을 열거해 보라. 강박적인지, 성취 지향적인지, 지위 지향적인지에 따라 당신의 목록에는 물건들을 정리하는 것, 청결함, 일, 돈, 음식, 미모, 운동 성적, 인기, 지위, 명성 등이 포함될 것이다. 인생에서 지속적인 압박감을 느끼는 영역이라면 그 어느 것이라도 포함될 것이다.

2. 일상생활에서 이런 기준을 따르려 노력하는 것이 어떤 장점이 있는지 열거해 보라. 장점은 거의 확실히 당신의 성공 수준과 관련이 있을 것이다. 질서와 성취, 지위를 얻는 것에서 오는 이점들이다. 이러한 이점들은 인상 깊게 보일 수 있다. 우리 문화는 엄격한 기준을 가진 사람들에게 많은 보상을 제공한다. 여기 키츠의 목록이 제시되어 있다.

> 나의 엄격한 기준의 장점들
>
> 1. 내가 원하는 것을 살 수 있다.
> 2. 내가 특별한 사람이란 느낌을 받는다.
> 3. 사람들이 나를 부러워하고, 내가 가진 것을 자신들도 갖기를 원한다.
> 4. 원하는 여자를 누구든 사귈 수 있다.
> 5. 상류사회로 이동해간다.

표면적으로는 키츠가 많은 것을 가진 것처럼 보일 수 있다. 하지만 그가 소유한 것이 그를 행복하게 해주지 못한다. 자신이 가진 것을 즐기지 못하며, 영원히 불만족한 상태이다.

이번에는 파멜라가 제시한 장점의 목록들을 한 번 살펴보자.

> **나의 엄격한 기준의 장점들**
>
> 1. 많은 돈을 벌 수 있다.
> 2. 내 분야에서 거의 최고 수준에 있다.
> 3. 많은 상을 받았다.
> 4. 우리 집은 대부분 거의 완벽한 상태로 보인다.
> 5. 우리 집은 잘 관리되고 있다.
> 6. 마취과 의사로서 최고로 유능하다.

다시 한번 강력한 장점들이 있음을 알게 된다. 파멜라는 많은 것을 성취했고 자랑스러워할 만하다. 그러나 문제는 그녀가 행복하지 않다는 것이다. 그녀는 계속 뭔가를 해내야 한다는 지속적인 압박감을 느낀다.

이것은 아마 당신에게도 해당하는 일일 것이다. 자신의 높은 기준으로 인해 많은 것을 얻는 듯 보이지만, 사실은 불행하다. 거의 누더기가 될 정도로 자신을 밀어붙이고 방해되는 사람들과 불편한 관계를 만들어가면서, 오점 없는 완벽한 집을 가져본들 무슨 소용이란 말인가? 최고 수준의 직업을 가진다 해도, 그것이 자신의 기쁨이나 사랑을 위한 시간까지 빼앗아가 버린다면 그게 무슨 소용인가? 산해진미가 있다 해도, 너무 지쳐서 그것을 즐길 수가 없다면 아무 소용이 없는 것 아닌가?

3. 지나치게 강하게 밀어붙이는 것의 단점을 열거해 보라. 단점들이란 기준을 따라서 초래되는 부정적인 결과들이며 희생하게 되는 것들이다. 거기에는 건강, 행복, 휴식하고 싶은 갈망, 감정 등이 포함되어 있다. 목록을 작성하면서 정서적 삶의 질을 고려해 보라.

엄격한 기준이 가족, 연인, 친구들과의 관계에 어떤 영향을 미치는지 생각해 보라.

이것이 파멜라가 제시한 단점의 목록이다.

> **나의 엄격한 기준의 단점들**
>
> 1. 신체적으로 기진맥진해 있다.
> 2. 아무런 즐거움도 느낄 수 없다.
> 3. 결혼 생활에 문제가 있다.
> 4. 우리 아이들에게 너무나 많은 부담을 준다. 아이들과 함께 지내는 것을 즐기지 않는다. 아이들이 나를 두려워하는 것 같다.
> 5. 친구들과의 관계가 소원해졌다.
> 6. 나 자신을 위한 시간이 거의 없다.

키츠가 제시한 단점 목록은 두 가지 항목이 있다.

> **나의 엄격한 기준의 단점들**
>
> 1. 건강이 안 좋다.
> 2. 행복하지 않다.

이제 장단점을 저울질해 보고, 어떻게 하는 것이 좋을지 결정해야 한다. 장점으로 인해 충분히 가치가 있다고 할 수 있는가? 아니면 단점이 장점을 분명히 능가하는가?

4. 이런 압력들이 없어지면 인생이 어떻게 될 것인가에 관해 이미지를 떠올려보라. 압박감을 받고 있을 때, 잠시 그런 느낌을 중단시키고 압박감이 사라진다면, 인생이 어떻게 될지를 상상해 보라. 가만히 앉아서 눈을 감고 이미지를 떠올려보라. 인생에서 좀 더 중요한 일들 가운데 어떤

것들을 할 수 있겠는가? 키츠가 이 훈련을 했을 때, 그는 완벽한 여자인 세일러와 함께 지내는 것이 베스와 함께 재미있게 지낸 것보다 만족스럽지 못하다는 것을 깨달았다.

키츠 어느 날 밤 세일러와 만찬에 참석하는 동안 저는 줄곧 베스에 관해 생각했어요. 세일러가 베스보다 더 아름다웠기에 그 자리에 어울린다고 생각한 거죠. 그런데도 저는 거기에 베스와 함께 왔더라면 하는 생각을 계속했어요. 분명 더 재미있었을 거예요.

이 훈련은 당신 인생의 단점들이 엄격한 기준과 직접 연관되어 있음을 알게 해준다. 기준을 낮춘다면 이러한 단점들을 제거할 수 있을 것이다.

5. 삶의 덫의 기원을 이해하라. 엄격한 기준은 어떻게 시작되었는가? 부모 중 누군가가 당신을 조건적으로 사랑했는가? 부모가 엄격한 기준의 모델이었는가? 우리가 알아보았듯이, 이 삶의 덫은 어린 시절의 다른 덫과 연관되어있을 수 있다. 엄격한 기준은 핵심에 더 가까이 있는 다른 덫(결함, 사회적 소외, 정서적 결핍 등)의 일부일 수도 있다.

6. 기준을 25% 정도 낮춘다면 어떤 효과가 날 것인지 고려해 보라. 먼저 우리는 엄격한 기준과 동반되는 전부 아니면 전무의 흑백논리적 사고를 바꿔야 한다. 어떤 일이 완벽하거나 실패작이거나 둘 중의 하나라고 생각하며, 그저 괜찮다는 것은 상상도 못 한다. 0에서 100까지의 척도를 적용했을 때, 수행 정도가 100이 아니라면 혹은 98이나 99가 아니라면, 0이라는 식으로 생각한다. 어떤 일을 80%나 70%만 해내도 잘했다는 평가를 받을 수 있다는 것을 알아야 한다. 그렇게 해도 자신의 업적에 자부심을 가질 수 있다.

파멜라   어느 날엔가 만찬을 위해 라자냐를 만들고 있었어요. 시부모님이 오실 예정이었죠. 저는 가게에서 산 소스를 썼는데 그게 문제였어요. 라자냐를 잘 만들었다는 칭찬을 들었을 때, 제가 그런 칭찬을 받을 가치가 없는 사람이란 생각이 들면서 죄책감을 느꼈죠. 그날도 죄책감에 시달리면서 밤을 새웠어요. 스스로 거기에 대해 곰곰이 생각했어요. 만찬은 아주 좋았고, 가게에서 산 소스를 썼다고 해도 문제가 아니라고 자신에게 계속 이야기했어요.

당신이 이렇게 약간 낮은 수준에 만족할 수 있다면, 지금처럼 엄청난 대가를 치르지 않고서도 직업적 발전이나 재정적 성공, 칭찬, 지위 등에서 많은 보상을 받을 수 있었을 것이다. 이런 보상을 얻기 위해서는 약간의 희생을 치러야 하겠지만, 스트레스가 줄어들고 몸은 건강해지며 휴식 시간이 늘고 더 행복한 기분을 느끼고 대인관계가 좋아지는 이점들이 있으니 그런 희생은 충분히 감수할 만한 것이다.

7. 자신의 기준을 맞추는 데 소모하는 시간을 가늠해 보라. 시간 관리 기술을 여기에 적용해 볼 수 있다. 시간표를 만들어서, 하루 동안 해야 할 각 과제에 대해 시간을 배정해 보라. 과제별로 배정된 시간 이상을 소모해서는 절대 안 되며, 시간이 지났을 때는 어떤 수준으로 일을 처리했더라도 그것을 끝내야 한다.

파멜라는 이 방법을 학술지에 발표한 논문을 작성하는데 적용해 보았다. 그녀는 논문을 쓰는 데 6시간을 배정했다.

파멜라   6시간이 다 되었을 때, 계획한 대로 실행했죠. 논문을 더 수정하지 않고, 그 상태대로 놔뒀어요. 그렇게 한다는 것이 저로서는 힘들었어요. 아직도 손대고 싶은 부분이 많았거든요. 그러나 우리 아이들을 생각하면서 멈출 수 있었어요. 제게는 아이들과 함께 시간을 보내는 것이 더 중요했거든요.

각 과제에 대해 시간을 얼마나 배정할지 결정할 때에는, 그 목표가 당신의 행복에 얼마나 중요한가를 고려하라. 그런 다음 가장 중요한 삶의 영역에 가장 많은 시간을 배정하라. 엄격한 기준을 가진 사람들은 종종 전체적인 조망을 잃는다. 모든 과제가 똑같이 중요하게 느껴지는 것이다. 당신은 비행기편을 예약하는 데에도 중요한 보고서를 쓸 때만큼이나 시간을 배정한다. 그 과제가 삶의 질에 얼마만큼의 영향을 주는지는 상관하지 않고, 그 과제를 완벽하게 하는데 얼마의 시간이 걸리는지를 기준으로 시간을 할당한다.

파멜라는 자신의 논문을 완성하려면 20시간이 걸릴 것으로 예상했다. 그러나 그녀에게는 논문보다 가족이 더 중요했기에, 가족에게 더 많은 시간을 투자하고 논문에는 적은 시간을 배정하기로 했다.

이런 과정을 통해 완벽함이란 것이 어떤 대가를 치르도 될 만큼 가치 있는 것은 아님을 배우기 바란다. 완벽한 수준에 도달하기 전에 중단할 수 있으며, 그렇게 해도 인생은 예전만큼 잘 돌아갈 것이다. 오히려 더 좋아질 수도 있다. 각 과제를 완성하기 위해 적당한 만큼의 시간을 배정하라. 그 시간이 끝날 무렵, 성취 수준이 어느 정도 되었든 수긍하도록 하라. 그렇게 하지 않으면, 일하는 시간은 지속해서 늘어나고 인생은 통제할 수 없게 된다.

8. 좀 더 균형 잡힌 시각을 가진 사람들에게 여론 또는 객관적인 의견을 구함으로써 합리적인 기준이 무엇인지 결정하도록 노력하라. 우리가 엄격한 기준을 가진 환자들을 위해 해주는 역할이 이런 것이다. 합리적 기준에 대한 좀 더 객관적인 의견을 제공하거나, 환자들이 어떻게 좀 더

객관적인 의견을 갖게 되는지, 곰곰이 생각해 보도록 도울 수 있다. 스스로 이런 작업을 해보긴 하지만, 이 문제에서는 자신을 신뢰할 수가 없다. 다른 사람에게 자신의 느낌이 합리적인지 물어보라. 주변에 균형 잡힌 인생을 사는 사람들이 있다면, 높은 기준을 가지고 있으면서도 인생을 즐기는 사람들이 있다면, 그들이 일하고 휴식하고 잠자는데 얼마만큼의 시간을 보내는지, 가족과 친구들과 보내는 시간이 얼마나 되는지, 운동이나 휴가에는 얼마의 시간을 할애하는지 물어보라. 좀 더 균형 잡힌 생활의 구조를 계획하도록 노력하라.

9. 깊은 욕구를 더 충족시킬 수 있도록, 일정과 행동을 서서히 변화시켜라. 이렇게 좀 더 균형 잡힌 구조가 될 때까지, 점진적으로 바꿔나가라. 파멜라와 키츠가 하려고 한 것이 바로 이런 것이다. 파멜라는 시간 관리 기술을 능숙하게 적용했다. 그녀는 병원에서 일하는 시간을 제한했고, 연구계획에 대한 책임 중 일부를 같은 과의 조교수에게 넘겼다. 그녀는 어떻게 권한을 위임하는지 배운 것이다. 그러고는 남편, 자녀들과 더 많은 시간을 함께 보냈다. 등산을 시작했고 실외에서 많은 시간을 보내기 시작했다. 비록 이런 일마저도 완벽하게 하고 싶은 마음을 억눌러야 했지만.

파멜라 제 일에서 일부를 놓아버리기 시작했을 때, 제 인생이 더 나아지는 걸 즉시 확인할 수 있었어요. 제가 좀 더 행복한 사람이 되었을 뿐 아니라 모두가 더 행복해졌어요. 바로 이런 결과들로 인해서 더 많은 것들을 놓아버릴 수 있었어요.

파멜라는 주의를 환기하기 위해, '실패했다는 느낌 없이 기준을 낮출 수 있다. 일을 적절한 수준으로 하고 거기에 대해 긍정적으로 생각할 수 있으며 그것들을 좀 더 완벽하게 하려고 노력하지 않아도 된다'라는 플래쉬 카드를 가지고 다닌다.

키츠에게 변화한다는 것은 다른 의미가 있었다. 그것은 자신에게 무엇이 중요한가에 대한 관점을 완전히 바꾸는 것을 의미했다. 베스를 만난 것이 일차적인 촉매 역할을 했다. 키츠 자신도 놀랐고, 결국 그는 베스와 사랑에 빠지게 되었다.

키츠 베스와 함께 시간을 보내는 것이 너무 좋아요. 그저 베스와 조용한 시간을 보내면서 함께 저녁 식사를 요리하거나 영화관에 가는 거로 만족해요. 사교 모임에 대해서는 이제 별로 관심이 없어요.

파멜라와 키츠 모두 이러한 교환을 실행에 옮겼다. 완벽한 질서, 성취, 지위에 대한 욕구를 포기하고, 좀 더 높은 삶의 질과 사랑하는 사람들과의 좀 더 만족스러운 정서적 관계에 대한 욕구를 선택하라.

16

"원하는 건 다 가질 수 있어" 특권 의식의 덫

멜 | 43세. 부인이 이혼하겠다고 위협하고 있다.

    멜을 만나기도 전에, 우리는 전화 통화를 통해서 그가 굉장히 자기중심적인 사람이라고 느꼈다. 첫 번째 통화에서, 그는 목요일 저녁에 시간이 괜찮은지 물어보았다. 월요일과 수요일 저녁에만 일한다고 대답했더니, '그럼 목요일에 볼 기회는 없는 거네요?'라고 되물었다. 다시 한번, 우리는 목요일 저녁에는 일하지 않는다고 얘기하고, 다음 주 월요일로 약속을 잡았다. 그러나 그 뒤에도 두 번이나 전화를 걸어, '목요일은 정말 안 되나요? 그럼 정말 좋을 것 같은데요'라고 얘기했다.
    멜은 첫 방문에서 예약 시간보다 20분이나 늦게 왔다. 사무실에 들어오자 한 첫 말은, 월요일에 오는 것은 너무 힘들다는 얘기였다. 그러더니 이번에는 그가 앉은 의자에 대해서도 불평을 늘어놓기 시작했다. 우리는 왜 치료를 받으러 왔는지 물었다.

멜   제 아내 케이티 때문이에요. 제가 치료를 받지 않으면 저와 이혼하겠다고 위협하거든요. 전 그녀와 헤어지고 싶지 않아요.
치료자   왜 그녀가 이혼하겠다고 위협하나요?
멜   제가 바람피운다는 사실을 다시 알아냈거든요.
치료자   그럼 전에도 이런 일이 있었나요?
멜   네. 이번에 알게 된 것이 두 번째네요.
치료자   이번이 두 번째 외도였나요?
멜   아니요(웃음). 이건 저의 작은 버릇이에요. 저는 한 여자만으로 만족을 못하겠어요.

우리는 시간이 지날수록 왜 케이티가 멜과 이혼하겠다고 위협하는지에 대해 알게 되었다. 케이티는 부부치료 중에 이 부분에 대해 언급하였다.

케이티   저는 더는 견딜 수가 없어요. 그가 원하는 방식대로 항상 해야 한다는 것에 진절머리가 나요. 그는 마치 응석받이 아이 같아요.

멜은 케이티의 행동에 대해 당황하는 눈치였다. 그는 '그녀는 모든 것을 왜 그렇게 크게 문제 삼는지 모르겠어요'라고 불평했다.

니나 | 30세, 어떤 직업도 오래 유지할 수 없다.

니나 또한 첫 번째 예약 시간에 늦었다. 그녀는 들어오자마자, '죄송해요. 지각하는 것이 바로 제 문제예요'라고 말했다.

치료자 　음, 왜 치료를 받으러 오셨는지에 대해 시작하는 것이 좋겠네요.
니나 　남편은 제가 일하길 원해요. 사정이 지금 좀 안 좋거든요.
치료자 　당신도 일하길 원하나요?
니나 　아니요. 제가 일해야 한다는 게 굉장히 불공평하다고 생각해요. 전 정말 일하기 싫어요.
치료자 　그래도 어쨌든 당신은 일을 구하려고 애쓴 거 같네요.
니나 　네. 찾아다녔어요. 선택의 여지가 없었죠. 지금 우리는 정말 경제적 사정이 안 좋으니까요. 문제는 일을 구한다는 것 자체가 어려워요. 아니 일은 구한다 해도 그 일을 계속할 수가 없어요.
치료자 　문제가 뭐였나요?
니나 　일이란 게 참 재미없잖아요?! 그리고 전 그들이 원하는 대로 맞추는 게 정말 싫어요.

우리는 니나가 어른답지 못하다는 인상을 받았다. 그녀가 온 실제 목적은 치료자가 그녀 편이 되어, 자신이 일하지 않도록 남편을 이해시켜달라는 것 같았다.

치료자 　남편이 당신과 함께 치료를 받으려고 할까요?
니나 　그것이 좋을 것 같아요. 선생님께서 제 남편에게 이야기해 주시고, 그 이유를 알 수 있도록 도와주셨으면 좋겠어요. 저는 정말 일과는 동떨어졌다고요.
치료자 　음, 그러기 위해선 본인이 직접 말해야만 합니다.

자신이 원하는 방법으로 우리가 개입하지 않을 것이 드러나자, 니나는 화를 냈다. 오히려 그녀는 '도대체 저한테 왜 그러시는 거죠?'라고 되물으며, 자신의 불쾌함을 숨김없이 드러냈다.

특권 의식의 덫 질문지

이 질문지는 당신의 특권 의식의 덫의 강도를 측정하는 것이다. 아래에 있는 척도를 이용해서 각 항목에 답하라. 당신의 성인기 동안 일반적으로 느끼고 행동했던 방법에 근거해서 각 항목을 평가하라. 성인기의 어느 시기에 변화가 있었다면 각 항목을 평가할 때 가장 최근의 일 년 혹은 2년에 초점을 맞춰라.

완전히 나와 다르다.	1	어느 정도는 나와 일치한다.	4
대부분 나와 다르다.	2	대부분 나와 일치한다.	5
다른 면보다 일치하는 면이 좀 더 많다.	3	완전히 일치한다.	6

비록 점수의 합계가 낮더라도 5점이나 6점에 해당하는 항목이 하나라도 있다면 이 덫은 당신에게 존재하는 것이다.

질문	점수
1. 나는 상대가 '거절'하는 답을 받아들이기 어렵다.	
2. 나는 원하는 것을 얻을 수 없을 때 화가 난다.	
3. 나는 특별하기에 일상적인 제약을 지키지 않아도 된다.	
4. 나는 자신의 욕구를 최우선으로 한다.	
5. 나는 술, 담배, 과식 등의 문제 행동을 멈추는 데 어려움이 많다.	
6. 나는 따분하고 일상적인 일들을 끝내도록 자신을 훈육할 수가 없다.	
7. 나는 나중에 문제가 될 충동이나 감정에 따라 행동한다.	
8. 나는 목표에 도달하지 못하면 쉽게 좌절하고 포기하게 된다.	
9. 나는 사람들이 내 방식을 따르도록 고집한다.	
10. 나는 장기적 목표의 달성을 위해 즉각적인 만족을 포기하는 데 어려움이 있다.	
당신의 최종 점수(질문 1번에서 10번까지의 점수를 더하라)	

점수 해석

10 – 19 매우 낮음. 이 덫은 당신에게 적용되지 않는다.
20 – 29 낮음. 이 덫은 아주 가끔 당신에게 적용될 것이다.
30 – 39 중간. 이 덫은 당신의 인생에서 문제가 될 수 있다.
40 – 49 높음. 이 덫은 당신에게 분명히 중요하다.
50 – 60 매우 높음. 이것은 분명히 당신의 핵심 삶의 덫 중 하나다.

특권 의식의 경험

특권 의식에는 세 가지 종류가 있는데, 각각 독특한 경험을 지니고 있다. 각 종류는 겹쳐지며 당신은 이 중 한 가지 이상의 덫에 걸려 있을 수 있다.

> **특권 의식의 세 가지 종류**
>
> 1. 버릇없음의 특권
> 2. 의존의 특권
> 3. 충동성

버릇없음의 특권

자신이 특별하다고 생각하고, 모든 것이 자기 맘대로 되길 원한다. 이에 대해 다른 사람들이 망설이면 화를 낸다.

케이티 저는 이 수업을 듣고 싶은데, 그는 그러길 원하지 않아 서로 싸웠어요.
멜 제가 일을 마치고 집에 돌아오면, 그녀는 집에 없어요.
케이티 당신이 집에 도착하고 나서, 30분 안에는 돌아올 거예요.
멜 하지만, 내 저녁을 차려주지 못하잖아.
케이티 여보, 일주일에 한 번뿐이에요. 시켜 먹든가 외식을 하면 돼요.
멜 난 온종일 힘들게 일하고 들어온단 말야. 저녁만큼은 집에서 편안하게 먹고 싶어! (소리 지른다) 내가 편하게 사는 건 나에게 중요하다고!

당신은 다른 사람의 감정에 대해 공감하거나 고려하지 않는다. 이러한 감정은 남을 생각할 줄 모르게 만들고, 심지어 학대까지 하게 한다.

일반적인 사회적 경험이나 관습에 대해 무관심하며, 자신이 법 위에 있다고 생각한다. 다른 사람들은 사회적인 규범을 어겼을 때 처벌받아 마땅하다고 생각하지만, 자신만큼은 처벌받아서는 안 된다고 생각한다.

멜　죄송해요. 늦었어요. 어떤 멍청이가 차량 견인 구역에서 차 빼는 것을 기다리고 나서 주차하다 보니까 이렇게 됐네요.
치료자　차량 견인 구역에 주차했어요?
멜　네. 하지만 괜찮아요. 제 처남의 차를 빌려 타고 왔거든요. 의사 번호판이 달려있기 때문에 딱지를 떼도 잘 구슬릴 수 있어요.

그럴 만한 권리가 있다고 느끼기 때문에, 죄책감 없이 자신이 원하는 대로 행동한다. 부정적인 결과는 어떻게든 빠져나갈 수 있을 것으로 기대한다. 혹은 어떻게든 상황을 조작하여 대가를 치르지 않으려 한다.

의존의 특권

의존할 수 있다는 특권 의식은, 자신은 약하고 무능력하고 궁핍한 존재이기에 강한 다른 사람들이 자신을 돌봐줄 것이라고 기대하는 것이다. 아이가 부모에게 느끼는 것과 마찬가지로 자신도 그러한 권리가 있다고 생각한다. 이것은 당신의 권리이다. 사람들은 당신에게 빚을 졌다.

니나　제가 식비로 옷을 산다는 사실에 레이먼드는 정말로 화가 났어요.
치료자　왜 그랬죠?
니나　음, 그가 제 의복비를 써버렸거든요. 정말 화가 났죠. 저보고 뭘 어쩌라고 그러는 거죠? 그 똑같은 옷들을 계속 입으라는 건가요?
치료자　압니다. 두 사람이 돈 문제 때문에 그가 옷 살 비용을 없앤 거지요.
니나　음, 그가 그런 건 좀 더 잘 처리했어야지요! 이렇게 하면 안 되는 거잖아요!

니나처럼 당신도 재정적으로 지원받기를 기대할 수 있다. 당신의 일상사에서 매일 일어나는 일이나 결정을 내리는 데 있어, 다른 사람들이 그에 대한 책임을 당연히 져야 한다고 생각한다.

능동적 공격성보다 수동적 공격성을 지녔기에, 당신을 돌봐주는 일을 다른 사람이 실패한 경우, 자신이 피해자라고 느낀다. 화가 나지만 아마도 자신을 제지할 것이다. 분노를 다른 방법, 즉 뾰로통해 있거나, 칭얼대거나, 때로는 아이같이 징징거리는 것으로 표현한다.

특별하다고 느낄 필요는 없다. 사실 당신은 남을 즐겁게 하거나 수용하기 위해 애쓸 것이다. 하지만 여전히 의존할 권리가 있다고 느낀다. 이러한 특권 의식은 나약하고 상처받기 쉽다는 느낌에서 시작된다. 당신은 도움이 필요하고 사람들은 당신을 도와야만 한다.

충동성

충동성은 행동과 감정을 통제하기 힘들었던 평생을 지속해온 양식이다. 당신은 충동을 조절하는 데 문제가 있다. 행동이 어떤 결과를 초래할지 고려하지 않고, 자신이 원하는 대로, 느껴지는 대로 행동한다.

장기간의 업무, 특히 재미없고 기계적인 일들을 끝까지 해야 할 때, 느껴지는 좌절감을 잘 참아내지 못하며 일반적으로 체계화하고 조직화하는 기술이 부족하다.

니나 여행사 일을 구하지 못했어요.

치료자 아, 그래서 결국에는 그곳에 갔군요. 무슨 일이 있었나요?

니나 사실 지원서를 다 써내지 못했어요. 그 긴 지원서의 내용을 적는다는 게 이해할 수 없었죠. 게다가 하나씩 짚어가며 도와줄 수 있는 사람을 찾을 수가 없었어요. 만일 지원 과정부터 이런 식이라면, 이 일을 좋아할 수가 없어요. 제가 꼭 일하길 원하는 곳은 아니에요.

당신은 니나처럼 미루는 경향이 있을 수 있다. 결국, 그 일을 하게 되더라도, 성의가 없거나 수동공격적으로 할 것이다. 스스로 집중하거나 일에 대해 인내할 수 없다. 오랫동안 지속한다는 거 자체가 어려운 일이다. 당신은 단기적 만족과 장기적 만족 사이에 문제를 가지고 있다.

단기적인 만족을 뒤로 미루는 어려움은, 과식, 담배, 술, 마약이나 충동적 성관계와 같은 중독의 형태를 띤다. 하지만 중독의 문제가 있다고 해서, 이 삶의 덫에 빠져 있다는 것을 보여주는 것은 아니다. 중독은 몇 개의 다양한 다른 징조 중의 하나일 뿐이다. 특권 의식이라는 삶의 덫에 빠져 있다는 것을 확인하기 위해선, 중독이 일반적인 자기-조절과 자기-훈련의 장애 중 한 부분이라는 것이 밝혀져야 한다.

당신은 특별히 분노라는 감정을 통제하는 데 문제가 있을 수 있다. 어느 정도의 우울증도 있겠지만, 분노가 두드러진 감정이다. 자신의 분노를 성숙한 방법으로 표현하지 못하고, 오히려 울화통 터진 아이처럼 행동한다. 끈기없고, 쉽게 자극받고, 화가 난다.

케이티   이 사람은 장소가 어디든지 누가 듣든지 상관하지 않고, 갑자기 소리를 질러요. 그게 공공장소든 친구의 집이든 어디 있든지 상관없어요.
멜   맞아요. 제가 화가 나면, 그걸 사람들이 알아줬으면 좋겠어요.
케이티   문제는 그런 행동이 사람들에게 먹힌다는 사실이에요. 이 사람을 조용히 시키기 위해 원하는 것은 다 해줘 버리거든요. 모두가 그렇겠죠.

분노를 표현하는 데 있어, 자신에게는 너그러우며 어떠한 감정도 자유스럽게 분출할 수 있다고 느낀다. 다른 사람에게 끼칠 영향은 생각하지 않는다.

노여움과 충동 조절의 문제는 사회생활을 어렵게 만든다. 극단적으로는 자신의 충동 조절의 문제가 범죄 행동으로까지 이어질 수 있다. 보다 일반적으로는 폭발적 반응, 분노 발작, 부적절한 행동으로 표출된다.

니나   금요일에 있는 파티를 위해 예쁜 새 드레스를 샀어요.
치료자 어떻게 그게 가능했죠? 레이몬드가 이제는 옷을 살 돈을 주지 않는다고 생각했는데요.
니나   음, 선생님은 그에게 절대 말하지 않겠지만, 사실은 훔친 거예요. 굉장히 쉬웠어요. 옷 갈아입는 곳으로 그저 살짝 들고 가서 제 가방에 넣으면 되는 거예요.
치료자 레이몬드에게 어떻게 설명하려고 해요?
니나   아, 그는 모를 거예요. 이건 정말 저한테 돈을 주지 않은 그이의 잘못이에요.

　　레이몬드는 그 드레스에 대해 알게 되었다. 그는 너무 화가 나서 니나에게 법적으로 이혼하길 원한다고 말했다. 니나는 결코 그런 일을 바라지 않았다. 결과에 대해 생각해 보지 않은 채 충동적으로 행동했을 뿐이다. 충동과 행동 사이에 그녀는 생각하는 법을 집어넣어야 한다.
　　당신의 필요를 억압하게 만드는 여러 가지 삶의 덫과는 달리, 특권 의식이라는 삶의 덫은 자신의 필요를 지나치게 표현하게 한다. 보통 수준의 억제가 빠져 있다. 대부분 사람은 자신을 자제하고 억제할 줄 알지만, 당신은 그렇게 하지 못한다.
　　특권 의식이 있는 거의 모든 환자는, 자신의 패턴에 대해 그다지 고민하지 않는다. 이것이 이 책의 다른 삶의 덫들과 특권 의식을 구별하게 한다. 우리는 특권 의식 때문에 고통받는 환자를 만나보지 못했다.
　　어찌 되었든, 많은 환자가 심각한 특권 의식에 빠진 배우자를 만나고 있다. 이것은 특권 의식이 가득한 사람 대부분은 어떻게 치료를 받으러 오게 되는지를 보여준다(우리는 종종 환자의 배우자들에게 치료에 동참하라고 요청한다). 다시 말하면, 자신이 치료를 받으러 오는 것이 아니라, 대부분 다른 사람이 치료를 받도록 만든다.

예를 들면, 일을 제대로 끝낼 수가 없어서 실제로 직장에서 해고당한 다든지, 아니면 자신의 부인 혹은 남편이 떠나버리겠다고 위협할 때야, 비로소 자신의 행동이나 특권 의식이 문제가 되어 다른 사람이 그것에 대해 행복해하지 않는다는 것을 인식하게 된다. 그리고 삶의 덫이 실제 자신의 삶을 망칠 수 있고, 그 대가를 치러야 한다는 것을 마침내 깨닫게 된다.

특권 의식의 기원

특권 의식은 서로 다른 세 가지 방식으로 발달하게 된다. 첫 번째는 부모의 너무 약한 제한과 관련되어 있다.

기원 1: 약한 제한

약한 제한은 특권 의식을 갖게 하는 가장 두드러지는 원인이다. 이런 부모는 그들의 자녀들을 충분히 훈련하거나 제한을 하지 못하고, 여러 방법으로 버릇없거나 응석받이로 아이를 키운다.

A. 버릇없음

아이들은 원하는 대로 무엇이든, 언제든 받을 수 있다. 이것은 물질적인 욕구뿐만 아니라 뭐든지 자신의 방식대로 할 수 있다는 것을 의미한다. 아이가 부모를 지배한다.

B. 충동성

아이들은 '짜증을 참는 법'을 배우지 못했다. 그들은 책임을 지거나 주어진 직무를 끝마치도록 강요받은 적이 없다. 이것은 집안 일이나 학교 과제 모두에서 그렇다. 부모는 아이가 회피하고 싶은 것을 허용하여서 아이가 책임을 지지 않고 도망치도록 허락하였다.

아이들은 또한 '충동을 조절하는 법'을 배우지 못했다. 아이가 화를 내는 것같이 충동적으로 행동했을 때, 충분히 야단을 치지 않았기 때문에, 부모가 아이에게 충동성을 허용한 셈이다. 부모 스스로 한쪽 또는 양쪽에서 자신의 감정이나 충동을 조절하는 데 어려움이 있다.

우리가 뜻하는 제한이란, 정당한 규칙과 그에 따른 결과를 뜻한다. 멜과 니나 모두 아이였을 때, 부모에 의한 제한이 약했다. 이것은 그들의 부모에 의해 특권 의식을 느끼도록 길들어졌다는 것을 의미한다. 둘 다 버릇없고 응석받이로, 관대하고 방임적인 환경에서 자랐다. 그들은 결코 적절한 제한에 대해 배우지 못한 것이다.

    부모들은 자기 조절과 자기 훈육의 모델이 된다. 제한을 벗어난 부모들은, 제한을 벗어난 아이들을 만들어 낸다.

멜 네, 제 아버지도 같은 방법으로 집에서 소란을 피우셨던 것 같아요. 항상 화를 참지 못하고 우리에게 소리를 지르곤 하셨어요. 전 아버지와 아주 비슷해요.

케이티 당신의 어머니는 또 어떻고요. 어머니는 그의 아버지가 원하는 것은 무엇이든 정말 다 들어주는 그런 분이에요.

멜: 네, 제 생각에 두 분 다 모범 답안은 아니었어요.

    멜의 집안에서는, 그의 아버지가 아이처럼 행동하는 것이 용인되는 분위기였다. 성인이 자신을 제한하지 못하면, 그들의 아이들도 제한하지 못할 것이다.

    우리는 부모의 자기 제한을 통해, 자신을 제한하는 것을 배운다. 그리고 우리가 배운 것만큼, 자신에게 똑같이 하게 마련이다. 분명하고 일관성이 있고 부모가 적합한 한계를 정한다면, 우리는 이런 한계들을 자신에게 응용하는 방법을 배울 수 있다.

    약한 제한 아래 길러진 환자는, 보통 아이로서 상호 관계에 대한 개념을 배우지 못하게 된다. 당신의 부모가 무엇인가를 얻기 위해서는, 무엇인가를 줘야 한다는 것을 가르쳐 주지 않았기 때문이다.

    멜과 니나는 흥미로운 공통점이 있었다. 멜은 가족 중 유일한 남자아이였고, 니나는 가족 중 유일한 여자아이였다는 것이다.

니나 제가 가장 어렸고 유일한 여자아이였어요. 제 어머니는 정말 여자아이를 원했어요. 세 명의 남자아이를 낳은 후, 저를 얻으셨죠. 어렸을 때, 저는 제가 원하는 것은 다 얻을 수 있었어요. 부모님과 오빠들은 마치 작은 공주처럼 저를 보살펴 줬어요.

가족 중 가장 어린아이, 유일한 성별인 아이와 같은 유일한 아이들은, 삶의 덫에 빠지기 쉬운 가능성이 있다. 이유는 응석받이로 자랐을 가능성이 더 크기 때문이다.

기원 2: 지나친 의존

의존적 특권 의식의 원인은, 부모가 아이를 응석받이로 키워, 자신에게 의존적인 아이로 자랐기 때문이다. 아이들이 매일 책임지거나 결정해야 하는 일과 어려운 일들을 부모가 대신해 주었다. 환경이 아주 안전하고 보호받는 경우와 아이에게 기대하는 것이 너무 적은 경우, 아이는 이런 수준의 보살핌이 요구될 뿐이다.

의존의 덫과 '의존적 특권 의식'은 종이 한 장 차이다. 의존이 허락될수록 즉 모든 것이 주어지게 되면, 더욱 과보호되고 의존적 특권 의식으로 가는 경향이 있다. 만일 당신이 여기에 속한다면, 이 책의 의존의 덫에 대해 다룬 장을 다시 읽어보길 바란다.

기원 3: 다른 삶의 덫에 반격하기 위한 특권 의식

대부분 환자에게 특권 의식은 결함, 정서적 결핍, 사회적 소외와 같은 다른 주된 삶의 덫들을 지나치게 보상하거나 혹은 반격하는 방식이다. 만일 이런 특권 의식의 원인을 찾아보고 싶으면, 연관된 핵심적 삶의 덫에 관한 부분을 읽어보라.

만일 어린 시절의 정서적 결핍을 극복하기 위한 수단으로서 특권 의식을 키워왔다면, 그것은 당신이 어린아이였을 때 속임수를 당했거나 뭔가 결핍이 있었다는 얘기다. 아마 당신의 부모가 매몰찼거나 올바르게 양육하질 않아서, 정서적으로 결핍되었을 수도 있다. 혹은 물질적으로 모자랐을지도 모른다. 주위의 가족들은 풍요로웠지만, 상대적으로 당신은 가난했을 것이다. 자신이 얻을 수 없는 것을 계속 원해왔을 것이고, 이제는 자신이 성인으로서 모든 것을 얻을 수 있다는 것을 확인할 차례이다.

당신의 특권 의식은, 어렸을 때는 당시의 문제들을 대처해가는 나름의 건강한 적응 방법이었다. 아이였을 때 경험했던 외로움, 사랑, 보살핌, 배려의 결핍으로부터 탈출하기 위해 자신에게 특권 의식을 제공하였을 것이다. 아니면 물질적인 결핍으로부터 탈출하는 방법이 제공되었을 것이다. 문제는 그 방법을 너무 오래 써왔다는 점이다. 이제 성인으로서 다시 결핍을 느끼고 속는 것이 너무 두려운 나머지, 먼저 지나치게 요구하고 제한하는 자기중심적인 사람이 된 것이다. 자신의 욕구가 충족되는지를 확인하느라, 자신의 욕구를 가장 진정으로 충족시켜줄 수 있는 사람들을 오히려 밀쳐내기 시작한 것이다.

결핍된 아이들이 이를 극복하는 방법으로 왜 하필이면 특권 의식을 선택했는지는 매우 흥미로운 질문이다. 어떻게 이 전략을 사용하게 되었을까? 우리는 여러 가지 요소들이 복합적으로 영향을 미친 것이라고 본다.

첫째는 아이의 기질이다. 어떤 아이들은 더 공격적이다. 그들의 성향은 결핍의 감정에 굴복하기보다는 적극적인 방식으로 반응하도록 밀어부친다.

두 번째 요소는 가족들이 반격할 수 있도록 허락했느냐 여부이다. 감정적으로 결핍된 부모는 아이가 다른 방법으로 요구해도 허락한다.

세 번째 요소는 아이가 어떤 면에서 타고난 자질(예를 들어, 특별히 명석하거나 아름답거나 재능)이 있는가 하는 점이다. 아이는 이런 자질로 인해 주목을 받음으로써 보상받을 수 있다. 그 영역 중 최소한 한 가지에선 아이의 욕구가 어느 정도 충족될 수 있다.

분노는 결핍을 극복하는 방법으로써 특권 의식을 갖게 하는 또 다른 요인이다. 극단적인 분노는 그들의 아동기적 상황을 극복하게 하는 강력한 동기가 될 수 있다. 그들이 보기에 불공평한 것을 바로잡을 수 있는 의지를 부여한다.

대부분은, 정서적 결핍에 대한 반작용으로서 특권 의식이 사용되지만, 다른 삶의 덫에 대한 반응일 수도 있다. 아마도 결함이 있거나 사회적으로 환영받지 못하는 어떤 사람이 특별하다는 느낌으로 보상받을 수 있다. 만일 당신의 내재한 느낌이 '나는 열등해'라면, 역습을 통해 '나는 특별해. 누구보다도 더 나은 사람이야'라고 할 수 있다.

비록, 이것이 충동성의 주된 원인은 아니지만, 복종의 느낌을 반격하는 형태로 좌절을 인내하지 못하고 충동을 통제하지 못하는 문제로 나타날 수 있다. 이런 경우, 아이는 지나치게 훈련받게 되고 통제받게 되어 나중에는 이런 과도한 훈련과 통제에 폭발적으로 반항하게 된다.

배우자에게서 보이는 위험 신호

다음은 삶의 덫으로 인해 배우자를 선택하였다는 신호들이다. 다시 말해서 당신의 특권 의식을 강화하는 사람을 선택한 것이다.

> **버릇없음의 특권 의식**
>
> 당신은 다음과 같은 상대에게 매력을 느낀다.
>
> 1. 당신의 욕구를 위해 그들의 욕구를 희생한다.
> 2. 자신을 조종하도록 내버려 둔다.
> 3. 욕구와 감정을 표현하는 것을 두려워한다.
> 4. 학대나 비난 등을 기꺼이 참으려는 의지가 있다.
> 5. 그들을 이용하도록 허용한다.
> 6. 자아에 대한 강한 의식이 없다. 당신을 통해 그들의 삶을 산다.
> 7. 의존적이고 의존에 대한 대가로 지배당하는 것을 받아들인다.

> **의존의 특권 의식**
>
> 당신은 능력 있고 당신을 돌봐줄 수 있는 강한 상대에게 매력을 느낀다. (의존의 덫에 관한 장을 읽어라).

> **충동성**
>
> 당신의 혼돈되고 무계획적인 경향이 상쇄될 수 있도록, 계획적이고 자제력 있고 강제적인 상대에게 매력을 느낀다.

위의 내용을 요약해 보면, 당신은 자신의 특권 의식을 힐책하기보다는 지지해 주는 그런 상대에게 매력을 느낀다. 멜과 니나도 모두 위와 같은 여러 번의 교제를 경험했다. 결혼하기 전에 멜은 따뜻한 공감대를 형성할 줄 알고 보살필 줄 아는 여자들과 교제를 한 적도 있었다. 그러나 문제는 멜 자신이 그녀들을 함부로 대했다는 데 있다. 따뜻한 공감대를 형성하기보다는 그녀들을 억누르고 마음대로 휘두르려고 했을 뿐, 진정한 사랑을 나눌 수 없었다.

니나 또한 마찬가지였다. 의존의 특권에 휩싸인 그녀는 자신보다 능력 있고 자신을 돌봐줄 수 있는 강한 남자들에게 매력을 느낌으로써 덫을 강화하고 있었다.

아마 삶을 돌아보면, 이러한 방식은 당신에게도 적용될 것이다. 경험한 대부분의 관계에는 일정한 형식이 있을 것이다. 그것들은 아동기적 특권 의식을 다시 재연하도록 해 준다.

물론 당신과 관계를 맺고 있는 사람들도 그들 자신의 삶의 덫에 빠져 있다고 언급했다. 손바닥도 마주쳐야 소리가 나는 법이기 때문이다.

다음 표의 목록은 각각의 특권 의식의 종류에 따라 사람들이 가지고 있는 가장 일반적인 삶의 형식이다.

버릇없음의 특권 의식

1. 자신의 주위에 있는 사람들의 욕구에 대해서는 상관하지 않는다. 그들을 희생해서라도 자신의 욕구를 충족시키고 상처를 준다.
2. 주위의 사람들을 학대하고 창피를 주거나 끊임없이 요구한다.
3. 주위에 있는 사람들의 감정을 공감하는 데 어려움이 있다.
4. 사회에 주는 것보다 얻는 것이 더 많다. 이것은 불평등을 초래한다.
5. 일에서 다른 사람의 욕구를 고려하지 못하거나 규칙을 따르지 못해 해고되거나 강등될지 모른다.
6. 당신의 상대, 가족, 친구들이나 자녀들을 학대하거나, 불공평하거나 자기중심적으로 대함으로써 그들이 당신을 떠나거나 분노하게 만든다.
7. 탈세나 사기처럼 속이거나 법을 어겨 법적 문제에 부딪힐 수 있다.
8. 다른 사람에게 사리사욕 없이 주는 기쁨이나 평등하고 상호보완적인 관계를 할 기회가 전혀 없었다.
9. 만일 당신의 특권 의식이 역습의 한 형태라면 자신의 내재한 삶의 덫을 직면하고 해결하는 것을 절대 허락하지 않는다. 실제 욕구는 전혀 언급하지 못하며 계속 정서적으로 결핍되었거나, 결함이 있거나 사회적으로 환영받지 못한다고 느낄 수 있다.

의존의 특권 의식

1. 다른 사람이 당신을 보살펴줘야 한다고 주장하기 때문에 자신을 보살피는 방법을 절대 배우지 않았다.
2. 가까운 사람들이 그들 자신을 위해 시간을 사용할 수 있는 권리를 부당하게 침해한다. 당신의 요구는 자신 주위에 있는 사람들을 지치게 만든다.
3. 의존하고 있는 사람들은 점차 당신의 의존과 요구에 대해 싫증을 내고 화를 내게 된다. 그리고 당신을 떠나거나 지속해서 도움을 주는 것을 거절할 것이다.
4. 의존하고 있는 사람이 죽거나 떠나게 되면 자기 자신을 보살필 수 없게 된다.

충동성 특권 의식

1. 자신의 경력을 향상하기 위해 요구되는 업무를 절대 완수하지 않는다. 만성적으로 성취 미달이었으며 실패에 관한 결과 때문에 마침내 자신이 부적절하다는 느낌이 들 것이다.
2. 주위 사람들은 결국 당신의 무책임성에 대해 싫증이 나게 되고 당신과의 관계를 끊어버릴 것이다.
3. 당신의 삶은 혼란스럽다. 적절한 방향과 계획을 세우는데 자신을 자제할 수 없기에 정체되어 있다.

> 4. 마약, 술, 과식과 같은 중독의 문제가 있을 수 있다.
> 5. 삶의 자제력이 없으므로 거의 모든 영역에서 목표를 성취하지 못하게 된다.
> 6. 삶에서 원하는 것을 얻을 수 있는 충분한 돈이 없다.
> 7. 자신의 충동을 제한할 수 없었기 때문에 학교의 권위자와의 관계, 경찰과의 관계 혹은 직장에서 문제가 있다.
> 8. 분노나 폭발성으로 인해 친구, 배우자, 자녀나 상사를 소외시킨 적이 있다.

변하고자 하는 동기가 낮을 수 있으므로, 이러한 삶의 덫들을 고려하는 것은 중요하다.

특권 의식이라는 삶의 덫은 변화하려는 동기가 매우 중요하다. 다른 삶의 덫과 달리, 특권 의식에 대해서는 고통스러운 느낌이 없다. 오히려 기분이 좋은 것처럼 느껴진다. 대신 당신의 주위에 있는 사람들이 고통을 느낀다.

치료자 멜, 케이티가 일을 할 수 있도록 해줘야만 해요. 지금 하는 행동은 공평하지 못해요.

멜 제가 왜 그래야만 하죠? 왜 치료자가 하라는 대로 해야죠? 저는 지금 이 상태 그대로가 좋아요. 케이티가 제게 맞추는 게 좋아요. 그런데, 제가 왜 이 상황을 바꿔야만 하죠?

멜의 입장을 이해하기는 쉽다. 결국, 왜 그가 변화해야 하는가? 표면적으로는 그의 삶의 덫은 그에게 이로운 것 같다. 니나도 마찬가지다. 다른 사람들이 나나 자신을 위하도록 만들 수 있는데, 왜 그녀가 자신을 위해 무언가를 해야만 하나?

특권 의식이 있는 환자를 치료할 경우, 우리는 항상 이유를 찾아야 한다. 왜 그들이 변화해야만 하는가? 삶의 덫이 개인적으로나 일을 하는 데 있어 어떻게 손해를 끼치는가? 삶의 덫이 어떠한 대가를 치르게 하는지 조심스럽게 고려해 봐야 한다.

특권 의식 바꾸기

우리는 이 장을 집필하면서 쓸데없는 얘기를 하는 게 아니냐는 생각이 들기도 한다. 특권 의식이라는 삶의 덫에 빠진 사람들이 이 장을 거의 읽지 않을 것이라는 생각이 들기 때문이다. 이 삶의 덫에 빠진 사람들은 거의 변화를 원치 않는다. 치료받는 것에 반대하며, 대신 그들의 문제에 대해 다른 사람들을 비난하고 현재를 유지하려고 노력한다.

만일 특권 의식이라는 삶의 덫에 빠져 있지만, 이 장을 읽고 있는 사람이라면 그것은 아마도 당신의 삶의 덫의 대가가 너무 커서, 이 문제를 더는 무시할 수 없기 때문일 것이다. 배우자가 이혼을 요구하였거나, 애인이 곧 떠나버릴 것 같다거나, 직업을 곧 잃을 것 같은 경우들일 것이다.

우리는 일찍이 이 장에서 언급했던 특권 의식과 관련된 여러 가지 형식들이 실제로는 당신과 무관할 수도 있다는 것을 깨달았다. 예를 들어, 당신의 특권 의식이 다른 사람들에게는 불공평하다는 것에 대해 신경 쓰지 않을 수도 있다. 다른 사람들에게 고통을 주고 있다는 것에 대해서도 상관하지 않을 것이다. 자기중심적 사고가 동기를 유발하는 데 있어 가장 큰 장애가 된다.

우리는 이 변화를 두 부분으로 나누었다. 첫 번째는 삶의 덫에 빠져 있지만, 바꾸길 원하는 사람들을 위해 구성되었다. 하지만 우리는 이 장을 읽는 대부분 사람이 특권 의식에 사로잡힌 사람들의 희생자라고 믿는다. 자신이 그런 덫에 빠져 치료를 받기 위해라기보다는 자신의 연인, 배우자나 부모와 같이 특권 의식이 가득 찬 사람들에 대해 이해하려고 이 장을 읽는다.

우리는 당신을 위한 부분 또한 포함했다.

다음은 삶의 덫이 변화하는 단계이다.

> **특권 의식의 문제를 극복하기 위한 방법**
>
> 1. 제한을 받아들이지 않는 것에 대한 장단점을 나열해 보라. 이는 변화하고자 하는 당신의 동기에 필수적이다.
> 2. 제한을 받아들이는 것을 회피하기 위해 사용했던 변명을 직면하라.
> 3. 평소의 삶에서 제한 문제가 나타나는 여러 가지 방법들을 나열하라.
> 4. 각각의 상황에서의 특권 의식이나 자기훈련에 대처하는 것을 도와줄 수 있는 메모장을 만들어라.
> 5. 변화를 위해 노력하면서 사람들에게 의견을 물어보라.
> 6. 주위에 있는 사람들을 공감하기 위해 노력하라.
> 7. 만일 삶의 덫이 반격의 한 형태라면 그것에 내재하여있는 핵심적인 삶의 덫을 이해하도록 노력하라. 관련된 변화 기법을 따르라.
> 8. 만일 자기 훈육에 어려움을 느낀다면, 권태나 좌절의 수준에 따라 일의 위계를 매겨라. 그리고 위계에 따라 자기 훈육을 높여가라. 이것이 당신이 자기 훈육을 배우는 방법이다.
> 9. 자신의 감정을 조절하기 어렵다면 '잠시 휴식'의 기술을 만들어라.
> 10. 만일 의존의 특권 의식에 빠져 있다면, 난이도에 따라 일의 위계를 매겨라.

1. 제한을 받아들이지 않는 것에 대한 장단점을 나열해 보라. 이는 변화하고자 하는 당신의 동기에 필수적이다. 특히 단점에 대해 나열해 보라. 당신으로 인해 다른 사람들에게 줄 피해, 친구와 가족이 당신에게서 멀어져 버릴 가능성, 해고되거나 승진이 되지 않을 가능성 등등. 만일 충동성에 문제가 있다면 좌절감을 더 적절한 방법으로 견뎌내지 못하는 한 삶의 목표를 이룰 수 있는 가망성이 절대로 없다는 것을 염두에 두어야 할 것이다. 이미 경험했던 어떠한 부정적인 결과도 포함해야 한다. 다음은 멜이 작성한 목록이다.

> **나의 특권 의식에 대한 장점들과 단점들**
>
> 장점들
> - 원하는 방식대로 할 수 있고 그것이 좋다.
> - 원하는 것(돈, 여자, 안락함)을 얻을 수 있다.
> - 화를 내면 사람들에게 내가 원하는 것을 시킬 수 있다.
> - 거의 모든 사람을 통제할 수 있고 그것이 좋다.
> - 나는 특별하다고 느낀다.
> - 나는 특별하기에 규칙을 지키지 않아도 된다.
>
> 단점들
> - 케이티가 나를 떠나겠다고 위협한다.
> - 사람들이 나에게 화를 내거나 나를 피한다.
> - 직장에서 사람들이 나를 두려워한다. 그들은 나를 싫어한다.
> - 가까운 친구들이 없다. 어느 정도 시간이 흐르면 많은 사람이 나에게 화를 내고 나와 관계를 중지한다.

아마도 예상을 했겠지만, 멜은 단점들에 속하는 목록에 자신이 다른 사람에게 고통을 준 것이나 자신의 특권 의식이 정당하지 않다는 것에 대한 목록을 포함하지 않았다. 이것이 앞으로 맺을 치료의 열매이다.

지금까지 겪었던 여러 가지 나쁜 일들에 대해 상상해 보아라. 그 결과를 알기 위해 더 사실적으로 느끼도록 하라. 사랑하는 사람이 당신을 떠난다거나 직업을 잃는다는 것을 상상해 보라. 예를 들면, 니나의 결점들의 목록 중 하나가 '레이몬드는 나를 떠날 수 있고, 그럴 경우에 나 자신을 어떻게 보살펴야 하는지 모른다'는 것이었다.

치료자 눈을 감고 그것이 어떠할지 상상해 보세요.

니나 (침묵) 엄마에게 전화를 걸고 친구들에게 전화를 걸어 저를 위해 무언가를 해주도록 노력하고 있어요. 이건 수치스러워요. 제가 비는 것 같은 느껌이에요. 그게 절 화나게 하고, 레이몬드에게 화가 나요. 하지만 제가 아무리 화를 낸들, 그를 돌아오게 할 순 없어요.

부정적인 결과가 일어나기 전에, 특권 의식의 대가에 대해 이해하도록 노력하라. 충동과 행동 사이에 생각이라는 단어를 집어넣어라.

2. 제한을 받아들이는 것을 회피하기 위해 사용했던 변명들을 직면하라.
당신의 변명들에 대한 목록을 만들어라. 각각의 변명에 대해 왜 이것이 단지 합리화일 뿐이고, 실제로 정당한 이유가 될 수 없는지에 대해 적어라. 자신의 특권 의식을 유지하는 생각들을 고려해 보라.

다음은 우리와 치료하는 동안, 멜이 작성한 몇 가지 변명들을 모아 놓은 것이다.

특권 의식을 위한 변명들

- 사람들은 있는 그대로의 나를 받아들여야만 한다.
- 나는 누구도 상처 주지 않는다.
- 모든 사람은 아무것도 아닌 것을 가지고 문제 삼는다.
- 나는 특별하고 그럴 만한 가치가 있다.
- 나는 절대 책잡히지 않는다.
- 나는 나 자신을 돌보고, 다른 이들은 그들 자신을 돌본다.
- 나의 분노를 모두 표출하는 것은 건강한 것이다.
- 타인을 다룰 수 있을 만큼 영리하다면, 나는 자신만의 방식으로 살아갈 수 있다.

니나의 변명은 자신의 자기 제한의 부족에 초점이 맞춰져 있다.

> **충동에 대한 변명들**
>
> - 만일 그것이 지루하다면 왜 해야 하나?
> - 나는 항상 다른 사람들을 나중에 따라잡을 수 있다.
> - 나는 그것을 내일 할 것이다.
> - 나의 타고난 재능으로 슬쩍 빠져나갈 수 있다.
> - 누군가가 나에게 더 잘해줄 수 있다.
> - 레이몬드는 결코 나를 떠나지 않을 것이다.
> - 내가 원하는 것을 할 때 삶은 더 재미있을 것이다.
> - 이게 나의 모습이라서 어떻게 할 수가 없다.

당신은 변명함으로써, 상황의 현실성을 부인할 수 있다. 만일 이런 식으로 계속한다면, 특권 의식과 충동성에 대해 어느 정도 대가를 지급해야 할 것이다. 이것을 읽는다는 사실 자체가 이미 무엇인가 잘못되었다는 것을 보여준다. 변명이 삶의 덫의 부정적 결과를 잘 볼 수 없도록 만들지 마라.

3. 평소의 삶에서 제한 문제가 나타나는 여러 가지 방법들을 나열하라. 제한에 대한 표를 채워 넣어라. 우리는 삶의 덫이 삶 속에 어떻게 나타나는지 아주 구체적인 방식으로 작성하길 원한다. 친구들이나 가족들에게 도움을 요청하라. 그들은 그것들을 지적해 주며, 더없이 행복해할 것이다.

사람들과의 여러 영역에 대해 고려해 보라. 집에서, 배우자와의 관계에서, 아이들과 관계에서, 일의 영역에서, 차 안에서, 식당이나 호텔에서, 친구들과의 관계에서 모두 생각해 보라. 각각의 영역에서 제한에 대한 표를 채워 넣어라. 이것은 당신의 기대치와 정상 표준을 비교해 볼 수 있는 기회를 제공할 것이다.

정상 표준의 기본적인 원칙은 상호적이거나 상호 교환적이라는 것이다. 이것은 다음의 황금 규칙으로 표현될 수 있을 것이다. '자신이 대우받길 원하는 것처럼, 다른 사람을 대우하라'.

다음은 멜이 케이티와 영화를 고르는 상황에 대해 제한에 대한 표를 채워 넣은 견본이다.

삶의 영역	나의 특권 의식	일반적인 기대치	나의 방법에 대한 부정적 결과
케이티와 영화 고르기	내가 선택한 것을 보도록 케이티를 괴롭힌다.	상호적 우리 모두 좋아하는 영화를 찾아 타협한다.	케이티는 나와 가지 않을 것이다. 오늘밤 계속 나에게 화가 나 있을 것이다.

우리는 이런 과정이 오래 걸릴 것으로 추측한다. 왜냐하면, 특권 의식이 문제가 되는 삶의 모든 영역들이 표로 작성되길 원하기 때문이다. 그 영역들은 매우 미묘할 수 있기에 금방 눈에 띄지 않을 수도 있다. 예를 들면, 멜이 식당에 갔을 때, 방은 알맞은 온도여야 하고 탁자는 정확한 위치에 있어야 한다는 것 등이다. 그의 특권 의식은 모든 영역에서 그의 삶을 잠식하고 있었다.

만일 치료를 받고 있다면, 당신의 치료자가 이런 평가를 할 수 있도록 도와줄 수 있다. 앞에서 언급했듯이, 가족과 친구들이 도와줄 수 있다. 특권 의식으로 인한 자신의 여러 가지 행동들에 대해 알지 못하기 때문에, 다른 사람들에게 물어보는 일은 매우 중요하다.

4. 각각의 상황에서의 특권 의식이나 자기 훈육에 대처하는 것을 도와줄 수 있는 메모장을 만들어라. 우리는 지금 당신이 삶의 덫에서 빠져 나오려고 노력하기를 원한다. 제한표에 적혀 있는 상황에 부딪힐 때마다, 권위적이고 충동적인 방식으로 하지 말고, 규범에 따라 행동하라.

플래쉬 카드가 도움이 될 수 있다. 각각의 상황에 따라 플래쉬 카드를 만들어라. 어떠한 상황에 앞서 자신을 준비하고 자신을 상기시키기 위해 가능한 한 그 상황 내내 사용하라. 플래쉬 카드를 적을 때 다음의 사항들을 기억하라.

> **특권 의식에 대한 플래쉬 카드를 쓰기**
>
> - 주위 사람들의 욕구에 민감해라. 그들이 어떻게 느끼는지 이해하도록 노력하고 공감하라.
> - 상호성, 공정성, 정당성을 원칙으로 행동하도록 하자.
> - 즉각적인 욕구가 부정적인 결과를 초래하는 위험보다 더 중요한지, 자신에게 물어보라 (예를 들면, 친구들과 멀어지거나 직장을 잃는 것).
> - 당신의 장기적인 목표를 달성하는 수단으로 불만을 견디는 방법을 배우도록 하라. '고통이 없으면 대가도 없다' 라는 옛말이 있다.

멜은 케이티를 잃을 수 있는 벼랑 끝까지 몰렸다. 가능성은 매우 컸고, 플래쉬 카드 사용이 그것이 사실이라는 것을 일깨워 주었다. 케이티에 대한 멜의 사랑은 그가 변화하도록 만든 영향력이었다.

당신이 얼마나 상식적으로 행동하는지, 혹은 얼마나 삶의 덫에 따라 행동하는지, 각각의 상황마다 비교할 수 있는 점검표를 간직하라. 이 점검표는 당신이 얼마나 발전했는지 객관적인 기록을 제공해 줄 것이다.

5. 변화를 위해 노력하면서 사람들에게 의견을 물어보라. 당신의 변화에 대한 노력에 당신이 믿고 있는 사람들이 포함되는 것이 중요하다. 친구, 동료, 사랑하는 사람에게 자신이 어떻게 하고 있는지 물어보라. 어떠한 변화를 관찰할 수 있는가? 어떤 영역에서 아직도 발전이 필요하다고 느끼는가?

특권 의식은 당신이라는 존재에서 너무 큰 부분을 차지하고 있으므로, 그 부분을 보기는 쉽지 않다. 다른 사람들이 더 쉽게 볼 수 있다.

그들의 반응을 통해서, 자신을 더 날카롭게 볼 수 있는 시각을 키우게 될 것이다.

또한, 그것은 행동에 대한 정상적인 기대가 무엇인지 점차 이해할 수 있도록 도와줄 것이다. 다른 사람들을 위해 사람들은 흔히 무엇을 하는가? 공평하고 동등한 관계를 갖는다는 것은 어떤 의미인가? 사람들이 따르는 관습은 어떤 것이 있는가? 이런 문제들을 계속 조사하라. 많은 사람이 이미 사회의 암시적인 규칙에 대해 이해하고 있다는 것을 자신에게 명백히 밝히어라.

6. 주위에 있는 사람들을 공감하기 위해 노력하라. 공감의 결여는 삶의 덫을 강화하는 데 중요한 역할을 한다.

케이티   멜은 그게 저에게 얼마나 상처가 되는지, 전혀 이해를 못 하는 것 같아요. 너무나도 당연하게 바람을 피우고 별일이 아니라고 생각해요. 제가 아무리 울고불고해도 별 차이가 없어요.

치료자   당신의 고통이 그에겐 별로 대단치 않은가 보군요.

멜   저는 그게 뭐가 대단한 건지 이해를 못 하겠어요.

멜은 다른 사람들의 감정에 대해 정말 무지했다. 이것은 버릇없는 특권 의식에 빠진 사람들에게 해당한다. 평생 자기중심적인 형식을 따르고 있기에, 다른 사람들에게 어떠한 영향을 주고 있는지 거의 모르고 있다. 인간관계의 전체적인 양상이 그들에게는 빠져 있는 것이다.

다른 사람들의 반응은 사회적 상황에 대한 중요한 단서이다. 그들의 반응은 우리가 어떻게 행동해야 하는지를 결정할 수 있도록 도움을 준다. 멜은 이러한 단서들 없이, 사람들과 상호작용을 하였다. 마치 진공 상태에서 행동한 것과 같다. 그는 언제 자신이 적절한 선을 넘어섰는지에 대해 알지 못했다. 그저 자신의 기분이 좋다면, 모든 게 괜찮은 것으로 생각한 것이다.

커플 치료에서 우리는 환자들이 공감을 배울 수 있도록, 거울에 비추는 연습을 한다. 거울에 비추기란, 적극적으로 듣는 형태를 말한다. 이것은 두 개의 부분으로 나뉘어 있다. 첫째는 다른 사람이 말한 것을 듣고 반추하는 것이다. 두 번째는 그 사람이 어떠한 기분을 느낄지 말하는 것이다.

케이티   그가 저에게 명령하는 방법에 정말 화가 나기 시작했어요. 텔레비전을 보고 있는데 먹고 싶은 게 있으면 저보고 그걸 가서 가져오라고 해요. 만일 제가 광고가 나올 때까지 기다리라고 하면 굉장히 화를 내죠.

치료자(멜에게)   그런 명령과 반응에 대해 한 번 생각해 볼까요?

멜   텔레비전을 볼 때 먹을 것을 가져다 달라고 하는 것처럼, 당신은 내가 집에서 너무 많은 일을 시킨다고 생각하는 거지. 이런 일을 당했을 때… 음, 화가 나겠죠.

다른 사람들에게 주목하기 시작하라. 그들의 불만과 문제들을 들어보도록 연습하라. 그들의 욕구를 고려하지 않았을 때, 그들이 어떻게 느낄지 이해하려고 노력하라.

7. 만일 삶의 덫이 반격의 한 형태라면, 그것에 내재하여있는 핵심적인 삶의 덫을 이해하도록 노력하라. 관련된 변화 기법을 따르라. 만일 감정적 결핍, 결함, 사회적 소외 등의 다른 삶의 덫을 대처하는 방법으로 특권 의식이 생겼다면, 이 책에 있는 관련된 장에서 권해 주었던 변화 기법을 따라 해 보라. 내재화된 삶의 덫에 맞서지 않으면, 당신은 변하기가 아주 힘들 것이다.

당신이 변화하는데 중요한 측면 중 하나는 자신의 취약성과 접촉하는 것이다. 특권 의식은 반격하려는 과감한 시도이기 때문에, 자신의 취약성에 대한 고통을 경험하지 않아도 된다. 내재하고 있는 결핍, 결함이나 사회적 소외의 감정을 느끼지 않는다면, 당신은 변화하지 못할 것이다.

특권 의식은 전부 아니면 전무의 사고방식이다. 원하는 모든 것을 얻든지 아니면 모두 빼앗긴다. 당신은 완벽하거나 아니면 결함투성이며, 사랑을 받거나 아니면 거절당한다. 당신은 욕구가 평범한 방법으로 채워질 수 있는 중간 단계가 있다는 것을 배울 필요가 있다.

다른 사람의 권리와 욕구를 존중하면서 자신의 핵심 욕구를 충족시킬 수 있는 더 적절한 방법을 찾도록 하라. 당신은 원하는 것을 얻기 위해 너무 요구적이거나 조정하거나 특권 의식을 가져서는 안 된다. 반격을 포기하라. 다른 사람들과의 가까운 관계를 통해 욕구를 충족시킬 수 있도록 노력하여, 친밀한 관계에 중점을 두기 시작하라. 자신이 원하는 것을 요구하기 전에 요청하는 것을 배워라. 자신에게 더 정직하도록 노력하라. 자신에 대해 더 개방적으로 되라. 숨기거나 감추거나 좋은 인상을 주려고 하지 말고, 자신에 대해 말할 수 있는 법을 배워라.

이것이 당신에게는 힘들 것이라는 것을 알고 있다. 다른 사람에게 받아들여지지 못하고, 자신의 욕구가 충족되지 못한 채, 취약하고 무력하고 노출된 모습으로 남겨질까 봐 두려워한다. 하지만 그렇게 되진 않을 것이라는 점을 알게 될 것이다. 사실, 당신의 삶은 훨씬 더 보상받게 될 것이다. 내재된 삶의 덫에 관한 장에 소개된 변화 기법을 따라 하다 보면, 잘 진행해갈 수 있을 것이다.

8. 만일 자기 훈육에 어려움을 느낀다면, 권태나 좌절의 수준에 따라 일의 위계를 매겨라. 그리고 위계에 따라 자기 훈육을 높여가라. 이것이 자기 훈육을 배우는 방법이다. 우리는 스스로 일을 계획하고 자신이 그것

을 강제로 따를 수 있도록 하길 원한다.

물론 어려운 일이라는 것을 안다. 때로는 지루하고 짜증도 날 것이다. 하지만 자신이 훈련을 받고 있다고 생각하라. 좌절 인내심을 키워가는 것이다. 앞으로 나아가기 위해 장기적인 이득을 상기하라.

약간 어려운 것에서부터 극단적인 일들에 이르기까지 목록을 만들어 보라. 자신의 목록에 있는 항목들의 어려운 정도를 측정하기 위해 다음의 척도를 사용하라. 각 항목이 당신에게 얼마나 어려울지에 대해 등급을 매겨라. 예를 들면, 거의 모든 사람에게 직업 원서를 작성하는 것은 어려운 일이 아니지만, 니나에게는 몹시 어려운 일이다.

난이도			
매우 쉽다.	0	매우 어렵다.	6
약간 어렵다.	2	거의 불가능하게 느껴진다.	8
상당히 어렵다.	4		

자기 절제를 필요로 하는 일들	난이도
1. 접시닦기	2
2. 일주일에 한 번씩 장보기	3
3. 일주일에 두 번씩 운동하기	4
4. 매일 구직란 읽어보기	5
5. 가족이 쓸 예산 모아두기	5
6. 직업 인터뷰를 위해 전화 걸기	6
7. 직업 인터뷰에 가기	7
8. 직업 지원서 쓰기	7
9. 일주일 동안 나를 위해서가 아닌 가족을 위한 돈을 사용하기	8
10. 직업 교육 프로그램 참여하기	8

일주일에 적어도 하나의 단계 목록을 완성하도록 하라. 몇 개의 목록은 일상적인 부분으로 만들어라. 모든 목록을 끝낸 다음, 매주 앉아서 목표를 정하는 것을 일정한 습관으로 만들어라. 당신이 얻은 것은 유지하라. 예전의 절제되지 않았던 때로 돌아가지 마라.

9. 자신의 감정을 조절하기 어렵다면 '잠시 휴식'의 기술을 만들어라.
화를 조절하는 데는 휴식 기술이 특히 도움이 된다. 막 화를 내려고 할 때, 자신의 감정을 쏟아내기 전에 상황에서 빠져나올 수 있도록 하는 데 도움을 준다. 다시 절제를 할 수 있게 되면, 자신의 화를 표현하는 것에 대한 이성적인 판단을 할 수 있게 해준다.

우리는 당신이 솟구치는 분노를 느낄 때, 그것을 분노 조절 전략을 사용하는 신호로 사용할 수 있길 원한다. 다음은 당신 분노의 정도를 측정하기 위한 척도이다.

분노의 정도를 측정하기 위한 척도			
전혀 화가 나지 않는다.	0	아주 화가 난다.	6
약간 화가 난다.	2	극도로 화가 난다.	8
어느 정도 화가 난다.	4		

당신의 화가 0에서 8까지의 척도 중에서 4점 이상일 때마다, 잠시 휴식의 과정을 사용하라. 상황을 벗어나기 위해, 자신을 위한 변명의 시간을 가져도 좋다. 다른 사람에게 '미안하지만 잠깐 혼자 있을 필요가 있을 것 같네요. 조금 있다가 이것에 관한 얘기를 끝내도록 하죠'라고 말할 수 있다. 만일 상황을 벗어나는 것이 불가능하다면, 그 대신 척도에서 4점 이하로 떨어질 때까지 마음속으로 숫자를 세어 보라.

당신의 화가 통제되기 시작하면, 그런 상황에서 자신이 어떻게 반응하고 싶은지에 대해 시간을 갖고 곰곰이 생각해 보라. 그 사람에게 화를 내겠다고 결정할 수도 있을 것이다. 하지만 적절하게 그리고 자기주장적으로 화를 내라. 설명할 때, 차분하고 조절하며 하라. 그 사람을 공격하지 마라. 그 사람에게 무엇이 자신을 화나게 했는지 설명하라.

반면에, 화를 내지 않겠다고 결정할 수도 있다. 몇 번이나 화가 폭발하여 나중에 후회했나?

10. 만일 의존의 특권 의식에 빠져 있다면, 난이도에 따라 일의 위계를 매겨라. 점차 사람들이 당신을 위해서 해 준 일들을 스스로 시작해 보라. 자신도 능력이 있다는 것을 자신에게 증명하기 시작하라. 우리는 당신이 자신의 능력을 키우고, 내재한 의존의 덫을 다루기 바란다.

자신을 보살펴 주도록 주위에 있는 사람들을 조종하여 일어나는 장단점에 대한 목록을 만들어라. 이것이 자기의식에 어떠한 영향을 주는가? 주위에 있는 사람들의 삶에 어떠한 영향을 미치는가?

니나에게 장점 나열해 보기는 쉬웠다. 그녀를 위해 일이 마무리되었고 다른 사람들은 일을 더 잘할 수 있었으며 그녀가 원하는 것을 얻을 수 있었다. 그러나 단점들에 대해서 직면하는 것은 어려웠다.

니나 저는 모든 사람보다 뒤처져 있는 느낌이에요. 제 나이에 절반밖에 안 되는 사람들도 할 수 있는 일들을 저는 아직도 할 수 없어요. 하물며 십 대들도 일자리를 구하고 일을 하는데 말이죠.

이러한 삶의 덫 때문에 당신은 자기 존중감을 크게 잃게 된다. 또래와 비교해 전진할 수가 없으며, 당신의 의존성이 다른 사람을 지치게 하고 자신에게 상처를 입힌다.

가까운 사람들에게 도움을 받는 것들을 목록화하고, 점차 자신을 위해 모든 것을 해주는 것을 중단시켜라. 삶의 덫을 점점 더 포함하고, 자신의 삶에 대한 책임을 점차 질 수 있도록 하라.

일에 대한 순서를 만들고, 천천히 그 순서를 밟아가라. 우선, 쉬운 일들부터 해결하고 가장 어려운 일들로 서서히 순서를 올라가도록 하라. 숙달감과 자신감을 키워라.

당신은 의존과 특권 의식이라는 두 개의 삶의 덫에 빠져 있다. 두 가지 모두 언급해야 할 필요가 있다. 또한, 의존의 장에서 설명한 변화 기법을 따라 하여라.

다음은 특권 의식에 빠져 있는 다른 사람들을 도울 수 있는 몇 개의 지침들이다.

> **당신이 아는 사람이 제한의 문제를 극복할 수 있도록 돕기**
>
> 1. 당신이 영향을 줄 수 있는 원천이 무엇인지 파악하라. 그 사람이 당신에 대해 중요하게 생각하고 있는 것은 무엇인가? 당신의 존중? 돈? 일? 사랑?
> 2. 변화를 위해 어느 수준까지 해 볼 수 있는 의지가 있는가? 상대를 떠날 수 있는 의지가 있는가? 고용자를 해고할 수 있나?
> 3. 특권 의식이 있는 사람에게 접근하고 당신의 불만을 공격적이지 않은 방법으로 표현하라. 그 사람이 당신이 어떻게 느끼는지에 대해 알고 있는지 물어보라. 그 사람은 변화를 위한 의지가 있는가?
> 4. 만일 그 사람이 의지가 있다면 이 책에 나와 있는 남아 있는 방법들을 같이 검토하라.
> 5. 만일 그 사람이 변화하는 것에 대해 받아들이지 않는다면 그러한 노력을 받아들이지 않았을 때의 결과에 관해 얘기해라. 부정적인 결과들에 대한 순서를 만들도록 노력하라. 특권 의식을 가지고 있는 사람이 당신과 노력하려는 의지를 보이기 전에는 한 번에 하나씩 순서를 생각할 수 있도록 하라. 그 사람이 변화하는 것이 얼마나 어려운지에 대해 공감하도록 노력함과 동시에 단호함을 유지하라.
> 6. 이러한 삶의 덫에 빠진 사람이 변화한다는 것은 종종 불가능하다는 것을 기억하라. 변화를 추구하려는 자신의 결정에 대한 대가를 받아들일 준비를 해라. 마찰을 각오하고 관계를 끝내야 하는 가능성이 있음에도 변화를 밀어 부치는 것에 대한 장단점의 목록을 만들어라. 통고된 선택을 하라.

멜과 니나 모두 변화 할 수 있는 특권 의식이라는 삶의 덫에 빠져 있는 드문 경우 중 하나다. 무엇이 그들을 달라지게 했는가? 틀림없이 그들의 배우자가 하나의 요인이었다. 둘 다 배우자가 있었고, 떠날 의지가 있었으나, 그들을 사랑했다. 사랑은 영향을 준다.

특권 의식에 빠진 배우자가 변화하기만을 기다리는 것을 중단하라. 당신이 변해야만 하며, 배우자를 다룰 수 있는 법을 배워야만 한다.

특권 의식이 있는 배우자를 다룰 수 있는 법을 배우는 것은 숙달 가능한 기술이다. 기본적으로 그 기술은 한계를 정하는 것이다. 특권 의식이 있는 사람은 자아도취적이다. 그들은 공감 능력이 결핍되어 있고, 남의 탓을 하며, 그들이 주는 것보다 더 많은 것에 대한 권리가 있다고 느낀다. 절대 자신들이 한계를 정하지 못하며, 그들을 위해 당신이 한계를 정해주어야 한다.

케이티가 처음 치료를 시작했을 때, 그녀는 그의 외도가 얼마나 자신에게 상처를 주는지 알아야만 중단되리라고 믿었다. 그래서 끊임없이 그에게 상처를 보여주었다.

케이티 이해할 수가 없어요. 저라면 절대로 그런 식으로 상처 주지 않아요. 그가 그렇게 고통당하는 것을 견딜 수가 없을 테니까요. 제가 자살 직전까지 간 것을 뻔히 알면서도 왜 그는 저한테 계속 상처를 주는지, 외도를 그만두지 않는지 이해할 수가 없어요.

케이티는 자신이 상처받는 것으로는 절대 멜의 외도를 중지시킬 수 없다는 사실을 깨달았다. 당신도 이것을 배워야 한다. 상처를 보여주는 것은, 특권 의식에 빠진 사람에게는 거의 항상 쓸모없는 일이다.

그 대신에 해야만 하는 일에 대해 한계를 정하자. 모든 영향력을 사용하라. 케이티가 멜에게 치료를 받지 않는다면 당장 이혼하겠다고 얘기했을 때, 그녀는 영향력을 사용하여 한계를 정한 것이다. 그러나 그것은 시작에 불과했다. 치료를 받으면서도 멜은 변화하는 것에 대해 어떤 식으로든 할 수 있는 한 회피하였다. 그녀를 항복하게 만들려고 하였고, 계속 원망했다. 이런 그에게 케이티는 계속 주지시켜야만 했다. 그녀는 '당신의 행동은 받아들일 수가 없어요'라고 말하는 것을 배웠고, 그것이 진심이라는 것을 알렸다. "만일 당신이 다시 외도를 한다면, 나는 당신을 떠나겠어요'에서부터 "만일 당신의 더러운 옷들을 바구니에 넣는 대신 바닥에 둔다면, 그것들을 빨지 않겠어요"까지 말하는, 그들의 모든 삶의 영역에 대해 한계를 정했다. 케이티는 멜이 계속 죄책감을 이용하여 그녀를 조정하도록 하는 것을 중단시키고, 자신의 삶의 전부에 관여하는 것을 중단시켰다. 그녀가 친구들을 만나거나 저녁 수업을 듣기 원할 때, 멜의 의견과는 상관없이 자신의 의지를 관철하게 되었다.

이는 케이티가 멜에게 심술궂게 행동하라고 말하는 것은 아니다. 전보다 그녀는 차분해졌고, 통제된 방식으로 다루는 법을 배운 것이다. 사실 케이티는 더욱 친절해졌다. 동등한 관계에서 대화를 나눌 수 있었기에 분노를 덜 느껴서 가능한 것이었다.

마음속으로 멜은 케이티의 한계를 원했다. 그것은 그에게 더 안전감을 주고 편안하게 느낄 수 있게 해주었다. 그리고 케이티를 존중하기 시작했다.

마지막 조언

치료를 받으러 왔을 때, 고통스러워 보이는 환자일수록 변화할 가능성이 크다는 연구 결과가 있다. 그런 면에서, 우리는 당신이 어느 정도의 고통을 느끼길 원한다. 우리는 당신이 특권 의식을 극복해야 할 이유를 찾길 바란다. 그러기 전까지는 절대로 자신의 사랑과 일에 대한 잠재력을 실현하지 못할 것이다.

17

변화의 철학

일곱 가지 기본적 가정

변화의 과정은 고통을 수반한다. 우리는 환자들이 깊게 내재하고 있는 패턴들을 극복하기 위해 매일같이 분투하는 것을 지켜보고 있고, 우리도 이와 같은 성장 과정을 거쳐 가고 있으며, 그런 과정이 얼마나 많은 좌절을 안겨주는지 잘 알고 있다.

우리는 성장 과정의 진척과 후퇴에 대해 당신이 좀 더 잘 대비하는 길이 있기를 희망한다. 또한, 변화란 변덕스러운 과정이라는 것을 예상하기 바란다. 환자들은 변화가 '한 발자국 앞으로 갔다가, 두 발자국 뒤로 가는 것'이라고 항상 이야기하곤 한다. 변화를 위해 노력하는 동안, 부딪쳐 나가야 할 많은 장애물이 있을 것이다. 5장에서 그런 장애물 중 몇 가지와 그것을 극복하는 방법들을 소개하였다.

변화에 대한 접근법의 저변에는 몇 가지 기본적인 가정을 포함한 철학이 바탕을 이루고 있다.

첫째로 우리 마음의 일부분은 행복하고 충족되기를 원한다는 것을 가정하라. 이러한 과정은 간혹 자기실현이라고도 할 수 있다. 이러한 건강한 자아가 수년간의 무시, 복종, 학대, 비난 그리고 다른 파괴적인 힘들 아래에 묻혀 지내왔다고 가정한다면, 변화의 과정은 이런 건강한 부분을 다시 일깨우고 희망을 주는 활동을 수반한다.

두 번째로 사람들에게 다음과 같은 몇 가지 기본적인 욕구가 있으며, 그런 욕구들이 충족되었을 때 사람들이 더 행복해질 것이라고 가정한다. 관계를 맺고 남들과 연대감을 느끼고 싶은 욕구, 독립과 자율에 대한 욕구, 호감을 주고, 능력 있고 성공했으며, 매력적이고 가치 있는 존재임을 느끼고 싶은 욕구, 원하고 느끼는 것을 남들에게 표현하고 싶고 자신의 권리를 주장하고 싶은 욕구, 재미와 즐거움, 창조성에 대한 욕구, 흥미와 취미, 우리를 만족시켜주는 활동을 추구하고 싶은 욕구, 타인을 돕고 관심과 사랑을 보여주고 싶은 욕구 등이다. 우리는 이런 욕구들에 관해 뒷부분에서 좀 더 자세히 이야기하려 한다.

삶의 덫 치료법에서 **세 번째 핵심적인 가정은 사람들이 매우 근본적인 측면에서 변화할 수 있다는 것이다.** 어떤 사람들은 이런 과정에 대해 회의적이다. 그들은 우리의 기본적인 성격이 유전적인 기질에 의해 아동기가 끝날 무렵 혹은 그보다 더 일찍 결정되며, 청장년기 시절에는 성격에 큰 변화가 일어나기는 불가능하거나 가능성이 극히 낮다고 생각한다. 하지만 우리는 사람들이 매일같이 아주 근본적인 방식에서 변화하는 것을 봐왔기에, 그렇게 생각하지 않는다. 하지만 핵심적인 패턴을 바꾸기가 매우 힘들다는 점은 인정한다. 조상으로부터 물려받은 기질은 어린 시절의 가족 및 또래와의 경험과 함께 작용하여, 변화에 저항하는 매우 강력한 힘을 만들어 낸다. 어린 시절의 성장 과정이 변화에 대한 강력한 장애물을 만들어내긴 하지만, 변화를 불가능하게 만들진 않는다. 이러한 초기의 힘들이 파괴적일수록, 삶의 덫을 바꾸기 위해 더 많이 노력해야 하며, 다른 사람들의 더 많은 지지가 필요하다.

네 번째 가정은 우리가 모두 핵심적인 변화에 저항하는 강한 성향을 가지고 있다는 것이다. 이 신념은 중요한 함축적 의미를 지니고 있다. 의식적으로 노력하지 않고서는, 삶의 덫을 변화시킬 가능성이 매우 낮다. 대부분은 평생 늘 생각해온 대로 느끼고 행동하는 버릇들을 반복하며, 무의식적으로 행동한다. 이러한 패턴은 우리에게 익숙하고 편안한 것이므로, 조직적이고 의도적이며 지속적인 노력을 하지 않는 한, 바뀔 가능성은 매우 희박하다. 근본적인 변화가 저절로 일어나기를 기다리지 말라.

다섯 번째의 가정은 대부분이 고통을 피하려는 강한 경향을 보인다는 것이다. 여기에는 좋은 면과 나쁜 면이 있다. 좋은 점은 기쁨과 만족을 가져다주는 경험을 향해 움직인다는 것이며, 나쁜 점은 고통을 일으키는 상황이나 감정을 직면하기를 회피한다는 것이다. 심지어 그러한 직면이 우리를 성장하게 해줄 경우에도 그렇다. 고통을 회피하려는 이러한 갈망이 변화의 가장 큰 장애물 중 하나이다. 핵심적인 삶의 덫을 바꾸려면 슬픔, 분노, 불안, 죄책감, 수치심, 당황스러움과 같은 감정을 일으키는 기억들에 기꺼이 직면해야 한다. 고통스러운 기억들과 위협적인 상황들에 직면하지 못한다면, 상처를 주던 패턴들을 반복하게 된다. 대부분 환자는 이러한 감정들을 직면하기보다 치료를 중단하는 쪽을 선택하며, 보통 사람들은 이런 감정들을 피하려고 술과 약물에 중독된다. 변화하기 위해서 고통을 직면하는 데 우리 자신을 내던져야 한다.

여섯 번째로 우리는 변화를 위한 가장 효과적인 접근법이란 여러 가지 다른 전략들을 통합한 것이라고 믿는다. 삶의 덫 치료법에서는 당신의 변화를 돕기 위해 인지치료, 행동치료, 게슈탈트 치료, 정신분석적 치료와 대인관계 치료를 동원한다. 단지 한두 가지 치료법이 아니라 여러 모델들을 결합하는 치료법과 그런 치료를 사용하는 치료자들을 찾아볼 것을 권하고 싶다. 비록 삶의 덫 치료법으로 모든 사람을 도울 수 있으리라 기대하지는 않지만, 단일한 기법에 따른 치료보다는 성공적일 것이다.

개인적 비전을 창조하기

변화에 대한 마지막 가정은 개인적인 비전을 창조하고 싶은 욕구와 관련되어 있다. 단지 삶의 덫이 없어진 상태에 이르는 것이 변화의 목표는 아니다. 각자 어떤 사람이 되기를 원하며, 인생에서 무엇을 기대하는지 발견해야 한다. 변화의 여정이 너무 많이 진행되기 전에, 이런 방향성을 갖는 것이 절대적으로 필요하다. **개인적 삶의 덫 제거를 넘어서서, 충만하고 행복하며 자기실현이 이루어진 이미지를 갖기를 바란다.**

많은 사람이 어디로 가고 있는지에 대한 느낌이 모호한 상태로 인생을 살아가고 있다. 바로 이런 이유로 중년기나 은퇴를 맞아 낙담하거나 환멸을 느끼게 된다. 우리는 자신을 이끌어줄 일련의 지배적인 목표들을 가져본 적이 없는 것이다. 이것은 마치 골대가 어딘지도 모르면서 축구 경기를 하는 것과 같으며, 목적지도 모른 채 비행기를 타고 가는 것과 같다. 각자 그런 청사진을 가져야만 한다. 열한 가지의 삶의 덫은 우리가 목적지로 가는 데 있어서 장애물들이다. 그것들은 행복해지는 데 필요한 그 무엇을 알려주지 않는다. 당신이 인생의 목표를 세우고 나면, 거기에 도달하기 위한 몇 가지 단계들에 대한 계획 수립에 착수할 수 있다. 닥치는 대로가 아닌, 전략적인 방식으로 변화에 접근하기를 권고한다. 개인적인 비전을 창조하기 위해서는 자신의 타고난 성향을 발견해야 한다. 타고난 성향에는 우리에게 충족된 느낌을 주는 관심사, 대인관계, 활동들이 포함된다. 각자가 타고난 일련의 개인적 선호를 가지고 있음을 믿는다. 인생에서 가장 중요한 과제는 이러한 타고난 성향이 무엇인지를 발견하는 것이다. 타고난 성향을 인식할 수 있는 가장 좋은 단서는 감정과 신체적 감각이다. 자신의 타고난 성향을 충족시키는 활동과 관계에 참여할 때 좋은 감정을 느낄 수 있다.

불행하게도 많은 사람이 어린 시절에 타고난 성향을 무시당하고, 주변의 기대에 부응하도록 훈련받는다. 예민한 기질을 타고났으면서도 강인해지도록 강요당한다. 기질적으로 야외 활동을 좋아하는데 의사가 되라고 강요받고, 자유로운 성향을 타고났는데도 억지로 인습에 따라야 한다. 선천적으로는 자극적인 것을 선호하는데도 일상적인 방식을 강요당한다.

가장 선한 의도를 가진 부모와 교사들조차 우리에게 근본적인 기질을 무시하도록 조장하는 예는 얼마든지 볼 수 있다. 그 결과 이기적으로 행복해지는 방향만을 따르기가 어렵게 된다. 우리는 사회의 요구와 개인적 욕구 충족 간에 균형을 찾아야 한다. 우리가 자기애적 인생 철학을 옹호하고 있는 것이 아니다. 하지만 많은 사람이 과도하게 길들어 있고 지나치게 사회화되어 있다. 남들이 기대하는 방향으로 나아가도록 너무 많은 압력을 받아 온 것이다.

많은 사람이 변하기 위해, 이런 과정을 역류해 가야만 한다. 각자 자신이 누구인지를 깨달아야 한다. 무엇이 행복하게 하는지 발견해야 하며, 그 과정에서 주변 사람들이 행복해하는 바에 전적으로 의존해서는 안 된다. 우리가 당신 대신 비전을 제시해 줄 수는 없지만, 스스로 제기해야 할 질문들로 안내해 줄 수는 있다. 앞에서 행복으로 이끌어줄 수 있는 핵심적인 욕구에 대해 이미 이야기한 바 있다(그것이 두 번째 가정이다). 이제 그 욕구들에 관해 당신과 함께 좀 더 자세한 이야기를 나누고자 한다.

첫 번째로 변해야 할 영역은 대인관계이다. 인생에서 원하는 대인관계는 어떤 것인가? 어떤 방식으로 다른 사람들과 관계 맺기를 원하는가?

친밀한 관계에 관해 곰곰이 생각해 보라. 친밀한 관계가 어떤 식으로 이루어지기를 원하는가? 무엇이 가장 중요한가? 열정과 낭만적인 관계인가, 동료 같은 관계인가, 가족 같은 관계를 원하는가? 어떤 목적을 가지고 배우자를 찾는가? 성적인 흥분에 비해 정서적인 친밀감을 얼마나 더 중요시하는가?

대인관계는 대부분 몇 가지 조건 간에 균형을 잡는 것이다. 우리는 타고난 성향을 잃어버렸기 때문에, 현명하게 균형을 잡기가 어렵다. 원하는 조건을 모두 갖춘 배우자를 구하는 경우는 매우 드물기에 선택해야 한다. 배우자를 선택하는 데 있어서 가장 중요한 것은 무엇인가? 갖추고 있다면 좋긴 하지만 사정에 따라서는 포기할 수도 있는 덜 중요한 특성은 무엇인가? 예를 들어, 당신은 사랑스럽고 친밀하게 느끼긴 하지만 열정적인 느낌은 별로 없는 배우자를 선택할 수도 있다. 모든 사람에게 적합한 이상적인 관계 같은 것은 존재하지 않는다. 무엇이 가장 좋은지는 스스로 결정해야 한다.

어떤 종류의 사회적 관계, 친구를 원하는가? 사교 무대에 어느 정도로 참여하기를 원하는가? 지역사회의 단체들에 어느 수준으로 헌신하고 싶은가? 교회나 유대교의 모임에 참여하고 싶은가? 학교나 정부의 운영에 참여하고 싶은가? 직장에서는 사람들과 어느 수준으로 사귀기를 원하는가? 타고난 성향의 안내를 받아 이런 결정들을 내려야 한다.

정서적 결핍, 불신과 학대, 버림받음, 사회적 소외의 덫은 당신이 원하는 관계들을 발전시키는 데 가장 큰 장애물이다. 이러한 덫을 극복한다면, 사람들과 좀 더 깊고 만족스러운 관계를 맺을 수 있을 것이다. 관계에 대한 비전이 이러한 덫을 극복해 나갈 수 있도록 안내해 줄 것이다.

두 번째 핵심적인 변화 영역은 자율성이다. 어느 수준의 독립이 적절한가? 말할 것도 없이 당신은 독립적이고 유능하다는 느낌과 강한 자아를 가지고 살아가기를 원할 것이다. 그러나 자율성과 연대감 간의 균형을 어떻게 잡아야만, 당신이 가장 행복해질 것인가? 어떤 사람들은 혼자만의 활동에 대부분 시간 쏟기를 좋아한다. 어떤 사람들은 혼자 있기보다는 사람들과 관계를 맺으면서 많은 시간을 보내기를 원한다.

자율성은 당신에게 건강한 관계를 추구하며, 건강하지 못한 관계를 피하거나 떠날 수 있는 자유를 준다. 필요해서가 아니라 스스로 원해서 관계를 맺고 있으므로 관계를 유지할지는 자유 의지에 달려있다. 의존 혹은 취약성의 덫을 가진 많은 사람은 파괴적인 관계에 얽매여있다. 그들은 관계를 떠나 자기 자신만의 세상과 대면하기를 두려워한다. 이 두 가지 삶의 덫이 건강한 자율성을 정립하는 데 가장 큰 장애물이다.

자율성은 타고난 성향을 추구하는 데 필수 불가결한 요소이다. 여기에는 정체성을 정립하는 것이 포함된다. 당신은 독특한 존재가 될 자유가 있다. 음악가나 예술가 혹은 작가, 육상선수나 기계공, 여행가나 지도자 등 무엇이든지 자유롭게 추구할 수 있다. 세상 속으로 뛰어드는 것에 대해 두려움을 가지고 있지 않은 당신은, 자신의 인생이 아닌 배우자의 인생을 사느라 자신을 잃는 일은 없을 것이다.

변화의 세 번째 요소는 자존감이다. 자율성과 마찬가지로 자존감은 자유로이 움직일 수 있는 바탕을 마련해 준다. 당신은 자유로우며 방해받지 않는다. 결함과 실패의 덫은 자존감이 형성되는 것을 방해한다. 열등감과 수치심은 당신을 짓눌러서 기회를 회피하거나 제대로 활용하지 못하게 한다. 수치심은 당신을 감싸고 있는 짙은 먹구름과 같아서 꼼짝달싹 못 하게 한다. 사람들과 관계를 맺지도, 자신을 표현하지도, 자신의 욕구를 충족시키지도 못하게 하며 남들을 능가하지도 못하게 한다.

당신은 자존감을 높여주는 인생을 선택하기를 원한다. 어떻게 해야 자신에 대해 좋은 느낌이 들고 지나치게 자책하거나 불안정해지는 일 없이 자신을 받아들일 수 있게 될 것인가? 장점은 무엇이며 그것을 어떻게 발전시킬 수 있을 것인가? 약점 중 고칠 수 있는 것은 무엇인가?

변화의 네 번째 영역은 자기주장과 자기-표현이다. 여기에는 자신의 욕구를 충족시키고 감정을 표현하는 것이 포함된다. 자기주장은 타고난 성향을 따르면서 인생의 즐거움을 추구하는 것을 가능하게 한다. 어떤 방식으로 당신을 표현할 것인가?

복종과 엄격한 기준의 덫은 자기주장의 걸림돌이다. 복종이란 남을 돕거나 보복을 피하고자 자신의 내재한 욕구와 즐거움을 포기하는 것을 말한다. 엄격한 기준에 따라 당신은 인정을 받고 수치심을 피하기 위해, 자신의 욕구와 기쁨을 희생한다. 행복과 만족을 희생한 채로 성취와 완벽함이 인생의 목표가 된다.

열정, 창의성, 장난기와 즐거움은 인생을 살 맛나게 해준다. 살아가는 동안 때로는 다른 욕심을 버리고 흥분과 즐거움을 추구할 필요가 있다. 자기주장과 자기-표현을 등한시한다면, 삶은 너무 힘겨워지고 절망적으로 될 것이다. 당신의 욕구와 주변 사람의 욕구 간에 균형이 깨질 것이다. 변화는 주변 사람들에게 불필요한 상처를 주는 일 없이, 자기 자신의 근본적인 욕구와 성향을 만족시킴으로써 일어난다.

다른 네 가지 못지않게 중요한 **성장의 다섯 번째 영역은 타인에 대한 배려이다.** 인생의 가장 만족스러운 측면 중 하나는 타인에게 베풀고 공감하는 데 있다. 특권 의식이 지나치면 주변 사람을 배려하지 못하게 될 것이다. 이바지한다는 것은 좋은 일이다. 사회적 참여, 자선, 아이를 낳고 아이에게 베푸는 것, 친구를 돕는 것, 이런 모든 것들이 당신을 개인적인 삶보다 더 큰 무엇과 연결해 준다. 이 세상에 어떻게 이바지할 것인가?

영성과 종교적 믿음은 세상 일부라는 느낌이 드는 데 중요한 요소이다.

대부분의 종교적이고 영적인 접근법들은 자신과 가족을 대상으로 하는 좁은 관심을 넘어서서, 우주로 관심의 범위를 확대하는 것을 강조하고 있다. 많은 형태의 종교적 체험이 이러한 확대된 차원과 충족감을 제공한다.

인생의 비전을 수립하는 동안, 우리가 그려본 영역들에 관해 생각해보라. 인생의 목표는 대개 보편적이다. 사랑, 자기-표현, 즐거움, 자유, 영성, 타인에게 베푸는 이런 것들이 우리가 모두 원하는 것이다. 그러나 이런 목표들은 종종 서로 충돌한다. 예를 들어, 열정은 안정성과, 자율성은 친밀감과, 자기-표현은 타인에 대한 배려와 충돌한다. 우선 순위를 정하고 자신에게 적합하다고 느껴지는 균형을 선택해야 할 것이다. 이러한 더 넓은 목표들을 당신만의 방식으로 개인적인 욕구와 우선순위에 일치시키기를 바란다.

공감적 자기-직면

우리는 변화에 대한 건강한 태도라고 생각되는 바를 기술하기 위한 용어를 만들었다. **바로 공감적인 자기-직면이란 것이다. 자신을 바꾸려 끊임없이 노력하면서도, 자신에 대한 연민을 보여주는 것이다.** 많은 사람이 충분한 변화를 이루지 못했다고 느낄 때, 자신을 너무 가혹하게 비난하거나 반대로 지나칠 정도로 관대하게 용서해 버린다.

반복해서 말했듯이, **변화의 과정은 매우 어렵다. 무엇보다도 자신에게 연민을 가져라.** 당신은 최선을 다해 분투하고 있다. 한계와 단점을 이해하라. 삶의 덫은 변하기 어렵다는 것을 기억하라. 어떻게 지금처럼 되었는가를 이해하는 것이 중요하다. 삶의 덫의 기원을 기억하고, 어린 시절의 당신과 공감하도록 노력하라.

그러나 변화에 대한 책임을 지는 것 또한 중요하다. 많은 자조 그룹들은 구성원들에게 변화에 대한 책임을 가르치지 않고, 부모에 의해 희생당한 것으로 느끼게 하는 데에만 골몰한다는 비판을 받아왔다. 우리는 이것이 중대한 위험 요인이라고 생각한다. 끊임없이 자신과 직면하는 것이 필수 불가결한 일이다. 인내를 가지고 지속하라. 좀 더 편한 시간에 하겠다며, 연기하지 말라. 변화를 시작하기에 가장 좋은 시간은 바로 지금이다. 어린 시절에 아무리 많은 상처를 받았다 해도, 변화의 책임에서 벗어나는 것은 아니다. 어린 시절의 고통은 왜 변화가 그리 어렵고 오래 걸리는지 설명해 준다. 하지만, 그것은 왜 파괴적인 패턴을 바꾸려 노력하지 않고 지속하는지를 설명해 주지는 못한다.

자신에게 솔직해져라. 현실과 직면하는 것에 높은 가치를 둬라. 너무나 많은 사람이 자신의 기대와 타인들이 그러리라는 착각에 현혹되어 망상을 가진다. 그들은 자신에 대한 진실(냉담함, 슬픔, 분노, 불안)을 기꺼이 보지 않으려 한다. 상황을 현실적으로 보라. 자기 망상은 끊임없이 자기패배적 방식으로 행동하게 할 뿐이며, 진정한 관계를 맺지 못하게 한다.

감당할 수 있는 속도와 수준으로 변화하도록, 자신을 직면하라. 우리는 한꺼번에 모든 것을 대면할 수는 없기에, 점진적으로 강도를 높여가면서 삶의 덫과 직면해야 한다. 당신이 원하는 위치에 도달할 수 있다는 신념을 가져라. 신념은 성공과 성공 사이에 겪게 되는 실패와 실망감을 극복할 수 있게 해준다. 인내하라. 끈기 있게 해나간다면, 마침내 당신의 비전을 이룰 것이다.

불행하게도, 어떤 변화는 작은 단계에서 성취되지 않을 수도 있다. 신념의 도약과 높은 위험도가 요구되기도 한다. **때로는 성장하기 위해서는 큰 변화를 감수해야 한다.** 여기에는 관계를 단절하는 것, 직업을 바꾸는 것, 다른 도시로 이사를 하는 것 등이 포함된다. 타고난 성향을 좀 더 분명히 인식하고 삶의 덫을 극복함에 따라, 과거와 큰 단절을 해야 한다. 원하는 성인으로 자라기 위해서는 어린 시절 패턴의 안전성을 포기해야 한다.

다른 사람의 도움 구하기

혼자서 변하기는 어렵다. 변화는 도움을 받을 때 더 쉽게 일어난다. 사랑하는 사람들에게 도움을 청하라. 친구들과 지지적인 가족들이 참여하게 하라. 그들에게 당신이 하려는 것을 설명하고 도움을 구하라.

때때로 친구나 가족들이 목표에 도달하는 데 있어 선도자나 역할 모델이 되어줄 수도 있다. 그들은 충고와 지도, 영감을 줄 수 있다. 목표 중 일부를 이룬 누군가를 잘 안다는 것은 목표 성취의 과정을 더 현실적으로 느끼게 해주며, 변화가 가능하다는 신념을 심어준다.

친구와 지지적인 가족은 대체로 당신보다 객관적이다. 그들은 증거를 분석하는 것을 돕고 회피하고 있는 과제들에 직면하도록 돕는다. 스스로 자신의 왜곡된 시각을 깨닫기는 어렵기에 분명하게 그리고 현실적으로 자신을 볼 수 있는 누군가의 도움 없이는 변화되기가 어렵다.

불행하게도 가족이나 친구에게 도움을 구할 상황이 아닐 수도 있다. 가까운 가족이나 친구가 없을 수도 있고, 그들에게 문제가 너무 많아서 당신을 돕지 못할 수도 있다. **가족들이 변화를 도와주는 것이 아니라, 오**

히려 덫을 강화하는 경우도 있다. 이런 경우에는 전문적인 도움을 받는 것을 고려해 보라. 증상이 너무 심해서 일상적인 기능을 방해할 때, 오랜 교착 상태에 빠져 있어서 어떻게 변해야 할지 모를 때, 변화될 수 있다는 희망이 없어질 때, 이런 경우에는 전문적인 도움을 받는 것이 좋다. 실직을 했거나, 오랫동안 사귀던 사람과 헤어진 경우 등 인생의 위기를 겪고 있을 때에도 고려해 보라. 이런 시기에 당신은 지지가 필요하며, 변화에 대해서 좀 더 수용적으로 변할 수 있다. 정서적, 신체적, 성적 학대로 점철된 고통스러운 어린 시절을 보냈다면, 전문적인 도움을 받는 것을 고려해 보라. 마지막으로, 당신의 문제 때문에 다른 사람들에게 피해를 주고 있다면, 전문적인 도움이 분명히 필요하다.

당신의 증상이 매우 심각하다면, 정신과적 약물치료도 도움이 될 수 있다. 우울증을 앓고 있다거나 혹은 공황이나 공포, 강박 증상이나 강렬하고 일반화된 불안과 같은 심각한 불안 증상을 느낄 수도 있다. 사회적 상황이 너무 두려워 회피함으로써 사회적, 직업적 생활이 황폐화될 수도 있다. 이런 불안 증상이 문제라면, 전문적인 도움을 받는 것이 바람직하다. 특히 자살을 고려하거나 시도했다면, 즉시 전문가에게 도움을 청하라.

당신은 알코올이나 약물에 중독되어 있을 수 있다. 과거의 무엇인가에 사로잡힌 상태인 '외상 후 스트레스 장애'를 앓고 있을 수 있다. 악몽이나 플래시백(과거 장면이 생생하게 재현되는 현상)을 경험할 수도 있고, 무감각하고 동떨어진 느낌이 들 수도 있다. 혹은 폭식증이나 거식증같은 심각한 식이 장애를 앓고 있을 수도 있다. 몸무게를 줄이고 싶은 욕구가 너무 강한 나머지 음식을 잔뜩 먹었다가 토해버리거나, 음식 섭취를 점점 줄여서 위험할 정도로 마를 수도 있다. 이런 심각한 질환을 앓고 있다면 전문적인 도움을 받도록 하라.

치료자를 선택하기

일단 전문적인 도움을 받기로 했다면, 어떤 치료자를 만나야 하는지가 문제가 된다. 이 문제에 대해 모든 사람에게 맞는 답은 없다. 오히려 치료자를 선택하는 것은 타고난 성향을 따르는 문제 중 하나이다.

적절한 자격을 갖춘 사람을 만나는 것이 중요하다. 일반적으로 전문가에게 치료를 받는 것이 더 좋다. 당신의 안전을 누군가에게 의탁하는 것이기 때문이다. 좋은 수련을 받고 윤리적인 기준을 가진 치료자를 원할 것이다. 저자인 우리는 심리학자이지만, 당신의 문제를 치료한 경험이 있는 정신과 의사에게 치료를 받아도 좋다고 생각한다. 이들은 적절한 지식을 갖추고 있고, 임상적인 수련을 받았을 것이며, 높은 윤리 기준을 요구하는 협회에 소속되어 있고, 공공에 대한 책임감을 느끼고 있을 것이다. 문제가 심각할수록 이들 직종 중에서 치료자를 선정하는 것이 좋다.

치료 기법 또한 다양하며 많은 학파들이 있다. 앞부분에서 밝힌 바와 같이, **한 가지 치료법만을 고집하는 치료자보다는 환자 상태에 따라 유용한 기법과 치료 전략을 다양하게 구사하는 치료자가 바람직하다.** 우리가 통합적인 치료자를 선호하는 것도 바로 이러한 이유에서이다.

정서적인 교감이 가능한 치료자를 만나는 것 또한 중요하다. 따뜻하고 수용적이며, 안전한 느낌을 주고, 공감적이고, 당신을 이해해 주며, 솔직하고 신뢰가 가는 사람을 원할 것이다. 항상 당신의 말에 동의하고 당신을 기분 좋게 해주려는 치료자나 냉정하고 거리감이 느껴지는 치료자, 지나치게 비판적인 치료자는 조심하라.

덫으로 인해 유발되는 매력은 치료에서도 피해야 한다. 예를 들어, 결함의 덫이 있다면 비판적이고 우월한 치료자에게 끌리겠지만, 결과는 좋지 않을 것이다. 지나치게 비판을 받았다면, 치료자는 당신을 지지하고 인정해 줄 것이다. 지나치게 간섭이 심한 부모님 슬하에서 자랐다면, 당신의 경계를 존중해 줄 것이다. 그러나 치료자가 당신에게 결핍된 부모 역할을 전적으로 대신해 줄 수는 없다. 그것은 비현실적인 일이다. 일주일에 한두 번의 치료시간 동안 재양육을 받을 수 있을 뿐이다. 지나치게 의존감을 조장하는 치료자나 전문적인 관계와 정신치료의 범위를 벗어나는 수준의 지지를 제공할거라고 약속하는 치료자 또한 경계해야 한다.

치료자는 당신이 어려움을 겪고 있는 영역에서 역할 모델이 될 수 있을 것이다. 예를 들어, 당신이 수줍어할 때 자기주장의 모범을 보여줄 수 있고, 당신이 폐쇄적일 때에는 개방적 모습을 보여줄 수 있다. 또는 유용한 문제해결 방법의 예를 보여줄 수도 있다.

우리는 당신에게 **믿을 만한 자조 그룹에도 참여해 볼 것을 권한다.** AA(익명의 알코올 중독자 모임)에서의 12단계 프로그램에 참여해 보라. 특정한 방향으로 변하는데, 도움을 줄 수 있는 프로그램이다. 그러나 컬트 그룹은 조심하라. 컬트 그룹은 의존과 복종을 조장한다. 구성원들은 특별한 존재라고 느끼며, 남들에게 없는 비밀이 있다고 생각한다. 사실 컬트 그룹의 구성원들은 성인의 책임을 다하기보다 어린아이로 남도록 조장된다. 그들은 자신의 타고난 성향을 발견하기보다 지도자의 의견을 따르도록 권유받는다.

만일 이 책을 보고 삶의 덫 치료법의 수련을 받은 치료자를 만나고 싶다면, 주저하지 말고 우리에게 언제든 연락해주기 바란다. 우리의 치료법을 활용한 경험(긍정적이든 부정적이든)을 알려도 좋다. 당신의 개인적인 이야기를 들려주기 바란다. 우편으로 심리적인 자문을 해 줄 수는 없지만, 여러분이 변화의 과정을 밟아나가는 것을 듣기를 진심으로 원한다. 아래의 주소로 편지를 보내거나 전화 통화도 가능하다.

Jeffrey Young, Ph.D.
Cognitive Therapy Center of New York
East 80th Street, Penthouse.
New York, New York 10021
212-472-1706

Janet Klosko, Ph.D.
Cognitive Therapy Center of Long Island
11 Middleneck Road
Great Neck, New York 11021
516-466-8485

마지막으로 T. S. 엘리엇의 시, 한편을 인용하면서 마무리하고자 한다.

우리는 탐험을 멈추지 않을 것이다.
그리고, 마침내 우리의 탐험은 우리가 시작한 곳에 도달해서,
처음으로 그곳이 어디인지 알게 될 때 끝나게 될 것이다.

저자 후기

왜 또 다른 자조 서적이 필요한가?

우리는 「Reinventing your life」가 현재 출판된 자기 계발 서적들 사이의 중대한 간격을 메워 줄 것으로 생각한다. 지금 시중에는 여러 종류의 자조 서적들이 나와 있지만 대부분 한계를 지니고 있다. 어떤 책은 공동 의존, 우울증, 자기주장의 결여와 같은 한 가지 특수한 문제만을 다루고, 어떤 책은 여러 가지 문제들을 다루지만, 문제 해결을 위한 한 가지 방법만을 고집한다. 어떤 책은 깨달음을 주기도 하고 실패와 같은 보편적인 문제를 다루지만, 해결책으로 제시한 방법이 모호해서 일단 문제를 직시한다 해도 그 다음 어떻게 대처해야 할지 전혀 감을 잡을 수 없다.

이 책을 통해 나와 자넷 클로스코는 인생 패턴을 바꿔 줄 새로운 방법을 여러분과 공유하고자 한다. 삶의 덫 치료법에서는 우리가 일상생활에서 자주 마주치는 열한 가지의 파괴적인 문제들을 다루고 있다. 여러분이 이러한 삶의 덫에서 빠져나오도록 도와주기 위해 우리는 몇 가지 다른 기법들을 통합하였으며, 그 결과 이 책은 여러분이 평생 겪었던 여러 가지 문제에 관해 다른 책들보다 훨씬 더 철저하고 포괄적인 해결책을 제시해 줄 것이다.

이 책이 개인적인 성장과 변화에 관한 책인 만큼 나 자신 또한 삶의 덫 치료법을 개발하면서 거쳐오는 과정을 설명하고자 한다. 치료자로서의 발전 과정이 여러 면에서 독자 여러분을 위해 기술한 자기 발견의 여정과 유사하기 때문이다.

치료자로서의 나의 경력은 1975년 펜실베이니아 대학원에서 시작되었다. 필라델피아의 지역사회 정신보건센터에서 인턴 근무를 하면서 당시 난 칼 로저스의 비지시적인 방법을 배우고 있었다. 이는 심각한 인생 문제로 인하여 강한 감정을 표현하는 환자의 이야기를 경청한 후 그 말을 반복해서 들려주고 명료화하여 환자 스스로 해결책을 찾을 수 있게끔 유도하는 방법으로 이 치료법을 시도하면서 난 여러 가지 난해한 경험을 겪게 되었다. 문제는 종종 환자들이 자신의 문제를 파악해서 해결책을 찾아낼 수 없다든가, 혹은 해결책을 찾아내긴 하지만 그 과정이 너무 오래 걸려 좌절감을 느끼게 된다는 것이다.

이러한 칼 로저스의 치료법은 나의 기질과는 맞지 않았다. 아마도 내가 참을성이 없는 것일 수도 있다. 무엇보다도 나는 빠른 변화와 진보를 원했다. 심각한 문제가 있는데도 가만히 앉아서 무기력하게 보고만 있어야 하는 상황은 나에게 맞지 않았다.

얼마 후 빠르고 구체적인 행동의 변화를 강조하는 행동치료법에 대한 책은 나의 치료 방법에 커다란 혁명을 불러일으켰다. 이를 통해 난 환자에게 수동적 입장이 아닌, 능동적 입장에서 충고를 해줄 수도 있었다. 행동치료는 왜 환자들이 특정한 문제를 가지고 있으며 그들을 어떤 기법으로 치료해야 하는지 잘 짜여진 틀을 제공하고 있었다.

몇 년이 지난 후 행동치료에 대한 환상은 깨지게 되었다. 사람들의 행동에만 초점을 두다 보니 사고와 감정을 무시하는 결과가 초래된 것이다. 그저 환자들의 행동에만 초점을 맞추었던 나는 그들의 내부 세계의 풍성함을 놓쳐버렸다. 이 시점에서 아론 벡의 〈인지 치료와 정서장애〉라는 책은 나에게 또 다른 커다란 깨우침을 안겨 주었다. 벡은 행동치료의 직접성과 환자의 사고와 행동의 풍부함을 결합하고 있었다.

저자 후기

1979년 대학원을 졸업한 후, 나는 벡 박사와 함께 인지치료 공부를 시작하였다. 환자들에게 그들의 사고가 어떻게 왜곡되었는지 보여주고, 합리적인 대안을 제시해 주는 것을 좋아했던 나는, 문제 행동을 지적해 주고 일상적 상황들을 처리하는 새로운 방식을 시범 보이는 것을 즐겼다. 이러한 방법은 성공적 효과를 거두어 환자들은 극적인 변화를 보이기 시작했다. 그들의 우울증은 호전되었고, 불안 증상도 사라지게 되었다. 아울러 인지치료 기법은 나의 사생활에도 도움을 주었다. 이러한 성공적 사례를 토대로 나는 미국과 유럽에서 강연과 워크숍을 통해 인지치료를 보급해가기 시작했다.

몇 년 후 필라델피아에서 개업을 하게 된 후, 계속해서 환자들, 특히 우울 증상과 불안 증상을 가진 환자들로부터 극적인 결과를 얻을 수 있었다. 그러나 불행하게도 시간이 흐르면서 치료에 전혀 반응이 없거나 약간의 호전을 보이는 환자들의 명단 또한 쌓이기 시작했다.

이 환자들의 공통점이 무엇인지를 궁리하기 시작한 나는 인지치료자인 동료들에게도 그들의 환자 중에 잘 치료되지 않는 사람들에 대해 묘사해 달라고 요청했다. 그들이 치료에서 겪는 어려움이 내가 겪는 어려움과 유사한지 알고 싶었기 때문이다.

이렇게 치료가 어려운 환자들과 빨리 반응하는 환자들을 구분하는 과정에서 몇 가지 중요한 사실을 알게 되었다. 치료가 가장 어려운 환자들은 오히려 상대적으로 그 증상이 경미하다는 사실이다. 중증 환자들에 비해 그들은 우울감도 덜하고 불안 증상도 상대적으로 가벼웠다. 이런 환자들의 주된 문제는 친밀감과 관련된 것으로 대부분 대인관계에 불만이 많으며 평생 이런 문제를 안고 살아가는 경우가 많았다. 그들은 이혼이나 부모님의 별세와 같은 인생의 일회적인 사건 때문에 치료를 받으러 오는 것이 아니었다. 그들은 소위 자기파괴적 인생 패턴 속에 살아가고 있었다.

다음으로 이런 환자들이 가장 흔히 보이는 패턴 혹은 주제의 목록들을 만들기로 했다. 이것이 심리도식 혹은 삶의 덫에 관한 첫 목록이다. 거기에는 이 책에 묘사된 열한 가지 삶의 덫 중에서 단지 일부(결함투성이라는 느낌, 심각한 소외와 고독의 느낌, 남을 위해 자신의 욕구를 희생하는 경향, 타인에 대한 건강치 못한 의존)만이 소개되었다. 이런 삶의 덫에 대한 이해는 기존의 치료에 잘 반응하지 않는 환자들을 치료하는 데 큰 도움이 되었다. 즉 삶의 덫 목록은 환자의 문제를 치료 가능한 부분으로 나눌 수 있는데, 커다란 도움이 되었으며 또한 각각의 문제나 패턴을 해결할 다양한 전략의 밑거름이 되었다.

    나는 언제나 내 인생의 다양한 측면을 질서와 예측 가능성에 대한 느낌이 들고 조직화한 전체 중 일부로서 관조할 수 있기를 원하며, 우리가 대면하는 광범위하고도 뿌리 깊은 평생의 문제들을 포괄적으로 다루고 그에 대한 궁금증을 어느 정도 해소할 수 있기를 바란다. 또한, 이 책이 이러한 패턴들이 발생하게 된 경위를 이해하는 틀을 제공하고 각각의 덫에 대한 강력한 해결책을 제공하기를 희망한다.

콜롬비아 대학 교수
제프리 E. 영

저자소개

Jeffrey E.Young

저자 제프리영은 인지치료의 창시자인 아론 백과 초기부터 일해왔고 미국과 유럽의 각국에서 인지치료에관한 강연과 교육을 통해 인지치료에 대한 강사로 국제적으로 인정받고 있다. 뉴욕인지치료센터를 설립하여 운영하고있으며 콜롬비아대학 정신과의 교수요원으로도 활동하고있다.

Janet S.Klosko

저자 자넷 S. 클로스코는 뉴욕 인지치료센터 및 킹스톤에서 개업의를 하고 있다.

역자소개

최영희(Younghee Choi)

정신건강의학과 전문의이며 의학박사이다. 미국 UCLA 산하 Research Center for Severe Mental Illness/Clinical and Research Fellowship을 마치고, 인제대학교 서울백병원/신경정신과 책임교수를 역임하고, 현재 메타 통합심리치료 연구소장으로 재직 중이다. Academy of Cognitive Therapy (ACT) 공인 인지치료 전문가 겸 Fellow이며, International Society of Schema Therapy 공인 스키마 치료 전문가이다. 한국 인지행동치료학회 회장을 역임하였고, 2022년 한국 제주도에서 개최하는 제10회 세계 인지행동치료학회(WCCBT 2022)의 학술위원장으로 활동 중이다. www.mettaa.com

삶의 덫에서 벗어나
새로운 나를 열기

펴냄 _ 4쇄 2025년 07월 23일
지은이 _ 제프리 E 영, 자넷 S. 클로스코
옮긴이 _ 최영희
펴낸이 _ 조성윤
펴낸곳 _ 메타미디어
　　　　서울특별시 강남구 논현동 로뎀2빌딩 112-21 2층
　　　　Tel. 02-6674-8882　Fax. 02-549-4398
　　　　email. mettaamedia2015@naver.com
편집디자인 _ 칼라인프린팅
홈페이지 _ www.mettaa.com
인쇄·제책 _ 현지 인터내셔널

ISBN 979-11-955047-2-5
값 22,000원

이 책의 무단 전재 및 복제를 금합니다.
잘못 만들어진 책은 메타미디어에서 바꾸어 드립니다.